普通高等学校“十四五”系列教材

工业企业管理

权国政◎主　编
何乃军　杨　剑　陈泽军◎副主编

中国铁道出版社有限公司
CHINA RAILWAY PUBLISHING HOUSE CO., LTD.

内 容 简 介

本书系统地介绍了现代企业管理学的基本原理以及中国特色企业管理学的发展成果。全书分为三篇：工业企业管理基本理论，企业制度、文化与战略，职能管理，主要内容包括中西方管理理论的形成与演变，管理的基本职能，企业制度、文化、战略管理，企业营销、生产、计划、质量职能管理。

本书适合作为普通高等学校工科类各专业的通识课教材，也可供相关从业人员学习、参考。

图书在版编目（CIP）数据

工业企业管理 / 权国政主编 . —北京：中国铁道出版社有限公司，2022.2（2023.10重印）

普通高等学校“十四五”系列教材

ISBN 978-7-113-28800-6

Ⅰ. ①工… Ⅱ. ①权… Ⅲ. ①工业企业管理-高等学校-教材 Ⅳ. ①F406

中国版本图书馆 CIP 数据核字 (2022) 第 008755 号

书　　名：**工业企业管理**
作　　者：权国政

策　　划：钱　鹏　　　　编辑部电话：（010）63551926
责任编辑：钱　鹏　包　宁　贾淑媛
封面设计：郑春鹏
责任校对：孙　玫
责任印制：樊启鹏

出版发行：中国铁道出版社有限公司（100054，北京市西城区右安门西街 8 号）
网　　址：http://www.tdpress.com/51eds/
印　　刷：三河市兴达印务有限公司
版　　次：2022 年 2 月第 1 版　2023 年 10 月第 2 次印刷
开　　本：880 mm×1 230 mm 1/16　印张：14.75　字数：519 千
书　　号：ISBN 978-7-113-28800-6
定　　价：42.00 元

前言

18世纪中叶开始的工业革命既是生产技术上的一次革新，又是生产关系的一次重大变革，它使得物质资源和人力资源的大规模结合成为必要，也由此而引起了一系列实现这种结合而必须解决的管理问题，从而把管理提到了一个前所未有的高度，进一步推动近代管理思想和实践的迅速发展。第一次工业革命是蒸汽技术革命，19世纪70年代开始的第二次工业革命是电力技术革命，20世纪四五十年代开始的第三次工业革命是计算机及信息技术革命，21世纪初发起的第四次工业革命是以人工智能、新材料技术、分子工程、石墨烯、虚拟现实、量子信息技术、可控核聚变、清洁能源以及生物技术为技术突破口的全新技术革命。历次工业革命使企业外部整体产业发展和市场经营的大环境发生重大变化，企业原有的管理体系逐渐表现出水平滞后、效率低下等缺陷，已不能完全适应新的产业发展趋势，这无疑要引发企业管理体系和管理模式的革新式演变。

工业企业管理是指企业的领导者和全体员工，为了充分利用各种资源，保证整个生产经营活动的统一协调，实现企业管理任务，达到提高经济效益的目的，而进行的决策、计划、组织、控制、激励和领导等一系列综合性活动。在新的工业革命形势面前，工业企业管理的模式需要积极创新，才能保障本轮产业革命能够按照计划平稳、有序地实施完成。现实中，一般的工业企业都比较关注企业规模的扩张以及技术的进步，但对企业管理的进步重视度不够，实际上，在产品、技术、生产和服务的方方面面中都能体现出管理的先进性。企业管理水平的提升需要时间的积累，它和技术装备不同，后者的提升能够在短时间内见到成效，这使得人们往往忽视管理的重要性。有一种说法：“企业一年成功靠促销，三年成功靠产品，十年成功靠管理。”可以看出管理能够表现出长期效益，管理是一个企业永恒的主题，是企业的生产力。为了确保企业能够长盛不衰，必须要加强管理，培养企业的核心价值。

管理学是一门理论与实践联系极为紧密的学科。中华人民共和国成立70多年来，特别是改革开放以来，在中国经济快速发展的同时，中国企业也取得了巨大成就，不仅整体实力大幅提升，而且涌现出一批具有全球竞争力的世界一流企业。中国企业整体发展进步的背后，是中国企业管理学的创新与发展。特别是在中国经济发展进入新时代的大背景下，越来越多的管理学学者和企业管理者认识到，中国企业管理不能照抄照搬西方管理理论，而应紧密结合中国企业管理实践，探索发展中国特色企业管理学。这是以习近平新时代中国特色社会主义思想为指导，坚持马克思主义基本原理和贯穿其中的立场、观点、方法，按照体现继承性、民族性、原创性、时代性、系统性、专业性的要求，创新发展能够有效指导中国企业管理实践的中国特色企业管理学的紧迫任务，也是我国培育更多优秀企业和企业家的迫切需要，也历史性地成为中国管理学学者的光荣使命。

2018年，重庆大学发布了《重庆大学本科教育2029行动计划》，提出“建设中国特色重大风格的一流本科教育体系”的宏伟蓝图，其中指出要加强优质课程资源建设，融合通识教育与专业教育，具体来讲：学校将在已有通识课程的基础上，围绕“5C”核心能力培养目标，重整和优化通识教育课程体系，构建科学精神与探索创新、哲学审视与思辨求真、文化传承与沟通交流、社会认知与合作担当、自然生命与自我塑造五大模块，并将美育、体育、心理学、设计艺术、社会实践等通用基本能力培养的课程与环节纳入通识教育范畴，形成重庆大学通识教育2.0版本，为大类人才培养、学科交叉、通专融合奠定坚实的基础。这足以说明重庆大学培养能适应未来新兴产业和新经济需要的，实践能力强、创新能力强、具备国际竞争力的高素质复合型新工科人才，以满足社会经济发展需求、办好人民满意的教育的巨大决心。

《工业企业管理》是针对工科制造类乃至整个非管理类专业的学生必须具备的管理素养（包含基本理论、基本方法、基本技能等知识和能力）而设置的。本书对于提高学生的综合素质、改善学生的知识结构和面向就业及就业后快速适应工作环境非常重要。通过学习本书，学生了解、掌握现代企业的基本概念；掌握现代企业管理的基本原理、方法，熟练运用生产管理、质量管理的基本原理和方法；能够具有一定的运用企业管理尤其是生产管理的工具和方法解决企业管理中的实际问题的能力，以适应企业经济活动尤其是生产活动的需要。重庆大学开设的“工业企业管理”课程有全校非管理类专业的通识教育选修课程和工科专业非限制性选修课程两种类型，根据学生专业背景的差异进行差异化授课。作为奋战在教学科研第一线的教师，在六年的授课中，逐渐体会到现有众多教材存在“工业知识”与“管理知识”未能有效融合而导致“两张皮”的问题，以及不能正确处理世界管理问题研究与本土管理问题研究的关系的问题，这些体会均促使着我们要尽快地开展建设适合我们国情的、适合我们新工科专业形势的教材，由此感到责任在肩！

全书内容有10章，可以归结为三篇：工业企业管理基本理论，企业制度、文化与战略，职能管理。主要内容包括管理学理论的形成与演变、管理的基本职能、企业制度—文化—战略管理、企业营销—生产—计划—质量职能管理。

全书由权国政担任主编，何乃军、杨剑、陈泽军担任副主编。研究生盛雪、杨焜、余炎泽为部分内容进行了资料搜集，在此一并表示感谢！

由于编者水平以及掌握资料的限制，书中不足之处在所难免，恳请同行专家及读者批评指正。我们感到建设好这个课程任重而道远！

权国政

2021年10月

教学建议

一、课程内容简介

1. 教学基本目的和要求

“工业企业管理”是研究现代工业企业基本特征、运作规律、管理方法的一门课程，在现代社会市场经济条件下的经济生活中有着广泛的应用。作为与企业经济活动尤其是生产活动关系密切的工科专业的学生，必须掌握现代企业管理尤其是生产管理、质量管理的基本原理、方法；具备初步解决企业管理中的生产管理、质量管理实际问题的能力，才能适应企业生产活动的需要。本课程是面向全校本科非管理专业的一门企业管理基础课程，这门课程的开设对于提高学生的综合素质、改善学生的知识结构和面向就业及就业后快速适应工作环境非常重要。通过学习本课程，应使学生了解、掌握现代企业的基本概念；掌握现代企业管理的基本原理、方法，熟练运用生产管理、质量管理的基本原理和方法；能够具有一定的运用企业管理尤其是生产管理的工具和方法解决企业管理中的实际问题的能力，以适应企业经济活动尤其是生产活动的需要。

2. 课程适用专业

本课程主要适用于材料类、机械类、自动化类等经过智能化、云计算、数字化、自动化、信息化升级改造的新工科专业，也适合于非管理类、与工业企业管理有关联的各专业。

二、课程教学目标

1. 教学重点和难点

教学重点：管理理论的形成与演变；管理的基本职能；生产组织；生产计划与生产控制；质量管理。

教学难点：管理的基本职能；战略管理；生产计划与生产控制；质量管理。

2. 课程教学目标

（1）通过多媒体教学方式，使学生理解现代企业管理和制度的思想和观念；掌握现代企业经营管理中各项实务管理的原理、方法和技能，能够建立一套完整的企业管理构架。

（2）联系工业生产实际，通过学习、练习等环节，培养发现、分析和解决问题的能力，形成一定的科学与艺术管理素养，树立“创造与创新”思想，激发自主学习乃至终生学习的兴趣和动机。

（3）针对复杂的工业管理问题，采取案例教学法，开展不同形式互动交流，培养学生能在查询、归纳和运用文献资料中的基本原理和知识的基础上，灵活运用管理学基本原理和方法发现、分析、解决实际问题的能力，做到独立思考、独到见解，获得有效结论。

3. 课程教学目标与毕业要求指标点的对应关系

下表以本科材料成型及控制工程专业为例来介绍，仅供其他各专业参考。

毕业要求	指 标 点
工程与社会	了解与材料成型及控制工程相关领域的技术标准、知识产权、法律法规，理解不同社会文化对工程活动的影响
个人和团队	具备团队协作意识及团队精神，能够理解多学科背景下团队中每个角色的意义及责任
项目管理	理解并掌握材料成型及控制企业或行业中涉及的工程管理原理与经济决策方法

三、教学内容与基本要求

1. 篇章节结构安排与教学课时分布建议

课程学时及其分配	教学内容	推荐学时	教学方式	对应课程目标
	第一章 企业管理基础概述			
	本门课程的学习目的、意义、内容、学习方法、教学及考核要求 第一节　企业与管理综述 第二节　企业管理的基本理论 第三节　企业的目标与责任 第四节　企业管理的基本原理 案例讨论：查克·斯通曼的一天	3	讲授、自学	（1）（2）
	第二章 中西方管理理论的形成与演变			
	第一节　西方管理理论的产生与发展 第二节　现代管理学学派 第三节　中国古代的管理思想 第四节　面向新时代创新发展中国特色企业管理学 案例讨论：韩国大宇集团兴衰史	3	讲授、自学	（1）
	第三章 企业管理的基本职能			
	第一节　决策 第二节　计划 第三节　组织 第四节　控制 第五节　领导 第六节　激励	4	讲授、自学	（1）
	案例讨论：一个成功企业家的难题	1	讨论	（2）（3）
	第四章 现代企业制度			
	第一节　我国国有企业改革历程 第二节　现代企业组织类型 第三节　现代企业制度的概念与特征 第四节　现代企业的公司治理结构	3	讲授、自学	（1）（2）
	案例讨论：方太——家族制与现代企业制度的嫁接	1	讨论	（2）（3）
	第五章 现代企业文化			
	第一节　企业文化的内涵 第二节　企业文化的结构 第三节　企业文化的功能	2	讲授、自学	（1）（2）
	案例讨论：海尔集团企业文化建设	1	讨论	（2）（3）

课程学时及其分配	第六章 企业战略管理			
	第一节　战略管理概述 第二节　战略环境分析 第三节　战略选择与评价 第四节　战略实施与控制 案例讨论：杨晓春——阿里巴巴集团加速多元化发展战略布局	2	讲授、自学	（1）（2）
	第七章 市场营销管理			
	第一节　营销管理概述 第二节　市场营销机会分析 第三节　市场细分、目标市场与市场定位 第四节　市场营销组合决策 第五节　市场营销新趋势	3	讲授、自学	（1）（2）
	案例讨论：可口可乐的营销	1	讨论	（2）（3）
	第八章 企业生产组织			
	第一节　厂址选择 第二节　生产过程组织 第三节　生产过程的空间组织 第四节　生产过程的时间组织 第五节　清洁生产与 5S 管理 案例讨论：通达集团机械电子有限公司厂区、车间、设备布置	4	讲授、自学	（2）（3）
	第九章 生产计划与生产控制			
	第一节　计划与企业计划系统 第二节　生产计划 第三节　生产作业计划 第四节　生产控制基本理论 第五节　生产作业控制 第六节　生产控制方法	2	讲授、自学	（2）（3）
	案例讨论：海尔的物流	1	讨论	（2）（3）
	第十章 企业质量管理			
	第一节　质量与全面质量管理 第二节　全面质量保证体系 第三节　企业质量管理常用的统计控制方法 案例讨论：长丰汽车质量管理系统	1	讲授、自学	（2）（3）

2. 考核及成绩评定方式建议

考核类型：考试 / 闭卷。

课程的考核主要是检查学生对各知识点的掌握程度和应用能力，包括课堂研讨、期末考试。

（1）本课程总评成绩＝平时及考勤成绩 ×30%+ 期末考试成绩 ×70%

（2）平时及考勤成绩 = 研讨 1 成绩 ×20% ＋研讨 2 成绩 ×20% + 研讨 3 成绩 ×20%+ 研讨 4 成绩 ×20%+ 研讨 5 成绩 ×20%

（3）课程目标达成度计算时，计算公式为：

$$F=\sum_{i=1}^{n} E_i B_i / A_i$$

式中：A_i——支撑该课程目标考核环节的满分值；

B_i——支撑该课程目标考核环节的平均得分；

E_i——考核环节在该课程目标的考核方式中的权重系数。

（4）课程目标达成考核与评价方式及成绩评定表；

课程目标	考核环节	目标分值	考核百分比 /%	
			单项成绩	合计
课程目标（1）	期末考试	40 ~ 50	100	100
课程目标（2）	期末考试	10 ~ 15	60	100
	专题研讨	10	40	
课程目标（3）	期末考试	5 ~ 15	40	100
	专题研讨	20	60	

备注 1：期末考试成绩以百分计，满分 100 分，各课程目标所占分值比例可根据具体情况进行微调。
备注 2：各考核环节所占权重比例可根据具体情况进行微调。

3. 教学方法建议

（1）多媒体教学与传统教学相结合，多媒体教学在较短时间内向学生展示丰富的教学内容，传统教学淋漓尽致地展现教师个性化教学方法和多元化知识结构。

（2）知识传授与素质教育相结合，在知识教育过程中始终贯穿素质教育这一主题，不仅学到书本的理论，更学会运用管理方法、手段处理生活、学习问题，自身素质得到提高，在学习知识的同时学会做人。

（3）采用互动式教学，调动学生学习的主动性和积极性。随着教学内容的推进，阶段性地推出各研讨课题，学生以小组为单位或自己组建小团队，在完成研讨课题的过程中学习知识。

4. 课程预备知识

先修课程：高等数学，材料类、制造类专业新生研讨课，金工实习等。

后修课程：技术经济学。

5. 参考书目建议

（1）王关义．现代企业管理［M］．3 版．北京：清华大学出版社，2012.
（2）谢明荣．现代工业企业管理［M］．南京：东南大学出版社，2000.
（3）杨善林．企业管理学［M］．北京：高等教育出版社，2004.
（4）杨文士．管理学［M］．3 版．北京：中国人民大学出版社，2009.
（5）周三多．管理学：理论与方法［M］．4 版．上海：复旦大学出版社，2003.

目　录

第一篇　工业企业管理基本理论

第二篇　企业制度、文化与战略

第三篇　职能管理

第一篇

工业企业管理基本理论

第一章　企业管理基础概述

本章提要

本章主要是阐述管理的概念、性质和职能等一般管理理论，企业管理的概念、企业功能、企业系统、企业类型、企业目标与社会责任，以及企业管理的基本原理等。通过本章的学习，学生对企业管理有一个概括的了解，为以后各章的学习奠定基础。

重点难点

- 重点掌握管理的概念、内涵、性质、基本原理。
- 熟悉企业管理的概念、企业类型、企业功能、企业系统。
- 理解领会企业的目标和社会责任。
- 掌握企业管理的基本原理。

引导案例

案例 1　　案例 2

第一节　企业与管理综述

一、企业概述

（一）企业的概念

企业一般是指以盈利为目的，运用各种生产要素（土地、劳动力、资本、技术和企业家才能等），向市场提供商品或服务。工业企业提供工业产品或工业性服务，是实行自主经营、自负盈亏、独立核算的法人或其他社会经济组织，是社会经济的基本单位。

构成企业的要素如图 1-1 所示。为生存它必须创造利润；为创造利润它必须经受环境的考验，因此必须承担风险；为降低风险、增加利润，它必须讲求效率；为提高效率，它必须注意经营方法，要有计划、有组织地进行有效的控制。

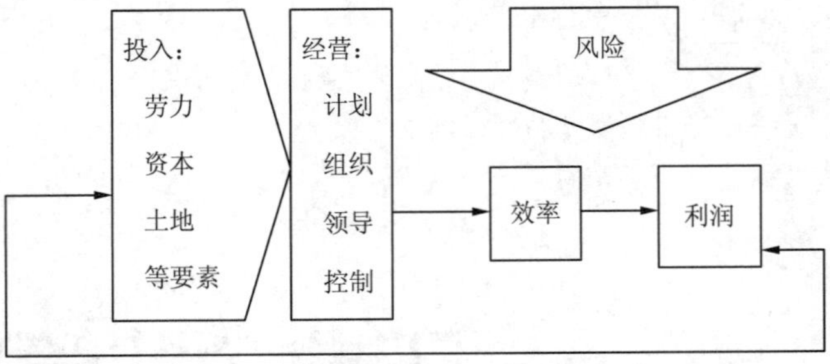

图 1-1　构成企业的要素

在商品经济范畴内，作为组织单元的多种模式之一，企业是按照一定的组织规律，有机构成的经济实体，一般以盈利为目的，以实现投资人、客户、员工、社会大众的利益最大化为使命，通过提供产品或服务换取收入。它是社会发展的产物，因社会分工的发展而成长壮大。现代经济学理论认为，企业本质上是"一种资源配置的机制"，其能够实现整个社会经济资源的优化配置，降低整个社会的"交易成本"。

随着生产力的发展与社会的进步，企业的演进经历了手工业时期、工厂制时期、现代企业时期三个发展阶段，企业形式得到不断的发展与完善。企业包括工业、商业等行业。工业就是将原料加工，使其变换形状或性质，进而以科学方法生产，扩展市场达到销售的目的。商业是以盈利为目的，直接或间接供应货物或服务，以满足购买者的需要。货物包括原料、半成品（经过一定生产过程，并已检验合格，但尚未最终制造成为产成品的中间产品）、产成品（完成全部生产过程，并经过质量检测，并已经办理入库手续的产品），劳务则指满足他人的需要所提供的一种服务。

综合看来，企业的含义可归纳成如下几个要点：

（1）企业是个别经济单位，或为工业，或为商业，自主经营、自负盈亏。

（2）从事经济活动，集合土地、资本、劳动力等生产要素，创造货物及服务，以满足顾客需要。

（3）企业是一种盈利组织，其生存的前提在于"利润的创造"。

（二）企业系统

系统通常是指由若干个相互联系、相互作用的要素所组成的具有特定结构和功能的有机整体。系统的种类很多，按其生成方式一般可分为两大类：一类是自然系统，另一类是人造系统。任何一个人造系统一般都具有集合性、关联性、目的性和环境适应性等特征。

工业企业是一种人造系统，它具有人造系统的一切特征。现代工业企业具有整体性、相关性、目的性和动态环境适应性等特征。因此，也可以把企业看成一个"输入→转换→输出"的开放式循环体，其中：企业的输入就是企业从事生产经营活动所必需的一切资源要素，转换和输出就是企业合理地配置这些资源要素，运用物理的、化学的或生物的方法，按照预定的目标向消费者生产或提供新的产品或服务，实现物质变换和增值，满足社会需要，获得经济收益。

工业企业系统的基本资源要素主要包括人力、物力、财力和信息等。这些基本资源要素虽然在形态及性质上有着很大的差异，但它们在企业系统合理有序的运行过程中，相互依赖、相互作用，紧密结合，形成了一个有机整体，共同一致地实现企业系统目标。

（1）人力资源：包括机器操作人员、技术人员、管理人员和服务人员。人力资源是企业的主体和灵魂，人的素质高低决定企业经营的成败。

（2）物力资源：包括土地资源、建筑物和各种物质要素，也就是企业生存的物质环境，主要有机器设备、仪表、工具等劳动手段；天然资源或外购原材料、半成品或成品属于劳动对象。企业的生产效率和质量在很大程度上取决于这些物质要素。

（3）财力资源：即资金，这是物的价值转化形态。资金周转状况是反映企业经营好坏的晴雨表。

（4）信息资源：包括各种情报、数据、资料、图纸、指令、规章制度等，它是维持企业正常运营的神经细胞。企业信息吞吐量是企业对外适应能力的综合反映，信息的时效性可以使企业获得利润或产生损失。

工业企业系统是由人设计和控制的系统，它是由许多子系统构成的多层、多元的大系统，运行过程如图 1-2 所示。

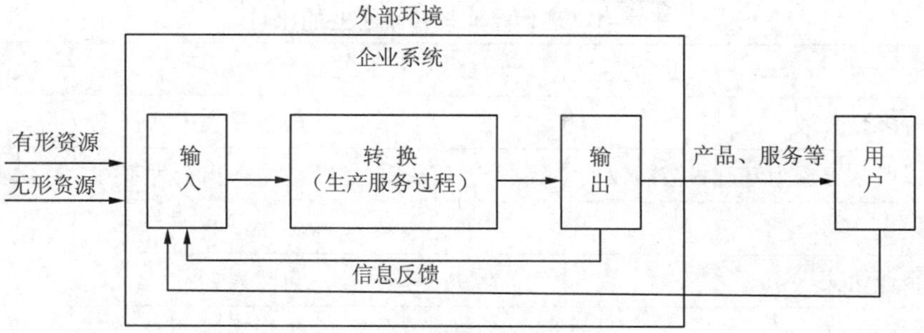

图 1-2　企业系统运行过程

（三）企业家与资本家

企业家是指集合土地、资本和劳动力等生产要素，从事生产或分配等企业经营活动的人，利用其管理功能（计划、组织、领导及控制等）以提高效率、增加利润。资本家是指提供生产要素“资本”的人，资本也就是增加收入、帮助生产的蓄积之财。

资本家与企业家不能混为一谈。在近代，管理权与所有权逐渐分离，经营企业者，不一定是出资的人，而出资的资本家，不一定实际经营企业。现代企业中资本家一般是投资企业、拥有企业一定股权的企业投资人或股东；企业家一般是掌控企业、主导企业运营的企业高层经营管理人员。

（四）企业应具备的条件

（1）要有一定的组织机构，有自己的名称、办公和经营场所、组织章程等要素。

（2）应自主经营、独立核算、自负盈亏、具有法人资格，依据国家相关法律、法规设立，取得社会承认，履行义务，拥有相应权利，依法开展经营活动，受到法律保护。

（3）是一个经济组织。涉及物质资料的生产、流通、交换和分配等领域，它区别于学校、医院、政府机构、慈善机构、商协会等非经济组织。

二、现代企业的特征

现代工业又称为“大机器工业”，是在自然经济条件下的“个体手工业”和资本主义“工场手工业”的基础上发展起来的，现代企业是伴随现代工业而发展起来的，表现出鲜明的特征，具体表现为如下几点：

（1）比较普遍地运用现代科学技术手段开展生产经营活动。采用现代机器体系和高技术含量的劳动手段开展生产经营活动，生产社会化、机械化、自动化、计算机化程度较高，并比较系统地将科学知识应用于生产经营过程。

（2）生产组织日趋严密。内部分工协作的规模和细密程度极大地提高，劳动效率呈现逐步提高的态势。

（3）经营活动的经济性和营利性。现代企业的基本功能就是从事商品生产、交换或提供服务，将有限的资源转换为有用的商品和服务，以满足社会和顾客的需要，并最终实现企业价值增值的目标。现代企业是为盈利而开展经营活动，盈利是企业生存和发展的基础条件，也是企业区别于其他组织的主要依据。

（4）环境适应性。现代企业为了生存和发展而同外部环境之间的关系日益密切，任何企业都不能孤立存在，而必须是一个开放系统，它和外部环境存在着相互交换、相互渗透、相互影响的关系。图 1-2 所示的企业系统运行过程已经说明了这一点。

（5）对员工福利和社会责任的重视，形成特有的企业精神。现代企业具有公共性和社会性，要想谋求长远发展，必须得到股东、员工、顾客及社会公众的支持，因此，利润、员工福利和社会责任构成企业存续的三个基本因素。

现代企业是现代市场经济和社会生产力发展的必然产物，较好地适应了现代市场经济和社会发展的客观要求，具有独特的特征。现代企业与传统企业的比较如表 1-1 所示。

表 1-1　现代企业与传统企业的比较

项目	现代企业	传统企业
出资人数	较多且分散	较少且集中
出资数量	以股东出资为基础，数额较大	以个人出资为基础，数额较小
企业规模	较大	较小
法律形式	企业法人	自然人
承担责任	有限责任	无限责任
产权结构	所有权与经营权分离	所有权与经营权合一
管理方式	较先进，以现代管理为主	较落后，以家族式管理为主
企业形式	以公司制企业为主	以个体、独资和合伙企业为主
技术条件	设备先进，应用现代科技	设备落后，手工操作占较大比重
稳定情况	企业经营较稳定	企业经营不稳定

三、企业的功能及强化企业管理的意义

（一）企业的功能

（1）对社会慈善机构及服务机构，可以提供救济金、奖学金和各种服务基金。

（2）对政府而言，按期纳税，执行政府的相关政策，与政府共谋经济发展。

（3）对股东而言，报告企业的财务状况及经营情况，分配优厚而平稳的股息，保障股东投资安全。

（4）对职工而言，提供良好的工作环境和合理的工作报酬，提供适当的工作保障，重视工作的安全性，给予员工发表意见的机会。

（5）对顾客而言，提供价格合理的产品或服务，源源不断地提供充足而品质良好的商品。

（6）对供应商而言，创造合理的采购条件，准时支付货款。

（二）强化企业管理的意义

在宏观经济体制转变、微观管理转型的形势下，企业管理仍然处于重要的地位。

（1）企业管理是企业长寿的根基，是培育企业核心竞争力的重要途径。生产经营活动是企业的基本活动，企业的主要特征是进行商品生产或提供服务。因此，生产什么，生产多少，什么时候生产，从而满足用户和市场的需求，就成为企业经营的重要指标。企业管理就是要把处于理想状态的经营目标，通过组织产品制造过程转化为现实。

（2）市场力量对比的变化对企业管理提出更高的要求。在卖方市场条件下，企业是生产型管理，因为产品处于供不应求的状态，企业管理关心的是如何提高生产效率。但是，在市场经济在买方市场条件下，市场对商品的要求出现多元化趋势，还要求价格便宜、服务周到、交货准时，这种竞争对企业管理提出挑战。

（3）企业领导角色的转化要求强化企业管理。在市场经济条件下，企业高层人员要集中精力做好与企业长期发展密切相关的经营决策，而不是纠缠于日常管理活动。这需要有一套健全有力的企业管理系统作为保证。

第二节　企业管理的基本理论

一、管理的概念及其二重性

（一）管理的概念

人类自有文明以来，就懂得分工与合作，因此，“机构群体”便应运而生。有了“机构”就必须有管理，以发挥机构的功效。人类组织是由具有不同思想、主张的分子组合而成的。一方面，它不像日月星辰等天体现象，遵循一定的轨迹运行；另一方面，它又不像蚂蚁、蜜蜂等，自然分工有条不紊。仅维持组织的形式是不够的，还要求这个组织能够密切配合、有效合作以达成预期目的。这需要对组织的构成要素，如人员、物料、器

械、房屋、资金及工作方法等实现协调一致、密切配合，也就是一般所谓的管理。

管理活动始于人类群体生活中的共同劳动，到现今已有上万年历史。对于什么是管理，到现今专家和学者们仍然各抒己见，没有统一的表述。

“科学管理之父”弗雷德里克·泰勒认为：管理就是确切地知道你要别人干什么，并使他用最好的方法去干。泰勒用科学语言给出的定义是：管理是一门怎样建立目标，然后用最好的方法经过他人的努力来达到的艺术。

管理科学创始人之一的亨利·法约尔认为：管理是所有的人类组织都有的一种活动，这种活动由五项要素组成：计划、组织、指挥、协调和控制。

诺贝尔奖获得者赫伯特·西蒙对管理的认为：管理就是制定决策。

美国管理协会的定义是：管理是通过他人的努力来达到目标。

一种普遍被接受的观点是，管理是一个过程，是一个组织或个人为实现一定的目标，所采取的最有效、最经济的行动，是对行动的计划、组织和控制。可以说，管理是为了达到组织目标而对组织内的各种资源（人、财、物等）进行合理配置的综合性活动。

（二）管理的自然属性和社会属性

管理的二重性是指管理的自然属性和社会属性。一方面，管理是由许多人进行协作劳动而产生的，是有效组织共同劳动所必需的，具有同生产力和社会化大生产相联系的自然属性；另一方面，管理又体现着生产资料所有者指挥劳动、监督劳动的意志，因此，它又有同生产关系和社会制度相联系的社会属性。

管理的二重性是马克思主义关于管理问题的基本观点，反映了管理的必要性和目的性。必要性是指管理是生产过程的固有属性，是有效组织劳动所必需的；目的性是指管理直接或间接地同生产资料所有制有关，反映生产资料占有者组织劳动的基本目的。

1．管理的自然属性（生产力属性）

人类的任何社会活动都必定具有各种管理职能，管理是一种不随个人意识和社会意识的变化而变化的客观存在。这种与生产力相联系的客观存在具体表现在：它是一种对人、财、物、信息等资源加以整合与协调的必不可少的过程，是社会劳动的必然要求；管理有着很多客观规律，管理活动只有尊重和利用这些规律才能取得成效。因为管理也是一种生产力，其自然属性可称为生产力属性。

2．管理的社会属性（生产关系属性）

管理是一种只有在一定生产关系和社会制度中才能进行的社会活动，这种活动的中心问题是一个“为谁管理”的问题，它为统治阶级服务，体现着生产资料所有者指挥劳动、监督劳动的意志。它既是一定社会制度的体现，又反映和维护一定的社会制度，其社会性质取决于社会制度的性质。它是在特定的社会生产关系下进行的，都必然要体现社会生产关系的特定要求，为特定的社会生产关系服务，从而实现其调节和维护社会生产关系的职能。所以，管理的社会属性也叫做生产关系属性。

国家的管理、企业的管理，以至于各种社会组织的管理概莫能外。以资本主义企业管理为例，马克思有过十分深刻的分析：“资本家的管理不仅是一种由社会劳动过程的性质产生并属于社会劳动过程的特殊职能，它同时也是剥削社会劳动过程的职能，因而也是由剥削者和他所剥削的原料之间不可避免的对抗决定的”。列宁也曾指出；“资本家所关心的是怎样为掠夺而管理，怎样借管理来掠夺。”因此，资本主义企业管理具有剥削性和资本的独裁性。

在我国，公有制的实现形式正向多样化方向发展，股份制、股份合作制及其他有效的资本组织形式，正在被越来越多的企业所采用，所有权和经营权分离已成为国有企业改革的目标之一。企业管理的形式正在发生急剧的变化，但管理的社会属性并未发生根本性的改变。从总体上看，在社会主义社会中，企业及其他社会组织的管理都是为人民服务的，管理的预期目的都是使人与人之间的关系以及国家、集体和个人之间的关系更加协调。所以在社会主义条件下，管理的社会属性与资本主义社会条件下根本不同。

管理的自然属性离不开社会属性，总是存在于一定的生产关系和社会制度中，不然，它就成了没有形式的内容；而管理的社会属性也离不开自然属性，不然，它就成了没有内容的形式。二者是相互制约的，管理的自然属性要求社会具有一定的生产关系和社会制度与其相适应，管理的社会属性的不断变化必然使管理活动具有不同的生产力性质。

（三）管理的科学性和艺术性

1. 管理的科学性

管理是人类重要的社会活动，存在着客观规律性，是指人们发现、探索、总结和遵循客观规律，在逻辑的基础上建立起系统化的理论体系，并在实践中应用管理原理与原则，使管理成为在理论指导下的、规范化的行为。人们利用这些理论来指导自己的管理实践，又以管理活动的结果来衡量管理理论是否正确、有效，从而使管理的科学理论在实践中得到不断验证和丰富。科学性是管理必不可少的基础，无论是什么性质的管理都必须遵循各种客观规律，管理者学好管理学，能减少因违背管理的科学规律而造成的低效率或失误。如果不承认管理的科学性，不按规律办事，违反管理的原理与原则，随心所欲地管理，必然受到规律的惩罚，导致管理失败。因此，管理是一门科学，它是以反映管理客观规律的管理理论和方法为指导，有一套分析问题、解决问题的科学的方法论。

2. 管理的艺术性

管理的艺术性就是强调其实践性，没有实践则无所谓艺术。这就是说，仅凭停留在书本上的管理理论，或背诵原理和公式来进行管理活动是不能保证其成功的。管理者必须在管理实践中发挥积极性、主动性和创造性，因地制宜地将管理知识与具体管理活动相结合，才能进行有效的管理。因此，管理的艺术性就是强调管理活动除了要掌握一定的理论和方法外，还要有灵活运用这些知识和技能的技巧和诀窍。

管理知识在运用时具有较大的技巧性、创造性和灵活性，很难用规律或原理把它束缚起来。它有很强的实践性，同一件事，因时间、地点、人物不同，不能用同一办法来解决，就是说，仅有理论知识还不能保证管理实践的成功。学校是不能直接培养出企业家的，要成为一个高水平的管理者，除掌握管理的基本科学知识外，还必须经过管理实践的长期锻炼，具备经验积累。因此，管理者在管理中，既要用到管理知识，又不能完全依赖管理知识，必须发挥创造性，根据不同的情况采取不同的方法来实现目标。

3. 管理是科学性和艺术性的统一

从管理的科学性与艺术性可知，有成效的管理艺术是以对它所依据的管理理论的理解为基础的。因此，二者之间不是互相排斥，而是互相补充的。如前所述，靠“背诵原理”来进行管理活动，必然是脱离或忽视现实的无效活动。而没有掌握管理理论和基本知识的管理人员，在进行管理时必然是靠碰运气，靠直觉或经验办事，很难找到对管理问题可行的、令人满意的解决办法。所以，管理的专业训练不可能培训出卓越的管理人员，却是为通过实践进一步培训管理人员的一个良好的开端，即为培养出色的管理人员在理论方面打下了坚实的基础。当然，仅凭理论也不足以保证管理的成功，人们还必须懂得在实践中运用它们。要成为一个成熟的合理的管理者，除了要掌握管理科学的基本知识外，更重要的是管理实践的长期锻炼，有一个经验积累的过程。

有人认为：管理者能力＝科学知识＋管理艺术＋经验积累，管理者如果仅有管理的科学知识，其成功的概率只有50%，如果仅有管理艺术和经验，其成功的概率也只有60%，只有把两者结合起来，才能取得管理的主动和成功。而结合的粘合剂则是实践，把经验上升为理论，又用理论指导实践。

管理工作的根本问题是人，人不同于动物，如何处理人际关系、调动人的积极性，这里既有科学，也有艺术。管理是一项创造性的劳动，主要依赖管理者的艺术创造。管理的艺术性反映的是千变万化的管理现象，而管理的科学性则反映了纷繁万千现象中的规律。科学是艺术的前提与基础，艺术是科学的补充与提高。因此，二者不是互相排斥而是相互补充和转化的。管理的艺术可以上升为科学理论，管理艺术需要理论指导；而管理科学理论的运用也必须讲究艺术。管理是科学性和艺术性的有机统一。

（四）管理的综合性与不确定性

1. 管理的综合性

管理活动是异常复杂的，作为实现目标的一种有效手段，管理不仅在各种组织中普遍存在，而且涉及人、财、物、信息、技术、环境的动态平衡。管理过程的复杂性、动态性和管理对象的多样性决定了管理要借助的知识、方法和手段的多样化。

以工业企业为例，作为一名经理，他不仅要处理大量的生产、财务、营销问题，还要涉及组织内外的人际关系问题，因此他既要熟悉工艺学、统计学、数学、经济学等知识，更要了解心理学、人类学、政治学、社会学、伦理学等学科的一些理论与方法（见图1-3）。同样，机关、学校、医院、研究所、部队等的各项管理活动也有类似情况。管理涉及众多学科的综合运用，因此，作为管理者仅掌握某些专业知识是远远不够的，管理者只有具有广博的知识面，才能对各种各样的管理问题应付自如。

2. 管理的不确定性

管理的不确定性是指在管理过程中不存在普遍适用的管理理论和方法，具体的管理工作都是在特定的时空下针对特定的对象进行的，只能具体问题具体分析，因人、因时、因地地采用相应的管理方法或手段。可以说，管理的不确定性源自管理环境的动态性、管理对象的多样性。在某种场合下适用的管理方法或手段不一定适用于其他场合，对某个组织适用的不一定适用于其他组织，同样的投入不一定能获得同样的产出。

为什么会出现这种现象呢？因为影响管理效果的因素太多，不仅有企业内部可控的因素，还有企业外部不可控的因素，不仅有相对静止的因素，还有动态变化、捉摸不定的因素，如国家的法律方针、政策变化，市场环境、自然环境的变化，等等。另外不可忽视的还有人的心理因素，管理者主要是与人打交道，对人进行管理。由于人作为单个个体存在着难以确定的多变性，管理者不可能找出一种普遍适用的方法或手段对每个人进行管理，因此管理者只能凭经验，借助于假定或人为的分析，来处理管理上诸如此类的问题，造成管理的不精确性与不确定性。

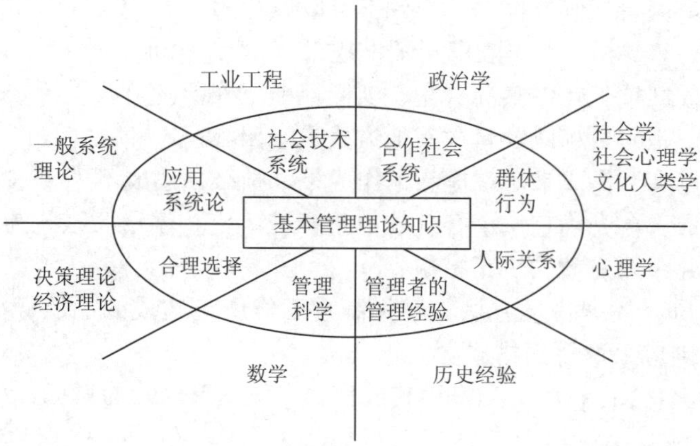

图 1-3　管理学的学科知识图

二、企业管理的概念与特征

（一）企业管理的概念及目的

1. 企业管理的概念

企业涉及工业、商业等产业领域，是指为人类求生存所应运而生的一种“社会机构”。企业管理是对企业生产经营活动进行计划、组织、指挥、协调和控制等一系列活动的总称，是社会化大生产的客观要求。企业管理的目的是尽可能地利用企业的人力、物力、财力、信息等资源，实现“多、快、好、省”的目标，取得最大的投入产出效率。随着生产精细化的发展，分工越来越细，生产专业化程度提高，经营规模不断扩大，企业管理越来越重要，科学化管理成为培育企业核心竞争力、实现企业可持续发展的重要途径。

构成企业的要素，有所谓的7M，即人员（Men）、金钱（Money）、方法（Methods）、机器（Machines）、物料（Material）、市场（Market）及工作精神（Morale）。各要素又包含若干管理项目，如人员有工作评价、职位分类、人事及工资管理等，资金有预算控制、成本分析、财务管理等，方法有生产计划及控制、动作和时间研究、质量控制、作业研究等，机器有设备布置、机器保养及安全生产等，物料有物料采购及搬运、库存控制等，市场有市场研究、销售管理等，工作精神有办公室关系、人群关系、工作效率等。

企业管理的具体内容如下：

（1）计划管理。通过预测、规划、预算、决策等手段，把企业的经济活动有效地围绕总目标的要求组织起来，计划管理体现了目标管理。

（2）组织管理。建立组织结构，规定职务或职位，明确责权关系，以使组织中的成员互相协作配合、共同劳动，有效实现组织目标。

（3）物资管理。对企业所需的各种生产资料进行有计划的组织采购、供应、保管、节约使用和综合利用等。

（4）质量管理。对企业的生产成果进行监督、考查和检验。

（5）成本管理。围绕企业所有费用的发生和产品成本的形成进行成本预测、成本计划、成本控制、成本核算、成本分析、成本考核等。

（6）财务管理。对企业的财务活动包括固定资金、流动资金、专用基金、盈利等的形成、分配和使用进行管理。

（7）劳动人事管理。对企业经济活动中各个环节和各个方面的劳动和人事进行全面计划、统一组织、系统控制、灵活调节。

（8）营销管理。是企业对产品的定价、促销和分销的管理。

（9）团队管理。指在一个组织中，依成员工作性质、能力组成各种部门，参与组织各项决定和解决问题等事务，以提高组织生产力和达成组织目标。

（10）企业文化管理。指企业文化的梳理、凝练、深植、提升。在企业文化的引领下，匹配公司战略、人力资源、生产、经营、营销等管理条线、管理模块。

2. 企业管理的目的

企业管理的基本目的在于提高工作效率，工作效率可以表述为：

工作效率 = 工作成果 ÷ 工作标准

其中：工作成果是指完成某项工作的实际数量、实际品质、实际速度及实际成本；工作标准是指从事某项工作前所预定的具体化目标，是将目标以数量或其他方式表示出来。

为提高工作效率，必须提高工作成果，想提高工作成果，则必须达成下列要求：

（1）达成预定的产品数量。事先确定一个合理的数量标准，使全体员工以此为目标，并奋力实现。要据此严格考核员工的工作效率，并采取有效的矫正措施。

（2）达成预定的产品品质。依据科学方法，事先制定工作所应达成的品质标准，使员工以此为目标努力实现，若不能达成此目标，则应采取矫正措施。

（3）如期完成任务。对每件工作，应事先安排其进度表，使员工以此为目标，在工作中采取一切有效措施，切实按此进度如期完成任务。

（4）减少费用支出。为降低成本，应减少费用支出。但减少费用支出，并非仅从表面数字着眼，也不可不顾实际需要，硬性核减各种支出数字，而应考虑此项数字支出的合理性。

（二）企业管理的特征

企业管理不同于一般的管理，有其自身的特征。

1. 企业管理是一种文化和社会现象

企业管理是一种文化现象和社会现象，这种现象的存在必须具备两个条件：两个人以上的集体活动、一致认可的目标。在人类的社会生产活动中，多人组织起来，进行分工，会达到单独活动所不能达到的效果。只要是多人共同活动，都需要通过制订计划、确定目标等活动来达到协作的好处，这就需要管理。因此，管理的载体是组织。

组织的类型、形式和规模可能千差万别，但其内部都含有五个基本要素，即人（管理的主体和客体）、物（管理的客体、手段和条件）、信息（管理的客体、媒介和依据）、机构（反映了管理上下左右分工关系和管理方式）、目的（表明为什么要有这个组织）。外部环境对组织的效果与效率有很大影响，外部环境一般包含行业、原材料供应、财政资源、产品市场、技术、经济形势、社会文化等要素。组织内部要素一般是可以控制的；组织外部要素是部分可以控制（如产品市场），部分不可以控制的（如国家政策）。

2. 企业管理的主体是管理者

管理是让别人和自己一同去实现既定的目标，管理者就要对管理的效果负重要责任。管理者的第一个责任是管理一个组织，第二个责任是管理管理者，第三个责任是管理工作和工人。企业管理者在企业生产活动中处于领导地位，具有特殊重要的作用。他们独立于企业的资本所有者，自主地从事企业经营活动，是企业的经营决策者和各项经营活动的统一领导者，其职能如下：

（1）确立企业的目标与计划。在一定时期内，为实现企业目标，就要使之具体化，形成企业经营目标。企业经营目标可分为长期目标与短期目标、总体目标与部门目标。经营者通过确立目标和计划来统一企业全体成员的思想和行动，引导企业通过最有利的途径来实现其既定的目标。

作为企业经营者来说，要正确制订企业的目标和计划，必须正确分析和判断企业的各种环境因素，善于估量市场的需求趋势、竞争企业的特点和企业自身的优势和劣势，能及时抓住有利的投资机会，巧妙地回避可能出现的风险，并善于利用企业各级主管人员的经验和智慧，做出最佳决策。

（2）建立和健全企业的组织机构。建立和健全企业的组织结构，充分发挥其各自作用，并保证企业整体发挥最大的效率，是实现企业目标的手段。因此，任何企业的组织机构都必须适应企业目标或任务的需要，而且还需要不断地健全和完善。

（3）配备重要的企业主管人员。企业经营者必须充分重视人才的质量，所以，首先就要重视人才的选拔；其次，必须重视人才的考核与评价，因为它是人才的选拔、提升、确定报酬和奖励的依据，否则容易挫伤员工的工作积极性，此项工作必须经常化；最后，必须充分重视人才的培训，它是人才选拔、提升的可靠基础。

（4）实现对企业全局的有效领导。一个优秀的经营者必须同时是一个优秀的领导者，这就要求经营者学会运用诱因去激励下属人员的行为动机，使其心甘情愿、满腔热情地为企业的共同目标而努力。

（5）实现对企业经营全局的有效控制。企业经营者在确定企业的目标和计划后，就要发动和指挥企业全体成员去执行这些既定的目标和计划，其控制的职能就在于保证人们的执行活动始终不会偏离目标和计划的要求，从而保证其得以顺利实现。

（6）实现对企业经营整体的有效协调。企业的经营活动是由众多相互联系的部门、环节和因素构成的统一体，客观上存在着一定的相互制约关系。在经营过程中，有可能出现这样或那样的矛盾，使这种相互关系出现不协调的现象。作为经营者来说，其协调职能就是要设法解决这些矛盾，保证企业的生产活动始终处于协调状态，从而保证企业计划和预期目标能顺利实现。

3. 现代企业管理追求多目标经营管理

现代企业管理倡导自由式经营管理和动态管理。利用集体的智慧，强调创新，注重激发员工的潜在智能，在管理中引进数量分析的方法，使决策更具合理性。现代企业的生产计划，莫不走上“多目标”经营之道，其原因不外有四：一是为了满足客户的需求，经济发展，国民生活水准提高，顾客对产品的需要，无不以追求多样化为其目标，企业为满足顾客愈来愈复杂的需要，求得更多的利润，争相走上多目标经营之路；二是为适应激烈的竞争情况，产品的转换迅速，产品的生命周期短，单一产品之产销，易招致淘汰之运，为避免此种危险，以求企业之生存，唯有走上多目标经营之道；三是企业的内部经济原理，走上多目标经营之道，不但在原料的采购上得到某些利益，而且可充分利用副产品与废料；四是由于科技不断革新，企业重视研究，新产品不断被研发出来。

4. 现代企业管理的核心是处理好人际关系

人既是管理的主体又是管理的客体，管理在大多数情况下是人和人打交道。管理的目标是实现多人共同完成目标，因此，管理者一定处理好人际关系，千万不要给人一种高高在上的感觉。

第三节　企业的目标与责任

一、企业目标

企业目标，是企业在一定时期内要达到的目的和要求，一般用概括的语言或数量指标加以表示，如发展生产、扩大市场、革新技术、增加盈利、提高员工收入和培训员工等方面的要求，都要用目标表示出来。企业要实现一定的目的和追求，通常将其转化为在一定时期内要达到的规定性成果目标，并通过达到这些成果去实现企业的目的。

目标对于人们开展活动具有引导和激励作用。它可以统一和协调人们的行为，使人们的活动有明确的方向；可以激发人们的努力；可以衡量人们的工作成绩。对于一个企业来说，如果没有明确的目标，企业的生产经营活动就会没有方向，管理就会杂乱无章，企业就不能获得良好的收益。

企业目标一般通过一定的规定性项目和标准来表达，它可以定性描述，也可以定量描述。任何目标都是质和量的统一体。对目标进行定性描述，可以阐明目标的性质与范围；对目标进行定量性描述，可以阐明目标的数量标准。企业目标往往是一个目标体系，其目标内容是多元的，是以一定的结构形式存在的。从目标的结构看，企业目标可分为主要目标和次要目标、长期目标和短期目标、定性目标和定量目标。企业在一定时期内所要达到的目标习惯上划分为企业对社会的贡献目标、市场目标、利益与发展目标、成本目标和人员培训目标等方面，具体表现为产品品种、产量、质量、固定资产规模、市场占有率、利润额、上缴税金和福利基金等方面的目标。

1. 社会贡献目标

社会贡献目标是现代企业的首要目标。企业能否生存，取决于它是否能取得较好的经济效益，对社会有所贡献。企业能否发展，取决于企业生产的产品满足社会需要的程度。企业对社会的贡献是通过它为社会创造的实物量和价值量来表现的。因为企业之所以能够存在和发展，是由于它能够为社会做出某种贡献，否则，它就失去了存在价值。所以，每个企业在制定目标时，必须根据自己在社会经济中的地位，确定其对社会的贡献目标。企业对社会的贡献，是通过为社会创造的使用价值和价值表现的，因此，贡献目标可以表现为产品品种、质量、产量和缴纳税金等。

2. 市场目标

市场是企业的生存空间。企业的生产经营活动与市场紧密联系，确定市场目标是企业经营活动的重要方面。广阔的市场和较高的市场占有率，是企业进行生产经营活动和稳定发展的必要条件。因此，企业要千方百计地扩大市场销售领域，提高市场占有率。

市场目标可用销售收入总额来表示。为了保证销售总额的实现，企业还可以以制定某些产品在地区的市场占有率作为辅助目标。企业经营能力的大小，要看其占有市场的广度和深度以及市场范围和市场占有率的大小。市场目标既包括新市场的开发和传统市场的纵向渗透，也包括市场占有份额的增加。对具备条件的企业，应把走向国际市场、提高产品在国外市场的竞争能力列为一项重要目标。

3. 利益与发展目标

利益目标是企业生产经营活动的内在动力。利益目标直接表现为利润总额、利润率和由此所决定的公益金的多少。利润是销售收入扣除成本和税金后的差额。无论是企业的传统产品还是新产品，其竞争能力都受到价格的影响。企业为了自身的发展、股东收益和提高员工的物质利益，必须预测出未来各个时期的目标利润。企业要实现既定的目标利润，应通过两个基本途径：一是发展新产品，充分采用先进技术，创名牌产品，取得高于社会平均水平的利润；二是改善经营管理，薄利多销，把成本降到社会平均水平之下。对于企业来说，前者需要较高的技术，难度较大，而后者能够保持较高的市场占有率和长期稳定的利润率，并给消费者带来直接利益。所以目标利润是带有综合性的指标，它是企业综合效益的表现。

4. 成本目标

成本目标，是指在一定时期内，为达到目标利润，在产品成本上达到的水平。它是根据所生产产品的品种数量、质量、价格的预测和目标利润等资料来确定的，是成本管理的奋斗目标。确定目标成本时，要对市场的需要、产品的售价、原材料、能源、包装物等价格的变动情况和新材料、新工艺、新设备的发展情况进行分析，结合企业今后一定时期内在品种、产量、利润等方面的目标，以及生产技术、经营管理上的重要技术组织措施，从中找出过去和当前与成本有关的因素，取得必要的数据，根据这些数据和企业本身将要采取的降低成本的措施，制定出近期和远期的目标成本。

5. 人员培训目标

提高企业素质的一个重要方面是提高员工的业务、技术、文化素养。要使员工具有专业技术的开发能力，就要在员工培训上下功夫。企业的经营方针和目标明确以后，需要有相应素质的人来实施完成。所以，企业一定时期的员工培养目标是保证各项新技术和其他各个经营目标实现的根本条件。

企业目标具体项目和标准的确定，要考虑企业自身的状况和企业的外部环境，处理好企业内外部的各种关系。企业制定目标时，必须让员工知道他们的目标是什么，什么样的活动有助于目标的实现，以及什么时候完成这些目标，而且目标应该是可考核的。

二、企业责任

1. 企业责任的概念

企业责任是指企业在争取自身的生存发展的过程中，面对社会的需要和各种社会问题，为维护国家、社会和人类的利益，所应该履行的义务。企业作为一个商品生产者和经营者，它的义务就是为社会经济的发展提供各种所需要的商品和服务。它的身份和地位，决定了在国民经济体系中它必须对国家、社会各方面承担相应的责任。

2. 企业责任的内容

（1）企业对员工的责任。企业在生产经营活动中使用员工的同时，要肩负保护劳动者人身安全，培养和提高员工文化、技术等多方面，保护劳动者合法权益等责任。

（2）企业对社区的责任。企业有维护所在社区正常环境、适当参与社区教育文化发展、环境卫生、治安事务、支持社区公益事业等责任。

（3）企业对生态环境的责任。在这一问题上，企业应当为所在的社区、区域、国家或社会，乃至全人类的长远利益负责任。要维护人类的生态环境，适应经济社会的可持续发展。企业作为自然资源（能源、水源、矿产）的主要消费者，应承担起节约、合理开发、保护自然资源的责任。

（4）企业对国家的责任。涉及社会生活、经济、文化等各个领域，包括：遵守国家大政方针、法律政策；遵守国家关于财务、劳动工资、物价管理等方面的规定，接受财税、审计部门的监督；自觉照章纳税；管好、用好国有资产，使其保值增值；等等。

（5）企业对消费者和社会的责任。企业向消费者提供的产品和服务，应能使消费者满意，并重视消费者即社会的长期福利，致力于社会效益的提高，如向消费者提供商品、服务信息，注意消费品安全，强调广告责任，维护社会公德。

第四节　企业管理的基本原理

企业管理的基本原理，是指企业管理中具有普遍意义的管理规律。掌握了就可以提纲挈领，举一反三，有效地处理各管理要素之间的复杂关系，以达到管理的基本目的。

（1）这些原理是为了保证实现管理的基本目标是高效、低耗、可靠的输出功能。外界环境和内部条件是不断变化的，必须要通过管理来持久地维持高输出功能。

（2）这些原理具有普遍适用性。对各行各业的各项管理活动都有理论和指导意义。

（3）这些原理是研究管理体制的基本要素及其相互之间辩证关系的。

以下我们在辩证唯物论的指导下，根据我国工业的实际情况，借鉴国外的某些实践和理论，分别叙述这些原理。

一、系统原理

（一）系统的概念

系统是由两个或两个以上相互区别又相互联系、相互作用的要素组成的，具有特定功能的有机整体。系统具有整体性、相关性、目的性、层次性、环境适应性等特点。系统本身又是它从属的一个更大系统的组成部分。系统原理，就是把同某一事物有关的全部组成要素的总体，看作一个系统，并从整体出发实施最佳化管理。

现代企业管理不再是过去的小生产管理，它总是处在各个层次的系统之中。每个企业，每种管理法，每个人都不可能再是孤立的，它既在自己的系统之内，又与其他各系统发生各种形式的“输入”或“输出”，同时还处在一个更大系统的统一范畴之内。因此，为了达到最佳化管理，就必须进行充分的系统分析，这就是企业管理的系统原理。

一个工业企业的管理，按层次可分为总厂管理、工厂管理、车间管理、班组管理等；按专业可分为计划、决策、生产、技术、质量、设备、财务等管理。它们之间纵横交错，互为影响，如何在分工的基础上根据它们的内在联系，把不同的职能工作综合组织起来，达到管理最佳化，这就必须应用管理的系统原理，紧紧抓住系统的三个基本特征：

1. 目标性

不同的系统有不同的目标性，混淆了目标必然是混乱的管理。对企业这个系统来说，它应有其整体的目标，而企业内部各子系统又有其各自的小目标，它是企业整体目标的展开形式。具体来说，每个企业在一定时期内必须有一个符合企业发展的总目标，把国家大政方针具体化和明确化。这样企业有了一个统一意志，统一步调的大目标，才能更好地组织和发动企业所有部门及全体员工，为实现这个大目标而同心协力，努力奋斗。但是，企业大目标确定之后，还要进行目标分解，把大目标化成各部门、各车间、班组的奋斗小目标，要使企业的各个部门和每个员工明确为实现企业的大目标各自应该干什么，什么时候干，怎样去干，应该达到什么效果，等等。这样就形成了自上而下地层层展开的大目标化小目标；自下而上地层层把小目标集合为大目标。

2. 相关性

工业企业是组成整个社会经济体系（大系统）的一个基本单位（小系统）。企业系统，又是由许多子系统组成的，如经营计划系统、生产技术系统、质量管理系统、销售系统等。系统的各组成要素都是互相关联、互相作用的。比如说，产品质量管理，这不仅决定于产品的制造过程，而且决定于设计过程，决定于为生产提供各种必要的条件的准备过程和服务过程，也决定于销售过程中为用户服务和对用户需要的调查研究等。因此，在实践中，我们必须认识系统各要素的相关性，从而寻求最佳管理。

3. 层次性

企业系统内部的管理，既有整体性，又有层次性，它们之间的关系是相辅相成的。任何管理层次的功能混乱，都会干扰整个系统有效的运转。也就是说，一个企业的厂部、车间、工段、班组等管理层次应该是一个统一体。但各管理层次又都有其不同的功能，只有让各自的管理功能得到充分的发挥，各司其职，才能提高管理的有效性。如果管理层次混乱，我做你的，你做我的，打混仗，势必事倍功半。例如，作为厂长，不是致力于经营决策，而是在车间忙于具体组织工作，指挥谁干什么，如何干，干了以后还要随时发出具体指令，等等，这样就干扰了下一层次系统的功能。这种做法有时或许会奏效，但长此以往，会使下级无责可负，失去主动性，一切问题上交。最后厂长天天忙于具体事物，不可开交，越忙越乱，越乱越忙，恶性循环。这时厂长失去了自己的决策功能，车间主任应有的现场指挥功能也得不到充分的发挥。

（二）企业管理系统的特点

企业管理系统是一个多级多目标的大系统，它本身又是国民经济系统的一个组成部分。企业管理系统具有以下主要特点：

（1）企业管理系统具有统一的生产经营目标，生产适应市场需要的产品，提高经济效益。

（2）企业管理系统的总体具有可分性，即企业管理工作按不同的业务需要可分解为若干个不同的分（子）系统，但各个分（子）系统互相衔接、协调并产生协同效应。

（3）企业管理系统的建立要有层次性，各层次的系统组成部分必须职责分明，各司其职，具有各层次功能的相对独立性和有效性，高层次功能必须统帅其隶属的下层次功能，下层次功能必须为上层次功能的有效发挥竭尽全力。

（4）企业管理系统必须具有相对的独立性，任何企业管理系统都是处在社会经济发展的大系统之中，因此，必须适应这个环境，但又要独立于这个环境，才能使企业管理系统处于良好的运行状态，达到企业管理系统之最终获利目的。

二、分工原理

分工原理产生于系统原理之前，但其基本思想却在承认企业及企业管理是一个可分的有机系统前提下，对企业管理的各项职能与业务按照一定的标志进行适当分类，并由相应的单位或人员来承担各类工作，这就是管理的分工原理。现代高效的管理必须在整体规划下明确分工，在分工的基础上进行有效的综合，这叫整分合原理。

这个原理的整体观点是大前提，不充分了解整体及其运动规律，分工必然是混乱而盲目的；但是分工是关键，没有分工的整体只是混沌的原始，构成不了现代有序的系统；没有分工的协作是吃大锅饭，只能是每况愈下的低效率。马克思说过：“一个民族生产力发展的水平，最明显地表现在该民族分工发展程度上。”

分工是生产力发展的要求，早在17世纪机器工业开始形成时期，英国经济学家亚当·斯密就在他的《国民财富的性质和原因研究》一书中，系统地阐述了劳动分工的理论，20世纪初，弗雷德里克·泰勒又作了进一步的发展。关于分工原理的意义，马克思早就指出：“由协作和分工产生的生产力，不费资本分文，这是社会劳动的自然力。”

分工的主要好处是：

（1）分工可以提高劳动生产率。劳动分工使工人重复完成单项操作，从而提高劳动的熟练程度，带来劳动生产率的提高。

(2) 分工可以减少工作损失时间。劳动分工使工人长时间从事单一的工作项目，中间不用或减少变换工作而损失时间。

(3) 分工有利于技术革新。劳动分工可以简化劳动，使劳动者的注意力集中在一种特定的对象上，有利于劳动者创造新工具和改进设备。

(4) 分工有利于加强管理，提高管理工作效率。从泰勒将管理业务从生产现场分离出来之后，随着现代科学技术和生产的不断发展，管理业务也得到了进一步的划分，并成立了相应的职能部门，配备了有关专业人员，从而提高了管理工作效率。

分工原理适用范围广泛。从整个国民经济来说，可分为工业、农业、交通运输、邮电、商业等部门；从工业部门来说，可按产品标志进行分工，设立产品专业化车间，也可按工艺标志进行分工，设立工艺专业化车间。在工业企业内部还可按管理职能不同，将企业管理业务分解为不同的类型，分别由相应的职能部门去从事，从而提高管理工作效率，使企业处于正常、不断的良好运转状态。

分工要讲究实效，要根据实际情况进行认真分析，要实事求是。一般企业内部分工既要职责分明，又要团结协作，在分工协作的同时要注意建立必要的制约关系。分工不宜过细，界面必须清楚，才能避免推诿、扯皮现象的出现。在专业分工的前提下，按岗位职责配备相应技术人员、是产品和工作质量得到保证的重要措施。在搞好劳动分工的同时，还要注意加强对职工的技术培训，以适应新技术、新方法不断发展的新要求。

三、弹性原理

弹性原理是企业为了达到一定的经营目标，在企业外部环境或内部条件发生变化时，有能力适应这种变化，并在管理上所表现出的灵活的可调节性。现代企业是国民经济巨系统中的一个系统，它的投入与生产都离不开国民经济这个巨系统。它所需要的生产要素由国民经济各个部门向其投入，它所生产的产品又需要向其他部门输出。可见，国民经济巨系统乃是企业系统的外部环境，是企业不可控制的因素，而企业内部条件则是企业本身可以控制的因素。当企业外部环境发生变化时，企业可以通过改变内部条件来适应这种变化，以保证达到既定的经营目标。

弹性原理在企业管理中应用范围很广。计划工作中留有余地的思想，仓储管理中保险储备量的确定，新产品开发中技术储备的构想，劳动管理中弹性工作时间的应用，等等，都在管理工作中得到广泛的应用，且取得了较好的成果。

近年来，人们还自觉不自觉地把弹性原理应用于产品价值领域，收到了意想不到的效果，称其为产品弹性价值。产品价值是由刚性价值与弹性价值两部分构成，形成产品使用价值所消耗的社会必要劳动量叫刚性价值，伴随在产品使用价值形成或实现过程中附着在产品价值中的非实物形态的精神资源为弹性价值。例如，产品设计、制造者、销售者、商标以及企业的声誉价值，都属于产品的弹性价值，又称无形价值或精神价值，是不同产品的一种“精神级差”。这是产品市场价值可调节性的重要标准，是企业获得超额利润的无形源泉，在商品交换过程中呈弹性状态，是当今企业孜孜追求的目标之一。

四、效益原理

效益原理是企业通过加强管理工作，以尽量少的劳动消耗和资金占用，生产出尽可能多的符合社会需要的产品，不断提高企业的经济效益和社会效益。

提高经济效益是社会主义经济发展规律的客观要求，是每个企业的基本职责。企业在生产经营管理过程中，一方面要努力设法降低消耗、节约成本；另一方面又要努力生产适销对路的产品，保证质量，增加附加值。从节约和增产两个方面来提高经济效益，以求得企业的生存与发展。

企业在提高经济效益的同时，也要注意提高社会效益。一般情况下，经济效益与社会效益是一致的，但有时也会发生矛盾，一般情况下，企业应从大局出发，要满足社会效益，在保证社会效益的前提下，最大限度地追求经济效益。

五、激励原理

激励是通过科学的管理方法激励人的内在潜力，使每个人都能在组织中尽其所能，展其所长，为完成组织规定的目标而自觉努力勤奋地工作。

人是生产力诸要素中最活跃的因素，创造团结和谐的环境，满足职工不同层次的需求，正确运用奖惩办法，实行合理的按劳分配制度，开展不同形式的劳动竞赛等，都是激励原理的具体应用，都能较好地调动人的劳动热情，激发人的工作积极性，从而达到提高工作效率之目的。

激励理论主要有需要层次理论、期望理论等。严格地说，激励有两种模式，即正激励和负激励。对于对工作业绩有贡献的个人实行奖励，在更大程度上调动其积极性，完成更艰巨的任务，属于正激励；对于因个人原因而使工作失误且造成一定损失的人实行惩罚，迫使其吸取经验教训，做好工作，完成任务，属于负激励。在管理实践中，按照公平、公正、公开、合理的原则，正确运用这两种激励模式，可以较好地调动人的积极性，激发人的工作热情，充分挖掘人的潜力，把工作做得更好。

六、人本原理

人本原理，即一切管理均应以调动人的积极性，作好人的工作为根本。“人本”原理要求每个管理者必须从思想上明确，要做好整个管理工作，要想管理好财、物、时间、信息等，都要紧紧抓住做好“人的工作”这个根本，使全体人员明确整体目标、自己的职责、工作的意义、相互的关系等，能够主动、积极、创造性地完成任务。遵循“人本”原理就是反对和防止见物不见人、见钱不见人、重技术不重人、靠权力不靠人等错误的认识做法。违反“人本”原理，不可能做到科学管理。

现代管理思想把人的因素放在第一位，重视如何处理人与人的关系，尽量发挥人的自我实现精神。过去的管理思想往往把人紧紧地捆在机器上。泰勒就是把工人做为机器的组成部分（重复完成某一动作的自动机）来对待。第二次世界大战以后，简单的重复的机械动作日益被机器所代替，生产者的工作，更多的是具有脑力劳动的成分，一些技术性很强的工作，实际上是无法监督的。这样，迫使资本家在严密地制定制度地同时，更加重视刺激生产者的积极性和主动性，“人际关系学”“行为科学”就在这样的历史背景下应运而生。加之生产规模日益扩大，自动化程度不断提高，发展生产越来越依靠对人的智力开发。因此，强调人的主动性和创造性是现代管理的发展趋势。

我国是劳动人民当家作主的社会主义国家，在管理过程中，更加强调劳动者的自觉性和自我实现精神，发挥人的主观能动性。资本主义制度见物不见人，人是资本或劳动力的化身。社会主义制度下见物又见人，物是由人掌握并为人服务的。社会主义社会一个重要目标就是培养有理想、有道德、有文化、有纪律的一代新人。在建设高度物质文明的同时，建设高度的精神文明。建设社会主义的现代化管理，更有必要强调人本原理。

人是管理对象的重要成分，是生产力中最活跃的因素，人的能动性发挥得如何，不仅直接关系到生产力水平的提高，而且关系到现代化科学技术的发展。因此，现代管理科学把人本原理的研究列为核心内容，强调应以做好人的工作为根本，事实证明，人的能动性发挥的程度与管理效应成正比。

七、价值原理

这里所说的价值，不只是政治经济学中所研究的商品的价值，不是指生产商品使用价值时所需的社会必要劳动时间或社会平均劳动量，与近年来企业管理中流行的价值工程中所说的价值也不完全相同。价值工程中的价值概念，其原来意义反映的只是经济价值或经济收益。现代管理科学价值原理所强调的价值，既不是单纯的商品价值，也不是单纯的经济价值，而是经济价值与社会价值的统一，是更高意义上的价值概念。对于管理者来说，明确这个区别是十分重要的，一个社会主义国家的管理者，在管理上如只是追求商品的经济价值，而不注意社会价值，并努力把两者结合起来，那么，他将会迷失方向，不能很好地履行自己的职责。1844 年恩格斯在给马克思的一封信中明确指出：“价值是生产费用对效用的关系。”这个观点受到马克思的赞同。后来在《反杜林论》中，恩格斯又进一步把生产费用改为“劳动耗费”。价值是劳动耗费对客观效用的关系，用式子表示为：价值 = 效用 ÷ 耗费。讲管理工作的效益，就必须研究耗费带来了多大的效用，这是现代科学管理中价值原则的集中反应。

价值工程中所说的功能，其本来意义指的是商品中部件、零件的功能，可以由商品的使用价值和市场效应来体现，是能够用货币来表现的。管理的价值原理中其效用或功能是指管理工作完成目标和任务的效率，是管理活动的整体效能，不能够完全用货币来表现。管理耗费或成本既包括物力、财力的消费，也包括智力、时间的消费，是一种综合成本概念。现代管理工作，如果只把成本理解为财力和物力的耗费，不考虑、不重视智力和时间的耗费，就不可能正确地运用现代管理工作中的价值管理原理。价值管理原理是一个重要的原理，各项工作要紧密地围绕着提高社会经济效益这个中心，就一定要在管理工作中不断完善自己的组织、结构、职责、目标，科学地、节省地、有效地使用自己的财力资源、物力资源、人力资源智力资源和时间资源，为创造最大的经济效益和社会效益而尽心出力。我们在运用价值原理时，价值工程的工作程序和步骤、功能分析中的功能定义、功能整理和功能评价方法等，都可以根据具体情况具体运用。

八、动态原理

动态原理是企业管理系统随着企业内外环境的变化而不断更新自己的经营观念、经营方针和经营目标，为达此目的，必须相应地改变有关的管理方法和手段，使其与企业的经营目标相适应。因此，企业既要随着经营环境的变化，适时地变更经营方法，又要保持管理业务上的适当稳定，建立相对稳定的企业管理秩序。

在企业管理中与此相关的理论还有矛盾论、辩证法，等等，好与坏、多与少、质与量、新与老、利与弊等都是一对矛盾的两个方面，要在实际操作过程中，运用辩证的方法，正确、恰当地处理矛盾，使其向有利于实现企业经营目标的方向转化。

九、创新原理

创新原理是企业为实现总体战略目标，在生产经营过程中，根据内外环境变化的实际，按照科学态度，不断否定自己，创造具有自身特色的新思想、新思路、新经验、新方法、新技术，并加以组织实施。

企业创新，一般包括产品创新、技术创新、市场创新、组织创新和管理方法创新等。产品创新主要是改善或创造产品，进一步满足市场需求或开辟新市场；技术创新主要是改进现有或创造新产品、生产过程或服务方式的技术活动；市场创新主要是加强市场调查研究，提高产品市场占有率，努力开拓新市场；组织创新主要是企业组织结构的调整要切合企业发展的需要；管理方法创新主要是企业具体管理技术和管理方法的创新。

十、可持续发展原理

可持续发展原理是企业在整个生命周期内，随时注意调整自己的经营战略，以适应变化了的外界环境，从而使企业始终处于兴旺发达的发展阶段。现代企业家追求的目标，不是企业一时的兴盛，而是长盛不衰。这就需要按可持续发展的原理，从历史和未来的高度，全盘考虑企业资源的合理安排，既要保证近期利益的获取，又要保证后续事业得到蓬勃的发展。

本章小结

1. 企业一般是指以盈利为目的，运用各种生产要素（土地、劳动力、资本、技术和企业家才能等），向市场提供商品或服务，实行自主经营、自负盈亏、独立核算的法人或其他社会经济组织，是社会经济的基本单位。

2. 现代企业比较普遍地运用现代科学技术手段开展生产经营活动，生产组织日趋严密，经营活动的经济性和营利性，环境适应性，对员工福利和社会责任的重视，形成特有的企业精神。

3. 管理具有自然属性和社会属性、科学性和艺术性、综合性与不确定性。

4. 企业管理是对企业生产经营活动进行计划、组织、指挥、协调和控制等一系列活动的总称，是社会化大生产的客观要求。企业管理的目的是尽可能地利用企业的人力、物力、财力、信息等资源，实现“多、快、好、省”的目标，取得最大的投入产出效率。

5. 企业的目标，是企业在一定时期内要达到的目的和要求，一般用概括的语言或数量指标加以表示，如发展生产、扩大市场、革新技术、增加盈利、提高员工收入和培训员工等方面的要求，都要用目标表示出来。

6. 企业责任是指企业在争取自身的生存发展的过程中，面对社会的需要和各种社会问题，为维护国家、社会和人类的利益，所应该履行的义务。

7. 企业管理的基本原理有系统原理、分工原理、弹性原理、效益原理、激励原理、人本原理、价值原理、动态原理、创新原理、可持续发展原理。

思考与练习

1. 什么是管理？什么是企业管理？其功能和特点各是什么？
2. 叙述管理的二重性。
3. 简述企业管理的基本原理。
4. 谈谈加强企业管理对企业成长的意义。
5. 谈谈你对企业管理科学化重要意义的认识。
6. 分析一个管理成功和不善的例子。

案例讨论

案例

第二章　中西方管理理论的形成与演变

本章提要

管理活动源远流长，人类进行有效的管理活动，已有数千年的历史，但从管理实践到形成一套比较完整的理论，则是一段漫长的历史发展过程。本章主要是阐述管理思想和理论的发展史，选择性地介绍了国内外有影响的管理实践、管理思想和管理理论。追溯中外管理理论的形成发展过程，能够让人对管理学有一个比较全面地认识，在了解过去、现在的基础之上，更好地把握管理理论的发展趋势。

重点难点

- 掌握管理理论的形成与发展历程。
- 掌握科学管理理论的主要内容。
- 掌握行为科学理论的主要内容。

引导案例

案例

第一节　西方管理理论的产生与发展

一、西方早期管理思想的形成

从人类社会产生到 18 世纪，人类为了谋求生存自觉不自觉地进行着管理活动和管理的实践，其范围是极其广泛的，但是人们仅凭经验去管理，尚未对经验进行科学的抽象和概括，没有形成科学的管理理论。从公元前 6 世纪的奴隶制时代开始，希腊罗马、埃及、巴比伦等文明古国便在政治、经济、军事等方面为人类作出了杰出的贡献。比如，古罗马帝国的兴盛并连续统治几个世纪，关键得益于其有效的组织和中央集权与地方分权管理相结合的分权制度。古埃及建立了具有象征意义的金字塔式的管理方式，有严格的等级层次和分工协作管理。而诸如埃及的金字塔、中国的都江堰、罗马的水道、巴比伦的古城等伟大的建筑更是表现出了惊人的管理实践，这些巨大的工程背后一定存在着非常复杂的规划、组织、领导与控制活动，若没有一些进步的管理思想是无法解决的。早期的一些著名的管理实践和管理思想大都散见于埃及、中国、希腊、罗马等国的史籍和宗教文献之中，但没有相应的专著或出版物。如古希腊时代，亚里士多德（公元前 384—前 322）在其著作《政治学》中提供了关于管理和组织的远见卓识：劳动力的专门化，部门职能，集权、分权和授权，配合与领导力等；古巴比伦王国利用颁布的《汉谟拉比法典》，建立了强硬的中央集权统治国家，同时在该法典中还涉及了工资、会计、收据等经济管理思想；我国古代典籍《孙子兵法》关于战争原则的论述至今仍吸引着大量的读者，其中关于战争中的节制和谨慎、速度、灵活性和适应性、战略的运用等思想是与现代企业的战略管理思想息息相通的。但在这一阶段，人们并没有很好地对管理实践进行系统的研究和规律性的总结，文艺复兴为工业化革命以及后来对于理性的、正式的、系统的管理知识体系的需要创造了前提条件。

真正关注并较好地研究有关管理问题的活动，起源于18世纪下半叶并延续到19世纪的英国工业革命。工业革命导致了机器取代人力，使以机器为主的现代意义上的工厂成为现实，加速了资本的快速积累和企业规模的日益扩大，而企业组织的发展导致了对效率与效能的关注、技术与工具的需求等。工厂以及公司管理的重要性越来越突出，管理方面的问题越来越多地被涉及，管理学开始逐步形成。这个时期对后期管理理论的形成与研究有较大影响的代表性人物有亚当·斯密、查尔斯·巴贝奇和罗伯特·欧文。

1. 亚当·斯密（1723—1790）

亚当·斯密是英国政治经济学家，他在1776年发表的代表作《国民财富的性质和原因的研究》（简称《国富论》）中，不仅对经济和政治理论有系统的研究，也有不少关于管理思想的论述，其中最具深远影响的是他的劳动分工理论和"经济人"观点。他以制针业为例提出劳动分工能大大地提高劳动生产率，其主要原因在于：一是劳动分工增加了工人的技术熟练程度；二是节省了从一种工作状态转换为另一种工作状态所需要的时间；三是发明了既方便工作又节省劳动时间的机器。他的另一个重要的观点是：人们在经济活动中追求的是个人自身的经济利益，社会利益是以个人相互之间的利益限制为基础而产生的，这就是所谓的"经济人"观点。

2. 查尔斯·巴贝奇（1792—1871）

查尔斯·巴贝奇不仅是英国著名的数学家，而且对工厂的生产和管理也十分关心。他在1837年出版的《论机器和制造业的节约》一书中，对劳动分工的好处和主管人员对设备、物质、人力使用上的具体管理技术进行了较为全面的论述。此外，他还提出了通过建立一种利润分享制度来正确处理工厂主与工人间的利益分配问题，使工人除固定工资外，还可以得到企业利润奖金与合理化建议奖金，从而建立起劳资双方的和谐关系。

3. 罗伯特·欧文（1771—1858）

罗伯特·欧文是一位成功的英国企业家和空想社会主义者，他最早注意到企业内人力资源的重要性，所以有人认为他是人事管理的创始人。他通过一系列的试验，提出在生产中要重视人，要缩短工人的工作时间，提高工人工资，改善工人住房条件和生产条件，认为重视人的作用和尊重人的地位可以使工厂获得更多的利润。

总体来讲，这一时期有关管理问题的论述和研究还远未能形成系统的管理理论，但人们已经意识到管理在企业中的重要性，预见到管理的地位将不断提高，其管理思想为后来的管理学理论的形成奠定了坚实的基础。

二、科学管理时代

经过英国工业革命的洗礼，西方国家在19世纪末和20世纪初产生了以美国的弗雷德里克·泰勒（科学管理之父，1856—1951）、法国的亨利·法约尔（管理理论之父，1841—1925）、德国的马克斯·韦伯（组织理论之父，1864—1920）为代表的科学管理理论。

泰勒等人倡导的科学管理，主要探讨了在工程中提高劳动生产率的问题。他们认为工人提高劳动生产率的潜力是很大的。于是他们在科学实验的基础上，制定出所谓标准的操作方法，并对全体工人进行标准化训练，并据以制定较高的定额。为使工人完成较高的工作定额，除了使工人掌握标准操作方法以外，还必须把工人使用的工具、机器、材料以及作业环境加以标准化。他们提倡实行一种有差别的、刺激性的计件工资制度，并提出了"一等工人"的说法和"人岗匹配"的管理术语。泰勒对设置合理的绩效标准和计件工资率激励机制以及建立和谐的劳资关系的评论是：产量提高的真正潜力并不是"更辛苦地工作"，而是"更聪明地工作"，"科学管理的本质就是伟大的心理革命"，体现了他主张劳资双方互利关系的哲学思想。此外，泰勒等人还对计划职能和执行职能的划分、职能管理制的采用和组织结构上的管理控制原理等进行了探讨。泰勒的代表作是1911年出版的《科学管理原理》一书。1912年泰勒在美国国会众议院特别委员会对泰勒制和其他工场管理制听证会上的证词，也是研究科学管理的重要文献。

法约尔的管理理论是以大企业的整体为研究对象的，而且他认为他的理论不仅适用于公私企业，也适用于军政机关等。他的管理理论主要包含在1916年发表的《工业管理和一般管理》一书中。他认为，管理不同于经营，只是经营的六种职能活动之一。经营的六种职能活动是：技术活动、商业活动、财务活动、安全活动、会计活动和管理活动。这六种职能活动，是企业组织中成员分担，只不过由于职务高低和企业大小的不同而各有侧重。至于管理活动，则又包含五种因素，即计划、组织、指挥、协调、控制。法约尔对管理的五种因素进行了较详细的论述，并提出了十四条管理原则，即分工、权限与责任、纪律、命令的统一性、指挥的统一性、个别利益服从于整体利益、报酬、集权、等级系列、秩序、公平、保持人员稳定、首创精神、集体精神。法约尔还特别强调管理教育的重要性，认为可以通过教育使人们学会管理并提高管理水平。

韦伯的研究主要集中在组织理论方面，他的贡献是提出了理想的行政组织体系理论，表现在他的代表作《社会组织与经济组织理论》一书中。韦伯主张，为实现一个组织的目标，要建立计划、分工、职权等级、权利、义务、指挥管理体系或阶层体系。组织中，任务分配、教育训练、薪金、升迁制度等要通过明文规定形成一种"职业的"管理，管理人员必须严格遵守组织中规定的规则和纪律。这些规则和纪律不受个人情感影响，而在任何情况下都适用。组织成员间的关系完全以理性准则为指导。这种不偏不倚的态度不仅适用于组织内部，而且适用于组织与外界的关系。韦伯认为财富是评分机制，而非目标；他认为勤奋工作才是要旨；专业化劳动分工是神圣的；过度消费是一种罪；应重视储蓄。这种理想的行政组织体系能提高工作效率，在精确性、稳定性、纪律性和可靠性方面优于其他组织体系。

三、行为科学阶段

20 世纪 30 年代以前，很多管理学派对管理方法的研究都是以"事"为中心，忽视了对人的研究。对行为科学的研究起源 20 世纪 50 年代的美国，它正式被命名为行为科学，是在 1949 年美国芝加哥的一次跨学科的科学会议上。20 世纪 60 年代，为避免同广义的行为科学相混淆，出现了"组织行为学"这一名称，专指管理学中的行为科学。现代管理学中所讲的行为科学专指狭义的行为科学，即指应用心理学、社会学、人类学及其他相关学科的成果，是研究管理过程中的行为和人与人之间关系规律的一门科学。行为科学的产生是生产力和社会矛盾发展到一定阶段的必然结果，也是管理思想发展的必然结果。行为科学的产生既有其政治背景，也有其经济背景和文化背景。泰勒科学管理理论建立以后，社会经济、政治、文化发展状况导致了行为科学的兴起。

从历史上发展来看，行为科学是西方现代管理科学的一个学派，它与泰勒制相比是进步而不是倒退，泰勒制是在第一次世界大战前出现的"科学管理"制度。工人阶级的觉悟提高后，他们用有组织的罢工、怠工等方法抵制资本家的剥削，泰勒制的定额奖惩法就失灵了。由于生产发展的需要，许多学者探索比泰勒制先进的管理办法，他们进行种种提高劳动生产率的实验，试图改变劳动条件的办法找到劳动生产率的决定性因素。其结果证明：企业中人的因素比物的因素更重要，工人并不是只关注经济利益的"经济人"，而是有感情、有理智的"社会人"，职工劳动生产率的高低，在很大程度上取决于受社会和心理因素影响的工作情绪，而人的工作情绪又受人所在的社会及本人心理因素的影响。这种理论促进人们去研究人群关系，研究如何激励"士气"，如何创造心情舒畅的工作环境，以后发展成为行为科学。由此看来，行为科学是对泰勒制的进一步发展。

行为科学是一门研究人类行为规律的科学。资本主义管理学家试图通过行为科学的研究，掌握人们行为的规律，找出对待工人、职员的新手法和提高工效的新途径。

（一）梅奥及霍桑试验和人际关系学说

1. 梅奥及霍桑试验

行为科学的发展始于人际关系学说。埃尔顿·梅奥（1880—1949）是人际关系学说的创始人。他出生于澳大利亚，早年学医，以后又学习心理学，曾任昆士兰大学讲师。他到美国后执教于宾夕法尼亚大学，1926 年，应聘到哈佛大学担任工业研究副教授。他的著作主要有《工业文明的人类问题》《工业文明的社会问题》等。

产业革命后，企业员工人数大增，随之产生一些人群关系问题。梅奥在西屋电气公司的霍桑工厂进行了一项实验，意外地发现了"人群关系"对工作效率具有很大的影响力，因此现代的管理人员，无不重视"人群关系"（又称"人类关系"、"人性关系"或"人际关系"）。"人群关系"又是人与人之间的关系，即工作人员对于同事、对于监督人员、对于公司以及对于社会全体的情感态度等要素。正是由于"人群关系"对于工作效率有极大的影响，现代管理者莫不以科学的方法来分析研究"人"之动机、欲望、满足及情绪等特质，从而确定应采取之行动、方针或政策，以求全体人员达成经济上、社会上与心理上之最大满足，借以充分发挥潜在之最高效率与能力，使个人与事业均获得满足。

1924—1932 年，梅奥应美国西屋电气公司的邀请，在霍桑工厂进行了长达 8 年的试验，即引起管理学界重视的"霍桑试验"。霍桑工厂在专家的指导下，先后开展了照明试验、继电器装配作业试验、面谈计划等。目的是要找出工作条件对生产效率的影响，以寻求提高劳动生产率的途径。这一项由国家研究委员会赞助的研究计划，共分四个阶段进行。

（1）工场照明试验。试验首先从变换工作现场的照明强度着手。研究人员将参加试验的工人分成两组，一组为试验组，一组为控制组。控制组一直在平常的照明强度下工作，而对试验组则给予不同的照明强度。当试验组的照明强度逐渐增大时，试验组的生产增长比例与控制组大致相同；当试验组的照明强度逐渐降低时，试验组的产量才明显下降。试验表明，照明度的一般改变，不是影响生产率的决定性因素。

(2) 继电器装配试验室研究。试验是分别按不同工作条件进行的，为了能够更有效地控制影响工人生产的因素，将一小组人独置在一个工作室，避免与别的工人接触。试验开始后，先逐步增加休息次数，延长休息时间，缩短每日工作时间，供应茶点，实行 5 日工作制等；接着，又逐步取消这些待遇，恢复原来的工作条件。结果发现，不论工作条件如何变化，生产量都是增加的，而且工人的劳动热情还有所提高，缺勤率减少了 80%。后来又选择了工资支付方式作为试验内容，即将集体奖励制度改为个人奖励制度。试验结果又发现工资支付办法的改变也不能明显影响工人的生产效率。那么，为什么试验过程中工人的产量会有上升呢？研究小组认为，可能出于工人对试验的关心和兴趣。工人们则认为，生产上升的原因是由于没有工头的监督，工人可以自由地工作。试验中比较尊重工人，试验计划的制订、工作条件的变化事先都倾听过工人的意见，因而工人与研究小组的人员建立了良好的感情。工人之间由于增加了接触，也滋生了一种团结互助的感情。为了进一步研究这一点，他们进行了第三阶段的试验。

(3) 谈话研究。研究小组用了前后两年多时间，对两万工人作了调查。在访问中，起初是用“直接提问”方式谈话。例如，问管理工作和工作环境的问题。虽然他们向工人说明，谈话内容均将保密，但是工人的回答仍然有所戒心。后改用“非直接提问”方式，甚至让工人自由选择话题。在这样的大规模谈话中，研究人员收集到有关工人态度的大量资料。经过分析，研究人员了解到，工人的劳动效果不但和他们在组织中的地位、身份有关，而且也与小组的其他人的影响有关，工人中似乎存在一种“非正式组织”。得到了这个结论后，为进一步作系统的研究，于是试验又进入第四阶段的观察研究。

(4) 观察研究。研究小组对有 14 名男工的生产小组进行了观察试验。这个组是根据集体产量计算工资，根据组内人员的情况，完全有可能超过他们原来的实际产量。可是，进行了 5 个月的统计，小组产量总是维持在一定的水平上。经过观察，发现组内存在着一种默契：往往不到下班，大家已经歇手；当有人超过日产量时，旁人就会暗示他停止工作或放慢工作速度。大家都按着这个集体的平均标准进行工作，谁也不做超额生产的拔尖人物，谁也不偷懒。他们当中，还存在着自然领袖人物。这就证实“非正式组织”是存在的，而这个组织对工人的行为有着较强的约束力，这种约束力甚至超过经济上的刺激。在进行试验的同时，研究小组还同工人进行了广泛的交谈，以了解工人对工作和工作环境、监工和公司当局的看法及持有这种看法对生产有什么影响。他们前后共与两万多名职工进行了交谈，取得了大量的材料。

2. 人际关系学说

梅奥等人就试验及访问交谈结果进行了总结，得出结论：生产效率不仅受作业时间、工资制度、作业设备或环境等物理的、生理的因素影响，而且受工作人员对于同事、监督人员、公司、社会整体的情感态度等社会环境、社会心理的影响。职工的士气、生产的积极性主要决定于社会因素、心理因素，决定于职工与管理人员以及员工与员工之间是否有融洽的关系。一般情况下，后者比前者对生产效率有着更大的影响。实验结果显示，在一个组织内，人与人之间的关系，对于人的态度、情感及心理等，对生产效率会产生一定影响。霍桑试验的最大发现是“人际关系”与效率之间的关系，这一点与科学管理的观点截然不同。以霍桑试验为基础，梅奥提出了人际关系学说，其主要内容有三点：

(1) 企业的员工是“社会人”。从亚当•斯密到科学管理学派都把人看做是仅仅为了追求经济利益而进行活动的“经济人”，或者是对于工作条件的变化能够做出直接反应的“机器的模型”。但是，霍桑试验表明，物质条件的改变，不是劳动生产率提高或降低的决定性原因，甚至计件制对于产量的刺激影响也不及生产集体所形成的一种自然力量大。因此，梅奥等人创立了“社会人”的假说，即认为人不是孤立存在的，而是属于某一工作集体并受这一集体影响的。他们不是单纯地追求金钱收入，还要追求人与人之间的友情、安全感、归属感等社会的和心理的欲望的满足。梅奥等人曾经用这样一句话来描绘人：人是独特的社会动物，只有把自己完全投入到集体之中才能实现彻底的“自由”。

(2) 满足工人的社会欲望，提高工人的士气（即工作积极性、主动性、协作精神等结合成一体的精神状态），是提高生产效率的关键。科学管理理论认为，生产效率与作业方法、工作条件之间存在着单纯的因果关系，只要正确地确定工作内容，采取恰当的刺激制度，改善工作条件，就可以提高生产效率。可是，霍桑试验表明，这两者之间并没有必然的直接的联系。生产效率的提高，关键在于工作态度的改变，即工人士气的提高。梅奥等人从社会人的观点出发，认为“士气”高低决定于安全感、归属感等社会、心理方面的欲望的满足程度。满足程度越高，“士气”就越高，生产效率也越高。“士气”又取决于家庭、社会生活的影响以及企业中人与人之间的关系。

(3) 企业中实际存在着一种“非正式组织”。“人的组织”可分为“正式组织”和“非正式组织”两种。“正式组织”是企业组织体系中的环节，是为了实现企业总目标而担当有明确职能的机构，这种组织对于个人有强制性。这是古典组织论者所强调和研究的。人际关系论者认为：企业职工在共同工作、共同生产中，必然产生相互之间的人际关系，产生共同的感情，自然形成一种行为准则或惯例，要求个人服从。这就构成了“非正式组织”。这种非正式组织对于工人的行为影响很大，是影响生产效率的重要因素。

在正式组织内，常有所谓“非正式的小群体”存在。正式组织的实际工作，常受其内部小社会群体的影响。所谓“非正式的小群体”，也许只有三四个人，也许多至十余人，均系工作中或生活中自然形成的群体。也许其中有一两人成为群体的领导人，其地位便因此而提高，但他们的领导地位不是由正式选举产生的。大多数人都能在群体中得到日常的人性满足，可以得到种种奖励，其中包括社会感、归属感（足以促进成员的内在安全感及个人价值感），困难时有倾诉的对象，工作时有帮手，对于上级主管或外来的压力，能有团结的自卫等。这种满足感，久而久之，发展成为群体的巨大凝聚力。

此外，一个非正式的群体还会产生出一种态度的模式，至少是大家都有某一种共同的利益。同一个人，往往可以同时属于好几个非正式的群体，但是由日常工作关系上产生的非正式群体，却最为坚强，也最能持久。这些非正式的小群体，组成人员彼此重叠，活动范围也彼此重叠。而且，他们活动的圈子往往延伸到公司以外。

3. 正式组织与非正式组织

组织中的“非正式的小群体”对员工的行为会产生一定的影响，主要表现在：一个“非正式的小群体”对于其组成的成员，常有种种压力，促使他们遵守群体的标准和例规，这也就是所谓的“一致性”。例如，在生产单位的作业人员中，某一群体已经有了一项公认的“产量标准”，于是谁也不敢将自己的产量提高。“非正式的小群体”，对其组成成员亦能施以奖励或惩罚，且是立可兑现的。相反的，来自公司管理层的奖惩却较为遥远和复杂；“非正式的小群体”还容易形成其组成成员种种信念和价值。

在公司管理实践中，应该想到：是否能有一种处事方式，不但能够满足群体，也同时有助于公司效率的改进。换句话说，必须时刻注意小群体的行为对公司任务达成的影响力，必须因势利导善加利用。如果发现“非正式群体”的行为与正式组织“不符”，有碍公司任务的达成时，所应采取的措施，便是首先承认群体标准和行为的“适当”。当然，事实上并不一定同意群体的标准和行为。等到调查有了结果，再不妨提出应该修正非正式群体之行为的理由，先从小群体的关键人物着手，使其接受改变的理由，然后再由他影响其余成员，使他们能改变其标准及行为，以配合公司的需要。

将“非正式的小群体”与“正式组织”相结合，有一种可能的办法，即组成整合性的专项工作团队，亦即我们正式组织结构应该如此设计：将凡是需要共同努力以完成某项最后产品的各项作业，都归并成一个单位。以下是三项工作指南：

(1) 工作的指派，以“完成某一项终结产品”为基础，即先将工作项目列示出来，这些工作项目形成一个自然的整体，能使我们明确地看到工作结果，然后再将这些工作项目交给一个小组的人员承担，作为他们的职权，这一小组的人员，即形成一个团队。

(2) 人员的指派，以完成该项工作所需的技能为主，尽可能派到实际现场工作，则他们所形成的非正式群体，当与他们的工作成果有关，而不会以他们本身的专长为主。但我们也得注意他们的专业知识是否因此而落伍，而需随时加以训练。

(3) 向各工作团队提供有关工作的实务资料，使他们能随时了解各方面的进度。拥有如此之资料，团队便易于自行调节，这种“团队自我调节”对社会群体具有一定的影响作用。

在正式组织中，也有所谓的“派系”存在，派系与非正式组织有何异同？它对正式组织有何影响？实际上，“派系”也是一种“非正式的社会群体”，从管理的观点来看，“派系”与其他非正式社会群体的不同之处，乃在于“派系”的成员常分散于组织中不同的部门。“派系”之形成，常是基于某些因素：也许是大家共同抬出一位主管来，促成此主管的高升；也许是大家观点一致支持某一政策；也许是为了某一项社会哲学；也许是为了某一类共同的强烈信念；也许是大家有相同之背景。“派系”形成所追求的“因素”，有时是有益的，例如大家热切改善人际关系，或热切推出某一新产品，以有助于公司的成长。但事实上，一个坚强的派系，往往会严重影响团体的行动，尤其是在高度分权化的制度之下，如果派系的目的与公司的目的相左，则弊端更特别显而易见。

当一位主管知道组织中有派系存在时，第一步便应该找出派系追求的"因素"何在。如主管经过了客观的分析研究，认为派系所追求的"因素"有违公司的利益，便该设法运用自己的影响力及权力来打破这一"因素"。相反，如认为派系追求的"因素"值得支持，便该调整公司的计划和方案，以使其与派系的目的相符，然后设法来说服派系，告诉他们只有遵守公司的计划与方案，他们的目的才最易于达到。换言之，主管必须使派系成员的"感受"转变为对公司的忠诚。如果主管人员能做到这一步，派系便不足以成为分裂的力量了。有时候，主管为了实现某一目标或政策的改变，也许可以"制造"新的派系。例如，公司有一主管发展新方案，或某一类新客户的服务计划，发现有阻力存在，他便可设法找出有哪些人赞成，然后提升他们，将他们调至各单位，去推行此一方案或新计划。

正式组织与非正式组织在本质上是不同的。正式组织以效率和成本为主要标准，要求企业成员为了提高效率、降低成本而确保形式上的协作。非正式组织则以感情为主要标准，要求其成员遵守人际关系中形成的非正式的不成文的行为准则。

人际关系学说认为：非正式组织不仅存在于工人之中，而且也存在于管理人员、技术人员之中，只不过效率与成本对于管理人员、技术人员比之对于工人更为重要，而感情一般来说，在工人中比在管理人员、技术人员中占有更为重要的地位。如果管理人员、技术人员仅仅依据效率与成本的要求来进行管理而忽略工人的感情，那么两者之间必将发生矛盾冲突，妨碍企业目标的实现。因此，调和这种矛盾，是管理的根本问题。

4. 良好人际关系的特点

人际关系学说是行为科学理论的早期思想，它为以后行为科学的发展奠定了基础。人际关系学说只强调要重视人的行为，而行为科学还要求进一步研究人的行为规律，找出产生不同行为的影响因素，探讨如何控制人的行为以达到预定目标。

良好的人际关系有以下三个特点：

（1）良好的人际关系应能满足员工的需要。即能满足员工的基本生理需要、社会需要、自我实现需要和安全方面的需要，因此，主管人员需设法给予满足。

（2）良好的人际关系必须建立在人性的管理上。因为人是社会的基础，每个人都有其情感、思想、意志、欲望、自尊，故人富有合群性、创造性和上进性，要建立有效的人际关系，必须从人性的观点去了解管理者及被管理者。

（3）良好的人际关系有赖于有效的领导。公平有效的领导能使整体机构发挥其活力，是达成任务的一项重要因素，如能领导有方，则组织内上下之间、同事之间必能维持良好的人际关系。

5. 如何建立良好的人际关系

应重视如下两个方面：

（1）要形成组织内员工之良好关系，必须设法满足各员工的需求及愿望，因此在人事管理上必须注意下列几点：尊重员工的人格与自尊；给予员工公允合理的报酬；给予员工安全的保障；给予员工上进的机会；公平诚信，杜绝偏私；对于员工的领导与管理，应特别注重人性。

（2）要维持组织内外的良好关系必须做到下列四点：树立良好的建议制度；设立仲裁机构；发行刊物或举行交谊活动；公开演讲或进行广播宣传。

企业的成长，有赖于两个方面：内部员工工作效率的提高；维持与外界（尤其是顾客、社会大众等）的良好关系。身为公司的主管，要想提高工作效率，促进企业的成长，务必依赖良好的人际关系，要想建立良好的人际关系，必须注意下列几点：员工的甄选与任用，须确立制度；训练制度须纳入人事系统；建立完善的人事考核制度，注重员工待遇及福利；建立员工安全保障制度；鼓励员工参与管理工作；制定完善的员工建议制度；注意员工态度及情绪；培养员工的工作热忱；发行刊物，编印员工手册；公开演讲或进行广播宣传；举行交谊活动；确定每一员工均为公共关系的一分子。

要增进员工之工作热忱，必须坚持以下几项原则：工作热忱乃是出自员工内心，非金钱所能购买的，不受外界强力的支配；员工心理往往盲目不稳定，故管理者应有一贯永久性的方案，始能将其引入正轨；管理者应当尽量利用各种措施，诸如改善劳资关系、促进公共关系等，以激发员工的工作热忱；应实行开明的民主制，尊重员工人格。

（二）组织行为科学理论

梅奥的人际关系学说是行为科学发展的第一阶段，20 世纪 50 年代以后，行为科学得到了新的发展，60 年代以后，又出现了组织行为学的名称。组织行为学系由行为科学进一步发展起来的，它是研究在一定组织中人的行为的发展规律，重点则是研究企业组织中的行为。组织行为学分三个层次：个体行为理论、团体行为理论、组织行为理论。

1．个体行为理论

个体行为理论主要包括两方面的内容，即有关人的需要、动机的激励理论和有关企业中的人性理论。

1）激励理论

梅奥的人际关系学说强调人是“社会人”，要满足人的社会需求。以后的行为科学家在这方面又有所发展。他们指出，人的各种行为都有一定的动机，而动机产生于人类本身内在的、强烈要求得到满足的需要。在组织管理中，可以根据人的需要和动机来加以激励，使之更好地完成任务，在这中间也就能更好地实现自己。这时的行为科学研究者，研究的重点已从“社会人”发展到“自我实现的人”，研究的已不仅仅是员工能否满足其社会需要的问题，而是员工能否获得更有意义、更具有挑战性的工作，在工作中能否获得成就感、尊重与自我满足，能否自我实现的问题。这方面的研究，主要有以下几种理论：

（1）需要层次理论。亚布拉罕•马斯洛（1908—1970），是美国人本主义心理学家和行为科学家。他 1954 年发表了《动机和人》一书，书中提出了人的需要层次理论。

马斯洛的需要层次理论有两个基本论点：一是人是有需要的动物，其需要取决于他已经得到了什么，尚缺少什么，只有尚未满足的需要能够影响行为，已得到满足的需要不能起激励作用；二是人的需要都有轻重层次，某一层需要得到满足后，另一层需要才出现。

马斯洛认为，在特定时刻，人的一切需要如不能全部满足，则满足最主要的需要就比满足其他需要更为迫切。只有排在前面的需要得到满足之后，才能产生更高一级的需要。只有当前面的需要得到充分的满足后，后面的需要才显出其激励作用。马斯洛将需要分为五级：生理的需要、安全的需要、感情的需要、尊重的需要和自我实现的需要。

（2）双因素理论。美国心理学家弗雷德里克•赫茨伯格在 1959 年与别人合著出版的《工作与激励》和 1966 年出版的《工作与人性》两本著作中，提出了激励因素和保健因素，简称双因素理论。

20 世纪 50 年代后期，赫茨伯格为了研究人的工作动机，对匹兹堡地区的 200 名工程师、会计师进行了深入的访问调查，提出了许多问题，如在什么情况下你对工作特别满意，在什么情况下对工作特别厌恶，原因是什么，等等。调查结果发现，使他们感到满意的因素都是工作的性质和内容方面的，使他们感到不满意的因素都是工作环境或者工作关系方面的。赫茨伯格把前者称为激励因素，后者称为保健因素。

保健因素对职工行为的影响类似于卫生保健对人身体的影响。当卫生保健达到一定的水平时，可以预防疾病，但不能治病。同理，当保健因素低于一定水平时，会引起员工的不满；当这类因素得到改善时，员工的不满就会消除。但是，保健因素对员工起不到激励的积极作用。保健因素可归纳为十项：企业的政策与行政管理、监督、与上级的关系、与同事的关系、与下级的关系、工资、工作安全、个人生活、工作条件和地位。

激励因素可以起到明显的激励作用，当这类因素不具备时，也不会造成员工的极大不满。这类因素归纳起来有四种：工作上的成就感、受到重视及提升、工作本身的性质、个人发展的可能性。

分析一下上述两类因素可以看到，激励因素是以工作为中心的，即以对工作本身是否满意、工作中个人是否有成就、是否得到重用和提升为中心的；而保健因素则与工作的外部环境有关，属于保证工作完成的基本条件。研究中还发现，当员工受到很大激励时，他对外部环境的不利能产生很大的耐性；反之，就不可能有这种耐性。

赫茨伯格的双因素理论与马斯洛的需要层次理论有很大的相似性。马斯洛的高层需要即赫茨伯格的主要激励因素，而为了维持生活所必须满足的低层需要则相当于保健因素。可以说，赫茨伯格对需要层次理论作了补充。他划分了激励因素和保健因素的界限，分析出各种激励因素主要来自工作本身，这就为激励工作指出了方向。

2）人性理论

人的本性问题，从来都是伦理家争论的一个问题，也是管理学者研究的一个中心课题。早在“科学管理”时期，就有人探讨这个问题。梅奥等人关于“社会人”、非正式组织的论述同这个问题也有关。到了后期的行为科学，对此又做了较深入的研究。人性理论主要有道格拉斯•麦格雷戈的“X 理论和 Y 理论”以及威廉•大内的“Z 理论”。

（1）X 理论和 Y 理论。美国麻省理工学院教授道格拉斯•麦格雷戈（1906—1964）于 1957 年首次提出 X 理论和 Y 理论，并在 1960 年正式出版的《企业的人性方面》一书中，对两种理论进行了比较。他认为，在管理中对人性的假设存在两种截然不同的观点，即 X 理论和 Y 理论。

麦格雷戈所指的 X 理论主要有以下观点：人的本性是坏的，一般人都有好逸恶劳、尽可能逃避工作的特性；由于人有厌恶工作的特性，因此对大多数人来说，仅用奖赏的办法不足以战胜其厌恶工作的倾向，必须进行强制、监督、指挥，并惩罚进行威胁，才能使他们付出足够的努力去完成给定的工作目标；一般人都胸无大志，通常满足于平平稳稳地完成工作，而不喜欢具有“压迫感”的创造性的困难工作。

与X理论相反的是Y理论。麦格雷戈认为，Y理论是较为传统的X理论的合理替换物。Y理论的主要观点是：人并不是懒惰，他们对工作的喜欢和憎恶决定于这工作对他是一种满足还是一种惩罚；在正常情况下人愿意承担责任；人们都热衷于发挥自己的才能和创造性。

对比 X 理论及 Y 理论可以发现，它们的差别在于对工人的需要看法不同，因此采用的管理方法也不相同。按 X 理论来看待工人的需要，进行管理就要采取严格的控制、强制方式；如果按 Y 理论看待工人的需要，管理者就要创造一个能多方面满足工人需要的环境，使人们的智慧、能力得以充分的发挥，以更好地实现组织的和个人的目标。

（2）超 Y 理论。在麦格雷戈提出 X 理论和 Y 理论之后，美国的乔伊•洛尔施和约翰•莫尔斯对此进行了试验。他们选了两个工厂和两个研究所作为试验对象，其中一个工厂和一个研究所按照 X 理论实施严密的组织和督促管理；另一个工厂和另一个研究所则按照 Y 理论实施松弛的组织和参与管理，并以诱导和鼓励为主。实验结果表明，采用 X 理论的单位和 Y 理论的单位都有效率高和效率低的。可见 Y 理论不一定都比 X 理论好。那么，到底应在什么情况下选用哪种理论呢？洛尔施等人认为，管理方式要由工作性质、成员素质等来决定，并据此提出了超 Y 理论。其主要观点是：不同的人对管理方式的要求不同。有人希望有正规化的组织与规章条例来要求自己的工作，而不愿参与问题的决策去承担责任。这种人欢迎以 X 理论指导管理工作。有的人却需要更多的自治责任和发挥个人创造性的机会。这种人则欢迎以 Y 理论为指导的管理方式。此外，工作的性质、员工的素质也影响到管理理论的选择。不同的情况应采取不同的管理方式。

（3）Z 理论。美国加州大学管理学院日裔美籍教授威廉•大内在研究分析了日本的企业管理经验之后，提出了他所设想的 Z 理论。Z 理论认为企业管理当局与职工的利益是一致的，两者的积极性可融为一体。

按照 Z 理论，管理的主要内容是：企业对员工的雇佣应是长期的而不应是短期的，企业在经济恐慌及经营不佳的状况下，一般也不采取解雇员工的办法，而是动员大家“节衣缩食”共渡难关。这样，就可使员工感到职业有保障而积极地关心企业的利益和前途；上下结合制定决策，鼓励员工参与企业的管理工作，从调查研究、反映情况，到参与企业重大问题的决策，都启发、支持员工进行参与；实行个人负责制，要求基层管理人员不机械地执行上级命令，而要敏感地体会上级命令的实质，创造性地去执行，强调中层管理人员对各方面的建议要进行协调统一，统一的过程就是反复协商的过程，这样做虽然费些时间，但便于贯彻执行；上下级之间关系要融洽，企业管理当局要处处显示对员工的全面关心，使员工心情舒畅、愉快；对员工要进行全面的知识培训，使员工有多方面工作的经验。如果要提拔一位计划科长担任经营副经理，就要使他在具有担任财务科长、生产科长的能力之后，再选拔到经营副经理的位置上；准备评价与稳步提拔，强调对员工进行长期而全面的考察，不以“一时一事”为根据对员工的表现下结论；控制机制要较为含蓄而不正规，但检测手段要正规。

2．团体行为理论

团体行为理论主要是研究团体发展的各种因素的相互作用和相互依存的关系。团体行为理论的研究成果很多，这里介绍卢因的“团体动力学理论”。库尔特•卢因（1890—1947），德国心理学家，场论的创始人，社会心理学的先驱，以研究人类动机和团体动力学而著名。他借用物理学中场论和力学的概念，说明了团体成员之间各种力量相互依存、相互作用的关系。这一理论的宗旨是寻找和揭示团体行为以及团体中个体行为的动力源问题。

卢因认为：人的心理、行为决定于内在的需要和周围的相互作用。当人的需要尚未得到满足时，会产生内部力场的张力，而周围环境因素起着导火线的作用。人的行为动向取决于内部力场与情境力场（即环境因素）的相互作用，但主要的决定因素是内部力场的张力。卢因的“场”的理论最初用于研究团体中的个体行为规律。他以实验为依据，认为个体行为是个体与环境（包括团体）各种有关力量相互作用的结果，公式表示为：

$$B=f(p, e)$$

式中：B 为行为；p 为个人；e 为环境。

公式说明，人的行为是个人与环境相互作用的函数。之后，他又把场论用于团体行为的研究，研究结果认为，团体是不断发展变化的动态过程。团体行为的产生，是团体内部各种力量相互作用的结果，包括团体的领导力量、团体的规范、团体压力、团体内聚力、团体人际关系和沟通，以及团体决策等影响团体发展变化的所有力量的总和。

团体动力论强调重视人的因素，把团体与其成员间的相互作用看成是团体行为的动力，把如何提高团体绩效问题看做是充分调动人的积极性问题。

3. 组织行为理论

组织行为理论主要包括领导理论和组织变革、组织发展理论。其中，影响比较大的理论主要有：

1）支持关系理论

这是美国现代行为科学家伦西斯·利克特提出的。支持关系理论的要点表述如下：

（1）对人的领导是管理工作的核心。必须使每个人建立个人价值的感觉，把自己的知识和经验看成是个人价值的支持。所谓支持是指员工置身于组织环境中，通过工作交往亲自感受和体验到领导者及各方面的支持和重视，从而认识到自己的价值。这样的环境就是"支持性"的，这时的领导者和同事也就是"支持性"的。

（2）把企业领导方式分为专权命令式、温和命令式、协商式和参与式四种。参与式效率最高，能有效地发挥经济激励、自我激励、安全激励和创造激励的作用。参与式程度越高，管理越民主，企业的效率越高；反对单纯地以生产或以人为中心。

支持关系理论实际上要求让组织成员都认识到组织担负着重要使命和目标，每个人的工作对组织来说都是不可或缺、意义重大和富有挑战性的。组织里的每个人都受到重视，都有自己的价值。如果在组织中形成了这种"支持关系"，员工的态度就会很积极，各项激励措施就会充分发挥作用，组织内充满协作精神，工作效率当然很高。

2）管理方格理论

这是研究企业的领导方式及其有效性的理论，由美国得克萨斯大学的行为科学家罗伯特·布莱克和简·莫顿在 1964 年出版的《管理方格》一书中提出。他们认为：在企业管理的领导工作中往往出现一些极端的方式，或以生产为中心，或以人为中心，或以 X 理论为依据而强调靠监督，或以 Y 理论为依据而强调相信人。在对生产关心的领导方式和对人关心的领导方式之间，可以有使二者在不同程度上互相结合的多种领导方式。

管理方格理论是培养有效领导者的一种有用工具，也可用于领导者进行自我评价。

四、管理理论丛林

管理理论丛林是一种学说观点，实质是指管理者对管理理论的认识的局限性。

第二次世界大战后，资本主义资源的积累对企业生产效率提出要求，促成科学管理理论的产生。哈罗德·孔茨在 1961 年 12 月的《管理学会杂志》指出，管理理论已出现一种众说纷纭、莫衷一是的乱局，像是一片枝根缠绕的丛林，管理理论还处在一个不成熟的青春期。孔茨的丛林理论引发了学者关于"丛林理论"的讨论，之后学者们对管理理论的研究更为深入。1980 年，孔茨发文表示管理理论已发展到 11 个学派，分别为：

（1）经营管理理论学派。代表人物是法约尔和孔茨。该学派主要明确和研究管理职能。他们认为管理学有独具的知识核心，和其他学科互相服务。

（2）人际关系学派。主张人际关系经营。

（3）群体行为学派。和人际关系学派相比，此学派更注重研究人的行为本身，研究组织中的群体行为。

（4）合作社会系统学派。其代表人物巴纳德提出了有里程碑意义的"利益≥诱因"关系式，结合了组织目标与个人目标。

（5）社会技术系统学派。考察技术系统的重要性，创始人特里斯特。

（6）系统学派。强调系统的运用是一种有效管理手段。

（7）数学学派。主张利用数学模型寻求管理问题最优解。

（8）经验学派。主要研究过去的管理经验，代表人物欧内斯特·戴尔驳斥了孔茨建立普遍结论的观点，他认为管理活动无普遍性意义，"丛林"难以消失。

（9）权变学派。即管理者应根据不同环境改变管理方法。

（10）决策理论学派。研究管理过程中的决策，其代表人物西蒙一开始就否认孔茨的观点，他认为不存在所谓混乱丛林，所有管理理论都处于一个系统并有各自的贡献。

（11）管理工作学派。代表人物明茨伯格提出了管理者角色理论。

其中，孔茨认为人际、决策、群体行为、合作、经理决策趋于片面，不够完善；而社会技术、系统、权变学派对于有经验的管理者而言司空见惯；数学模型只是工具，不足以自成一派；经验学派忽视社会实情，故不够可靠。

现代社会，管理理论仍存在分歧，影响生产效率的因素转移到工作本身。过去工作于人是负担，如今员工掌握更多自由，在工作中自我实现。管理者思考如何运用诸多激励因素调动员工积极性，共同实现组织目标与个人目标。未来，各管理理论会互相联系，促成集方法与理论的整体，趋势是加强科学理论运用，追求效率与效力，考虑企业与外部的关系。在这个过程中势必借助科技成果，创造富有条理的小、快、灵管理模式。

第二节　现代管理学学派

任何管理理论的创新，无不与环境条件的变化密切相关。第二次世界大战后，随着科技的迅猛发展和生产社会化程度的日益提高，企业发展呈现出了新的特点，即企业规模不断扩大，生产技术复杂程度大大增加，产品生命周期越来越短，市场竞争更加激烈。面对企业管理中出现的新情况、新问题、新要求，许多学者开始从不同角度和层面，运用不同的方法和手段对管理问题进行研究，形成了许多新的管理理论和学说，使管理理论空前多样化，这种情况被美国管理学家哈罗德•孔茨称为“管理理论的丛林”。在其中，比较具有影响的有管理科学学派、系统管理学派、权变管理学派、决策理论学派等。

一、现代管理学学派概述

（一）管理科学学派

所谓管理科学学派，又称作管理中的数量学派。这个学派认为，解决复杂系统的管理决策问题，可以用电子计算机作为工具，运用数学方法，寻求最佳计划方案，以达到企业的目标。管理科学其实就是管理中的一种数量分析方法。它主要用于解决能以数量表现的管理问题。其作用在于通过管理科学的方法，减少决策中的风险，提高决策的质量，保证投入的资源发挥最大的经济效益。

从管理科学的名称来看，似乎它是关于管理的科学。其实，它主要不是探求有关管理的原理和原则，而是依据科学的方法和客观的事实来解决管理问题，并且要求按照最优化的标准为管理者提供决策方案，设法把科学的原理、方法和工具应用于管理过程，侧重于追求经济和技术上的合理性。就管理科学的实质而言，它是泰勒的科学管理的继续与发展，因为他们都力图抛弃凭经验、凭主观判断来进行管理，而提倡采用科学的方法，探求最有效的工作方法或最优方案，以达到最高的工作效率，以最短的时间，最小的支出，得到最大的效果。不同的是，管理科学的研究，已经突破了操作方法、作业研究的范围，而向整个组织的所有活动方面扩展，要求进行整体性的管理。由于现代科学技术的发展，一系列的科学理论和方法被引进到管理领域。

1. 管理科学理论的基本特征

（1）以系统的观点为基础，强调组织是由“经济人”、物质技术和决策网络组成的系统。

（2）以决策为目的，强调其原则、方法和程序是组织管理的核心。

（3）运用数学、统计学的方法和电子计算机的技术，建立数学模型，为现代管理决策提供科学的依据，通过计划与控制以解决各项生产与经营问题。

2. 管理科学理论的评价

“管理科学”理论把现代科学方法运用到管理领域中，为现代管理决策提供了科学的方法。它使管理理论研究从定性到定量在科学的轨道上前进了一大步，同时它的应用对企业管理水平和效率的提高也起到了很大作用。同其他理论一样，它也有自己的弱点：

（1）这一理论忽略了人的因素，这不能不说是它的一大缺陷。

（2）把管理中与决策有关的各种复杂因素全部数量化，是不可能的也不现实的。

（3）管理问题的研究与实践，不可能也不应该完全只依靠定量分析，而忽视定性的分析。

（二）系统管理学派

系统管理理论是应用系统理论的范畴、原理，将企业作为一个有机整体，全面分析和研究企业和其他组织的管理活动和管理过程，重视组织结构和模式的分析，并建立起系统模型。这一理论是弗理蒙特·卡斯特、罗森茨威克和约翰逊等美国管理学家在一般系统论的基础上建立起来的。

1. 系统管理理论的主要内容

（1）企业是由人、财、物和其他资源在一定的目标下组成的一体化系统，它的成长和发展同时受到这些组成要素的影响。在这些要素的相互关系中，人是主体，其他要素则是被动的。管理人员需力求保持各部分之间的动态平衡、相对稳定、一定的连续性，以便适应情况的变化，达到预期目标。同时，企业还是社会这个大系统中的一个子系统，企业预定目标的实现，不仅取决于内部条件，还取决于企业外部条件，如资源、市场、社会技术水平、法律制度等，它只有在与外部条件的相互影响中才能达到动态平衡。

（2）企业是一个由许多子系统组成的、开放的社会技术系统，它受到周围环境（竞争者、顾客、供应商、政府等）的影响，也同时影响环境。

（3）如果运用系统观点来考察管理的基本职能，可以把企业看成一个投入—产出系统，投入的是物资、劳动力、技术和各种信息，产出的是各种产品（或服务）。运用系统观点使管理人员不至于只重视某些与自己有关的特殊职能而忽视了大目标，也不至于忽视自己在组织中的地位与作用，可以提高组织的整体效率。

2. 对系统管理理论的评价

（1）系统理论通过对组织的研究来分析管理行为，体现了管理哲学的改变。它使人们从整体的观点出发，对组织的各个子系统的地位和作用，以及它们之间的相互关系，有了更清楚的了解。同时，它也使人们注意到任何社会组织都具有开放系统的性质，从而要求管理者不仅要分析组织的内部因素，解决组织内部因素的相互关系问题，还必须了解组织的外部环境因素，注意解决组织与外部环境的相互关系问题，为人们处理和解决各种复杂组织的管理问题提供了一种十分有用的思路和方法。

（2）从系统的观点来考察和管理企业，有助于提高企业的整体效率。企业领导人有了系统观点，就更易于在企业各部门的需要和企业整体的需要之间保持适当的平衡，使得企业的管理人员不至于因为只注意一些专门领域的特殊职能而忽略了企业的总目标。但是，也有不少学者指出，现代组织和管理面临着十分复杂的条件，系统管理理论企图用系统的一般原理和模式来解决如此复杂的现实问题是难以奏效的。他们认为，系统方法过于抽象，实用价值不大。结果，曾经风行一时的“系统热”渐渐地冷落下去。就连系统管理理论的主要代表人物卡斯特和罗森茨韦克，在他们的后期著作《组织与管理——系统方法和权变方法》中，也把系统管理理论同权变管理理论结合起来。

（三）权变管理学派

权变管理理论是20世纪70年代在美国形成的一种管理理论，它认为，在企业管理中要根据企业所处的内外条件随机应变，没有什么一成不变、普遍适用的“最好的”管理理论和方法。该学派是从系统观点来考察问题的，它的理论核心就是通过组织的各子系统内部和各子系统之间的相互联系，以及组织和它所处的环境之间的联系，来确定各种变数的关系类型和结构类型。它强调在管理中要根据组织所处的内外部条件随机应变，针对不同的具体条件寻求不同的最合适的管理模式、方案或方法。其代表人物有卢桑斯、菲德勒、豪斯等人。

1. 权变管理理论的主要思想

美国学者卢桑斯在1976年出版的《管理导论：一种权变学》一书中系统地概括了权变管理理论。他认为：

（1）权变管理理论就是要把环境对管理的作用具体化，并使管理理论与管理实践紧密地联系起来。

（2）权变管理理论就是考虑到有关环境的变数同相应的管理理念和技术方法之间的关系，使采用的管理理念和技术方法能有效地达到目标。在一般情况下，环境是自变量，而管理的理念和技术方法是因变量。这就是说，如果已存在某种环境的条件下，为更快地达到目标，就要采用相应的管理原理、方法和技术。比如，如果在经济衰退时期，企业在供过于求的市场中经营，采用集权的组织结构，就更适于达到组织目标；如果在经济繁荣时期，在供不应求的市场中经营，那么采用分权的组织结构可能会更好一些。

（3）环境变量与管理变量之间的函数关系就是权变关系，这是权变管理理论的核心内容。环境可分为外部环境和内部环境。外部环境又可以分为两种：一种是由社会、技术、经济和政治、法律等所组成；另一种是由供应商、需求者、竞争者等组成。内部环境基本上是正式组织系统，它的各个变量与外部环境各变量之间是相互关联的。

2．权变管理理论的特点

（1）它强调根据不同的具体条件，采用相应的组织结构、领导方式、管理机制等。

（2）把一个组织看作社会系统中的子系统，要求组织各方面的活动都要适应外部环境的变化。

（四）决策理论学派

决策理论学派是在社会系统学派的基础上发展起来的，它把第二次世界大战之后发展起来的系统理论、运筹学、计算机科学等综合运用于管理决策过程中，形成一门有关决策过程、准则、类型及方法的较完整的理论体系。其主要代表人物是曾获得诺贝尔经济学奖的赫伯特·西蒙。

1．决策理论要点

（1）决策贯穿管理的全过程，决策是管理的核心。西蒙指出组织中经理人员的重要职能就是做决策。他认为，任何作业开始之前都要先做决策，制定计划就是决策，而组织、领导和控制也都离不开决策。

（2）系统阐述了决策原理。西蒙对决策的程序、准则、程序化决策和非程序化决策的异同及其决策技术等作了分析。西蒙提出决策过程包括四个阶段，这四个阶段中的每一个阶段本身就是一个复杂的决策过程。

① 收集情况：即收集组织所处环境中有关经济、技术、社会各方面的信息以及组织内部的有关情况。

② 拟订计划：即在确定目标的基础上，依据所收集到的信息，编制出可能采取的行动方案。

③ 选定计划：即从可供选用的方案中选定一个行动方案。

④ 评价计划：即在决策执行过程中，对过去所做的抉择进行评价。

（3）在决策标准上，用“令人满意”的准则代替“最优化”准则。以往的管理学家往往把人看成以“绝对的理性”为指导，按最优化准则行动的理性人。

（4）一个组织的决策根据其活动是否反复出现可分为程序化决策和非程序化决策。根据决策条件，决策还可以分为确定型决策、风险型决策和非确定型决策，每一种决策所采用的方法和技术都是不同的。

2．决策理论的两点启示

（1）从管理职能的角度来说，决策理论提出了一条新的管理职能。针对管理过程理论的管理职能，西蒙提出决策是管理的职能，决策贯穿于组织活动的全部过程，进而提出了“管理的核心是决策”的命题，而传统的管理学派是把决策职能纳入到计划职能当中的。由于决策理论不仅适用于企业组织，而且适用于其他各种组织的管理，具有普遍的适用意义。因此，“决策是管理的职能”现在已得到管理学家普遍的承认。

（2）首次强调了管理行为执行前分析的必要性和重要性。在决策理论之前的管理理论，管理学家的研究重点集中在管理行为本身的研究中，而忽略管理行为的分析，西蒙把管理行为分为“决策制定过程”和“决策执行过程”，并把对管理研究的重点集中在“决策制定过程”的分析中。

二、管理理论的新发展

20 世纪中叶以来，科技迅速发展，人类社会逐渐进入了知识经济、信息社会时代，这个时代的重要特征是知识、信息更新速度越来越快，世界因此而多变。管理科学必须与时俱进，不断发展。

（一）学习型组织

1．学习型组织的概念

学习型组织理论是由当代著名管理大师彼得·圣吉创立的。1990 年，在他所著的《第五项修炼——学习型组织的艺术与实务》一书中，倡导组织的学习，并在自我超越、改善心智模式、建立共同愿景、团队学习的基础上提出了第五项修炼——系统思考，为企业营造学习型组织提供了理论依据。之后，在他与人合著的《变革之舞——学习型组织持续发展面临的挑战》一书中，又具体论述了创建学习型组织的一系列关键问题，从而使学习型组织理论成为当今管理领域的最新潮流。

圣吉认为，学习型组织是一种与众不同、更符合人性的组织模式，它是由伟大的学习团队形成社会群体，有着崇高而正确的核心价值、信念与使命，具有强劲的生命力与实现梦想的共同力量，不断创造，持续蜕变。在这一过程中，组织中成员心怀志向，心手相连，相互反省，求真务实，勇于挑战极限及过去的成功模式，不为眼前近利所诱，同时以令成员振奋的远大理想及政策与行动，充分发挥生命的潜能，创造超乎寻常的成果，从而在真正的学习中体悟工作的意义，追求心灵的成长与自我实现，并与周围的世界产生一体感。

2．创建学习型组织的实质是提高企业的集体创新力和学习力

区别于以往的管理理论，学习型组织更加注重集体创新力和学习力的培养。在《变革之舞》一书中，彼得•圣吉明确指出：对企业领导“英雄”般的迷信已经给很多企业带来困难，使企业为寻找“救世主”付出了惨重的代价。因此，企业变革的成功归根结底依靠的是组织的创新能力。只有充分发挥组织内部各群体的作用，组织集体的创新力和学习力才能提高，形成组织内部的“领导群”。一般来说，组织内部的“领导群”应由三类人组成：

一是高层领导，如总裁、董事长等。强烈的学习和创新意识是高层领导所必须具备的特质，要勇于放弃已有的陈规，向未来学习，就像以直销模式与品牌销售相竞争那样，要敢于想象不曾体验过的东西，同时还要善于为企业创造持续革新和学习的良好氛围。

二是中层领导。中层领导是企业承上启下的中坚力量，发挥他们在学习力培养中的领导作用尤其重要。作为中层领导要有丰富的想象力和勇于献身的精神，不断地将组织的各种新思想和新观点付诸实践，并对实际效果进行检验。

三是组织内部关系网络的领导，如攻关小组、读书会、各种沙龙的负责人或重要成员等。这些人虽然职位不高，但具备很强的活动能力、学习能力和思维能力，最容易获得员工的真实想法，也最容易得到员工的拥护，注重他们的学习积极性，就能够极大地调动广大员工的学习积极性。

实践表明，只有当以上三种领导者在企业内部相互配合、有效动作时，才能极大地增强企业的集体学习力和创造力。忽视其中任何一方，都会影响整个组织的集体表现。

3．创建学习型组织的关键是要坚持以人为本，构筑科学合理的企业组织结构

学习型组织的宗旨是在共同理想的统领下，实现学习个体的互动，最大限度地发挥团体绩效。因此，在创建学习型组织的实践中必须注重以人为本的企业文化氛围，才能为学习型组织的创建提供强有力的精神支持。

学习型组织的实现需要有科学合理的企业组织结构作为保障。为了使企业能经受起未来激烈的竞争，未来的企业组织结构应趋向扁平化，即减少中间环节，逐步形成领导层、管理层、生产层的平面化管理模式，使员工拥有更多的权利和责任。这样不仅有助于克服员工的依赖心理，而且便于上下之间的沟通，促进企业内部成员间的相互理解、相互学习、个体互动和协调合作。此外，随着现代化科技手段在管理中的应用，过多的管理层就没有存在的必要了。从这一角度来看，管理中间层的削减也是大势所趋。

（二）人力资源管理

1．人力资源的概念

人力资源是与自然资源或物质资源相对应的、以人和生命为载体的社会资源。从广义上讲，智力正常的人都是人力资源。从狭义上讲，人力资源有不同的解释：

（1）人力资源是指在一定领域内拥有劳动能力的人口总和。

（2）人力资源是指能够推动社会和经济发展的具有智力与体力劳动能力的人的总称。

（3）人力资源是指一切具有为社会创造物质文化财富、为社会提供劳务和服务的人。

（4）人力资源包括劳动者的体质、智质、文化教养和受教育程度，劳动者的能力、思想觉悟与道德水平。

2．人力资源的特点

1）人力资源的生物性

人首先是一种生物。人力资源存在于人体之中，是有生命的“活”资源，与人的自然生理特征相联系。人的最基本的生理需要带有某些生物性的特征。在管理中，首先要了解人的自然属性，根据人的自然属性与生理特征进行符合人性的管理。人力资源属于人类自身所特有，因此具有不可剥夺性。这是人力资源最根本的特性。

2）人力资源的时限性

时限性是指人力资源的形成与作用效率要受其生命周期的限制。作为生物有机体的个人，其生命是有周期的，每个人都要经历幼年期、少年期、青年期、中年期和老年期。其中具有劳动能力的时间是生命周期中的一部分，其各个时期资源的可利用程度也不相同。无论哪类人，都有其才能发挥的最佳期、最佳年龄段。如果其才能未能在这一时期充分利用开发，就会导致人力资源的浪费。因此，人力资源的开发与管理必须尊重人力资源的时限性特点，做到适时开发、及时利用、讲究时效，最大限度地保证人力资源的产出，延长其发挥作用的时间。

3）人力资源的再生性

经济资源分为可再生性资源和非再生性资源两大类。人力资源是再生性资源，它基于人口的再生产和劳动力的再生产，通过人口总体内个体的不断更替和“劳动力耗费—劳动力生产—劳动力再次耗费—劳动力再次生产”的过程得以实现。同时，人的知识与技能陈旧、老化也可以通过培训和再学习等手段得到更新。当然，人力资源的再生性不同于一般生物资源的再生性，除了遵守一般生物学规律之外，它还受人类意识的支配和人类活动的影响。从这个意义上来说，人力资源要实现自我补偿、自我更新、持续开发，需要人力资源的开发与管理注重终身教育，加强后期的培训与开发。

4）人力资源在使用过程中的磨损性

人力资源在使用过程中会出现有形磨损和无形磨损，劳动者自身的疾病和衰老是有形磨损，劳动者知识和技能的老化是无形磨损。在现代社会，人力资源的这种磨损呈现以下特点：与传统的农业社会和工业社会里较多地表现为有形磨损不同，现代社会更多地表现为无形磨损；当今社会的一个重要特征是新技术不断取代原有技术，而且更新周期越来越短，致使员工的知识和技能老化加剧，人力资源的磨损速度越来越快；人力资源补偿的难度加大，这是因为当今社会的人力资源磨损主要表现为无形磨损，而无形磨损的补偿比起有形磨损的补偿要困难得多；由于人力资源磨损速度的加快，也使得补偿的费用越来越高。

5）人力资源的社会性

人处在一定的社会之中，人力资源的形成、配置、利用、开发是通过社会分工来完成的，是以社会的存在为前提条件的。人力资源的社会性，主要表现为人与人之间的交往及由此产生的千丝万缕的联系。人力资源开发的核心，在于提高个体的素质，因为每一个个体素质的提高，必将形成高水平的人力资源质量。但是，在现代社会中，在高度社会化大生产的条件下，个体要通过一定的群体来发挥作用，合理的群体组织结构有助于个体的成长及高效地发挥作用，不合理的群体组织结构则会对个体构成压抑。群体组织结构在很大程度上又取决于社会环境，社会环境构成了人力资源的大背景，它通过群体组织直接或间接地影响人力资源开发，这就给人力资源管理提出了要求：既要注重人与人、人与团体、人与社会的关系协调，又要注重组织中团队的建设。

6）人力资源的能动性

能动性是人力资源区别于其他资源的本质所在。其他资源在被开发的过程中，完全处于被动的地位；人力资源则不同，它在被开发的过程中，有思维与情感，能对自身行为做出抉择，能够主动学习与自主地选择职业，更为重要的是人力资源能够发挥主观能动性，有目的、有意识地利用其他资源进行生产，推动社会和经济的发展。同时，人力资源具有创造性思维的潜能，能够在人类活动中发挥创造性的作用，既能创新观念、革新思想，又能创造新的生产工具、发明新的技术。

7）人力资源具有生产者和消费者的角色两重性

人力资源既是投资的结果，又能创造财富；或者说，它既是生产者，又是消费者，具有角色两重性。人力资源的投资来源于个人和社会两个方面，包括教育培训、卫生健康等。人力资源质量的高低，完全取决于投资的程度。人力资源投资是一种消费行为，并且这种消费行为是必需的、先于人力资本的收益。研究证明，人力资源的投资具有高增值性，无论从社会还是个人角度看，都远远大于对其他资源投资所产生的收益。

8）人力资源的增值性

人力资源不仅具有再生性的特点，而且其再生过程也是一种增值的过程。人力资源在开发和使用过程中，一方面可以创造财富；另一方面通过知识经验的积累、更新，提升自身的价值，从而使组织实现价值增值。

9）人力资源是具有连续性的资源

作为人力资源重要组成部分的知识和技术是人们实践经验的产物，具有一定的时间性。人力资源的这种连续性表现在知识的连续性、技术的连续性。

10）人力资源是一个运动过程

人力资源始于开发，经过配置而终于使用。而管理贯穿整个运动过程，是人力资源有效开发、合理配置、充分使用的基本保障。

3. 人力资源管理的内容和任务

人力资源开发主要是指国家或企业对所涉及范围内的人员进行正规教育、智力开发、职业培训和全社会的启智服务，包括教育、调配、培训、使用、核算、周转等过程，源源不断地为全社会提供各类人力。

人力资源管理是指对全社会或一个企业的各阶层、各类型的从业人员从招工、录用、培训、使用、升迁、调动直至退休的全过程管理。

人力资源管理的任务是：预测人力需求，研究人才的合理布局；做好招工录用工作；认真搞好在职培训；认真分析影响人的重要性的基本因素；善于识别人才；关心员工的劳动报酬及分配；创造和谐、安定向上的用人环境。

（三）企业形象

当今的企业竞争不仅仅是资本、技术之间的竞争，更表现为形象管理的竞争。良好的企业形象已成为企业发展的重要因素。有专家断言：形象经济时代正在来临。

1．形象力是企业的重要支撑

随着市场主体的增多、行业竞争的加剧，企业的形象建设已成为企业经营活动的重要内容。为了生存，任何一家企业都要参与市场竞争，企业形象的塑造已成为基本手段之一。

企业在市场中的竞争力决定着企业的生存状况和持续性。而企业竞争力需要靠科技力、营销力、形象力三力支撑。科技力是企业的科技水平、产品开发能力的集中体现。它是产品质量的根本保证，失掉了科技力就失掉了竞争的物质基础。营销力是企业的市场网络建设和市场开拓能力。形象力是企业形象和产品形象，即企业及其产品对公众的综合吸引力，提高企业的形象力就是要培养企业更多的崇拜者。科技力、营销力、形象力呈三足鼎立之势，相得益彰。这三者中的核心是形象力的竞争，因此，提升企业形象无疑是提升企业竞争力的关键。

2．形象塑造的四大策略

1）资源个性化——形象要素的整合

作为生产资料之一的“资源”，在传统经济中就占有重要位置。“资源”对“形象”有直接的影响和制约作用，例如“山清水秀”和“穷山恶水”就是两种截然不同的形象写照。从这个层面来理解，“资源”和“形象”之间有着必然的因果关系。但是，企业的哪些资源可以成为形象要素呢？“形象经济”概念中所涉及的资源并不完全是具有共性特征的、有直接因果关系的资源，而是更关注它的非共性部分，即资源的“个性化”部分，尤其与消费者的核心需求相对应的资源。“资源个性化”的实质是强调“资源”在横向比较中表现出的独特性和形象性，突出“资源”的形象效应，从而使“资源个性化”这一在传统经济中并不直接影响经济的因素成为“形象经济”中重要的“生产力要素”。

2）概念商品化——形象价值的体现

这里强调的是“概念商品化”，而不是“商品概念化”，二者有联系，但更有区别。概念商品化强调的是产品品牌如何转化为商业品牌。通常情况下，“概念”常常只是一种说法、一种想法的概括性表达。但一个无形的概念，却可能为市场所接受，形成买卖双方之间的交易或转让。在形象经济的体系中，“概念”的商品化趋势正日益地彰显出来。在市场经济中，“概念”成为商品、概念主导营销的事实，在今天已经比比皆是了。“概念”不仅可以成为商品，而且还可以造就一个组织、一个产业、一种经营模式。

3）品牌资本化——形象价值的拓展

在传统经济的概念中“品牌”并不是资本，至少没有明确并普遍地被当作资本。但在今天，“品牌”可以作为资本已经成为一种比较普遍的认识。“品牌资本化”实际是“品牌价值”的整体表现。“品牌价值”是多方面的，有社会价值、经济价值、经营价值、管理价值、文化价值等，而就其性质而言，这些价值实际上都可以归纳为“形象价值”，因为“品牌”的基础，是社会公众的“形象认知”。没有形象，就没有认知。没有认知，当然也就无所谓品牌。物质产品和精神产品都要讲究品牌。迄今为止，“品牌资本化”的运行模式，始终伴随着极为明显的“形象”印记——品牌资本的量化评估：既是对企业品牌资本增值的一种认定，更是企业品牌形象效应的一种全面扩展和提升。品牌资本的管理运行：品牌资本的作股和转让等，也几乎都是品牌形象的社会效应在经营管理方面的具体体现。品牌资本的社会认定：这是一种极为普遍的现象，而它也最能说明品牌资本的核心内涵始终是品牌在公众中的形象效应。在时尚服装消费中，品牌的形象效应最为突出，在这一领域，品牌资本最明显地体现出品牌本身的价值。

4）传播市场化——形象传播的策略

“形象营销”的核心，其实是一种“传播”的概念。从形象经济的观点分析，传播也是生产力。在传播行为的实施和作用的过程中，相关的生产关系和生产价值都将随之发生变化，因此传播是一种有别于其他生产力方式的生产力。换句话说，传播可以直接形成生产力，而且在很大程度上形成的是一种综合生产力。

总之，实现形象塑造、管理，增强企业竞争优势是当今企业面临的长期话题。

（四）知识管理

在当今的知识经济时代，企业成功的关键在于如何创新、积累和使用知识，知识管理也相应地成为企业各项管理活动的核心。

1. 知识管理的概念

知识管理，即在知识经济时代，组织围绕发展，以人为本，对知识进行控制、开发和利用的过程，是立体式、多学科、多维式科学决策的一种管理方法。近些年来，以智力资产作为管理内容的知识管理不断调整、改进，形成许多新的发展方向。

在企业中知识管理是对集体的知识或技能的获取，然后将这些知识或技能传递给知识需求者，以帮助企业实现最大产出。

知识管理应从理念的创新开始。只有理念创新的实现，制度创新和组织创新才有可能成为现实，才能真正优化系统的结构，使管理的效能实现真正的最大化。

2. 知识管理必须与时俱进、开拓创新

1）知识经济时代要求管理必须创新

在知识经济时代，创新能力的基础是知识，知识的创造速度和数量空前增大，知识的传播速度和更替周期空前加快，知识创新的方式也更多样化。它成为决定企业竞争力强大与否的关键要素。作为一种强大力量的知识正决定着组织未来的命运，改变着未来世界的格局。正如美国管理学家维娜艾莉在《知识的进化》中所写的，信息时代之前的旧方程式是“知识＝力量”——所以保存它。管理者和工人为了个人利益掌握、使用新知识和新信息，进而获得力量。而在信息时代，知识爆炸，技术性知识的激增使得旧的方程式不再适用了，没有人能成功地保存知识，知识会在几个小时、几天、几星期或最多几个月内贬值。更进一步讲，封锁知识的企图将妨碍系统赖以生存的信息交流，使之丧失自我组织和自我更新的能力。如今，新的知识方程式是“知识＝能力”——所以共享它并使它倍增，此乃信息时代的经济现实。管理创新即要把创新渗透于管理的各个过程中，不断进行观念创新、制度创新、市场创新，进而实现组织价值和管理效能的最大化。

2）创新是组织生命活力的源泉

作为一个开放系统的组织，只有不断地与周边环境进行物质、信息和能量的交换，才能保持对环境的适应性，才能保持组织的活力，这样才能在激烈的竞争中不断创新和发展。管理创新要求组织对环境变化做出积极回应，不断盘活内部资源。然而，在传统的管理理念中过多地强调对组织内部环境的控制，忽视了组织与环境之间的互动，结果严重地制约了组织的应变力和竞争力。例如，在传统的计划经济体制向现代市场经济体制转型的过程中，我国部分国有企业所遇到的困难、面临的挑战，其产生的原因是多方面的，但缺乏对市场环境激烈变化的积极回应，对经济全球化背景下企业的功能和结构定位缺乏清醒的判断与认识，对知识经济时代企业的管理理念和体制安排缺乏适应性的创新，是主要原因之一。所以，管理组织必须创新。

3）创新是未来管理的主旋律

时代呼唤知识管理创新。“管理是一种权力”，“管理就是控制”，这些是传统管理理念的声音，管理者被视为“组织和企业的大脑与智慧的化身”。组织内部呈现出的“金字塔式”的管理结构扼制了创新，随之而来的是组织的僵化、封闭和停滞，严重地制约了组织的发展。从最早的以标准化、程序化设计为主的美国的“泰勒制科学管理”、法国的“法约尔的组织管理”，到后来美国的马斯洛、麦格雷戈等的“行为管理”，实际上都是那种“金字塔式”的“他控式管理”理念的沿袭，必将为现代的“扁平化”的“互动式知识管理”理念所取代。因此，管理创新的首要使命是围绕着知识管理进行组织设计和体制安排，为充分发挥知识工作者的个性和创造力提供制度平台。管理者应视知识工作者为最重要的财富和组织生存的根本，营造出一种尊重人、关心人、信任人的舆论氛围，进而推动实现知识的创新与共享。

3．知识管理必须体现先进文化

1）管理必须坚持正确的价值导向

知识经济时代的管理是科学的管理，体现的是先进文化及价值导向。价值是一个组织的灵魂，也是组织个性化的反映。它一般包括三个方面的内容，即组织存在的意义、价值的标准和价值实现方式。没有明确而科学的价值作为导向，组织就会迷失前进的方向，组织成员就不会产生对组织有效的忠诚感、认同感。组织是由一个个有生命的个人组成的有机整体，每个人也都有自己的认知、情感、需要、信仰和价值取向。如果个体的个性内容能够得以伸展，潜能得以开发，就会产生莫大的成就感和归属感，进而就会把自己的行动和组织的绩效紧密地联系起来，实现组织的最大价值。反之如果个体的利益诉求、价值取向与组织相背离，就会影响组织管理效能的最大化。

2）管理必须提高人的科学知识水平

随着知识经济的深入发展，作为组织或企业改革基本力量的白领阶层、知识工作者，对知识的管理和对知识工作者的激励将成为他们管理的核心任务。因此，提高管理中的文化含量，实现组织和个人的价值融合，就成为未来文化面临的一项紧迫课题。这就要求组织或企业的主流价值文化必须具有包容性、开放性和差异性。管理中的文化理念就是解决组织价值和成员价值的一致性问题，以价值关怀来调动组织成员的积极性、主动性和创造性，使之与组织结成命运共同体，以此回应环境变化对组织带来的挑战。只有这样，面对各种思想、价值的激荡和渗透的组织才能形成灵活、柔性、合作、共享的管理机制，为知识的开发和共享创造条件。

3）管理必须促使人的全面自由发展

传统的管理理念更多的是强调组织价值、组织目标，把人完全看成被管理的对象，却忽视了组织成员的个体价值和目标，忽视了组织价值和个体价值的融合，忽视了人的个性的激励和潜能的开发，最终导致管理效能的下降。组织存在的意义实际上就是组织为什么要创造价值，创造什么样的价值，怎么去创造价值。为组织成员提供价值取向是组织必须要做的一项任务，使人的素质得到全面提高，人的能力得到充分发挥，人的社会关系得到日益丰富，人与自然的关系得以和谐，人的个性得以充分发挥，人的需求不断地得到满足。这是组织存在的基础，也是动员组织力量、整合组织资源的保证。

4．知识管理必须“用知识开发知识”

1）知识经济时代的管理必须把知识改变组织命运的理念渗透于管理的全过程

“以知识开发知识”是时代发展的必然。未来最成功的企业将是“学习型组织”的企业。因为组织在未来唯一持久的优势，是要有比竞争对手学习得更快的能力。谁拥有前沿高效的知识，谁就占有竞争的制高点。世界著名的跨国公司，如IBM、微软、可口可乐等，都已建立了比较完备的知识开发系统和与此相适应的人才开发全球战略，并把它看作保持全球竞争优势的支柱所在。展望将来，拥有终身学习的理念和机制，建立多元化反馈和开放的学习系统，形成学习共享和互动的组织氛围，使工作学习化、学习工作化，在学习中不断超越能力边界，将是未来管理发展的大趋势。

2）知识经济时代的管理必须把知识最大限度地转化为生产力

20多年前，美国管理学家彼得·德鲁克就开始注意到知识经济的重要性，提出管理就是“用知识开发知识”。利用知识把现有知识最大限度地转化为生产力，这个过程实际上就是所说的“知识管理”。知识管理是继工业经济时代泰勒的科学管理之后的又一管理革命，是对传统管理理念的反思和超越。其核心理念就是要连接组织系统与信息、信息与活动、信息与人，实现知识共享，运用集体智慧和创新能力，赢得组织的核心竞争力。

3）知识经济时代的管理必须发挥人的创造力

人是社会生产力中最活跃、最革命的因素。在传统的管理理念中，资本、设备、劳动力、权力常常被视为最重要的组织资源，认为管理就是这些组织资源的内部配置，而对知识的开发、整合与共享没有给予应有的关注，没有给予那些拥有知识并知道如何利用知识提高效率的知识工作者应有的关怀和重视。知识经济时代将大大突破那种传统管理模式的羁绊，开启知识管理的新时代。管理所做的一切，就是提高知识工作者的生产率。在知识经济时代，无论是营利组织还是非营利组织，最宝贵的资源不是它的固定资产，而是它的知识工作者。彼得·圣吉在其名著《第五项修炼》中提到，在全球竞争风潮中，人们日益发觉21世纪的成功关键与19世纪和20世纪的成功关键有很大的不同。在过去，低廉的天然资源是一个国家发展的关键，而传统的管理系统也是被设计开发这些资源的。然而，这样的时代已离我们远去，充分发挥人们的创造力已成为管理的重心。在知识经济时代必须实现知识管理，管理理念也必须与时俱进，开拓创新。

（五）供应链管理

1．供应链管理的概念

使供应链运作达到最优化，以最少的成本，令供应链从采购开始，到满足最终客户的所有过程，包括工作流、实物流、资金流和信息流等，均能高效率地操作，把合适的产品、以合理的价格，及时准确地送达消费者手上。

供应链管理是一种集成的管理思想和方法，它执行供应链中从供应商到最终用户的物流的计划和控制等职能。从单一的企业角度来看，是指企业通过改善上、下游供应链关系，整合和优化供应链中的信息流、物流、资金流，以获得企业的竞争优势。

2．常见的供应链管理方法

快速反应，是指物流企业面对多品种、小批量的买方市场，不是储备了“产品”，而是准备了各种“要素”，在用户提出要求时，能以最快速度抽取“要素”，及时“组装”，提供所需服务或产品。快速反应是美国纺织服装业发展起来的一种供应链管理方法。

有效客户反应，是 1992 年从美国的食品杂货业发展起来的一种供应链管理策略。也是一个由生产厂家、批发商和零售商等供应链成员组成的，各方相互协调和合作，更好、更快并以更低的成本满足消费者需要为目的的供应链管理解决方案。有效客户反应是以满足顾客要求和最大限度降低物流过程费用为原则，能及时做出准确反应，使提供的物品供应或服务流程最佳化的一种供应链管理战略。

3．新发展格局中供应链管理的重要性

2020 年 5 月 14 日召开的中共中央政治局常务委员会会议首次提出“构建国内国际双循环相互促进的新发展格局”，要求研究提升产业链供应链稳定性和竞争力。这是中央充分结合当前国内国际形势发展的新变化、新趋势和新挑战，针对性提出的重要战略部署。

中央提出构建国内国际双循环相互促进新发展格局包括多重含义：一是要“强身健体”，通过深化供给侧结构性改革、挖掘国内大市场潜力来加快补短板、强优势，提升国内经济循环的自身健康运行和抗风险冲击能力；二是要开放融合，增强国内循环不是关门封闭、孤立运行，而是要在全球化背景下与国际循环有机衔接，对外畅通合作渠道与机制，强化互联互通，降低关税、非关税壁垒，增多互利共赢经贸合作的“铆接点”；三是要内外统筹，国内循环与国际循环要统筹兼顾，以用好两个市场、两种资源，使国内国际循环优势互补、良性互动、互促互进。

第三节　中国古代的管理思想

中国作为一个文明古国，在其发展的历史上有许多值得骄傲的管理实践以及至今仍闪耀着智慧光芒的管理思想。中国古代的管理思想源远流长，且内容丰富。它和其他社会思想一样蕴藏于各家各派的思想体系之中。从中国管理思想的历史轨迹看，古代管理思想产生于先秦时期，最早的管理思想在《尚书》《周易》中就有所反映，系统的管理思想在战国时期就开始出现和形成。这些思想揭示了人类管理一些具有必然性和根本性的因素，具有包容性、人本性、系统性、创新性、柔和性、服务性等特点，因而具有极强的生命力和永恒的价值，它不仅对历代的社会经济发展起到了促进作用，而且对现代企业的经营管理实践也具有十分有益的借鉴价值。

一、战略管理思想

早在 2000 多年前的春秋战国时期，杰出的军事战略家孙武就写下了传世之作《孙子兵法》。《孙子兵法》以其第一篇（计篇）和第十三篇（用间）首尾相应，以“道”为核心主线，以“不战而屈人之兵”为原则，以权谋为经线，以战争的一般进程为纬线，提出了“经五事、校七计、知己知彼、知天知地、而索其情”的战略环境分析模型。

其中“经五事”“校七计”，是关系到“国之大事，死生之道”的首要问题，是属于重要的战略管理思想。“故经之以五事，校之以计，而索其情：一曰道，二曰天，三曰地，四曰将，五曰法。”经之以五事，经是度量、评审之意。把决定战争性质的五件事，即五大基本要素作为经线、轴心加以考察。所谓“道”，是指方向、目标方面的问题，也是真理、道义的意思。“得道多助，失道寡助”；所谓“天”，是指掌握时机、发现规律的意思。搞管理、做决策必须注意把握机会，掌握规律，这是关系到组织生死存亡的大事；所谓“地”，是指环境条件方面的事情，打仗要选择地形、地势，或者说要讲“地利”，做其他任何事情也要讲究根据客观环境和自身的条件做决定；所谓“将”，是指对管理者或领导者的要求，“将者，智、信、仁、勇、严也”；所谓“法”，是指规章制度，没有规矩，不成方圆，任何一个组织都必须制定一套严格的规章制度。

校之以七计。校是比较，计是计算。要从七个方面对己、彼双方做好定量比较。具体的七计是指：主孰有道、将孰有能、天地孰得、法令孰行、兵众孰强、士卒孰练、赏罚孰明等七个方面。这七个方面可分为知彼、知己、知天、知地四部分。“知己知彼，百战不殆”这一名句，强调在作战中要了解敌我双方的实力，即在内外环境分析的基础上做出决策，这样才能够克敌制胜。

“不战而屈人之兵，善之善者也”，这是《孙子·谋攻》中的著名论断，体现了《孙子兵法》的中心思想：以智取胜。《孙子兵法》所追求的最高境界就是不战而胜。在《孙子兵法》中，不战而屈人之兵，既是谋攻的最高原则，同时也是战略的最高目标。“不战而屈人之兵”，即不用流血牺牲而使敌人屈服。“上兵伐谋”，第一流的将帅是胜人以谋略，而不是单靠攻城掠地的武力，强调斗智胜于斗力。强调“必以全争于天下”，力求以最小的损失获取最大的战果。战争也好，竞争也好，不是要把对方置于死地，拼个你死我活，而是要善于在竞争中合作，取得双赢的结果。

《孙子兵法》讲求灵活机动的动态战略战术。因为实际情况总处于动态变化之中，所以不能墨守成规以致陷入经验主义。“兵无常势，水无常形，能因敌变化而取胜者，谓之神。”“运用之妙，存乎一心”，要根据不同的敌情、我情、天时、地利等各种条件，灵活用兵。只要有这“一心”，运用各种不同战略战术的方案都会“无穷如天地，不竭如江河”。“出其不意，攻其不备”“避实就虚”“速战速决”，要把“奇”和“正”、“虚”和“实”巧妙地运用，欺骗敌人，调动敌人。准确选择好主攻方向和主攻目标，以压倒敌人的优势和迅雷不及掩耳之势去展开进攻，打击敌人，赢得胜利。

《孙子兵法》的辩证战略思想不仅在军事上，而且在管理的其他方面对我们今天的工作都有重要的参考价值。

二、组织管理思想

中国关于组织的实践和理论起源很早。《周礼》一书，相传是周公（公元前12—前11世纪）为周朝制定的一套官僚组织制度。它把国家政务划分为六个方面，分别称为治、教、礼、政、刑、事。这六个方面的政务又分别设六种官员来执掌其事，这六种官员分别称天、地、春、夏、秋、冬。以天官的等级最高，仅次于天子。天、地、春、夏、秋、冬六官分别还有一个职务称呼，依次为冢宰（太宰）、司徒、宗伯、司马、司寇、司空。天官冢宰，辅助天子，百官之总的意思，即相当于后来的宰相；地官司徒，掌管国家土地（农业）、户籍，主持每年的“籍田”（在立春举行的大礼），负责征发徒役；春官宗伯，辅助天子管宗庙之事、宗庙祭祀等礼仪；夏官司马，掌握国家军事与军赋；秋官司寇，掌管刑狱、纠察等事；冬官司空，掌管工程。

三国时期的诸葛亮（公元191—234年），在长期的治国和领兵生涯中不但悟到了授权的问题，而且还提到了什么样的人可以为“十夫长”，什么样的人可以为“百夫长”。诸葛亮在《将之器》一文中写到：“将之器，其用大、小不同，若能察其奸、伺其祸，为众所服，此十夫之将。夙兴夜寐，言词密察，此百夫之将。直而有虑，勇而能斗，此千夫之将。外貌桓桓，中情烈烈，知人勤劳，悉人饥寒，此万夫之将。进览进能，日慎一日，诚信宽大，闲于理乱，此十万人之将。仁爱治天下，信义服邻国，上知天文，中察人情，下识地理，四海之内，视为家室，此天下之将。”

在劳动组织方面，中国古代组织工农业生产，进行重大工程建设，都组织和动用大量的人力、物力参与。如秦朝征役30万民工修建万里长城，隋朝动用近百万民工疏浚京杭大运河等。早在战国初期，墨翟（公元前468—前376年）就提出过劳动过程分工的思想：“譬如筑墙然，能筑者筑，能壤者壤，能欣者欣，然后墙成。”

三、领导思想

领导者的素质与组织的兴衰关系极大，中国古代先贤对此有精辟的论述。《礼记·大学》中指出：“古之欲明德于天下者，先治其国；欲治其国者，先齐其家；欲齐其家者，先修其身；欲修其身者，先正其心；欲正其心者，先诚其意；欲诚其意者，先致其知；致知在格物。物格而后知至，知至而后意诚，意诚而后心正，心正而后身修，身修而后家齐，家齐而后国治，国治而后天下平。自天子以至于庶人，壹是皆以修身为本。其本乱而未治者，否矣。”说明要想成为一个好的领导者，必须首先注意修身养性，提高自身的素质。

《礼记·哀公问》中说：“政者，正也。君为正，则百姓从政矣。君之所为，百姓之所从也。”《论语·为政》中指出：“为政以德，譬如北辰，居其所，而众星拱之。”都是从领导者示范作用的角度，论述其自身修养的重要性。

领导者的自身修养从何做起呢？“治身莫先于孝，治国莫先于公。”（苏轼《司马温公行状》）从在家庭中尊老敬老做起，关心和爱护别人，养成利他和无私的品德。成就任何宏大的事业，都靠“居之以强力，发之以果敢，而成之以无私”（宋·苏辙《新论中》）。

在领导者自身修养中，如何战胜外界的诱惑，克服自身的弱点，是一个严峻的考验。“君子谋道不谋富。”（柳宗元《吏商》）“道德当身，故不以物惑。”（《管子·戒》）安于清贫，战胜物质上的诱惑，是领导者应有的道德境界。

“俭节则昌，淫佚则亡。”（《墨子·辞过》）领导者应以节俭为荣，以奢侈、淫逸为耻。

“贪愎喜利，则灭国杀身之本也。”（《韩非子·十过》）高度概括了沉重的历史教训。

“欲胜人者必先自胜。”（《吕氏春秋·季春纪·先己》）只有首先克服自己的人性弱点，才能战胜外界的挑战。

“以铜为镜，可以正衣冠；以古为镜，可以知兴替；以人为镜，可以明得失。”历史上的这些格言警句为领导者发现自身不足、加强自身修养提供了很好的借鉴。

孔子的《论语》是我国历史上影响很大的一本书，它的影响力早已超出了国界，在东南亚及世界上都有广泛的影响。《论语》主要是谈统治者治理国家和管理社会的主张。

汉高祖刘邦：“夫运筹帷幄之中，决胜千里之外，吾不如子房。镇国家，扶百姓，给馈饷，吾不如萧何。连百万大军，战必胜，功必取，吾不如韩信。此三者，皆人杰也，吾能用之，此吾所以取天下也。”这些都突出体现了领导者善于用人所长的领导思想。而对于现代企业管理，最关键的问题则是领导者如何发挥团队的集体作用以达到组织的最终目标。

四、人本管理与激励思想

关于人的需要和激励，《管子·牧民》中有一句很有名的话——“仓廪实而知礼节，衣食足而知荣辱”，提出了人不仅有自然需要，而且有社会需要。同时，《管子·侈靡》中还写道：“衣食之于人也，不可以一日违也，亲戚可以时大也。”这就进一步指出了人的自然需要较之社会需要是更基本的东西。《管子·禁藏》中还进一步阐述了两者的关系：“凡人之情，得所欲则乐，逢所恶则忧，此贵贱之所同有也。近之不能勿欲，远之不能勿忘。”此书一方面指出人的情感是以需求是否得到满足为转移的；另一方面指出情感反过来也会决定需求的强度。而且，人的需要能否满足或在一定程度上得到满足，也会影响到政治统治的成败。所以，《管子·牧民》中明确提出：“故从其四欲，则远者自亲，行其四恶，则近者叛之，故知予之为取者，政之宝也。”

《孟子》这本书记录了孟子的言论和思想，书中提出一系列管理国家的方法，如得民心者得天下、以佚道使民、任贤使能、居安思危、未雨绸缪、重根本救治之道、轻小恩小惠之赐，等等。他的性善论的人性观、施“仁政”的管理准则以及“修其身而天下平”等思想，对我们今天的管理仍然有重要的借鉴作用。

五、系统管理思想

我国古代的人们应用辩证的思想，把事物的各种因素联系起来作为整体进行系统的分析，从而取得了一系列辉煌的成就。

我国古代许多的工程技术中都体现了系统管理的思想。战国时期秦国的太守李冰父子主持修造的都江堰水利工程，即使用现代系统论的眼光来看，也不愧为一项伟大杰作。秦昭王（公元前306—前251）蜀郡太守李冰父子主持修建驰名中外的都江堰水利工程，兼有防洪、灌溉、漂木、行舟等多种功能，都江堰由“鱼嘴”岷江分洪工程、“飞沙堰”分洪排沙工程、“宝瓶口”引水工程等三大主体工程和120个附属渠堰工程巧妙地组合成一个有机整体，分导了汹涌澎湃的岷江，使它驯服而有节制地灌溉成都平原14个县500余万亩农田，还建立了控制和养修制度，至今仍然发挥效益。无论其构思或实际设计、施工和管理的科学水平与创见，与现代系统方法的若干原则都不谋而合。

再如北宋著名科学家沈括在《梦溪笔谈》中记载的“一举而三役济”的故事，也是中国古代系统管理思想的典范。宋真宗年间，皇宫失火，一夜之间，大片宫室楼台、殿阁亭榭变成了废墟。宋真宗让大臣丁渭主持修复皇宫工程。丁渭运筹规划，制定了高明的施工方案。他首先下令“凿通衢取土”，因为嫌远道取土麻烦，就下令在交通要道上挖土，从施工现场向外挖了若干条大深沟，挖出的土作为施工用土。这样一来，取土问题即就地解决了。第二步，再把汴河的水引入新挖的深沟中，“引诸道竹木筏排及船运杂材，尽自堑中入至宫门。”这样，又解决了大批木材、石料的运输问题。最后，等宫殿修复完毕后，再排除堑水，把废弃的垃圾和用剩的土回填到沟中，结果又恢复了大道。这一施工方案，收到了“一举而三役济，计省费以亿万计”的最佳效果。这种“一举三得”的皇宫修建工程堪称运用系统管理、统筹规划的范例。

另外，《墨子》《易经》《老子》中也体现了系统辩证的思想。墨子认为，宇宙是一个整体，部分或者个体都从整体中分出，而又同处于整体中。所谓“体，分于兼也”。“体”是指一部分，而“兼”则是全体。“体分于兼”说的是部分与全体的关系。由这种宇宙观又引出人类社会是整体，个人或国家应彼此相兼的社会系统观。

六、经济管理思想

记载管仲相齐言论和实践的《管子》一书，包含有道、名、法家的思想以及天文、历数、地理、经济和农业等知识，在生产、分配、交换、消费和财政等方面均有论述。其中含有丰富的管理思想，论及农业管理、矿业管理、手工业管理、商业和市场管理等。如果把管仲的上述管理思想联系起来，可以形成一个成套的经济管理学说。《管子》提出的富强之道，建立在国家统治经济政策上，主要是对资源的管理、对物资和货币的控制，同时通过国家经营和物价调节来增加财政收入，相当于现在的宏观经济管理。《管子》的许多论点被后世政治家、理财家作为准则，是中国最早的成就很高的经济著作。

我国古代著名的经营理论，有范蠡、计然的“待乏原则”和“积著之理”。有关“待乏原则”和“积著之理”的记载出自《史记·货殖列传》。“待乏原则”提到“旱则资舟，水则资车”“夏则资裘，冬则资轚”，用今天的语言来表达，就是说要知道什么时候需要什么物品，要预先做好准备，以应付未来可能发生的事情，要根据气候的长期变化规律来预测市场的需求。因此，在天旱的时候，就要开始营造船只，以备水灾发生时市场之需；而发生水灾时，则应及早制备车辆，否则待水灾过后市场上急需车辆时再来制造就晚了。夏天贩运皮货，冬天早售葛麻，都是要预测未来的迫切需要，以图获利。所谓“积著之理”是说：“积著之理，务完物，无息币。以物相贸易，腐败而食之货勿留，无敢居贵。论其有余不足，则知贵贱。贵上极则反贱，贱下极则反贵。贵出如粪土，贱取如珠玉。财币欲其行如流水。”这是指所经营的物品必须质量完好，货币不能停滞不用，在采购物品时，对易腐烂的物品切勿长期存储，贪图高价。通过市场上某种商品的多寡，就可以预测其价格发展的趋势。一种商品，其价格极贵，可以获取极大的利润时，必然吸引更多的人从事这一产品的生产，而生产出来的产品一多，价格就会下跌。反之一种商品价格极为便宜，必然导致很少有人愿意生产而致使市场供不应求，于是其价格就将上涨。因此，作为一个有远见的商人，在某一商品价格高涨时，应像粪土一样毫不吝惜地抛出，因为价格马上就要下跌了。而当一种商品价格极为低贱时，要立即如金玉般地收进，因为过不了多久就要涨价了，这就可以利用前后的差价来获取利润。要使商品和货币像流水一样经常流动和运行，才能获得更多的利益。

第四节　面向新时代创新发展中国特色企业管理学

以习近平新时代中国特色社会主义思想为指导，坚持马克思主义基本原理和贯穿其中的立场、观点、方法，按照体现继承性、民族性、原创性、时代性、系统性、专业性的要求，创新发展能够有效指导中国企业管理实践的中国特色企业管理学，是中国管理学者的光荣使命。

管理学是一门理论与实践联系极为紧密的学科。新中国成立 70 多年来，特别是改革开放以来，在中国经济快速发展的同时，中国企业发展也取得了巨大成就，不仅整体实力大幅提升，而且涌现出一批具有全球竞争力的世界一流企业。中国企业整体发展进步的背后，是中国企业管理学的创新与发展。特别是在中国经济发展进入新时代的大背景下，越来越多的管理学者和企业管理者认识到，中国企业管理不能完全照抄照搬西方管理理论，而应紧密结合中国企业管理实践，探索发展中国特色企业管理学。这是构建中国特色管理学的紧迫任务，也是我国培育更多优秀企业和企业家的迫切需要。

一、中国企业管理学的发展历程与现状

新中国成立 70 多年来，企业管理学的发展历程大致可分为四个阶段。一是 1949—1978 年的探索起步阶段。

初期以学习借鉴苏联企业管理理论和管理模式为主。20 世纪 60 年代之后，管理学界开始从中国企业管理实践出发，探索建立适合中国国情的社会主义企业管理理论和管理模式。二是 1979—1992 年的转型发展阶段。改革开放后，我们认识到我国企业管理与世界先进水平存在较大差距，必须奋起直追。从计划经济体制向社会主义市场经济体制转型，对企业管理学和管理实践创新提出了新要求。众多管理学者和企业管理者重视学习和借鉴发达国家的企业管理理论和管理经验，希望从中得到启发。三是 1993—2012 年的蓬勃发展阶段。随着社会主义市场经济体制的建立和完善，我国管理学者更加注重对中国企业管理实践进行本土化研究，企业管理学的中国特色逐渐突出。四是 2013 年至今的创新发展阶段。伴随世界对中国发展奇迹的高度关注，国内外顶级管理学期刊中关于中国企业管理现象、中国企业管理实践的研究明显增多。中国学者在研究范式、研究方法、理论创新等方面不断取得新进展，提高了中国管理学在国际学术界的影响力和话语权。

经过 70 多年的艰辛探索，我国企业管理学研究取得了诸多成果。比如，理论界从我国企业管理实践出发，将中华优秀传统文化、管理思想融入现代管理学理论，提出了诸多具有深厚中国文化底蕴的管理理论，大大丰富和发展了中国企业管理学的理论体系和概念体系。实务界立足中国管理情境，探索出一些具有中国特色的企业管理模式，如华为公司的“灰度管理”模式、海尔公司的“人单合一”管理模式等。管理理论和管理模式创新，有力推动中国企业突破后发劣势、形成核心优势，成功实现转型升级。

在肯定中国企业管理学研究成就的同时，也应清醒认识到中国企业管理学发展的一些不足。一是一些理论研究与企业管理实践脱节，单纯为了本土化而本土化。例如，过度解读传统文化，将其与现代管理实践进行机械对应；部分学者囿于自身研究视角，缺乏与同行和企业的沟通交流，造成中国企业管理学流派日趋复杂；等等。二是忽视中国国情和企业管理实践，生搬硬套西方管理学理论。三是受西方管理学研究范式影响，存在过度追求研究规范化、推崇复杂定量研究与艰深模型的倾向，对实际问题的研究不深入，难以发现管理实践背后的中国逻辑和企业运行规律。

二、中国特色企业管理学创新发展的方向

1. 坚持理论指导的同时有特色创新发展

2016 年 5 月，习近平同志在哲学社会科学工作座谈会上强调“加快构建中国特色哲学社会科学”，指出“坚持以马克思主义为指导，是当代中国哲学社会科学区别于其他哲学社会科学的根本标志”。在努力实现“两个一百年”奋斗目标的进程中，以习近平新时代中国特色社会主义思想为指导，坚持马克思主义基本原理和贯穿其中的立场、观点、方法，按照体现继承性、民族性、原创性、时代性、系统性、专业性的要求，创新发展能够有效指导中国企业管理实践的中国特色企业管理学，是中国管理学者的光荣使命。

2. 立足中国现实与研究需要促进研究方法创新

面向新时代，中国特色企业管理学创新发展的方向是，立足国情和中国企业管理实践，完善中国特色企业管理学的学科体系、学术体系、话语体系，探索和揭示中国企业管理实践的内在规律。从研究对象看，应聚焦中国企业管理实践，重点研究本土企业的管理和发展问题；从研究选题看，应正确处理世界管理问题研究与本土管理问题研究的关系，突出具有中国现实意义和前沿性的核心问题；从研究内容看，应重点关注中国企业管理实践中的特殊元素，探索建构具有中国特色的企业管理学概念，阐释这些概念之间的逻辑关系；从研究情境看，应基于中国企业管理实践的特定情境或视角，对中国企业的独特管理现象进行剖析和诠释；从研究方法看，应坚持辩证唯物主义和历史唯物主义的方法论，同时既充分借鉴吸收西方现代管理学的有益研究方法，又立足中国现实与研究需要促进研究方法创新。

3. 坚持问题导向推动中国特色企业管理学创新

进入新时代，中国企业发展面临的市场环境、技术环境、国际环境等都在发生巨大变化。如何促进企业在复杂多变的市场环境、技术环境和国际环境中实现高质量发展，是中国特色企业管理学必须解决的时代课题。

立足中国企业管理实践，推动理论创新。应立足中国企业管理实践，从中发现根植于中国土壤的管理元素，揭示中国企业管理实践背后的规律与机制，提出具有原创性的理论观点和标识性概念；大力挖掘中国传统管理思想，推动其创造性转化、创新性发展，探索本土化与国际化兼具的中国特色企业管理学理论构建路径；围绕中国企业如何实现创新发展等问题展开深入研究，挖掘中国企业创新发展中的独特情境变量，提升企业核心竞争力，助力我国经济高质量发展。

直面新技术挑战，推动理论创新。在国际知名调研机构 CB Insights 发布的 2019 年全球独角兽企业榜单中，

中国企业数量约占 30%。这说明中国企业并不缺少创新精神，尤其是在新一代信息技术产业等新兴产业中，有些中国企业的管理实践已经走在世界前列，这为中国特色企业管理学创新发展提供了重要实践基础。在移动互联网、大数据、人工智能等新一代信息技术深刻改变企业生产模式和商业环境的背景下，如何通过管理创新让企业更好地适应新的市场竞争？如何利用大数据、人工智能等新技术支持企业决策和管理，进而提高效率和效益？在一些互联网企业占有大量数据资源的情况下，如何引导企业兼顾创造利润与承担社会责任？深化对这些问题的研究，已经成为中国特色企业管理学创新发展的紧迫任务。中国管理学者完全可以提出新概念、构建新理论、创造新模式，引领和推动新技术条件下中国企业的管理创新，并为世界企业管理学创新发展作出贡献。

服务“一带一路”建设，推动理论创新。“一带一路”建设的深入推进，为中国企业更好走出去提供了重大机遇，同时，走出去的企业也面临一些新问题新挑战。比如，中国企业在走出去过程中如何布局贸易与投资体系？如何搭建风险防范与管理系统？如何应对文化冲突和政治经济问题？如何更好承担社会责任？等等。从理论层面深入回答这些问题，探索符合中国企业走出去实际的管理战略和管理模式，突出中国特色、中国制度、中国元素，有效化解企业走出去面临的风险和挑战，是中国特色企业管理学亟须深入研究的问题。

培育优秀企业家，推动理论创新。伴随改革开放大潮，我国涌现出许多极具管理特色的本土企业和优秀企业家。应关注这些领先企业，研究优秀企业家的心理与行为特征，以动态视角观察分析企业家面临经营风险挑战时的心理状况及决策过程，剖析企业家个人风格和企业家精神在企业发展壮大过程中的作用机理。在本土情境下探究企业家的管理思想及其在管理实践中的体现，有助于深入挖掘成功企业背后的管理逻辑。

三、习近平新时代中国特色社会主义思想引领下的企业管理者

企业管理者在企业经营发展中扮演着非常重要的角色，是企业的中坚力量，更是社会主义事业的中流砥柱，不同层级的管理者都是某个团队或领域的领头人，是引领并推动团队砥砺前行的领航者，为胜任肩负的责任重担和历史使命，需要持之以恒的学习与积累，不断提升自身的禀赋。

1．企业管理者应是习近平新时代中国特色社会主义思想的忠实践行者，应有较高的政治觉悟

作为管理者，首先应当具备政治理论和实践经验武装的头脑，深刻理解马克思列宁主义、毛泽东思想、邓小平理论、“三个代表”重要思想、科学发展观、习近平新时代中国特色社会主义思想的内涵，并要善于从根源上去回顾和深挖党的各个时期理论成果诞生的历史背景，党的每一次理论成果都是对前一阶段理论成果的继承和发扬，都是在特定的历史阶段为了解决实际问题、引领社会主义发展而经过长期实践的经验归纳和总结。以史为鉴可以知兴替，作为企业管理者，应善于从党的历史经验中去得到启示，掌握贯穿其中的辩证唯物主义的世界观和方法论，提高战略思维、历史思维、辩证思维、创新思维、法治思维、底线思维能力，善于从纷繁复杂的矛盾中把握规律，不断积累经验、增长才干，主动的运用马克思主义的立场、观点和方法分析并解决实际问题，这样才能保证思想上的先进性、行动上的正确性，才能胜任并出色完成各项工作任务。

2．企业管理者应具有共产主义远大理想和中国特色社会主义的坚定信念

企业管理者在社会主义经济发展中起着举足轻重的作用，应坚决执行党的基本路线和各项方针政策，要立宏图大志，应有家国情怀，勇于献身现代化事业，自觉的将自身的发展同企业的发展紧密联系起来，将企业的发展同国家的发展紧密联系起来，将国家的发展同人类命运共同体的推动紧密联系起来，应深刻认识到扎扎实实干好本职工作就是为社会主义发展贡献力量，就是在推动共产主义的进程，要愿意在社会主义建设中继往开来，艰苦创业，树立正确的政绩观、人生观、价值观、世界观，干事创业要经得起企业的检验，经得起实践、人民和历史的检验，并将信念固化为行动自觉。

3．企业管理者应坚决做到“两个维护”，牢固树立“四个意识”，应有博纳海川、求同存异的大格局

作为企业管理者要习惯于经常性的跳出惯性思维，才能更好地看清事物的本质，善于用不同的视角看人、看事、看物，要勇于接纳贤言，要敢于接受批评和自我批评，要始终不忘初心，牢记使命，勇于面对自身和团队的短板，短板不可怕，可怕的是没有正视并解决短板的胸怀，既要求同，统一认识、统一目标，还要愿意包容不同，抓住有利于企业发展的主要矛盾，不在不关乎前进的事情上纠缠，不在不关乎发展的缺陷上徘徊，既要善于团结同志，也要团结同自己有不同意见的同志一道工作。

4．企业管理者应具有强烈的革命事业心、政治责任感和使命担当意识

不管是哪个层级的管理者，都是服务于所在团队或领域的，根本上是服务于共产主义事业的，是团队或所在领域发展的责任人，更是共产主义事业的排头兵，要有坚定的政治责任感。团队强则自身强，团队强则团队

成员强，团队强则企业强，企业强则国家强，只有团队这艘大船风雨无阻稳稳当当地前行，才能保证个体成功到达彼岸，才能推动社会主义事业的快速前进，才能实现人民对美好生活的向往。这就要求管理者要把心放在事业上，要有"功成不必有我，成功必定有我"的高度认识和使命担当，企业的发展是要靠一代一代的人去努力的，要有前人栽树后人乘凉的发展眼光，不仅要为现在负责也要为未来负责，只有将使命担当常挂心头，才能始终不偏离方向。

5. 企业管理者应善于解放思想，实事求是，要有敏锐的洞察力、较强的创新思维和自发的执行力

高层管理者是需要制定企业的战略目标的，是给企业定方向的；中层管理者是要将高层管理者制定的战略落地，要有踏实肯干、积极主动的职业素质，甚至要将高层管理者的不合理决策变成合理的决策的能力；基层管理者是落实企业战略的最前端领路人，也是最贴近生产的，要有求真务实埋头苦干的毅力。不同层级的企业管理者，有了敏锐的洞察力才能正确地把握市场趋势，才能正确地选人育人用人，才能正确地制定前进的方向，必须要有改革创新的精神和创新思维能力，因为创新是推动效率变革、质量变革、动力变革的根本，工作中遇到的瓶颈难题往往都是需要用创新思维去解决的，不同层级的管理者都需要很强的执行力，才能保证战略有效落地。这一切工作都应建立在解放思想、实事求是的调查研究基础上，把党的政策同企业实际结合，善于讲实话、办实事、求实效。

6. 企业管理者应具备一定的中华传统文化基础，以民族传统文化铸魂，夯实管理能力

博大精深的民族文化中蕴藏着很好的管理思想，比如老子提出的"上善若水"，作为管理者，应心存善念、以人格魅力引领团队发展，带领团队就是带人，人是团队开展业务的核心要素，习近平总书记也提到"人才是第一资源"的论断。人的心理具有复杂的属性，这世上没有完全相同气质的两个人，同一个人在不同时期也有不同的情绪和心理状态，但一切向善的行为都是容易被人接纳和认可的。作为管理者，要去主动掌握团队每一个成员的性格气质，帮助其情绪疏导，帮助其坚定信仰信念，帮助其树立正确的思想方向，在工作统筹安排上应力争做到因人而异，因才计划，使得工作业务与个体才能和性格气质匹配，这样就能最大化激发个体的潜力，进而激发团队的整体潜力。在管理活动中要以善念为根，以团队发展为本，在不断塑造自身人格魅力的同时，将团队成员变成自己的追随者。只要心中有爱就会不自觉地去尊重任何一个人，自然也就能够被敬重被爱，就会激发内心的热情和动力，就会愿意去为管理者而战，为团队而战。

7. 企业管理者应具备所从事工作领域的专业知识

企业的管理者是从事生产经营活动的，管理的对象是相对具体的，只有懂专业，才能知道怎么管，才能管得好，才能更有效地解决实际问题，尤其是基层和中层管理者，更应善于钻研专业知识，以求更好地开展工作。企业要积极提升员工素质，提升专业技术力量，形成专业突出，特色优势明显的员工队伍，突破定势思维，大胆走市场化路线，以壮士断腕的勇气和魄力赢得外部市场的认可，为争创一流打下良好的基础。

8. 企业管理者应坚守原则，清正廉洁，依法办事，率先垂范

管理就是计划、组织、协调、控制，以达到目标的实现，根本上是以服务为主线的，应主动接受党和群众的批评和监督，加强道德修养，提升政治意识、大局意识、核心意识、看齐意识，时时刻刻讲党性，重品行，做表率，力戒官僚主义、形式主义、享乐主义和奢靡之风，要做到杜绝滥用职权、谋求私利的行为，坚持群众路线，始终保持忠诚干净的品格、政治清醒的头脑。

本章小结

1. 西方早期管理思想形成阶段代表性人物亚当•斯密、查尔斯•巴贝奇和罗伯特•欧文的管理思想。

2. 科学管理阶段代表性人物弗雷德里克•泰勒、亨利•法约尔、马克斯•韦伯的管理思想。

3. 行为科学管理阶段代表性人物埃尔顿•梅奥、亚布拉罕•马斯洛、道格拉斯•麦格雷戈、威廉•大内、库尔特•卢因、伦西斯•利克特的管理思想，霍桑试验、人际关系学说、需要层次理论、X理论、Y理论、Z理论、支持关系理论、管理方格理论的基本原理。

4. 现代管理学学派中，比较具有影响的有管理科学学派、系统管理学派、权变管理学派、决策理论学派等，它们的主要思想。

5. 中国管理思想的历史轨迹，产生于先秦时期，最早的管理思想在《尚书》《周易》中就有所反映，系统的管理思想在战国时期就开始出现和形成。

6. 中国企业管理不能照抄照搬西方管理理论，而应紧密结合中国企业管理实践，探索发展中国特色企业管理学。这是构建中国特色管理学的紧迫任务，也是我国培育更多优秀企业和企业家的迫切需要。

思考与练习

1. 泰勒管理理论的主要内容是什么?该理论的主要贡献是什么，有什么局限性?
2. 人际关系学说的主要内容是什么?
3. 行为科学研究的主要内容是什么?
4. 需要层次理论的主要内容是什么? 在“双因素理论”中激励因素和保健因素是什么?
5. X理论、Y理论、Z理论的主要内容是什么?
6. 支持关系理论的主要内容是什么?
7. 管理方格理论的主要内容是什么?
8. 中国古代管理思想的精华有哪些?
9. 面向新时代创新发展中国特色企业管理学的发展方向是什么? 你若是企业管理者该如何要求自己?

案例讨论

案例

第三章　管理的基本职能

本章提要

本章阐述管理的六种职能：决策、计划、组织、控制、领导、激励。对决策的一般概念、决策的过程，计划的一般概念、编制程序，组织的含义、组织设计的原则及管理组织的类型，控制的一般概念、控制的过程与要求，领导的内涵、领导者的素养、领导方式及其理论等进行比较系统的论述。

重点难点

- 决策、计划、组织、控制、领导、激励的概念及内涵。
- 决策的影响因素。
- 计划的编制程序。
- 组织设计的原则、组织结构的类型、虚拟企业组织的特点。
- 控制的过程及要求。
- 领导方式及其理论、领导权变理论。
- 激励理论与激励方式。

引导案例

案例

按照管理二重性的原理，管理具有两种基本职能，即合理组织生产力的一般职能——自然属性决定，维护和完善生产关系的特殊职能——社会属性决定。在实践中，这两种职能需要结合在一起，通过管理的一系列具体职能得到体现。

管理的职能是指管理所具有的管理本质的外在根本属性及其所应发挥的基本效能，是人们对管理活动应有的一般过程和基本内容所作的理论概括。对管理活动具有哪些最基本的职能有许多不同的观点。最早系统地提出管理职能的是法国的亨利•法约尔。他认为管理具有计划、组织、指挥、协调和控制五种职能，这为后人研究管理过程奠定了基础。在此之后，又有“三功能派”、“四功能派”或“七功能派”等。管理活动究竟有哪些职能呢？这一问题经过许多学者近百年的研究，提出了决策、计划、组织、指挥、控制、领导、协调、沟通、激励、人事、指导、代表、监督、检查、创新等15种职能，至今仍是众说纷纭，观点不同。其中计划、组织、领导、控制是各管理学派普遍公认的职能。本书将管理职能划分为决策、计划、组织、控制、领导、激励六种职能。

第一节　决　　策

决策是现代管理活动中非常关键的一项核心工作，整个管理过程都是围绕着决策的制定和组织实施而展开的。诺贝尔经济学奖得主西蒙甚至强调，管理就是决策，决策充满了整个管理过程，决策在管理中的重要地位由此可见一斑。因此，管理决策的科学与否关系到企业兴衰成败。

一、决策的一般概念

（一）决策的概念

所谓决策，就是指组织为了达到某一目标、目的或企图，在众多方案中选择一个最优的方案或策略，并加以实施的过程。简单地说，如何从多种方案中选择一种最佳方案，就是决策问题。

由此观之，决策定义的内涵包括：

（1）决策总是为解决某一问题作出的决定。

（2）决策是为达到确定的目标，没有目标就没有方向，也无法决策。所以，决策都是有目的性的。

（3）决策是为了正确行动，要能够行得通，并且能取得预期的效果，不准备付诸于实践的方案用不着决策。

（4）决策是在确定的条件下从多种方案中作出的选择，并且寻找优化目标和优化所要达到的途径和手段，不追求比较优化，没有选择和优化就没有决策。

（5）决策是面向未来的，要作出正确的决策，就要进行科学的预测。

（二）决策的类型

1．组织决策与个人决策

从决策的主体看，可将决策分为组织决策与个人决策。

组织决策是组织整体或组织的某个部分对未来一定时期的活动所作的选择或调整，是在环境研究的基础上制定的。通过环境研究，认识了外界在变化过程中对组织的存在造成了某种威胁或提供了某种机会，了解自己在资源拥有和应用能力上的优势和劣势，据此调整活动的方向、内容或方式。

个人决策是指由一个人单独做出的决策。个人决策迅速果断，对突发性紧急事件的处理比较合适。集体决策和个人决策在决策的时间、速度、质量、责任性、认可程序、心理压力等方面各有利弊。在实际过程中，采取哪种决策类型更好，取决于问题的类型、信息掌握的程度、决策成员的个人经验和技能及知识差别等因素。

个人决策通常是在无意中提出并在瞬间完成的；而组织决策都是有意识地提出并解决的，常常表现为一个完整的程序。

2．初始决策与追踪决策

从决策解决问题的性质来看，可以将决策分成初始决策与追踪决策两种。

初始决策是零起点决策，它是在有关活动尚未进行从而环境未受到影响的情况下进行的，是指组织对从事某种活动或从事该种活动的方案所进行的初次选择。

追踪决策是非零起点决策，它是组织日常决策中的常态，是在初始决策的基础上对组织活动方向、内容或方式的重新调整。追踪决策是由于这种环境条件发生了变化，或者是由于组织对环境特点的认识发生了变化而引起的。它首先会进行回溯分析，对原有决策的产生机制、内容、环境进行客观、冷静的思索，分析原有决策产生失误的原因、性质及程度，从而为制定有效的对策提供依据；无疑它是对原有决策的“扬弃”，努力比原有决策制定得更加完善和圆满，然后再在新的备选方案中选择优化方案，所以它具有双重优化的特性。

显然，组织中的大部分决策都属于追踪决策。

3．战略决策、战术决策、业务决策

按照决策的范围和影响程度的不同进行划分，决策可分为战略决策、战术决策与业务决策。

“战略”与“战术”是从军事学上借用过来的术语。前者涉及对整个战争的总体布局和战役安排，后者则与每一场具体战斗组织有关，指战斗开始前的作战方案制订或者战斗进行之中采取的基本作战策略。

战略决策对组织最重要，事关组织未来的生存与发展、组织的兴衰成败的大政方针、经营方向等方面的决策，通常包括组织目标、方针的确定，组织机构的调整，企业产品的更新换代，技术改造等，这些决策牵涉组织的方方面面，具有全局性、方向性和长远性，解决组织“做什么”的问题，决策权由最高层管理者行使。战略决策多为复杂的、不确定性的决策，常常要依赖决策者的直觉、经验、判断力、魄力等。

战术决策属于战略决策执行过程中的具体决策，解决组织“如何做”的问题。它旨在实现组织中各环节的高度协调和资源的合理使用，如企业生产计划和制订销售计划、更新设备、新产品的定价以及筹措资金等都属于战术决策的范畴，决策权主要由中层管理者行使。

业务决策又称执行性决策，是日常工作中为提高生产效率、工作效率而作出的决策，牵涉范围较窄，只对

组织产生局部影响解决“怎么做”的问题。属于业务决策范畴的主要有：工作任务的日常分配和检查、岗位责任制的制定和执行、库存的控制以及材料的采购等，决策权由基层管理者负责进行。

4. 程序化决策和非程序化决策

按决策问题是否重复出现进行划分，决策可以分为程序化决策和非程序化决策。这是赫伯特·A. 西蒙的经典分类。

组织中的问题一般可被分为两类：一类是例行问题，另一类是例外问题。例行问题是指那些重复出现的、常规的管理问题，如大学处理学生的入学申请、企业管理者日常遇到的产品质量、设备故障、现金短缺、定期补充原材料、员工请假等问题；例外问题则是指那些偶然发生的、新颖的、性质和结构不明的、没有固定程序可循、具有重大影响的问题，如中国实行改革开放政策、三峡工程上马、组织结构变化、重大投资、开发新产品或开拓新市场、重要的人事任免以及重大政策的制定等问题。

西蒙根据问题的性质，把决策分为程序化决策和非程序化决策。程序化决策涉及的是例行问题，而非程序化决策涉及的是例外问题。事实上，这两类决策之间没有绝对的界线，在一定的条件下，会发生转化。西蒙曾论述道：“它们并非真是截然不同的两类决策，而是像一个光谱一样的连续统一体：其一端为高度程序化的决策，而另一端为高度非程序化的决策。我们沿着这个光谱式的统一体可以找到不同灰色梯度的各种决策，而我采用程序化和非程序化这两个词也只是用来作为光谱的黑色频段与白色频段的标志而已。”组织高层管理者面临的大多是非程序化决策，而中、基层管理者面临的大多为程序化决策。

非程序化决策对决策者的各方面素质提出了更高的要求。因为决策时往往缺乏信息资料，无先例可循，无固定模式，常常要耗费决策者大量的精力，进行创造性思维。

知识经济的今天，社会发展速度大大加快，社会的复杂性和不确定性在增加，非程序化决策已日趋常态化。非程序化决策不等于靠拍脑袋获得灵感和知觉来决策，存在着向程序化决策过渡和转化的可能。当我们意识到突发危机的重复性后，这种转化还是很有必要的。

5. 确定型决策、风险决策、不确定型决策

根据环境因素的可控性进行划分，决策可分为确定型决策、风险型决策和不确定型决策。

确定型决策是指在稳定（可控）条件下进行的决策。在确定型决策中，决策者确切知道自然状态的发生，每个方案只有一个确定的结果，最终选择哪个方案取决于对各个方案结果的直接比较。比如企业经过市场调查后发现其生产的产品供不应求，并且预计在今后五年内需求量持续上升。企业在这种确定的自然状态，只要拟定多个可行的生产方案，然后通过分析、评价，从中选出生产量最大的那个决策方案并投产即可。

风险型决策也称随机决策，在这类决策中，自然状态不止一种，决策者无法知道哪种自然状态会发生，但能知道有多少种自然状态以及每种自然状态发生的概率。美国经济学家弗兰克·H. 奈特曾指出：“风险是可测定的不确定性”。

不确定型决策是指在不稳定条件下进行的决策。在不确定型决策中，决策者可能不知道有多少种自然状态，即便知道，也不能知道每种自然状态发生的概率。可见，不确定型决策是最困难和风险最大的，它和风险型决策同属于非程序化决策。

以上三种决策的相互转换如图 3-1 所示。一般来说，越是组织的高层管理者，所做出的决策越倾向于战略型的、非常规的、非确定型的决策；越是组织的下层管理者，所做出的决策，越倾向于战术型的、常规的、确定型的决策。

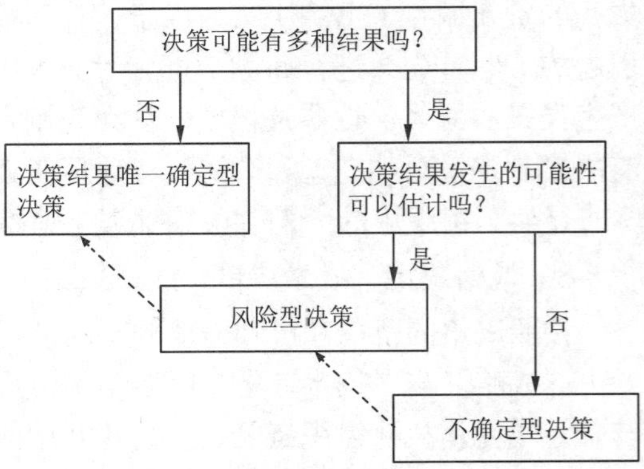

图 3-1　三种决策的类型与转换

二、决策过程与影响因素

（一）决策过程

决策的步骤分为识别并诊断问题、明确目标、拟订方案、筛选方案、执行决策和评估效果六个阶段。

1. 识别并诊断问题

决策者必须知道哪里需要行动，所以决策过程的第一步是识别并诊断问题。首先要明确什么是“问题”。所谓“问题”，就是实际状况与所要求的“理想状况”之间的偏差。做任何事情前，决策者脑海中都已有对结

果的期望。如果实际情况与期望的状态不一样，就产生了“偏差”，也就出了“问题”。决策者若感知到了这些偏差，就意识到了存在问题或潜在的机会，进而就会被激发起来采取行动，纠正偏差。

认识和分析问题是决策过程中最为重要也是最为困难的环节。说它最重要，是因为问题不清，无从决策；而问题找错，将一错百错。在这个环节多下些工夫，是非常值得和必要的。彼得·德鲁克曾指出：“管理决策中最常引发错误的是过分强调找到正确的答案，而不是正确的问题。”

说它最为困难，是因为真正的问题所呈现出来的往往只是一些征兆和表面现象，其实质和发生原因被大量的表象所掩盖，需要我们进行深入的分析，才能找到真正的问题。而这就需要决策者特别注意要尽可能精确地界定问题和评估问题。界定问题就是要把问题的性质、特点和范围搞清楚，是例行问题吗？还是结构不良的问题？

问题界定准确了，才谈得上后续的评估。而评估问题的精确程度有赖于信息的精确程度。所以尽力获取精确的、可信赖的信息就至关重要了。决策者要谨防影响其正确识别问题的认知倾向和心理偏差。信息收集上可能会发生偏倚，如消极消息上行沟通中出现“过滤”的问题等。决策者要注意信息的完整和全面。切忌凭个人好恶来选择资料或事实，那样就很容易得出符合个人意愿、但却不符合客观事实的结论。评估问题的目的，首先要明确该问题是否严重。只有与组织的生存和发展存在重大关系的问题，我们才要考虑去化解它，否则一个组织每天遇到的问题实在太多太庞杂了，不可能每个都一视同仁地排上决策日程，总得有个轻重缓急的考量。然后再经过初步调查，确定问题出在何处。最后深入调查，以明确真正的问题所在及分析其产生的可能的原因有哪些。

2．明确目标

目标是组织期望获得的结果。在确定目标阶段，就要把组织所期望获得的结果的数量和质量都要定下来，这两方面最终将指导决策者选择合适的行动路线。彼得·德鲁克指出：“真正的困难不在于确定我们需要什么目标，而在于决定如何订立目标。”

根据时间的长短，可把目标分为长期目标、中期目标和短期目标，长期目标通常用来指导组织的战略决策，中期目标通常用来指导组织的战术决策，短期目标通常用来指导组织的业务决策。短期目标分得再细些，还可有年度、季度、月、旬、周、日、班等目标的区分。

3．拟订方案

一旦问题被正确地识别出来，决策者就要提出达到目标和解决问题的各种方案。这一步骤需要发挥决策者的创造力和想象力，在时间、资源等条件允许的情况下，提出尽可能多的方案。这方案可以是已有的方案（如组织以前采用过的方案）、决策者以前见过的方案，或听从其他曾遇到类似问题的人的建议等；也可以是定做的方案，即根据具体问题设计，将主意融入新的、有创意的方案中，这可通过头脑风暴法、德尔菲法和名义小组技术等找寻出富有创造性的方案。

决策方案的拟订，一方面需要决策者借助其个人经验、素质、经历和对有关情况的把握来提出；另一方面，为了获得更多、更好的方案，决策者还要善于征询他人（如专家）的意见，特别要重视他人的反面意见。决策者要善于吸收反面意见中的合理成分，以使最终的决策更加完善。

拟订方案时，要注意提出的各方案之间要互相排斥，这是一个基本要求。这样能鼓励参与各方尽量从不同的方面拟订方案。很著名的一个例子是关于通用汽车公司的。在一次内部高层会议中，通用汽车公司总裁斯隆发现所有的人都对一个重要决策持认同态度。他强调说：“对于这个问题，所有的不同意见都可以提出。”大家都点了点头。斯隆接着说：“诸位先生，我想我们大家对这项决定都一致同意，是吗？”出席会议的委员们都点头表示同意。于是他接着说：“现在，我宣布会议结束，这一问题推迟到下次开会时再行讨论。我希望下次开会时能听到相反的意见，只有这样，我们才能得到对这项决策的真正了解。”斯隆作决策从来不靠“直觉”，总是强调必须用事实来检验看法，懂得正确的决策必须建立在各种不同意见充分讨论的基础上。事实证明，在那次会议上，斯隆避免了一个错误的决策。

4．筛选方案

在拟订方案后，决策者必须对各方案的价值或恰当性进行确定，在分析对比的基础上，选出最佳方案，从而形成决策。

一般说来，分析前要明确该决策的主要目标是什么，主要评估标准有哪些，各个评估标准的权重是怎样的。

然后再从以下三方面进一步展开筛选：一是对方案进行条件分析，即该方案是否具备实施的主客观条件；二是对方案进行利害得失分析，即分析该方案的实施可能有哪些收益、需付出哪些代价、需花费多少成本，有些方案在短期内代价较小，但从长远来说会付出很大的代价，因此要有长远眼光，避免急功近利；三是对方案实施的结果进行预测——风险与不确定性如何？如何应对不确定性？有应急方案吗？在经过上述几方面分析的基础上，还需要做进一步的综合评估，以便于对它们进行比较，最终进行排序，并作出最终选择。

5．执行决策

执行是决策过程中至关重要的一步。在方案选定以后，决策者就要制定执行方案的具体措施和步骤。

决策者要明了每个步骤由谁负责；各步骤所需的资源和行动是否到位；资源是组织内具备的，还是需要从组织外部获取；获取的条件有哪些，要尽量做到经济有效。决策者要能把组织内外的资源调动起来，优化配置，以产生最大效能。他要确保与决策有关的各种指令能被所有有关人员充分接受和彻底了解，在执行过程中注重信息反馈，掌握进展情况，实施有效控制。

6．评估效果

对决策执行效果的评估，即决策者要随时掌握决策的效果和进度的情况，再与决策者当初所设立的目标进行比较，看是否出现偏差。如果存在偏差，或者说存在负反馈，就要找出负反馈出现的原因。若是因为决策的实施需要更多的时间、资源、努力，那就要考虑进一步加大投入；如果说这个决策本身就是个错误的决策，如决策的方向性错误，决策目标不切实际，错误估计现状及趋势，因而做出错误的判断等，那就要果断终止执行，重新展开新决策的制定过程。即重新识别问题，收集更多信息和建议，改正初始决策中存在的错误，经过适当调整后，使新决策更加符合组织的实际和变化了的环境。所以，这一过程也叫做“决策追踪”。可见，决策是一个循环往复的动态过程，没有终点。而如果发现偏差是执行过程中某种人为或非人为的因素造成的，那么决策者就应该加强对决策执行过程的监控并采取切实有效的措施，确保已经出现的偏差不扩大甚至有所缩小，从而使决策取得预期的效果。

需要指出的是，决策者在以上各个步骤中都会受到个性、态度和行为，伦理和价值以及文化等诸多因素的影响。

按以上六个步骤做出的决策是否就是正确的决策？

按科学的程序进行决策并不能够保证决策结果是正确的，但现实中很多决策失误的根本原因就是没有严格按照决策程序一步一步去做；既没有清晰地界定问题，也不清楚决策的目标，或者对可选方案不进行科学的评价，或者决策执行中没有检查和控制。

（二）影响因素

组织中的决策会受到信息的获取状况、环境的稳定状况、决策问题的性质、组织的文化特征以及决策者的个人因素等五方面的影响。

1．信息的获取状况

美国企业家 S.M. 沃尔森有句名言：“一个成功的决策，等于 90% 的信息加上 10% 的直觉。”可见，决策离不开大量的信息。当然，在实际运作中，信息量过大固然有助于决策水平的提高，但对组织而言可能是不经济的；可能耗费了大量的人力、物力、时间等，而损害了决策强调的时效性，错过了时机。而信息量过少则使管理者无从决策或导致决策达不到应有的效果。所以，通常认为，适量的信息是决策的依据。理性的决策者必然努力使收集数据、处理数据、产生信息的成本应低于信息所带来的效益。

对于一个科学有效的决策过程来说，“策”是基础和前提，“决”是目标和关键。一个成功的管理者应既善于“借助外脑”，广泛听取他人的意见和建议，充分发挥调查研究、集思广益、民主协商等在决策中的重要作用；又善于分析和综合他人的合理化建议，在时机成熟、条件具备的情况下大胆拍板，果断拿出方案和举措，确保决策的及时有效。当然，这里面还有一个如何统筹兼顾、把握火候的问题，需要在领导和管理工作实践中不断探索、逐步提高。

举例如下：

美国总统林肯，在他上任后不久，有一次将六个幕僚召集在一起开会。林肯提出针对议会报送的一个议案能否成为法案进行商讨，幕僚们的看法并不统一，于是七个人便热烈地争论起来。林肯在仔细听取其他六个人的意见后，仍感到自己是正确的。在最后决策的时候，六个幕僚一致反对林肯的意见，但林肯仍固执己见，他说："虽然只有我一个人赞成但我仍要宣布，这个议案通过了。"

从表面上看，林肯这种忽视多数人意见的做法似乎过于独断专行。其实，林肯已经仔细地了解了其他六个人的看法并经过深思熟虑，认定自己的方案最为合理。而其他六个人持反对意见，只是一个条件反射，有的人甚至是人云亦云，根本就没有认真考虑过这个方案。既然如此，自然应该力排众议，坚持己见。因为，所谓讨论，无非就是从各种不同的意见中选择出一个最合理的。既然自己是对的，那还有什么可犹豫的呢？

2. 环境的稳定状况

一般来说，在环境比较稳定的情况下，组织过去针对同类问题所做的决策具有较高的参考价值，因为过去决策时所面临的环境与现时差不多。有时，今天的决策仅是简单地重复昨天的决策。这种情况下的决策一般由组织的中低层管理者负责就可以了。

但环境若是发生了剧烈变化，组织所要做的决策通常是紧迫的，否则可能因贻误时机而被环境淘汰；同时过去的决策的借鉴意义也不大，因为已经事过境迁。为了更快地适应环境，组织可能需要对组织活动的方向、内容与形式进行及时的调整。这种情况下的决策一般由组织的高层管理者进行。

3. 决策问题的性质

问题的重要性对决策的影响是多方面的：① 重要的问题可能引起高层领导的重视，有些重要问题甚至必须由高层领导亲自决策，从而决策可得到更多力量的支持；② 越重要的问题越有可能由群体决策，因为群体决策相对个人决策而言，对问题的认识更全面，决策的质量可能更高；③ 越重要的问题越需要决策者慎重决策，越需要决策者尽量避免各种心理偏差，避开各类决策陷阱。

如果决策涉及的问题对组织来说非常紧迫，急需处理，则这样的决策被称为时间敏感型决策。对于此类决策，快速行动要比如何行动更重要，即对决策速度的要求高于对决策质量的要求。战场上军事指挥官的决策多属于此类。组织在发生重大安全事故、面临稍纵即逝的重大机会以及在生死存亡的紧急关头所面临的决策也属于此类。需指出的是，时间敏感型决策在组织中不常出现，但每次出现都给组织带来重大影响。

相反，如果决策涉及的问题对组织来说不紧迫，组织有足够的时间从容应对，则这样的决策可被称为知识敏感型决策。因为在时间宽裕的情况下对决策质量的要求必然提高，而高质量的决策依赖于决策者掌握足够的知识。组织中的大多数决策均属于此类。对决策者而言，为争取足够的时间来做出高质量的决策，需要未雨绸缪，尽可能在问题出现之前就将其列为决策的对象，而不是等问题出现后再匆忙做决策，也就是将时间敏感型决策转化为知识敏感型决策。

4. 组织的文化特征

在保守型组织文化中生存的人们受这种文化的影响，倾向于维持现状，他们害怕变化，更害怕失败。对任何带来变化（特别是重大变化）的行动方案会产生抵触情绪，并以实际行动抵制。在这种文化氛围中，如果决策者想坚持实施一项可能给组织成员带来较大变化的行动方案，就必须首先勇于破除旧有的文化，建立一种欢迎变化的文化，而这是组织变革中最难的一种变革。

在创新型组织文化中生存的人们欢迎变化，勇于创新，宽容地对待失败，并提出高产出高回报，鼓励拼搏精神。在这样的组织中，容易进入决策者视野的是给组织带来变革的行动方案。有时候，他们进行决策的目的就是制造变化。另外，在一个对不确定性规避较低的组织文化下，凭直觉进行决策更易于被组织接受。

5. 决策者的个人因素

1）直觉

直觉是意识的本能反应，不是思考的结果。管理者通常也会运用直觉来做出决策，直觉直接影响着决策者的判断，包括对问题、信息的判断，对方案的抉择。很多情况下，这种靠潜意识的决策过程并不是毫无道理的，它是基于决策者长期积累的经验和实践。

管理者何时最有可能使用直觉进行决策呢？有以下八种情况：①存在高不确定性时；②极少有先例存在时；③变化难以科学地预测时；④"事实"有限时；⑤事实不足以明确指明前进道路时；⑥分析性数据用途不大时；⑦当需要从存在的几个可行方案中选择一个，而每一个的评价都良好时；⑧时间有限，并且存在提出正确决策的压力时。但管理者需清楚的是，直觉犹如一把双刃剑，决策者需同时运用头脑和心灵，将理性决策和直觉决策水乳交融在一起，才能较好地提高决策的正确性。

2）执著

执著是指人们特别偏爱自己的决策所选定的方案，甚至当实践已经证明这个方案不妥当或不正确时，仍然要坚持下去，“不到黄河心不死”，甚至进行“承诺升级”，使沉淀成本越来越大。此时实际已变成了执迷不悟。这里有决策者个性好强、“好面子”等心理因素在里面，不敢面对现实，不愿承认失败，感情压倒了理智，往往是损失已经到了不可弥补的地步才醒悟过来。决策者要注意这种现象，避免受其所害。

3）对待风险的态度

人们对待风险的态度在很大程度上影响着决策。安全需要是人类的基本需要，人们往往要求关键性决策的安全系数越高越好。但决策者遇到的大多数决策都是或多或少地带有某种程度的风险性的。在四平八稳的“保险箱”的框架内进行决策固然是保险，却往往无法取得最好的决策效果。有的决策者天生爱冒险，敢闯敢拼，追求高刺激下的高回报，凡事喜欢赌一把；而有的决策者则天生谨小慎微，万事只求平安无恙。当然同一个人也会因为所面对问题的不同，在组织中位置的高低不同，所面临风险的大小不同以及其他一些因素而表现出不同的风险态度。

4）利益与斗争

决策往往涉及组织中利益的调整和分配。决策制定的过程，往往就是相关各方利益博弈的过程，大家都想最终的决策对己方有利，其中充满了各种力量的分化组合，还会产生结盟的现象。结盟是指个人或群体之间为了实现某种共同目的而形成的一种非正式的联合。例如，企业的股东为了某种共同的目的而联合起来向董事会施压以做出对自己有利的决策；美国军火商集团对美国政府的外交和军事政策有着强大的影响力。

第二节 计 划

计划职能是管理的首要职能，因为管理活动首先从计划开始，而且计划职能渗透在其他各种职能之中，或者说，其他职能都是为执行计划职能即实现组织目标服务的。

一、计划的一般概念

（一）计划的定义

所谓计划，就是为了实现既定的目标，对未来行动进行规划、安排以及组织实施的一系列管理活动的总称。计划职能是管理的首要职能，它贯穿于管理的全过程。具体来讲，计划职能是为实现一定目标而科学预计和制订的未来行动方案。换言之，计划就是一个组织要做什么和怎么做的行动指南。

西方管理学将计划工作的内容归纳为“5W1H”，即计划必须清楚地确定和描述这些内容：

- WHY：确定计划工作的原因和目的。
- WHAT：明确所进行活动的内容和要求。
- WHO：规定由哪些部门和人员来负责实施计划。
- WHEN：规定计划中各项工作的起始和完成的时间。
- WHERE：规定计划的实施地点。
- HOW：制订计划实施的手段和措施。

这种观念认为，任何一项计划都要包含以上几个要点，即组织的计划必须明确地提出未来行动的目的、原因、内容、负责人及实施的时间、地点和方法。

举例如下：

美国某钢铁公司总裁舒瓦普向一位效率专家请教更好地执行计划的方法。专家声称可以给舒瓦普一样东西，在10分钟内把他公司的业绩提高50%。接着，专家递给舒瓦普一张白纸说：“请在这张纸上写下明天你要做的六件最重要的事。”舒瓦普用五分钟时间写完了。专家接着说：“现在用数字表明每件事情对于你和公司的重要性次序。”舒瓦普又花了五分钟做完。专家说：“好了，现在这张纸就是我要给你的。明天早上第一件事就是把纸条拿出来，做第一项最重要的。不看其他的，只做第一项，直到完成为止。然后用同样的办法对待第二项、第三项……直到下班为止。即使只做完一件事，那也不要紧，因为你总在做最重要的事。你可以试着每天这样做，直到你相信这个方法有价值时，请按你认为的价值给我寄支票”。

一个月后，舒瓦普给专家寄去了一张 2.5 万美元的支票，并在他的员工中普及这种方法。五年后，当年这个不为人知的小钢铁公司成为了世界最大的钢铁公司之一。

（二）计划的作用

组织是一个人造系统，它与自然系统的本质区别就在于它是一群有意识的人在一定的目标支配下形成的。有意识、有目的的活动是组织活动的基本特征。有意识的活动首先表现为在活动之前，人们会自觉地进行规划、设想、安排。无论这种规划设想是简单还是十分复杂，都是计划职能。可以说计划是人类组织所特有的管理职能，也是人的社会性的基本特征之一。正如马克思在论述人的意识时所说的：“最蹩足的建筑师从一开始就比最灵巧的蜜蜂高明的地方，是他在用蜂蜡建筑蜂房以前，已经在他自己的头脑中把它建成了。”建筑师在头脑中建筑房屋的过程就是一个计划过程。

计划作为管理的第一个职能还指任何一个管理者，不论他居于什么层次，对什么样的部门负责，都必须做好计划工作。否则其工作就无法开展，即使展开了，也将会是一团糟。组织是为实现一定的目标而建立起来的。要将实现目标的愿望变为现实，必须建立起一定的保障。

（1）从明确目标着手为实现组织目标提供保障。组织的目标有长远目标与近期目标、主要目标与次要目标、直接目标与间接目标之分。计划工作就是要通过对组织内外条件的分析，使组织要实现的总体目标、各部门的目标、各阶段性目标明晰化，并制订出实施这些阶段性目标的方法、措施，使组织的各项活动为实现总目标服务。

（2）计划还通过优化资源配置保证组织目标的实现。实现组织的目标，需要调动组织内的各种资源，在最经济的条件下实现目标是市场经济体制下一切组织都应遵循的原则。换言之，任何组织部必须讲究成本核算，厉行节约，使投入产出效益最高。通过计划管理对组织的资源进行优化配置是最大的节约，也是最重要的节约。不做预算，不进行成本费用分析，即使组织的目标得以实现，也会因成本失控而显得不合理、不合算。节约是从事现代管理的基本准则之一。任何组织，无论是企业还是非企业，都必须重视投入产出的效益。认为只有企业才讲成本核算、讲节约的观点是错误的。

（3）计划通过规划、政策、程序等的制定保证组织目标的实现。计划还为控制提供了标准。实现组织目标的活动会受到多种因素的影响。在一些没有见到的因素的影响下，组织行动可能偏离计划轨道。这些偏差要靠管理控制来纠正。纠正偏差，需要有标准。这个标准只能是组织的计划。计划不仅是组织行动的标准，同时又是评定组织效率的标准。没有计划显然是无法实施控制的。没有控制，组织目标也就难以实现。

举例如下：

同学们要想提高学习效率，必须在尽量短的时间内，做尽量多的事。这就必须设法尽量减少犹豫时间，减少无用功。而一个科学而周密的计划，恰恰具有这些作用：做什么，做多少，计划中全有了，这有利于尽早进入实战，无须观望犹豫。先做什么，后做什么，具体步骤计划中有了，这可有效避免走弯路；某一步用什么办法，某个问题采取什么措施，这都需事先反复考虑，才能有效避免精力浪费，提高效率和质量。这些情况综合在一起，就会促成学习效率的提高。一些平时无计划的同学，到考试前必然连天熬夜苦战，精神及身体压力很大，学习效率未必能够提高。

（三）计划的类型

划分计划类型的最普遍的方法，是根据计划的广度（分为战略计划与作业计划）、时间框架（分为短期计划与长期计划）和明确性（分为具体计划与指导性计划）对计划进行分类。这些分类方法所划分出的计划类型不是相互独立的。短期计划和长期计划之间、战略计划与作业计划之间、具体计划与指导性计划之间存在紧密的关系。

1．战略计划与作业计划

战略计划是应用于整体组织的，为组织设立总体目标和寻求组织在环境中的地位的计划。作业计划是规定总体目标如何实现的细节的计划。战略计划与作业计划在时间框架、范围和是否包含已知的一套组织目标方面是不同的。作业计划趋向于覆盖较短的时间间隔，它只是在假定目标已经存在的基础上，提供实现目标的方法。战略计划趋向于包含持久的时间间隔，通常为五年甚至更长，覆盖较宽的领域而不规定具体的细节，战略计划的一个重要任务是设立目标。

2．短期计划与长期计划

按照时间跨度来划分，可分为长期计划、中期计划和短期计划。长期计划的期限一般在 10 年以上，是组织在较长时间内的发展目标和方向，属于纲领性和轮廓性的计划。中期计划的期限一般为 5 年左右，它来自长期计划，并且按照长期计划的执行情况和预测到的具体条件变化来编制。短期计划的期限一般在 1 年左右，以年度计划为主要形式。它是在中期计划的指导下，具体规划组织本年度的工作任务和措施的计划。三者的关系：长期、中期、短期计划在时间上的要求是相对的，在不同单位可能不同；长期计划是制订短期计划的原则和框架，后者是前者的具体化和实施。长期、中期、短期计划有机协调和相互配套，是计划目标得以实现的保证。

3．具体计划与指导性计划

指导性计划只规定某些一般的方针和行动原则，而不局限于明确的特定目标或特定的活动方案上，可为组织指明方向、统一认识，但并不提供实际的操作指南。它具有内在的灵活性，给予行动者较大自由处置权。

具体计划具有明确的可衡量目标及一套可操作的行动方案，不存在模棱两可、引起误解的问题，便于明确及时有效地完成特定的程序、方案和各类活动目标。它具有很强的可操作性，一般由基层制定。具体计划相对于指导性计划而言，虽然更易于执行、考核及控制，但是缺少灵活性，它要求的明确性和可预见性条件往往很难满足。

举例如下：

一个增加利润的具体性计划，可能具体规定在未来 6 个月中，成本要降低 4%，销售额增加 6%；而指导性计划也许只提出未来 6 个月使利润增加 5%~10%。显然，指导性计划具有内在的灵活性，具体计划则更具有明确性。

二、计划编制的程序

虽然计划的种类很多，但计划的编制具有一定的普遍性。计划的编制过程一般需经过以下步骤：

1．分析环境

组织在正式编制计划之前，需要对组织的内外环境进行认真的调查分析。对组织外部环境的分析，是为了识别哪些因素对组织的影响是有利的，哪些因素对组织的影响是不利的，即识别机会和威胁各有哪些。对组织内部环境的分析，是为了看清楚组织自身最擅长什么，最薄弱的环节又是什么，即识别组织的优势和劣势分别是什么。通过以上的分析，组织可以做到“知己知彼”，从而能更好地利用自己的优势来把握住可能存在的机会。严格地说，这个环节是计划工作的真正起点。

2．确定目标

在分析的基础上，组织就可以选择并确定自己的可行性目标。计划工作的目标指明了组织所要做的工作有哪些，重点在哪里，以及运用策略、政策、程序、预算等计划形式所要完成的任务。目标的选择是计划工作中极为重要的环节，因此它必须做到：首先，所选择的目标必须确保与组织的发展战略目标相一致；其次，在有多个目标可供选择时，应分清主次，以保证将组织有限的资源用于关键目标的实现上；另外，目标应尽可能量化，这是保证目标有效、高效实现的关键。

3．确定计划的前提

确定计划的前提，就是要确定整个计划活动所处的未来环境。既然是一种未来的环境，这其中必然充满着许多的不确定性。因此，不可能要求管理者能够百分百地预见未来，而只能通过对现有资料的分析预测计划将要涉及的未来环境。未来环境包含的内容很多，管理者不可能也没必要对它的每个方面、每个环节都做出预测，而只需对其中对计划内容有重大影响的主要因素作出预测就可以了。例如，管理者应尽可能地预测出组织未来的市场状况、竞争状况、资源保证情况，甚至政府的政策、宏观经济环境等。

4．确定备选方案

一个计划往往有几个可供选择的方案。在这个环节中，具体要完成两件任务：第一，通过集思广益来发掘多种高质量的备选方案；第二，通过初步筛选，减少备选方案的数量，以便对最有希望的方案进行仔细的分析。

5．比较备选方案

确定了备选方案后，就要根据计划的目标和前提条件，对各种备选方案进行分析比较。比较的关键在于比较标准的选择以及各标准权重的确定。例如，比较的标准既可以是利润的多少，也可以是投资额的大小，当然还可以是对组织形象的影响程度等。在实际工作中，一般是多重标准共同使用，因此还需要确定各标准的权重。这样才能进行有目的性的比较。

6．选择方案

选择方案是计划的关键。为了保持计划的灵活性，选择的结果往往可能是选择两个或以上的方案。这时，应明确首先采取哪个方案，并将其余的方案也进行细化和完善，作为后备方案。

7．制订派生计划

派生计划就是总计划下的子计划。完成选择之后，就必须帮助涉及计划内容的各个下属部门制订支持总计划的部门计划，即派生计划。完成派生计划是实施总计划的基础。

8．编制预算

计划的最后一步就是编制预算。预算实质上是资源的分配。它既是汇总各种计划的工具，又是衡量、控制计划进度的重要标准。

三、计划的执行与调整

（一）计划的执行

计划制订后必须付诸实施，而计划实施最有效的方法就是目标管理。正如专家所说管理就是让大家知道你的规划、理解你的规划、理解你的实施计划和要求，同时让利益联系你我他。

目标管理（Management by Objectives，MBO）是20世纪50年代中期出现于美国，以泰勒的科学管理和行为科学理论（特别是其中的参与管理）为基础形成的一套管理制度。目标管理又称成果管理，目标管理是由组织的各级领导与员工共同参与制订具体的、可行的且能够客观衡量效果的目标，在工作中进行自我控制，努力实现工作目标的一种管理方法。目标管理的重点是让组织中的各层管理人员都与各自的下属围绕着下属工作目标以及如何完成这些目标进行充分沟通。现代管理强调员工要自主管理，改变过去管理者对员工的强制命令、一味地要求绝对服从与控制，员工缺乏自主性与主动性的状况。目标管理是员工自我管理与控制的有效方法。

目标管理的步骤包括：

1．目标的设置

目标的设置是目标管理最重要的阶段，第一阶段可以细分为四个步骤：

（1）层管理预订目标。这是一个暂时的、可以改变的目标预案。即可以上级提出，再同下级讨论；也可以由下级提出，上级批准。无论哪种方式，必须共同商量决定；领导必须根据企业的使命和长远战略，估计客观环境带来的机会和挑战，对本企业的优劣有清醒的认识。对组织应该且能够完成的目标心中有数。

（2）重新审议组织结构和职责分工。目标管理要求每一个分目标都有确定的责任主体。因此预订目标之后，需要重新审查现有组织结构，根据新的目标分解要求进行调整，明确目标责任者和协调关系。

（3）确立下级的目标。首先下级明确组织的规划和目标，然后商定下级的分目标。在讨论中上级要尊重下级，平等待人，耐心倾听下级意见，帮助下级发展一致性和支持性目标。分目标要具体量化，便于考核；分清轻重缓急，以免顾此失彼；既要有挑战性，又要有实现可能。每个员工和部门的分目标要和其他的分目标协调一致，支持本单位和组织目标的实现。

（4）上级和下级就实现各项目标所需的条件以及实现目标后的奖惩事宜达成协议。分目标制订后，要授予下级相应的资源配置的权力，实现权责利的统一。由下级写成书面协议，编制目标记录卡片，整个组织汇总所有资料后，绘制出目标图，形成建立一套完整的目标体系。目标体系要与组织结构吻合，从而使每个部门都有明确的目标，每个目标都有人明确责任。

2．组织实施

目标既定，主管人员就应放手把权力交给下级成员，而自己去抓重点的综合性管理。完成目标主要靠执行者的自我控制。如果在明确了目标之后，作为上级主管人员还像从前那样事必躬亲，便违背了目标管理的主旨，不能获得目标管理的效果。当然，这并不是说，上级在确定目标后就可以撒手不管了。上级的管理应主要表现在指导、协助、提出问题，提供情报以及创造良好的工作环境方面。

3．检查和评价

对各级目标的完成情况，要事先规定出期限，定期进行检查。检查的方法可灵活地采用自检、互检和责成专门的部门进行检查。检查的依据就是事先确定的目标。对于最终结果，应当根据目标进行评价，并根据评价结果进行奖罚。

（二）计划的调整

计划与实际脱节时，就需要调整。滚动计划是对计划调整的一种有效方法。

滚动计划法是用来编制组织的长期计划和短期计划，使组织更好适应环境的变化，保持组织运行的稳定性和均衡性，是组织进行全面计划管理、编制计划的一种科学的方法。滚动计划法是指制订计划时，采用近细远粗的办法，根据计划的执行情况和环境的变化，执行和修订未来计划，并逐期向前推移，使组织计划始终能够较为切合实际的一种计划制订法。

滚动计划法的思想就是一个组织制订计划，尤其是中长期计划所面临的外部环境及内部条件是不断变化的，许多因素是不可控的，要准确地预测各种环境变化，制订具体详细的计划方案是不现实的。计划制订的前提与条件是在变化的，因此必须在动态中修订计划，使计划尽可能贴近实际。要发挥中长期计划对年度计划的指导作用，按照“近具体、远概略”的方法，对近期计划制订得具体细致，便于执行，对远期的计划只规定出大概的要求，使员工明确奋斗目标。每执行完一个年度的计划，就根据计划完成的情况及环境的变化，需将计划顺序向前推进一段时间，连续滚动编制。不是等全部计划执行完毕再重新制订一个时期的计划。不断地对计划进行调整、修改和补充，使组织始终有一个近细远粗，长短计划紧密衔接、主观符合客观实际的计划作指导。以五年计划为例，其具体形式如图 3-2 所示。

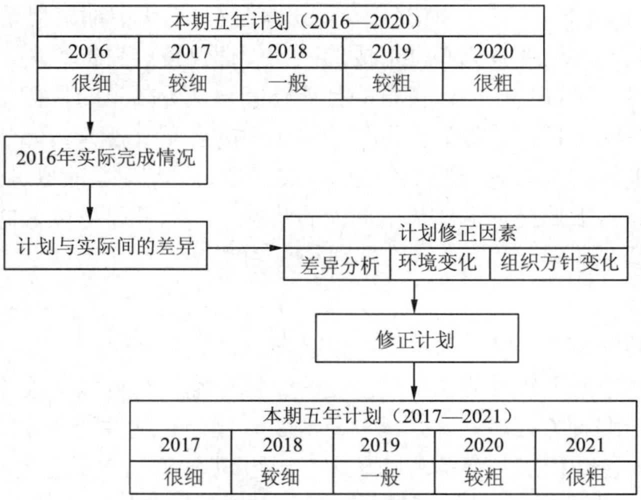

图 3-2　滚动计划法的具体形式

滚动计划法与传统的计划编制方法相比，有以下不同的特点：

1．灵活性

滚动计划法具有较强的灵活性和适应性，能帮助组织较快地对市场作出反应，从而提高组织的应变能力和竞争能力。在商品经济的条件下，市场变化对组织运行活动影响很大，为适应这一情况，组织的各种计划就应具有较大的灵活性，及时根据市场情况，调整修正计划。这是滚动计划的优点。

2．预见性

滚动计划可以连续地预测出下期计划情况及存在问题，走一步，看两步，不平衡的可以及时调整，使组织能及早采取措施，发展有利因素，克服不利因素，便于计划的贯彻执行。

3．准确性

滚动计划可以使主观设想的计划比较好地与客观实际发展相结合。因为滚动计划要求随着情况的变化而进行不断的修正，可以将每个阶段运行的实际情况，以及各方面的条件变化考虑到计划中去，提高计划的准确性，使组织始终有一个较为切合实际的长期计划指导。

4．连续性

滚动计划法，是在分析上期计划实际执行情况的基础上制订本期计划的，而且分阶段进行修订。因此，它既是上期计划的延续，又是编制下期计划的基础，从而使前期计划和后期计划密切衔接，同时，也便于长期计划与年度计划，年度计划与季、月度计划紧密衔接，充分发挥长期计划对短期计划的指导作用。

5．均衡性

滚动计划法，在编制计划时既要分析上期情况又要考虑本期任务，还要预测下期情况，对于组织内部有可能做到用计划来指导各项工作，使组织的运行活动能有序均衡地进行。

第三节　组　　织

组织工作正是源自人类对合作的需要。要使合作的人们在实施计划的过程中，能有比各合作个体总和更大的力量、更高的效率，就应根据工作的要求与人员的特点设计岗位，通过授权和分工，适当的人员安排在适当的岗位上，用制度规定各个岗位的职责和上下左右的相互关系，形成一个有机的组织结构，使整个组织协调地运转。

一、管理组织概念

（一）组织的定义

在管理学中，组织的含义可以从静态与动态两个方面来理解。静态方面，指组织结构，即：反映人、职位、任务以及它们之间的特定关系的网络。这一网络可以把分工的范围、程度、相互之间的协调配合关系、各自的任务和职责等用部门和层次的方式确定下来，成为组织的框架体系。动态方面，指维持与变革组织结构，以完成组织目标的过程。企业必须根据组织的目标，建立组织结构，并不断地调整组织结构以适应环境的变化。

正是从动态方面理解，组织被作为管理的一种基本职能。通过组织机构的建立与变革，将生产经营活动的各个要素、各个环节，从时间上、空间上科学地组织起来，使每个成员都能接受领导、协调行动，从而产生新的、大于个人和小于集体功能简单加总的整体职能。

企业的组织结构是企业全体职工为实现企业目标，在管理工作中进行分工协作，在职务范围、责任、权利方面所形成的结构体系。就像人类由骨头确定形体一样，组织也是由结构决定的。企业组织结构的含义可以从以下三个方面来理解：

1．组织结构的本质是员工的分工合作关系

合理的分工由于发挥了各自的特长，可以大幅度地提高劳动生产率。分工是与合作相伴产生的。没有协调的合作关系，分工也无法产生效益。组织结构就是以制度的形式明确人们为实现企业目标而需要建立的分工合作关系。制度的相对稳定性保证了企业分工合作关系的可持续性。也可以说，企业的组织机构能够反映出企业的分工和合作关系。

2．组织结构的核心内容是权责利关系的划分

企业的分工合作关系在企业运转中体现为岗位职责的划定。如何根据企业目标的要求确定员工的岗位职责，并通过一定的权责利划分协调员工之间的协作关系，是建立企业组织结构的关键。

3．组织结构设计的出发点与依据是企业目标

企业的一切活动的最终目的是为了实现企业目标。组织结构的设计与运转只是实现企业目标的手段之一。组织结构应与企业目标的变化以及企业资源的变化永远保持动态适应。

（二）组织的要素

组织的要素，主要包括：

（1）共同的目标。组织作为一个整体，首先要具有共同的目标，有了共同的目标，才能统一指挥，统一意志，统一行动。这种共同目标应该既为宏观所要求，又能被各个成员所接受。应尽量消除组织中成员的个人目标和组织目标之间的背离。

（2）人员与职责。为了实现共同目标，就必须建立组织机构，并对机构中全体人员指定职位，明确职责。

（3）协调关系。这是把组织成员中愿意合作，为共同目标做出贡献的意志进行统一。否则，共同目标再好也无法实现。

（4）交流信息。这是将组织的共同目标和各成员协作意愿联系起来，它是进行协调关系的必要途径。交流的信息分为两大类：一类是非定型的，如命令、指示、报告、要求、开会等；另一类是肯定型的，如规章、制度、手册等。

企业组织构成的基本要素一般包括企业目标、员工、技术设备、组织结构与组织文化、环境等。

（三）组织的实质

组织的实质在于它是进行协作的人的集合体，表现为充分发挥人的主动性、积极性和创造性。组织成员为实现共同的目标而有效地工作，组织机构运行高效化。

组织高效化的衡量标准：

（1）管理效率高，层次简明合理，很少出现扯皮现象。

（2）信息传输迅速而准确。

（3）人员任用合理，人与人之间关系和谐、协调。

（4）整体组织的目标和计划已被组织工作分解下去，使得目标和计划的完成有了切实保障。

管理的根本动力是充分发挥人的主动性、积极性和创造性。而要做到这一点，必须通过合理的分工、机构设置、权力布局、沟通联系等，维持一种发挥人的主动性、积极性和创造性的集体士气、气氛、风气，形成每个人的强烈的事业心、进取心以及为实现组织目标而共同奋斗的集体精神。这是保持组织有持久的活力和内在动力的根本。相对于组织外部形态的各种形式来说，这是实质性的、根本性的组织内容。

二、组织结构设计

组织结构设计是管理者为实现组织的目标而对组织活动和组织结构进行设计的活动，是在特定的环境中，把组织的任务与组织的职能、职权和规范进行有效的结构性配合的过程。其基本功能是协调组织中人员与任务的关系，使组织保持灵活性和适应性，从而有效地实现组织目标。

（一）组织设计的任务

以一个新建的组织为例，如图 3-3 所示，来说明组织设计的任务。根据组织结构的定义与内涵，新建组织的结构设计包括以下任务：

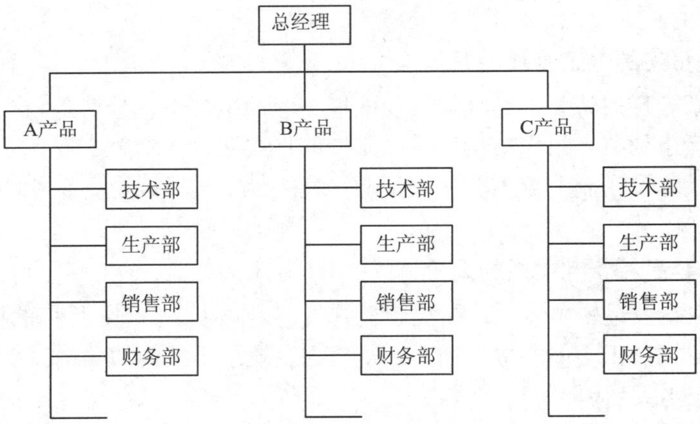

图 3-3　管理组织结构举例

（1）根据组织的性质与特点，进行横向部门的划分。组织结构是一个专业化分工所形成的体系，因此，进行组织结构的设计，就要进行横向部门的划分。因为，组织的性质和特点不同，设置的部门和岗位也不同。横向部门划分得是否合理，决定着组织结构的合理和高效与否。如一家服装企业设置了生产处和技术处，这是否合适？是否要将这两个部门合并在一起？对这些问题的思考和答案就属于横向部门划分的内容。

（2）设计职务类别与数量，确定管理层级。组织结构的一个重要方面是权力等级的设计，即管理层次或管理层级的设计。组织结构是否高效合理，取决于纵向的管理层次设计。因为，管理层级太多，会导致组织结构的僵化和对市场需要变化的反应迟钝，而管理层级太少，又不利于管理工作的有效开展。因此，组织设计需要对管理层次进行一个合理规划。

（3）设计各管理职位之间的权责义务关系，选择合适的组织结构形态。组织结构是各部门、各职位在权、责、利等方面所形成的关系结构。因此，进行组织设计就要设计各部门、各职位和每个人的职责和职权，并明确一个合适的组织结构形态。

管理过程学派代表人物哈罗德·孔茨曾指出：组织结构的设计应该明确谁去做什么，谁要对什么结果负责，并且消除由于分工含糊不清造成的执行中的障碍，还要提供能反映和支持企业目标的决策和沟通网络。哈罗德·孔茨的这段话就明确指出了组织设计的任务。结构是组织内的全体成员，为实现组织目标，进行分工协作，通过职务、职责、职权及相互关系构成的结构体系。组织结构的本质是成员间的分工协作关系。组织结构的内涵是人们的职、责、权关系。

（二）组织设计的原则

大多数组织在进行机构和结构设计时，应共同遵守以下组织设计的一般原则：

1. 因事设职与因人设职相结合的原则

组织设计的根本目的是为了保证组织目标的实现，是使目标活动的每项内容落实到具体的岗位和部门，因此，组织设计中的逻辑性要求应首先考虑工作的特点和需要，要求因事设职，因职用人，可以实现组织的精简、效能、节约，防止官僚主义。但这并不意味着组织设计中可以忽略人的因素、忽略人的特点和能力。合理的组织要追求首先考虑“事事有人做”，而不是“人人有事做”，在保证“事事有人做”的同时，保证“有能力的人有机会去做他真正胜任的工作”。

2. 权责对等原则

组织中的每个职务和部门都必须完成组织所规定的工作任务，为此，需要利用一定的人力、物力和财力等资源条件。为了使组织能正常的运行，不仅要明确每一个职位和部门的任务与承担的责任，还要对其拥有的调配资源以及指挥、命令、奖惩等权力作出明确规定。所以，一定职位上的管理者必须拥有一定的权力，相应地必须负有相当的责任。有职无权或权限过小，会降低工作人员的积极性，实际上无法履行职责，最终使组织的运作受损害。有权无职或权力大于职责，会造成权力的滥用。职位职权是完成任务的必要条件，而职责是对权力运用的约束，因此，一定职位的职权与职责应该对等，组织结构设计应明确职位、职权、职责，形成制度以使担任该职位的人的工作有章可循。

3. 统一指挥原则

在组织中的每一个人只接受一个上级的命令和指挥，并对他负责，上下级的上传下达要按层次，不得越级，形成一个指挥链。组织中的成员在工作中都会受到来自上级部门或负责人的命令，并根据上级的命令开始或结束、进行或调整、修正或废止自己的工作，这样，执行者负有执行之责，命令者负有指挥之责，职责明确、清晰，不易混乱。但是，如果一个下属同时接受两个上级的领导，而两个上级的指挥命令并不总是可能一致的，那么，他的工作就会混乱，无所适从，给组织运行带来危害。

为防止政出多门、相互扯皮、多头领导等管理问题，可以要求组织设计要遵循一个下级只能服从一个上级领导的原则，将管理的各个职务形成一条连续的等级链，明确规定链中各个职务之间的责任、权力关系，禁止越级指挥或越权指挥；在管理的体制上，要实行各级行政首长负责制，减少、甚至不设各级行政主管的副职，以防止副职“篡权”“越权”，从而干扰正职的工作。

但该原则因为过于刻板，缺乏必要的灵活性，不便于同一层次中不同部门的横向联系与沟通。

4. 有效管理幅度与有效管理层次的原则

有效管理宽度是指一个管理者能直接有效管理下属的人数。上级直接领导的下级人数越多，管理幅度越大；反之亦反。有效管理层次是指从组织的最高一级机构到最低一级机构的各个组织等级。管理层次的多少取决于管理幅度的大小，在数量上呈反比关系，由此形成了扁平结构和锥形结构两种基本的管理组织结构形态，如图 3-4 所示。

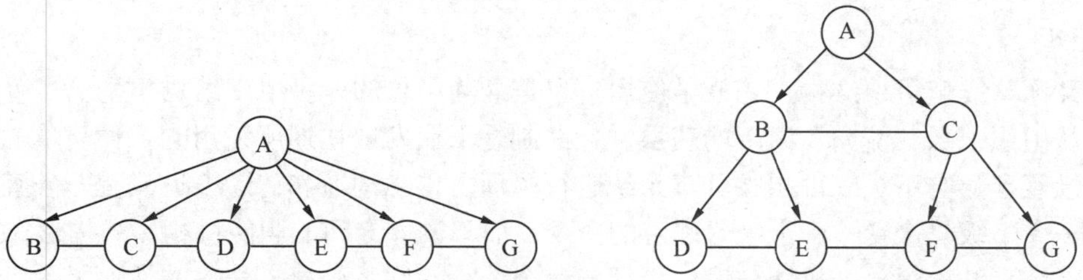

图 3-4　管理组织结构形态：扁平结构和锥形结构

扁平结构是管理幅度较大、管理层次较少的一种组织结构形态。扁平结构形态的优点是：由于层次少，信息的传递速度快，从而可以使高层尽快地发现信息所反映的问题，并及时采取相应的纠偏措施；同时，由于信息传递经过的层次少，传递过程中失真的可能性也较小；此外，较大的管理幅度，使主管人员对下属不可能控制得过多过死，从而有利于下属主动性和首创精神的发挥。但由于过大的管理幅度，也会带来一些局限性，如主管不能对每位下属进行充分、有效的指导和监督；每个主管从较多的下属那儿取得信息，众多的信息量可能淹没了其中最重要、最有价值的信息，从而可能影响信息的及时利用等。

锥形结构的管理幅度较小，从而管理层次较多的高、尖、细的金字塔形态。锥形结构形态的优点与局限性正好与扁平结构相反：较小的管理幅度可以使每位主管仔细地研究从每个下属那儿得到的有限信息，并对每个下属进行详尽的指导；但过多的管理层次，不仅影响了信息从基层传递到高层的速度，而且由于经过的层次太多，每次传递都被各层主管加进了许多自己的理解和认识，从而可能使信息在传递过程中失真；过多的管理层次，可能使各层主管感到自己在组织中的地位相对渺小，从而影响积极性的发挥；过多的管理层次也往往容易使计划的控制工作复杂化。

5. 集权与分权相结合的原则

根据组织的实际需要来决定集权与分权的程度。集权是指组织的大部分决策权集中在上层。分权是指将组织的决策权根据各个层次职务上的需要进行分配。集权与分权的程度完全是根据组织在不同时期、不同环境下为了完成组织目标的需要而决定的。例如，当组织的外部环境比较稳定时宜采用集权，当外部环境变化激烈时宜采用相当程度的分权；当组织规模较小时宜采用集权，当组织规模较大时宜采用相当程度的分权。

组织活动及其管理在诸多方面要求分权，最主要的原因如下：

(1) 组织的规模。组织规模越大，管理的层次越多。多层次管理人员为了协调和指挥下属的活动，必然要求相应的权力。因此，权力往往随着组织规模的扩大和管理层次的增加而与职责一起逐层分解。同时，组织规模达到一定程度以后，决策权仍高度集中，则可能导致“规模负经济”。因此，分权往往是发展中的组织避免或至少是推迟达到“最佳规模”的手段。

(2) 活动的分散性。组织的某个工作单位如果远离总部，则往往需要分权。因为对总部来说，不在现场的指挥难以正确、有效地指挥现场的操作；同时，分散在各地区的单位主管往往表现出强烈的自治欲望，这种欲望如果不能得到一定程度的满足，则可能破坏组织的效率。

(3) 培训管理人员的需要。“在游泳中学会游泳”，在权力的使用中学会使用权力。低层次管理人员如果很少有实践权力的机会，或只有实践很少权力的机会，则难以培养成为能够统御全局的人才，从而不能使组织在内部造就高层管理的后备力量。相反，独当一面的分权化单位主管可以非常迅速地适应总经理的工作。

分权要注意考虑坚持政策的统一性，选择拥有受过良好训练的管理人员，以避免分权对组织产生的破坏。

实际上，以上组织设计原则并不是相互独立的，而是相互作用、相互影响的，在组织设计中应同时考虑，协调运用。

三、组织结构的基本模式

组织结构对人们的行为、情报、思维模式、心理上的能量都会产生间接的影响。这些间接性影响是累积性的，随着时间的推移，组织内部的情报交流、情报汇总方式与对立的消除办法等，都会受到组织结构的直接影响。理想的组织结构是指紧紧围绕企业所处的环境，根据企业的战略、事业和技术的性质、规模、构成人员的特性等而有所不同的组织结构。合理的组织结构，从纵向看，应该是形成一个统一的、自上而下的、领导自如的指挥系统；从横向看，应该是各部门、各环节密切配合的协作系统，这样可以使企业形成一个有机的整体。管理机构的组织形式随着生产、技术和经济的发展而不断演变，经历了一个由简单到复杂的过程。

1. 直线制组织

直线制组织又称单线型组织结构，是最早使用，也是最为简单的一种组织结构类型。“直线”是指在这种组织结构中职权从组织上层“流向”组织的基层。直线制是工业发展初期所采用的一种简单的组织形式。主要特点是组织内上级管理层与下级管理层按垂直系统进行管理。信息沟通和传递渠道只有一条直线通道，不设专门的职能机构。一个下级只接受一个上级管理者的命令，而不设立专门的职能机构。结构形式如图 3-5 所示。

直线制的优点是：结构简单、权责分明、指挥与命令统一、联系简捷、秩序井然、灵活机动、决策迅速、用人较少、费用较低、工作效率较高。责任单纯且有一贯性，仅在自己执行的工作范围内，向直接上司负责，由于工作单纯，同一阶层的人员容易转用。主管人员能按照自己的意图采取临机应变的措施。

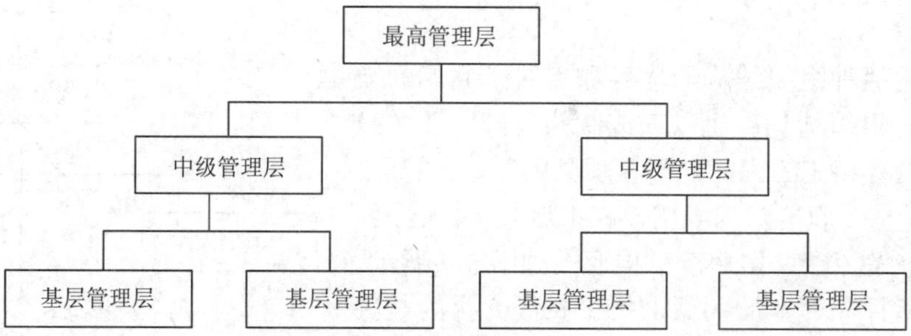

图 3-5　直线制组织结构

其缺点是：横向协调差、过度集权、组织呆板，缺乏弹性，组织内信息沟通不顺畅，部分管理者只对上级负责，缺乏合作精神，下级对上级绝对服从，易于形成独裁式管理，缺少专业化分工，也不符合“例外管理”原则要求、决策失误率较高。这种组织形式只适合于那些产品单一、供销渠道稳定、工艺过程简单、规模较小的企业和性质单纯的工作，如小零售店、家庭作坊式的小手工业。对于处于创业阶段的小企业，多采用直线制结构。

2. 职能制组织

职能制组织又称多线性组织结构，职能制组织形式是指以谋求职能的专业化为目标的组织构造，基于每个企业的基本职能，设置职能部门，使企业从整体上成为一个庞大的自己充足单位式的组织构造。各级行政负责人都设有相应的职能机构，这些职能机构在自己的职权范围内，可以向下级下达命令，直接进行指挥。

职能制的优点是：①将管理工作按职能分工，适应了现代管理工作分工较细的特点，同其他组织形式相比，可以收到专业化的效果。②便于组织内部的信息沟通顺畅。③提高了管理的专业化程度，减轻了各级直线主管的工作负担。如果与把企业整体划分为若干个自我充足的单位相比较，各个职能部门的规模较大，可以在其内部进行更细致的专业分工。制造部门在制造部门内部、营业部门在营业部门内部，都容易实现规模经济。

其缺点是：①妨碍组织的集中统一指挥，容易形成多头领导的局面，不利于明确划分各级行政负责人和职能科室的职责权限，也会出现相互推卸责任的现象。②弹性较差，对于调整、改革，易于产生一种自发的抗拒倾向。③在工作人员缺席（如病、事假）的情况下，易导致工作无法继续进行。④由于各部门业绩评价的基准不同，究竟哪个部门工作出色，难以准确评价，而且由于评价标准不同，容易产生对立现象。制造部门为了削减成本，很可能主张限制产品的品种，销售部门为了扩大销售门路，增加销售收入，更多的是要求增加品种。

如果考虑这些优缺点，职能制组织形式在单一的事业中，由于品种较少，实现规模经济具有重要的意义。只有在能够强有力地发挥领导权力的场合，才可以说它是一种有效的组织形式。为了克服职能制组织形式的局限性，必须进行各个方面的努力。最有代表性的是设置横向的管理机构。对各种产品进行统一销售，以相类似的技术进行生产，不能将每个都发展成为一个自我充足的单位。但是，必须对每种产品的制造、销售和开发之间进行紧密的协调。采用或推行产品型委员会或产品经理制度。其中，产品经理制度，在所经营的食品、化妆品、日用品等品种数较多的企业中经常采用。对企业来说，产品经理的权限是各种各样的。在近似单一联系的场合，就必须编制预算，也有与职能经理同等的权限，此时组织结构就具有与此后论述的矩阵组织相似的性质。

职能制结构是按分工负责原则组成的机构，各级行政负责人都设有相应的职能机构，这些职能机构在自己的业务范围内，都有权向下级下达命令和指示。因此，下级行政负责人，除要服从上级行政领导的指挥外，还要服从上级职能机构的指挥。结构形式如图 3-6 所示。

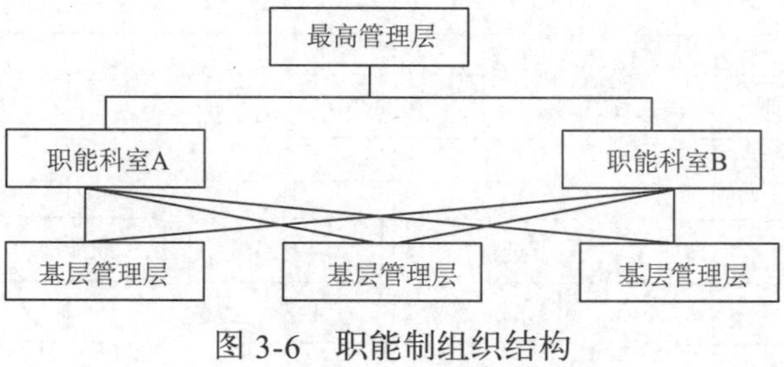

图 3-6　职能制组织结构

中小型企业、骨干企业的大多数、单一事业型企事业单位等，大多数都采用职能制组织形式，单一事业型单位诸如高校、医院、图书馆、设计院、会计师事务所等组织。

3．直线职能制组织

这是在吸收了上述两种组织结构的优点和克服了它们的缺点的基础上形成的一种组织结构。它以直线制为基础，在各级生产行政领导者之下设置相应的职能部门，分别从事专业管理。组织结构以直线管理为主，职能部门根据授权拟订相关的计划、方案并下达有关命令，发挥参谋作用。结构形式如图 3-7 所示。

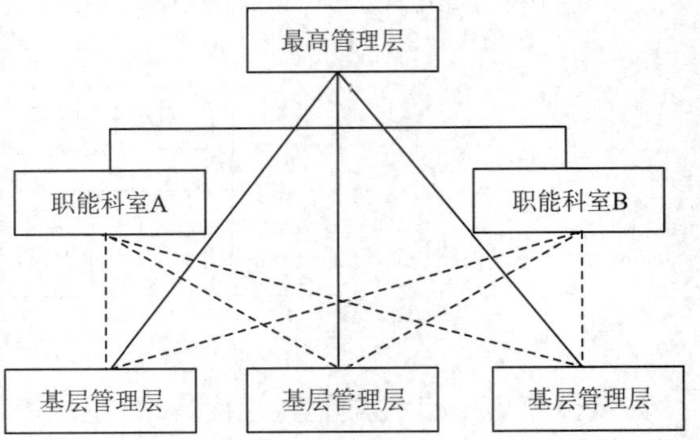

图 3-7　直线职能制组织结构

直线关系是一种指挥和命令的关系，授予直线人员的是决策和将决策付诸行动的权力。参谋关系是一种服务和协助关系，授予参谋人员的是思考、筹划和建议的权力。

这种组织形式既综合了直线制和职能制的优点，又在很大程度上克服了其缺点。在保持直线制统一指挥优点的基础上，吸收了职能制发挥专业管理部门作用的长处，能够强化金字塔式的权力等级制度，分工细密，既统一指挥又发挥参谋人员作用，保证企业生产经营活动按照正常秩序运转和组织稳定性高，从而提高了管理工作效率，为发挥生产行政指挥系统的作用提供了组织保证。其不足之处是各职能部门之间横向联系较差，容易发生重复、脱节和矛盾，特别是当各职能部门分别隶属于不同的行政领导时，仍然存在多头领导问题，效率不高且缺乏弹性。主管与职能人员之间常易发生一些问题：①由于信息沟通不畅，意见发生冲突。主管对于职能人员的建议，往往产生不同看法。事实上，幕僚人员多半缺少责任感，将许多问题未曾作深一层的分析和考虑，最为主管人员所顾忌。②协调工作量大，误解和猜忌。主管人员多不体验幕僚人员的提议，有时产生较大误解或猜疑；反之，幕僚人员也常对主管人员采取怀疑态度，彼此猜忌。③相互轻视，难以培养管理人才。幕僚多认为自己是某项专家，主管是一无所知，但主管人员又觉得幕僚人员多半闭门造车，对于实际情形毫无了解，于是认为其所设计的策略和计划，很少有实用的价值。

这种组织结构适应于用标准化技术进行常规性大批量生产的场合，或者规模比较小，或者产品品种比较简单，生产工艺比较稳定的企业，中国企业采用较多。

4．事业部制组织

事业部制组织又称“斯隆模型”，其管理原则是“集中政策，分散经营”，适合大型的或跨国企业。事业部制是一种“分权式”组织形式，是在集中指导下进行分权管理。它是在职能制和直线职能制结构的基础上，为克服两者的缺点而发展起来的组织形式，是现代社会化大生产发展的必然趋势。它首创于美国通用汽车公司，其特点是把企业的生产经营活动，按照产品种类或地区划分，建立事业部。各事业部实行相对独立的经营，有独立的产品或市场，实行独立核算，每个事业部都是一个利润中心。按“集中决策、分散经营”的原则，公司最高管理机构负责重大方针政策的制定，掌握影响公司成败的重大决策权，如财务控制、重要管理人员的任免、基建投资等。事业部的经理根据总公司的指示，统一领导其主管的事业部的工作。结构形式如图 3-8 所示。

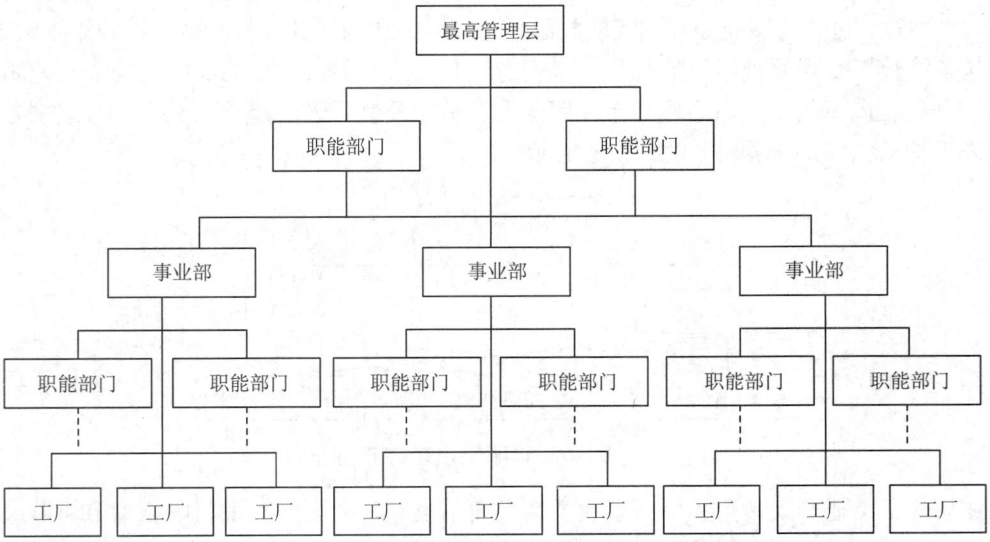

图 3-8　事业部制组织结构

一般地，从事多种事业经营的企业，几乎基本上都采用事业部制组织形式。它是把职能制进行纵向分割，对于各种不同的事业，总结出其互不相同的市场和技术要求，把有关市场的现场情报同与技术和生产相关的现场情报结合起来。这两种情报相互间的交流最终是在事业部那里结束的，也可以将其称为自我充足的组织。

事业部制的优点主要表现在三个方面：①由于最高层管理者从各事业业务的管理决策中解脱了出来，能够专心致志地研究全公司长远的发展策略和长远规划；有利于发挥各事业部生产经营的主动性和积极性，根据市场变化灵活地组织生产经营活动，有利于提高管理人员的专业能力和领导能力，有利于提高企业稳定性和对环境的适应性。②事业部制也具有加强内部竞争和自律感，有利于学习优点。③引进竞争机制，克服组织僵化。

但是，事业部制也存在自身的缺点：职能机构重复设置，所需管理人员多、管理成本高、容易造成人、财、物的浪费；职权下放过多，最高管理层的控制能力有所削弱，不利于全局协调；实行独立核算，容易使各事业部产生本位主义，易产生内耗。

因此，即使在采用事业部制的场合，也遗留下来若干个应当解决的问题，其主要有：①事业部究竟以什么为中心？“事业的定义”应当如何解释？以市场（或顾客）为中心的定义是什么？以技术（或产品）为中心的定义是什么？②事业部的分工，最终会导致非效率化，在事业部之间，怎样才能把握住共同利用可能的资源和职能？③各事业部的空隙中遗漏了什么？如何形成与横跨各事业部的综合性产品和新技术相适应的体制？④更具体地说，就是在分别生产 A、B 两种不同产品系列的企业，分别要满足 X、Y、Z 三个不同的顾客层。

目前，事业部制已成为世界各大公司广泛采用的一种组织形式。对于经营多样化、规模大、市场覆盖区广、产品品种多、市场变化快的企业，事业部制是一种较好的组织结构模式。规模大的企业，按产品或销售地区等将企业分成若干个相对独立的事业部，充分放权，适度集权。这样一来，小型化组织的优势可以充分发挥，小型组织内部没有森严的等级关系，积极努力，竞争合作，创新精神较强，与规模庞大的组织相比，更能适应环境的变化；企业最高层有强有力的决策、指挥和协调能力。这种组织结构简单而富有弹性。

近年来，事业部制又衍生出模拟分散结构和超事业部等组织结构模式。模拟分散结构适用于那些由于生产过程具有连续性，根本无法分解成若干个独立的事业部的大企业，如大型化工企业、钢铁联合企业、铝业公司等。它把企业分解成若干个独立的生产经营单位，负有模拟性的盈亏责任，在保证高协调性的条件下尽可能发挥各组织单位的积极性。但是，这样的单位并非真正的事业部门，而是生产过程的阶段。它们没有自己的外部市场，而以内部转移价格进行产品和劳务交换，有利润指标，并以内部价格计算盈亏。

超事业部结构是指在事业部的上面，在最高领导层之下，增加一层管理组织机构即超事业部。这在加强协调和内部控制方面发展了事业部制，在一定程度上克服了事业部的权力过于分散的弊端。

5．矩阵制组织

矩阵制组织结构是指由纵横两套管理系统组成的矩形组织结构。一套是按指挥职能划分的垂直领导系统；另一套是按项目（产品或工程）划分的横向领导系统，两者组成一个矩形结构。在组织结构上，既有按职能划分的垂直领导系统，又有按项目划分的横向领导系统的结构。矩阵制组织一般是为完成某项特别任务，或为开发新产品，或为完成某项工程而成立的。项目小组成员均由各职能部门派人参加，任务一旦完成，便回原单位执行别的任务。就是说，项目小组都是暂时性组织。但在项目进行过程中，项目小组成员必须接受双重领导，即既要受项目小组的领导，又要受职能部门的领导。其结构形式如图 3-9 所示。

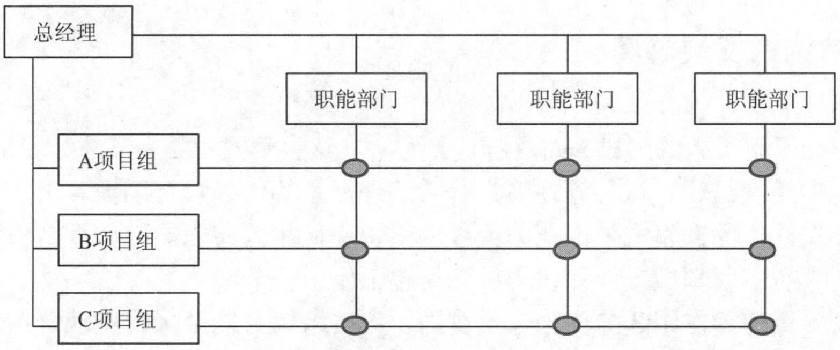

图 3-9　矩阵制组织结构

矩阵制组织的优点是：具有很大的弹性和适应性，机动灵活，人力、物力利用率高，可以根据工作的需要，集中各种专门的知识和技能，短期内迅速完成重要的任务；有利于把组织的垂直联系与横向联系更好地结合起来，加强各职能部门之间的协作；由于在项目小组中集中了各种人才，便于知识和意见的交流，相互激发，思路开阔，能促进新的观点和设想的产生；由于成员来自各个不同的职能部门，项目小组的活动还可促进各个部门间的协调和沟通。

其缺点是：稳定性较差。由于其成员是根据工作的进展情况临时从各职能部门抽调的，其隶属关系不变，从而可能使他们产生临时观念，影响工作责任心；由于要接受并不总是保持一致的双重领导，责任不清，可能会出现多头指挥现象，在工作中可能有时会感到无所适从。

矩阵制组织的特点决定了它主要适用于那些工作内容变动频繁、每项工作的完成需要众多技术知识的组织，或者作为一般组织中安排临时性工作任务的补充结构形式。如大型运动会组委会、电影制片厂、应用研究单位。

6．多维组织

这种结构是矩阵结构的进一步发展，是近年来适应新形势要求产生的一种新的管理组织形式。它是在一个企业的组织机构中包括三四个方面的管理机构，使企业能够更好地协调，更易发挥效率。其结构一般分三维：①按产品划分的事业部，是产品利润中心。②按职能（市场研究、生产、调查、技术、管理）划分的专业参谋机构，是专业成本中心。③按地区划分的管理机构，是地区利润中心。

在这种管理组织结构形式下，事业部经理不能单独作出决策，而是由产品事业部经理、专业参谋部门和地区部门的代表三方面共同组成产品事业委员会，对各类产品的产销进行领导。这样，就把产品事业部经理和地区经理以利润为中心的管理与专业参谋部门以成本为中心的管理较好地结合起来，协调了产品事业部之间、地区之间的矛盾，有助于及时互通情报，集思广益，共同决策。

在国外，这种组织结构大多适用于跨国公司或规模巨大的跨地区性公司。随着中国经济的繁荣和对外开放的发展，这种组织也被用于一些大型公司或企业。多维组织结构如图 3-10 所示。

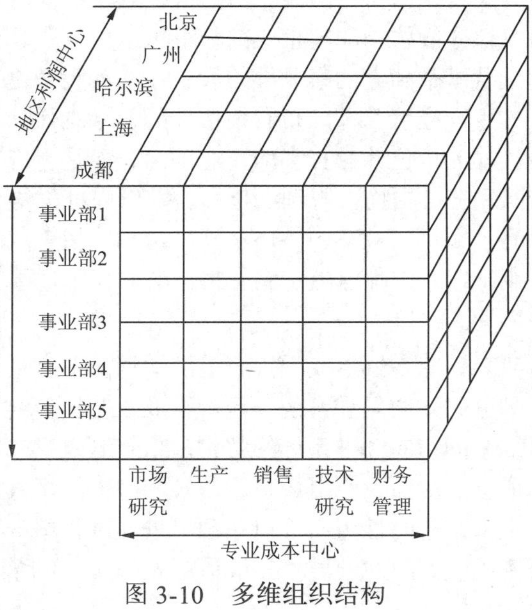

图 3-10　多维组织结构

四、企业组织结构的发展趋势

1．横向型组织

横向组织结构是一种管理工人的形式，如图 3-11 所示，在这种形式中，决策是沿着水平线在工人之间传播，而不是层级或金字塔式的管理结构。这种管理形式背后的理念是协作模式可以提高士气、生产力和创造力。这通常是一种方法在高度关注产品开发或核心业务流程的组织中使用。跨职能工作组是横向组织结构的一个共同特征，在这些组织中，具有不同领域专业知识的员工一起工作于一个项目。

商人对更高层次、平等的工作团队的理念表示赞同，这些组织可能会采用重视合作和鼓励个人主动性的组织工人。在一个垂直的结构中，通常由上层做出的决定向下传导到下层工人。然后这些工人通常被要求无异议地执行这些决定。有时员工可能不理解某个特定决策背后的原因。员工可能会因为没有必要而对变革感到不满。相比之下，在横向组织结构中，管理公司的人通常希望鼓励自由思考和个人主动性，以及员工之间的合作。创造力比组织内的一致性更重要。垂直结构是商业中比较常见的管理系统，但是水平结构在开发团队中经常使用。

这是因为它适合产生自由流动的思维和创造力。这是公司使用水平组织结构的最常见原因之一。一种氛围创造创造力不同于一直试图灌输服从的精神。跨职能团队经常产生协同效应，提高公司的创新资本。这种协作团队可以在项目上合作需要高度的个人主动性和创造性。团队中没有一个成员是其他成员的老板，他们在公司的层级结构中都拥有相同级别的权力。横向组织结构可能是一家广告公司，它被委托为一家大型企业开展营销活动。团队将共同形成一个基本概念，将广告活动锚定在消费者的脑海中。一名团队成员可能负责措辞，另一名成员则负责图形描绘。第三名成员可制订推出广告活动的时间表，并与媒体协调其启动。团队中每一名成员通常无法指挥其他团队成员，但是所有的团队成员都要对一个团队经理负责，一个公司可能有很多横向团队在一个给定的时间内运作。然而，在小公司里，每个团队成员都可以与公司经理协作工作。

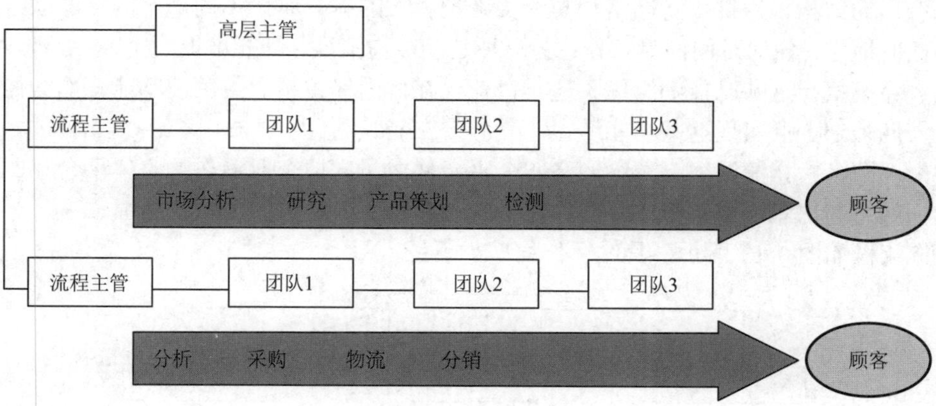

图 3-11 横向型组织结构示例

2. 网络结构组织

网络组织结构是随着新技术的发展和企业低成本竞争的加剧而出现的一种新颖组织结构，它对外部环境具有很强的适应能力和应变能力。网络组织结构有一个中心组织，组织的主要工作是创造一个关系网络，它与许多独立的设计者、制造商、代理销售商保持联系，依靠他们以合同形式来执行相应的职能。也就是说，在网络组织结构中，各种职能大部分是从组织外“购买”来的。这给最高层管理提供了高度的灵活性，使该组织集中精力做好它们最擅长的事。网络组织结构的基本形式如图 3-12 所示。

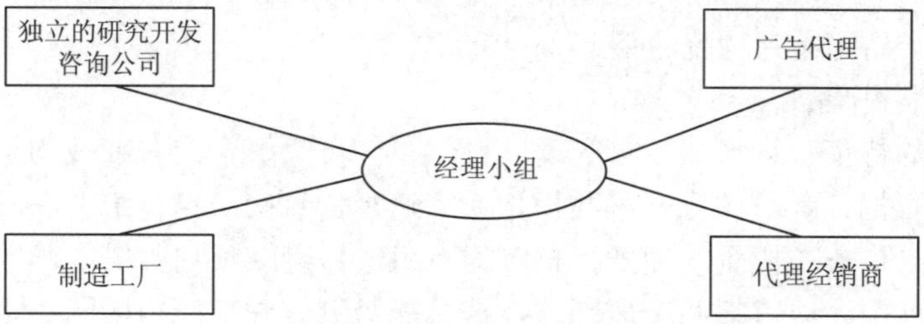

图 3-12 网络组织结构

网络组织结构并不适用于所有的企业，它比较适合于那些生产过程中需要大量廉价劳动力的组织，如服装生产企业。网络组织结构需要借助于计算机，获得大量的信息，该组织要与其他组织保持直接、经常的相互联系与交流，这样，才能使网络结构组织得以运行。

网络组织结构的本质是利用优先获得的最佳资源的信息，依靠其他组织的生产、销售等能力，从而获得较大收益。它的最大优点是运营成本低、运营效率高、适应能力和应变能力强。其主要缺点是外协单位的工作质量难以控制，创新产品的设计容易被他人窃取。

3. 虚拟企业

当今企业管理者面对的是一个变幻莫测的竞争环境。这种环境的形成原因包括技术的飞速发展、市场的全球化以及其他一些发展趋势。传统的泰勒制、福特制为标志的企业模式已很难适应新的市场环境；企业同时还要保持较低成本及较短的交付周期，这对旧的组织形式提出了挑战。在这种情况下，一种新的企业运作模式——虚拟企业，这一形式脱颖而出。

虚拟企业也称企业动态联盟，是指某一企业经过市场的调查研究后完成某一产品的概念设计，然后组织其他具有某些设计制造优势的企业组成经营动态组织，快速完成产品的设计加工，抢占市场。虚拟企业具有适应市场能力的高度灵活性。当市场出现新机遇时，具有不同资源与优势的企业为了共同开拓市场，共同对付其他的竞争者而组织的、建立在信息网络基础上的共享技术与信息，分担费用，联合开发的、互利的企业联盟体。虚拟企业的出现常常是参与联盟的企业追求一种完全靠自身能力达不到的超常目标，即这种目标要高于企业运用自身资源可以达到的限度。因此企业自发的要求突破自身的组织界限，必须与其他对此目标有共识的企业实现全方位的战略联盟，共建虚拟企业，才有可能实现这一目标。

虚拟企业有两种基本形态：一种是机构虚拟型，即在信息技术条件下，原有的实体企业改变了形式。机构虚拟型企业没有有形的结构，通过信息网络和契约关系把相关的、分布于不同地方的资源联结起来，员工可以通过信息网络在任何地方、任何时间商讨工作；另一种是功能虚拟型，功能虚拟型企业在运作时有完整的功能，但是在企业内没有完整执行这些功能的组织，这类企业仅在体内保留核心或关键功能，而其他功能却被精简，根据业务需要，借助外部企业实现这些功能。

信息网络、知识网络、物流网络、契约网络四个平台构成了虚拟企业运作的整体平台。四个网络具有一定的重叠关系，知识网络与信息网络有重叠，契约网络内含在物流网络与知识网络之中。

虚拟企业运作流程如图 3-13 所示，具体运作程序如下：

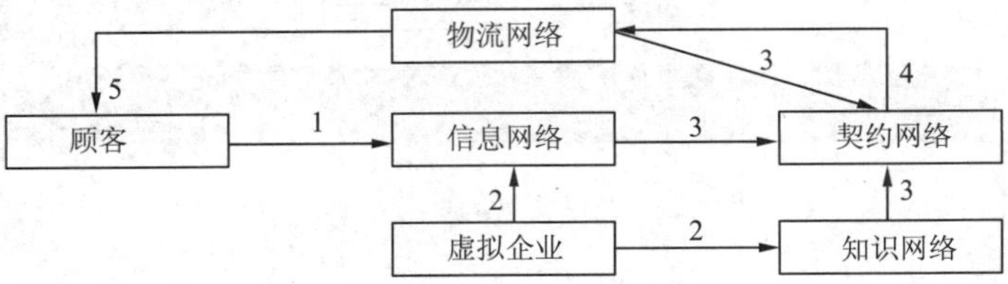

图 3-13　虚拟企业运作流程

（1）顾客将需求信息传递到信息网络，同时虚拟企业通过信息网络得到需求信息。这里虚拟企业得到的信息与顾客需求是一致的，而不像实体企业那样通过市场调研获取的信息，是经过企业主观处理后的信息，不确定性很大。

（2）虚拟企业同时通过信息网络与知识网络形成契约网络。

（3）物流网络、信息网络、知识网络相结合，并统一到契约网络中。

（4）虚拟企业生产的产品传递到物流网络。

（5）顾客从物流网络得到产品。

虚拟企业具有自组织的特征：自形成、自管理、自学习。自组织中没有独裁的组织者，所有的组织成员都是其所属组织的组织者，根据任务导向或某种共识，大家通过信息网络自行结合在一起，并相互协调自己与组织成员之间的关系，基于对任务、愿景的理解，相应的组织过程得以顺利实现。

虚拟企业组织结构设计中，应遵循两个原则：按核心能力划分虚拟能力团队；根据任务组成临时运作网络和虚拟工作团队。

第四节　控　　制

一、控制的一般概念

（一）控制的定义

控制就是检查工作是否按既定的计划、标准和方法进行，发现偏差分析原因，进行纠正，以确保组织目标的实现。由此可见，控制职能几乎包括了管理人员为确保实际工作与组织计划相一致所采取的一切活动。

控制和计划的关系相对密切，是一个问题的两面。计划越是明确、全面和完整，控制的效果也就越好。控制的目的在于通过采取纠正的措施，使实际工作符合原来的计划目标。

（二）控制的必要性

亨利·西斯克说：“如果计划从来不需要修改，而且是在一个全能的领导人的指导之下，由一个完全均衡的组织完美无缺地来执行的，那就没有控制的必要了。”而现实中的管理者们面临的情况一般都不是这样理想化的。

1. 环境时刻都在变化，这种变化甚至是剧烈的

假设企业面对的是一个完全静态的市场，市场供求条件永不发生变化，每年都以同样的费用取得同样性质和数量的资源，同时又能以同样的价格向同样的客户销售同样品种和数量的产品，那么，企业管理人员便可以年复一年、日复一日地以相同的方式组织企业经营，工人可以以相同的技术和方法进行生产作业，如此不仅控制工作，甚至管理的计划职能都将成为完全多余的东西。

但是，现实的情况恰恰相反。计划是在执行工作开始之前就必须制订出来的，尽管在计划制订的过程中要求管理者研究过去、认清现在并以此作为出发点，合理地预测未来，尽最大可能地考虑未来可能发生的情况以便使得计划制订得更加周密，但是这种预测不可能完全准确，就像日新月异的科学技术水平在天气预报中大量的使用也不能保证天气预报预测的天气与实际天气完全正确一样，管理者不可能通晓未来，完全静态的市场也不存在，供求关系、市场格局、竞争对手、要素与产品价格、技术水平等数量巨大的影响因素时刻变化，远远超出管理者所能的预期，各种既定计划必然要随着执行过程之前没有考虑到的各种情况或者和预期不符的变化趋势的影响作适当的修正。

2. 分散的管理权力需要控制

只要组织达到一定规模，组织的目标就必须依赖众人的合作才能得以实现。组织的最高领导者就不可能直接地、面对面地组织和指挥全体组织成员的劳动。时间与精力、能力等种种因素决定的管理幅度决定了最高领导者必然要委托一些管理者代理部分管理事务。由于同样的原因，这些助手也会再委托其他人帮助自己工作，企业管理层次由此形成一个自上而下的等级、责任和权力金字塔结构。因为要让下属们有效地完成受托的部分管理事务，高一级的管理者在分配相应的管理事务的同时必然要授予他们相应的权限。因此，任何组织的管理权限都不可避免的通过制度化或非制度化地方式分散在各个管理部门和层次。企业分权程度越高，控制就越有必要；每个层次的管理者都必须定期或非定期地检查直接下属的工作，以保证授予他们的权力得到正确的利用，保证利用这些权力组织的业务活动符合计划与组织目的的要求。如果没有控制，没有为此而建立的相应控制系统，管理人员就不能检查下级的工作情况，即使出现权力不负责任的滥用，或活动不符合计划要求等其他情况，管理人员也无法发现，更无法采取及时的纠正行动，个体和组织目标之间的差异甚至冲突将无可避免地干扰组织目标的实现。

3. 组织成员工作能力的差异需要通过控制来弥补

即便我们假设组织制订了全面完善的计划，运营环境在一定时期内也相对稳定，对组织活动的控制也仍然是必要的。因为还存在个体工作能力的差异。这种差异来源于不同组织成员的认识能力和工作能力的差异。完善计划的实现要求每个部门的工作严格按计划的要求来协调地进行。然而，由于组织成员是在不同的时空进行工作的，他们的认识能力不同，对计划要求的理解可能发生差异；即使每个员工都能完全正确地理解计划的要求，但由于工作能力的差异，他们的实际工作结果也可能在质和量上与计划要求不符。某个环节可能产生的这种偏离计划的现象，会对整个组织活动的进行造成冲击。因此，对组织成员实施行有效的控制，能够不断发现和解决问题，防微杜渐，避免问题积累和管理失误。

（三）控制的类型

为了有效地进行控制，就要研究控制类型。按照内容、性质的不同，控制可以分为不同的类型。

1. 按控制的全局性和局部性，分为全局控制和局部控制两大类

1）全局控制

它是把组织的全部活动作为一个总体控制对象的全局性控制，是指管理人员为了整个组织的良好效益，按照总体计划来调节各个环节、各个部分活动的控制工作。它一般着重于财务方面，能综合反映整个组织的工作状况。例如，财务收支分析、盈亏分析、投资回收率分析以及组织的自我诊断等，都属于综合性的全局控制。

2）局部控制

它是对某项作业进行的控制，用以保证具体任务或具体目标的实现，它的控制对象是单项作业，是局部性

的。如，生产控制、质量控制、某项工程项目进度的控制等。

全局控制大多是非程序化的，是运用人的智慧和经验，按照内外条件的变化而进行的调节；局部控制则大多是带有程序性的，可按一定的程序按部就班地进行。各个局部控制的具体目标之间可能会出现脱节或矛盾的情况，全局控制则对此进行协调，使整体达到较优效果。全局控制为各个局部控制提出总目标和总要求，指导和协调各个局部控制的活动；局部控制则按照总体要求进行工作。全局控制通过各个局部控制的有效的、协调的工作来完成自己的任务。

2．按照纠正措施的重点，分为预先控制、现场控制和事后控制三大类

1）预先控制

预先控制又称前馈控制，是指在某项生产经营活动开始之前所进行的控制。纠正措施的重点是组织所使用的资源，即在未进行工作之前，通过预先合理调配资源，使输入资源达到标准状态，从而保证既定目标的实现。如材料经检验合格后才投产就属于预先控制。实质上它的信息反馈回路是在进入系统之前，一般是指控制输入的状态。这种类型的控制能起到很好的预防作用，将可能发生的问题排除在产生之前。

2）现场控制

它是指在系统运行过程中进行的控制，纠正措施的重点是正在进行的工作。其主要方法是管理人员深入现场，监督检查作业人员的工作，发现偏差，提供恰当的工作方法和纠正措施，以确保既定任务的完成。如，经常检查存货情况，观察产品是否到达订货点，届时是否发出订货就属于现场控制。这种控制也具有较强的预防性，可以及时消除隐患，经常检查工作过程是否处于控制状态。

3）事后控制

事后控制又称反馈控制，它的实质是指信息反馈发生在系统运行产生结果之后，纠正措施的重点是分析工作的执行结果，预测未来的变化，找出已发生作用的因素和潜在的影响因素，采取措施以控制下一个过程的变化。应当明确，事后控制不是单纯指出了问题后采取补救措施，而是指根据实际运用结果与标准的偏离的情况，运用科学的方法和手段进行分析，及时发现可能发生的问题并进行有效的控制。如对产品质量进行检验，尽管全部合格，但它的平均值可能会偏高或偏低，这反映生产过程可能存在失控状态，这时就应采取措施，做好预防工作。因此，事后控制同样也具有很好的预防性。

3．按照控制目标函数的不同，分为程序控制、跟踪控制、自适应控制和最佳控制四种

通过控制所要达到的目标叫控制标准（z），控制标准可以是一个常数，$z=c$，如含硫量不超过0.04%；也可能是随时间而变化的变数，$z=f(t)$，如工业产值每年递增5%；也可能是随另一个自变量而变化的因变数，$z=f(x)$，如销售量随价格变化而改变；还可能是一个最佳的函数值，$z=\max f(x)$，或$z=\min f(x)$，如盈利的最高点或成本的最低点。目标函数不同，将会产生不同的控制类型。

1）程序控制

程序控制是指控制标准是一个常数$z=c$，或是随时间而变化的函数$z=f(t)$时所进行的控制。如为达到产品质量标准而进行的质量控制属于前者，按生产进度表进行的生产控制就属于后者，企业中的作业控制大多数属于这种类型。

2）跟踪控制

跟踪控制是指控制标准是随另一个系统的自变量x而变化的函数$z=f(x)$时所进行的控制。x称为先行量，它本身也是一个变量。例如，按需定产，则计划产量的生产控制标准是随合同订货量而变化的函数，订货量就是先行量。此时应预测市场需求变化引起的订货量有何改变，进而才能确定各时期的计划产量，从而进行控制。这种控制在企业的营销活动中具有很大作用。

3）自适应控制

自适应控制是指控制标准函数的自变量x是系统前期的输出y，$x=f(y)$的控制。例如，根据前期工作的实际结果来确定或修正本期计划或标准，实际上是按照系统本身的运行结果制定控制标准。这种控制在日常的生产调度中是经常发生的。

4）最佳控制

最佳控制是指控制标准是自变量x函数的极值（最大值或最小值），即$z=\max f(x)$，或$z=\min f(x)$。例如，把库存量控制在库存成本最低水平（经济订货量），或把产品的产量控制在利润最高水平。

4．按照信息反馈有无回路，分为闭环控制和开环控制

1）闭环控制

闭环控制是指具有信息反馈回路的控制，它的控制系统的耦合链是封闭的。如企业组织在研究市场的基础上，将市场需求信息反馈至经营决策部门，然后作出符合市场需求的产品决策，生产出物美价廉、适销对路的产品，这种控制就是闭环控制。它具有灵敏、快捷的信息反馈回路，把输出（产品）同外界交换信息（市场是否需要），反馈至系统中来，调节输入（改变产品决策），从而控制自身的活动。

2）开环控制

开环控制是指没有信息反馈回路的控制，不必同外界交换信息，它的输入是固定的，与输出值有无偏差无关。自动交通信号装置就是一个典型例证，它无论有无车辆通过，定时交换信号。流水线的强制节拍的自动传递控制装置也属于这一类，它没有信息反馈回路，不能把输出状态发生的偏差化做信息来影响输入。

一个管理优良的企业组织的控制系统应该是闭环控制，这样才符合企业作为一个开放系统的性质，但在企业组织内部，各个部门的控制，则应根据其控制内容、要求和条件的不同，分别采用闭环控制和开环控制。

5．按控制的时态，分为静态控制和动态控制

1）静态控制

静态控制是指被控制的活动经过一段时间后，集中提供这一段时期的信息，然后反馈到输入部分，以进行下阶段控制。例如，根据产量月报表，集中提供上个月有关产量的信息，对下个月的生产进行控制，就属于这种类型。

2）动态控制

动态控制是为了揭示受控制系统内部连续变化的过程，随着时间推移，不断提供信息，实施控制。例如，滚动计划法就属于这种类型。

上述各种控制在整个组织的控制系统内是同时存在的。在实际工作中，应根据各项作业和各环节的管理控制的内容、目标、要求和条件等，来选择控制类型，拟定具体的控制程序和方法，最终实现管理的控制职能。

二、控制的过程及要求

（一）控制的过程

控制职能的实施是由若干活动步骤来完成的，控制过程包括以下三个方面：

1．制定控制标准

所谓标准，是指计量实际或预期工作成果的尺度，是从整个计划方案中选出的对工作绩效进行评价的关键指标，是控制工作的依据和基础。控制标准的确立对计划工作和控制工作起着承上启下的作用。在组织管理中，控制工作涵盖的范围很广泛，实施控制的主要依据有组织的经营目标和策略、计划、预算、标准、规章制度等，在此基础上形成组织控制标准。

控制工作是贯穿组织运营的一项重要活动，因此，作为控制的标准就不仅局限于计划指标，还包括对生产过程结果的控制，对各职能部门工作人员工作质量的控制。控制工作的范围涉及组织运营的各个方面。控制标准也是多方面的，其中许多是可用量化指标来表示的，如计划指标有产量、增加值、销售额、劳动生产率等，定额指标有劳动定额、资金占用定额等，质量指标有性能指标、工序质量标准、产品技术要求、合格率等。除了这些定量标准外，还有些活动或工作无法量化，则只有通过定性的方式来表示，如企业员工素质、员工的工作情绪、企业的信誉、产品在市场中的领导地位等。

控制标准的具体内容按受控制对象的不同而不同，任何作业控制和管理控制都必须要有明确而又全面、科学合理的控制标准。

2．按照标准测定工作成果

制定控制标准，不仅是为了控制各项工作的完成情况，同时也要用来衡量各部门、各类人员的工作，在标准已定的基础上，对实际工作进行对照比较，发现偏差要分析其产生的原因，制订相应的措施加以改进完善。用数量表示的控制标准，可以很客观而准确地加以测定与比较，如上述的销售额、劳动生产率等都可以准确地算出实际的绩效来。但无法量化的标准，必须要透过各种现象，间接地测定其实际结果，并尽量使之准确、客

观。理想的工作成果测定，是在工作还未结束之前就能推测出成果如何，这样才能尽早地发现偏差，及时地加以改进，以免失误。当然，并不是任何工作都能做到这种理想测定的。管理水平和责任心较强的控制者有可能在事先观察到工作的偏失现象，如果缺乏这种观察力，则至少在偏差已发生时，要能够较快地发现。

3．偏差的纠正

偏差也就是实际工作结果与标准的差异。如果要控制成功，应当迅速纠正偏差。即使在一项计划的认真执行过程中，也会出现难以预料的偏差，但是，完全失控结果要比在控制之下的最后偏差要严重得多。

在决定采用何种措施之前，首先要分析偏差产生的原因，如果是多种因素同时起作用，就要根据不同原因分别采取措施。单纯是由于工作不力而造成的偏差，可以查明责任，对工作人员实行严格的奖惩，以儆效尤；如果造成偏差的原因，非执行工作人员所能控制，就可能要修正原来的目标与计划，可能要加强工作人员的培训与考核，可能要加强内部的联系和协调，可能要改进各级领导的工作方法和工作作风。找到真正的原因，才能对症下药。

（二）控制的要求

控制的目的是保证企业活动符合计划的要求，以有效地实现预定目标。为此，有效的控制应该符合以下要求：

1．准确性

一个准确的控制系统是可靠的，并能生成有效的信息。一个提供不准确信息的控制系统将会导致管理层在应该采取行动的时候而并没有行动，或根本没有出现问题而采取行动。

2．实效性

控制系统应能使管理层及时注意到偏差，以防止其对组织业绩造成严重影响。即便是最好的信息，一旦过时，也没有价值。因而，一个有效的控制系统必须提供及时的信息。控制系统应该能及时地改变管理层的注意力，防止某一部门出现对组织造成严重伤害的行为。

3．经济性

控制系统必须在经济上是合理的，任何控制系统产生的效益都必须与其成本进行比较，控制系统产生的利益都应大于其发生的成本。为了使成本最小化，管理层应将为达到期望结果所必须施加的控制减至最少。

4．灵活性

控制系统必须具备足够的灵活性，以适应各种不利的变化，适应出现的各种问题，或利用新的机会。组织面对的环境是多变的，几乎没有处于稳定的环境而不需要适应性的组织，即便是高度机械化的组织也要随时间和条件的变化调整其控制方式。

5．可识性

无法被人理解的控制系统是没有价值的，所以有时有必要用简单一些的控制来代替复杂的控制方法。复杂的、无法理解的控制系统会导致不必要的错误。

6．标准的合理性

控制的标准必须是合理并且可以达到的，如果标准太高或不合理，就不会起到激励作用，因为大多数的员工不愿意冒着无能的危险而去向上级要求。他们可能会转而求助一些不道德或者不合法的途径。因此，控制应该制定合理的标准，控制标准应该是一套富有挑战性的、能激励员工表现得更好的标准，而不是让人感到泄气或鼓励欺诈的标准。

7．战略位置

管理层不可能控制一个组织中的每一件事。即使是能够这样做，也将是得不偿失。由此看来，管理层应该控制那些对组织行为有战略性影响的因素。控制应该包括组织中关键性的活动、作业和事件。也就是说，控制的重点应放在容易出现偏差的地方，或放在偏差造成的危害很大的地方。例如，在某一个部门中，人工成本是每月 20 000 美元；邮寄费用是每月 50 美元。显然前者如果超出 5% 比后者超出 20% 更要紧。因此必须在人工成本上采取更严格的控制，邮寄费用的控制就不是那么重要。

8．强调例外

由于管理者不可能控制所有的活动，所以他们在设计控制系统时，应使得该系统在引起管理者对例外事件的关注的位置设置战略控制方式。这种例外事件系统将确保管理者不被众多的偏差信息淹没。一种例外系统可以保证当出现偏差时管理层不至于不知所措。例如，公司管理政策赋予管理者的权力是：每月不超过 200 美元的年工资增长额批准权、每笔支出不超过 500 美元的审批权，并且年度总支出不超过 5 000 美元，如果超出上述标准则需经上级管理部门的批准。这是一种对权力进行约束的控制手段，同时它还可以免除上级对日常开支的大量检查工作。

9．多重标准

如果只使用单一标准，如单位利润来进行控制，组织成员的努力就会集中在这一点上。而多重业绩衡量标准将拓宽组织成员关注的领域。管理者与普通员工一样都希望寻找一种“好看”的标准。如果管理者真的采用一个单一的衡量标准，如单件利润，那么员工就会在这方面下工夫并使之看起来很好。而多重标准则会减少这种狭隘的工作方式。

多重标准具有双重效果。由于多重标准比单一标准更难以把握，因此它可以防止工作中出现做表面文章的现象。实际工作是很难用单一指标进行客观评价的，所以多重标准能够更准确地衡量实际工作。

10．纠偏行动

一个有效的控制系统不但能在重大偏差出现时发出警报，而且能就应采取的纠偏行动提出建议。也就是说，它应该在指出问题的同时给出解决问题的方法。其实现方法常常依赖于建立一种“如果……那么……”的原则。例如，如果单位收入下降 5%，那么单位成本也必须降低相同的量。

第五节 领 导

一、领导的内涵

（一）领导的含义

俗话说：“人无头不走，鸟无头不飞。”凡有人群的地方，必须有人把分散的力量集中起来，变无序的活动为有序的活动，人类的实践才可以进行下去。凡群体的社会活动，就需要有人担任起带领、指挥、协调的工作，这就产生了领导。

领导的含义中有“名词”的意思，它是指担任一定职务的个人或群体，是身份的象征；同时它更是“动词”，是指一个过程，是领导者运用个人的条件（如权力、人格魅力、知识等），去完成某一个具体目标的过程。

简单地说，领导是领导者为了实现预定目标，运用其法定权力和自身影响力，采用一定的形式和方法，率领、引导、组织、指挥、协调、控制其被领导者，以完成既定的总任务的过程。

上述定义包含了三层含义：

第一层含义，领导包含领导者和被领导者两个方面。

第二层含义，领导者有影响被领导者的能力和力量。这些能力和力量既包括组织赋予领导者的权力，也包括领导者个人所具有的品德、才能、知识等非权力的因素。

第三层含义，领导行为具有明确的目的，是通过被领导者来实现组织的目标。

领导和管理的关系是怎样的呢？从本质上说，管理是建立在合法的、有报酬的和强制性权力的基础上对下属命令的行为。下属必须遵循管理者的指示。在此过程中，下属可能尽自己最大的努力去完成任务，也可能只尽一部分努力去完成工作。而领导，更多的是建立在个人影响权和专长权以及模范作用的基础上。据研究，职权管理只能发挥职工能力的 60% 左右，主管人员引导和鼓励能力所激发出的职工能力为 40% 左右。一个人可能既是管理者，也是领导者，但是，管理者和领导者两者分离的情况也是有的。一个人可能是领导者但并不是管理者。非正式组织中最具影响力的人就是典型的例子。那些未在正式组织中拥有管理职位的领导者，称为非正式领导。领导的本质是被领导者的追随和服从，它不是由组织赋予的职位和权力所决定的，而是取决于追随者的意愿，因此，有些握有职权的管理者可能没有部下的服从，不是真正意义上的领导者。企业为实现好的工作效果，应该选择好的领导者从事企业的管理工作。对非正式组织中有影响力的人参加企业正式组织的管理，会大大有益于管理的成效。对不具备领导才能的人应该从管理人员队伍中剔除或减少。

（二）领导的作用

在带领和指导被领导者为实现组织目标而努力的过程中，领导者要发挥指导、协调和激励的作用。

1. 指导作用

在完成工作的过程中，领导者有责任指导组织各项活动的开展。其中包括：明确大方向，并指导下属制定具体的目标、计划及明确职责、规章、政策；开展调查研究，了解组织和环境正在发生和可能或将要发生的变化，并引导组织成员认识和适应这种变化。

2. 协调作用

在群体中，即使有了明确的目标，由于每一位成员的能力、态度、性格、地位等不同，加上各种外部因素的干扰，人们在思想上发生各种分歧、行动上出现偏离目标的情况也是不可避免的，因此，需要领导来协调人们之间的关系，把大家团结起来，朝着共同的目标前进。

3. 激励作用

当一个人在生活、工作、学习中遇到困难、挫折或不幸，某种物质的或精神的需要得不到满足时，就必然会影响其工作热情。这就需要有通情达理、关心群众的领导者来为他们排忧解难，以高超的领导艺术诱发下属的事业心、忠诚感和献身精神，充实和加强他们积极进取的动力。

综上可见，领导的作用是带头、引导、指挥、服务，是帮助下属尽其所能来达到目标。领导不是在群众的后面推动或鞭策，而是在群众的前面促进、鼓励群众达成组织的目标。

二、领导者的素质

1. 高尚的思想品德

领导者的思想品德是构成其非职位影响力的核心，它决定了领导者影响力的性质。因此，领导者应该具有坚定正确的政治方向，高尚的道德情操，强烈的事业心和责任感，坚韧不拔、勇于进取、甘于奉献的精神，严于律己、诚实守信、廉洁奉公的作风等。

孔子曰：“其身正，不令而行；其身不正，虽令不从”。季康子问政于孔子，孔子对曰：“政者，正也。子帅以正，孰敢不正？”无论如何，政治的原则，就是“正己而正人”，自己先求得端正，然后方可正人，譬如一个教育家，以感化的教育，转移社会风气，也可以说是“政者正也”的一个范例。帅之以正，这是孔子的定义，也是千古以来中国政治思想的一个名言。季康子是一个当权的人，所以孔子对他说“子帅以正，孰敢不正？”只要你领导人自己做得正，下面的风气就自然正了，这是偏重于为政，偏重于领导而言的。

2. 合理的知识结构

处于不同工作岗位的领导者，由于其工作的职责不同，对其要求掌握的知识也应有所不同。作为领导者，其知识不仅应该是渊博的和具有深厚文化底蕴的，而且其知识结构也应该是合理的。领导者应该学习一切有用的知识，既包括书本理论和实践经验，还包括相关组织、合作伙伴、下级的经验。这些知识大体可以分为：

第一，管理知识。领导者应该熟悉所从事行业的活动特点、规律，掌握管理和公共管理的普遍原理、管理理论、管理方法及管理技术等。

第二，专业知识。一般来说，越是基层的领导者，对专业知识要求越高；越是高层管理者，对专业知识要求相对较低。当然，在条件许可的情况下，要尽可能成为与工作领域相关的专家。

第三，相关知识。领导者应该了解与专业和管理相关领域的知识。

3. 合理的能力结构

领导者的能力是领导者的个体素质、思维方式、实践经验以及对领导方法等的把握程度，以及影响具体领导活动效果的个性心理特性的总和，是领导者在一定先天禀赋的生理素质基础上，通过后天的实践锻炼和学习所形成的，在领导活动中经常发挥作用的素质要素，是一个人走上领导岗位的基本要求。领导者应该具备科学判断形势的能力、驾驭市场经济的能力、应对复杂局面的能力、依法执政的能力和总揽全局的能力。同时，作为领导者，还应该具备预测决策的能力、选人用人的能力、组织协调能力、管理创新能力和管理应变能力。

当然，由于组织的性质不同、职务不同、层次不同，对领导者所具有的能力要求也会有所差异。

4. 健康的身心状况

身心健康是领导者工作得以开展的基础。现代领导活动，要求领导者不仅要有健康的身体，而且还应该有健康的心理。要做到有怒不形，临危不惧，在任何情况下能保持稳定的情绪。可以说，没有健康的身体，难以履行工作职责；没有健康的心理，难以与人交流和合作。

三、领导方式及其理论

（一）领导方式的基本类型

根据领导者如何运用他们的职权来划分，大体上分为三种类型：专权型领导、民主型领导和放任型领导。

专权型领导，是指领导者个人决定一切，布置下属执行。这种领导者要求下属绝对服从，并认为决策是自己一个人的事情。

民主型领导，是指领导者发动下属讨论，共同商量，集思广益，然后决策，要求上下融洽，合作一致地工作。

放任型领导，是指领导者撒手不管，下属愿意怎样做就怎样做，完全自由。他的职责仅仅是为下属提供信息并与企业外部进行联系，以此有利于下属的工作。

（二）领导行为连续统一体理论

该理论是由坦南鲍姆和施米特提出的。这一理论认为，领导方式是一个连续变量，从“独裁式”的领导方式到极度民主化的“放任式”领导方式之间存在着多种的领导方式，不能简单地讲某一种领导方式好，而另一种不好。所以形成这两个极端，首先是基于领导者对权力的来源和人性的看法不同：独裁的领导者认为权力来自职位，人生来懒惰而没有潜力，因而一切决策均应由领导者亲自做出；而民主型领导者则认为，权力来自于群体的授予和承认，人受到激励能自觉、自治、发挥创造力。因此，决策可以公开讨论，集体决策。总的来说，所谓的好与不好，取决于各种客观的因素。

在领导方式连续流中共列举了七种有代表性的模式，如图 3-14 所示。

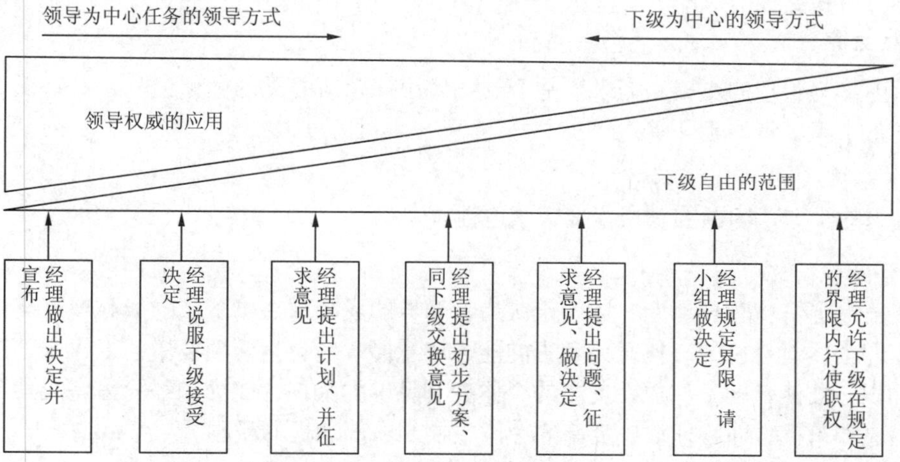

图 3-14　领导方式连续流示意

七种有代表性的领导模式是：

1．经理做出决定并宣布

这是最集权的模式。经理发现一个问题后，考虑了各种可供选择的解决办法并从中选定一个，决定后就径直向下属宣布，要求执行。这里，不给下级以任何参与决策的机会。

2．经理说服下级接受决定

这种模式同前一种相似，由经理做出决策并向下级宣布。但增加了一个步骤：在宣布时说服下级来接受这个决策。这样做，表明经理认识到下级中可能有某些反对意见，因而企图通过阐明这种决策的必要性（包括给下级将带来的利益）以消除反对意见。

3．经理提出计划，并征求意见

经理做出决策并期望下级接受这个决策，但他向下级提供一个有关他的想法和意图的详细说明，并征求大家对计划的意见。这样，既可以使下级更好地了解他的意图和计划，也可以使经理更深入探讨这一决策的意义和影响。

4．经理提出初步的决策方案，同下级交换意见

在这种模式中，允许下级对决策发挥某些影响作用。经理先提出一个初步的计划，然后同下级交换意见，并在最后确定计划时考虑到下级提出的意见和建议，但经理仍保留着对问题的决定权。他可以按下级的意见修改计划，也可以不接受这些建议和意见。

5．经理提出问题，征求意见，做决定

这种模式同前几种不同之处在于，前几种都是经理先提出自己的解决办法，然后再去征求下级的意见。这一种则是先提出需要解决的问题，然后听取下级关于解决这一问题的意见和办法。最后，才由经理做出决策。这样做的目的是为了更充分地吸收下级人员的知识和经验。

6．经理规定界限，请小组做决定

在这种模式中，经理先解释清楚需要解决的问题，并给要做出的决策规定了必要的界限，然后把决策权交给下级全体人员。例如，要对某项设备进行技术改造，为此经理提出这一课题，并规定了这一项目应达到的目标、实现项目的资金限额和完工日期，以及应遵守的原则等。然后授权某一科室或某个车间去做出具体的决定。

7．经理允许下级在规定的界限内行使职权

这是给下级最多自由和民主的模式。问题的提出和决策都由下级自主决定，唯一的界限是要遵守上级的有关原则规定。在这个决策的过程中，经理也可能参与，但这时他是作为组织的一员而平等地参与的，同其他组织成员享有同样的权力。

在上述各种模式中不能抽象地说哪种模式最好，而应根据具体情况考虑下述因素：

1）领导者本人的因素

一名经理的行为受到其经历、知识、经验、个性等因素的影响。其主要有：管理思想；对下级的信任程度；本人习惯采用的领导方式；面对风险的安全感。

2）员工方面的因素

其主要有：员工参与管理的愿望和需求；是否具备解决问题所必需的知识经验；对组织目标的理解和认识程度；员工是否准备承担决策的责任等。

3）环境方面的因素

其主要有：组织的类型；问题的复杂程度；紧迫性。

（三）情境领导理论

赫塞－布兰查德提出情境领导理论，该理论认为，领导的成功取决于下属的成熟度以及由此而确定的领导风格。下属成熟度即个体对自己的直接行为负责的能力和意愿。它包括两项要素：工作成熟度与心理成熟度。前者包括个人的知识和技能，即工作成熟度高的个体拥有足够的知识、能力和经验去完成其工作任务；后者指一个人做某事的意愿和动机，即心理成熟度高的个体主要靠内部动机的激励。

情景领导模型将领导风格分为四类：

（1）高任务—低关系：领导者告诉下属做什么，怎么做，以及何时做。

（2）高任务—高关系：领导者既提供指导性行为又提供支持性行为。

（3）低任务—高关系：领导者与下属共同决策，领导者主要是提供便利条件。

（4）低任务—低关系：领导者提供较少的指导和支持。

该理论将成熟度分为四个阶段：

（1）下属既不能胜任工作也不能被信任。

（2）下属虽有积极性但缺乏足够的技能。

（3）下属有能力却不愿干领导希望他干的工作。

（4）下属既有能力又愿接受工作安排。

情境领导理论认为，随着下属成熟度的提高，领导者可不断减少对其下属活动的控制，还可不断减少关系行为。在成熟度的第一阶段，下属需要得到明确具体的指导；在第二阶段，领导者需采取高工作—高关系行为，高任务能弥补下属能力的欠缺，高关系则试图使下属领会领导者的意图；第三阶段可采用支持性、非指导性的参与式领导风格；第四阶段领导者可享“清闲”，因为下属既愿意又有能力担负责任。该理论可由图 3-15 来表示。

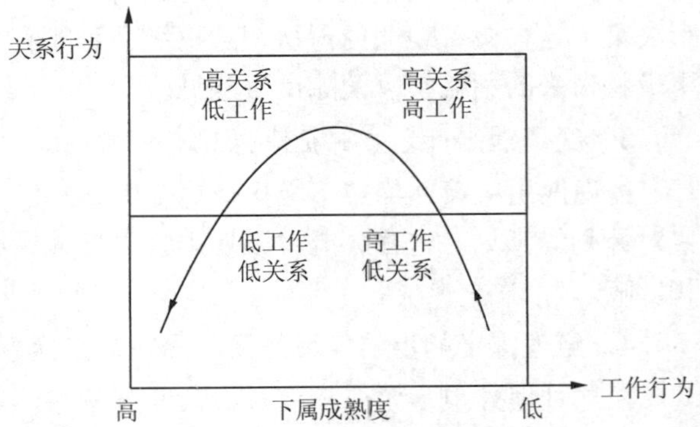

图 3-15　情景领导模型示意图

（四）管理方格理论

在赫塞－布兰查德的情境领导理论的基础上，由布莱克和穆顿提出了管理方格理论，主要用于区别各种领导形态。该理论用两种因素的不同程度组合来表示领导者的行为。两种因素程度即对生产的关心度和对人的关心度，将这两种因素用二维坐标来表示，并用1～9表示各种因素的程度指标，就形成图3-16所示的管理方格图。

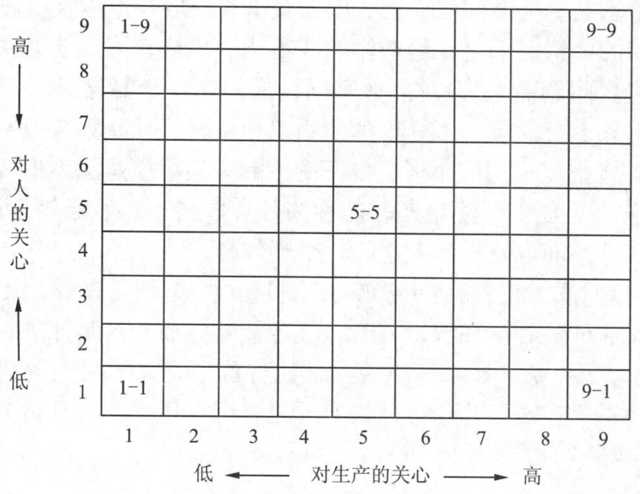

图3-16　管理方格图

该图横轴表示对生产成果的关心程度，纵轴表示对人的关心程度。任一领导者的领导形式都可用图中相应的方格来表示，其中五种类型最具代表性。

1-1型：贫乏式领导。对生产和人的关心度都很小，领导仅仅扮演一个“信使”的角色，即把上级的信息（指示、命令、要求等）单纯地传达给下级。

9-1型：任务第一式领导。对生产和工作的完成情况很关心，抓得很紧；但是很少去注意下属的士气、情绪和发展状况。即通常讲的对下级干部只使用、不关心、不培养；只抓业务，不抓思想。

1-9型：逍遥式领导。只注重去创造一种良好的人际关系的环境，让组织中的每个人都感到轻松、友好并且快乐，但是很少去关心其工作和任务的完成情况及存在的问题。

5-5型：中间路线式领导。对人和生产都有中等程度的关心，其目的是追求正常的生产（业务工作）效率和说得过去的士气。

9-9型：团队协作式领导。无论对于人还是生产（业务工作）都表现出最高的关心程度。在这种方式下，员工在工作上希望相互协作，共同努力去实现企业的目标；领导者诚心诚意地关心员工，努力使员工在完成组织目标的同时，满足个人需要。应用这种方式的结果是，员工都能运用智慧和创造力进行工作，关系和谐，出色地完成任务。

可见，管理方格是一种区别管理形态并将其分类的有效工具。但它并没有告诉我们为什么一个管理类型会落在方格的某个区域。布莱克和穆顿也承认，要知道这些必须追究其基本的原因。如领导者和追随者的人格、管理者的能力及其所受的训练，企业环境，以及会影响领导者和追随者行为的情景因素等。

（五）权变理论

领导权变理论是有关领导者在不同的领导环境因素条件下，如何选取相应的领导方式，最终实现理想的领导效果的理论。权变理论认为，领导是在一定环境条件下，通过与被领导者的交互作用去完成特定领导目标的动态性行为过程，领导的有效行为应随着被领导者的特点和环境因素的变化而发生变化。这一理论认为领导的成效依赖于领导者本身的条件、被领导者的条件、环境条件三个因素的交互关系，即领导是领导者、被领导者和领导环境的函数，并把研究的重点放在领导者、被领导者的行为与环境的相互影响上。领导行为好不好，是一个很多因素的函数。它是诸多因素起作用并且相互影响的过程。

菲德勒在大量研究的基础上提出了有效领导的权变模型，他认为任何领导形态均可能有效，是否有效完全取决于所处的环境是否适应。他认为对领导效果起重大影响作用的环境因素有职位权力、任务结构和上下级关系三个方面。所谓上下级关系即领导者同组织成员的相互关系。一个组织的成员对其领导者的信任、喜爱或愿意追随的程度愈高，则领导者的权力和影响力就愈大。研究表明，这是最重要的因素。所谓任务结构即工作任务的明确程度。任务结构的明确程度愈高，则领导者的影响力就愈大。例如，如果实行目标管理，对下级的工作有明确的要求和规定，则领导者的影响力就大。所谓职位权力即领导职位赋予领导者权力的大小，或者说他具有的法定权有多大。例如，如果一个基层的工长被赋予雇佣或开除工人的权力，那么从某种意义上就可以说他在那个组织中享有比企业董事长更大的职位权力，因为董事长一般并不能直接雇佣或开除一个工人。

菲德勒相信影响领导成功的关键因素之一是个体的基本领导风格，因此他为发现这种基本风格而设计了最不喜欢同事（LPC）调查问卷，问卷由16组对应形容词构成。作答者要先回想一下自己共过事的所有同事，并找出一个最不喜欢的同事，16组形容词中按1~8的等级对他进行评估。如果以相对积极的词汇描述最不喜欢同事（LPC得分高），则作答者很乐于与同事形成良好的人际关系，就是关系取向型。相反，如果对最不喜欢同事看法很消极，则说明作答者可能更关注生产，就称为任务取向型。菲德勒运用LPC问卷将绝大多数作答者划分为两种领导风格，也有一小部分处于两者之间，很难勾勒。

菲德勒认为环境的好坏对领导的目标有重大影响。对低LPC型领导来说，比较重视工作任务的完成。如果环境较差，他将首先保证完成任务；当环境较好时，任务能够完成，这时他的目标将是搞好人际关系。对高LPC型领导来说，比较重视人际关系。如果环境较差，他将首先将人际关系放在首位；如果环境较好时，人际关系也比较融洽，这时他将追求完成工作任务。权变理论告诉管理者，在日常的管理活动中，管理方法要随着环境灵活改变。领导目标与环境的关系示意如图3-17所示。

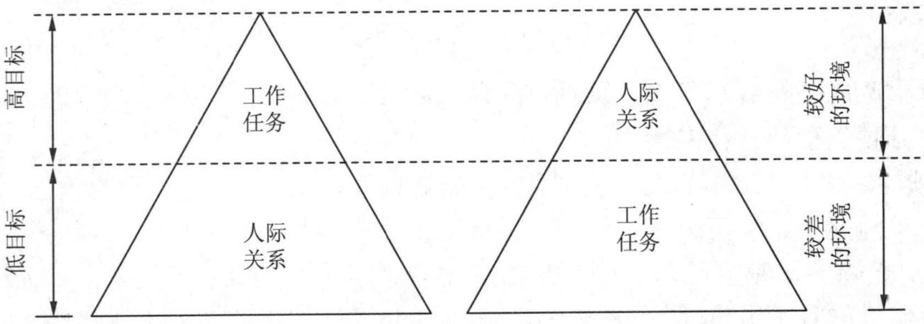

图3-17　领导目标与环境的关系示意

菲德勒对1 200个团体进行了抽样调查，得出如表3-1所示的结论。领导环境决定领导方式。在环境较好的Ⅰ、Ⅱ、Ⅲ和环境较差的Ⅳ、Ⅴ、Ⅵ情况下，采用高LPC领导方式，即人际关系型的领导方式比较有效。

表3-1　菲德勒模型

人际关系	好	好	好	好	差	差	差	差
工作结构	简单	简单	复杂	复杂	简单	简单	复杂	复杂
职位权力	强	弱	强	弱	强	弱	强	弱
等级	Ⅰ	Ⅱ	Ⅲ	Ⅳ	Ⅴ	Ⅵ	Ⅶ	Ⅷ
环境	好			中等			差	
领导目标	高			不明确			低	
工作任务型领导（低LPC）	人际关系			不明确			工作	
工作关系型领导（高LPC）	工作			不明确			人际关系	
有效的领导方式	低LPC			高LPC			低LPC	

菲德勒还提出通过改造领导环境来适应不同风格的领导的观点。上述影响领导成效的三个环境因素的改造方法如下：

1. 上下关系方面

更换领导者的下属，使之在经历、文化水平、技术水平、种族等方面与领导者相适合。

2. 任务结构方面

在有结构和无结构两方面作改进，以适应不同下属的需要。例如，有的工人喜欢任务明确，规定具体，工作稳定；而有的工人则喜欢领导只作一般指示，自己努力扩大工作范围。

3. 职位权力方面

改变职位权力的方式有：组织赋予领导者更大的权力或收回某些权力；职位的提升或下降，以适应领导者能力的需要。

实践中，有时用改变环境的三个因素以适应不同领导风格的方法难以实施，因为改变环境比培训和更换新的领导者难度更大。

第六节　激　　励

一、激励的概念

激励是一个适用于各种动机、欲望、需要、希望的一个通用术语。领导者激励下属，就是使下属的动机和欲望得到满足，从而使下属产生领导者所希望和要求的行为。这里的动机和欲望、希望和要求都属于心理或精神状态。激励过程本身是一个内部的心理过程。尽管它直接引起行为，却并不是能够直接观察到的。

激励是指影响人们内在需求或动机，从而加强、引导和维持行为的活动或过程。“激励”一词作为心理学术语，指的是持续激发人的动机的心理过程，如图3-18所示。通过激励，在某种内部或外部刺激的影响下，使人始终维持在一个兴奋状态中。也就是通常所说的如何调动人的积极性的问题。激励是建立在激发人的动机，使人产生内在动力并朝着所期望的目标前进的心理活动过程这一基础之上的。需要引起动机，动机引起行为，行为又指向一定的目标。这说明，人的行为都是由动机支配的，而动机则是由需要引起的，人的行为都是在某种动机的策动下为了达到某个目标有目的的活动。所谓需要，是指人们对某种目标的渴求和欲望，它既包括基本的需求，如生理需求，也包括各种高层次的需求，如社交、成就等。所谓动机，是指诱发、活跃、推动、指导和引导行为指向一定目标的心理过程。

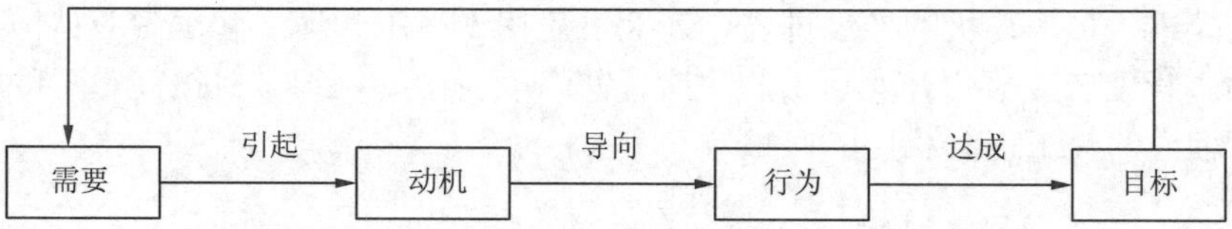

图3-18　激励原理示意图

二、激励理论

激励理论是管理心理学的范畴，早期的激励理论研究是对于“需要”的研究，回答了以什么为基础或根据什么才能激发调动起员工工作积极性的问题，包括马斯洛的需求层次理论、赫茨伯格的双因素理论等。

激励理论中的过程学派认为，通过满足人的需要实现组织的目标有一个过程，即需要通过制订一定的目标影响人们的需要，从而激发人的行动，包括弗鲁姆的期望理论、洛克和休斯的目标设置理论、波特和劳勒的综合激励模式、亚当斯的公平理论、斯金纳的强化理论等。这里重点介绍期望理论、公平理论、强化理论。

（一）期望理论

美国心理学家维克托•弗鲁姆在1964年出版的《工作与激励》一书中提出了期望理论，全面诠释了诱因对行为的拉动过程，该理论认为：只有当人们预期到某一行为能给个人带来有吸引力的结果时，个人才会采取这一特定行为。动机强度取决于效价、期望值和工具性三者的乘积，即绩效 = 效价 × 期望值 × 工具性。该公式表明，假如一个人把目标的价值看得越大，估计能实现的概率越高，那么激发的动机就越强烈，焕发的内部力量就越大。

研究表明，未满足的需要对人的激励作用的大小，取决于某一行动的效价和期望值。效价是个人对达到某种预期成果的偏爱程度，或某种预期成果可能给行为者个人带来的满足程度。某一客观对象如金钱、地位、汽车等，如果个体不喜欢，不愿意获取，效价就低，对人的行为的拉动力就小。期望值则是某一具体行动可带来某种预期成果的概率，即行为者采取某种行动，获得某种成果，从而带来某种心理上或生理上的满足的可能性。工具性是个体对某一水平的绩效将使自己获得某一报酬或诱因的相信程度。如果个体相信绩效优异一定会得到自己想要的诱因，工具性就高。

根据这一理论的研究，人们对待工作的态度取决于对下述三种联系的判断：

1. 努力与绩效的关系

人们总是希望通过努力去达到预想的结果。需要付出多大努力才能达到某一绩效水平？我是否真能达到这一绩效水平？概率有多大？类似这样的问题时常会产生，如果他认为通过努力能够实现目标或认为达到目标的期望概率很高，就会有信心，有决心，就会激发出强大的力量。相反，如果他认为目标高不可攀，可望而不可即，或者目标太低，唾手可得，就鼓不起干劲，失去内部动力。可见，努力与绩效的关系取决于个人对目标期望的概率。

2. 绩效与奖励的关系

人们总是期望在达到预期的成绩后能得到适当的合理的奖励，包括奖金、提级、表扬，还包括看到自己工作的成效得到同事的认可、个人威望提高等。如果单方面只要求员工做贡献，而没有行之有效的物质或精神奖励进行强化，时间一长，人们被激发起来的内部力量会逐渐消退。

3. 奖励与个人目标的关系

人们总是希望奖励能够满足个人的需要，如生理需要、尊重需要、自我实现需要等。由于各人在年龄、性别、资历、社会地位、经济条件等方面存在着差别，反映在需要上也有明显的个别差异。因此，对同一种奖励，不同的人所体验到的效价是不同的，它所具有的吸引力也不同。为了提高奖励的效价，使它对员工具有强大的吸引力，弗鲁姆认为要根据人们的需要，采取多种形式的奖励，才能最大限度地挖掘人们的潜力，提高生产效率。

期望理论的基础是自我利益，它认为每一个员工都在寻求获得最大的自我满足。期望理论的核心是双向期望，管理者期望员工的行为，员工期望管理者的奖赏。期望理论的假设是管理者知道什么对员工最有吸引力。期望理论的员工判断依据是员工个人的知觉，而与实际情况不相关。不管实际情况如何，只要员工以自己的知觉确认自己经过努力工作就能达到所要求的绩效，达到绩效后能得到具有吸引力的奖赏，他就会努力工作。

期望理论完整地描述了员工动机的详细过程，因而可应用于组织管理。管理者应认清员工最偏爱的诱因，并以此确立报酬结构。管理者应努力开发员工的才能，并采取科学的领导方式提高员工的绩效水平。管理者应公正公平，使那些贡献大的员工得到相应的回报。

（二）公平理论

公平理论是美国心理学家亚当斯于 1967 年提出的，又称为社会比较理论。这种激励理论主要讨论报酬的公平性对人们工作积极性的影响，认为报酬的公平与否比报酬的种类与数量更能激发员工的工作动机与行为。

员工的工作动机，不仅受其所得的绝对报酬的影响，而且受到相对报酬的影响，即一个人不仅关心自己的收入的绝对值（实际收入），而且关心横向比较和纵向比较两个层面的内容。

所谓横向比较是关心自己收入与他人收入的相对值，采用 Q_P 代表自己对所获报酬的感觉；采用 Q_x 代表自己对别人所获报酬的感觉；采用 I_P 代表自己对所投入量的感觉；采用 I_x 代表自己对别人所投入量的感觉。说明：投入量包括个人所受到的教育、能力、努力程度、时间等因素，报酬包括精神和物质奖励以及工作安排等因素；“别人”包括本组织中的其他人以及别的组织中与自己能力相当的同类人。

则比较的结果也有三种：

（1）如果 $\frac{Q_P}{I_P}=\frac{Q_x}{I_x}$，则此人觉得报酬是公平的，他可能会因此而保持工作的积极性和努力程度。

（2）如果 $\frac{Q_P}{I_P}>\frac{Q_x}{I_x}$，则说明此人得到了过高的报酬或付出的努力较少。在这种情况下，一般来讲他不会要求减少报酬，而有可能会自觉地增加投入量，工作更努力。也有可能给所得报酬的价值打折扣，或者鼓励他人要求增加报酬，或者改变参照对象。但过一段时间他就会因重新过高估计自己的投入而对高报酬心安理得，于是其产出又会恢复到原先的水平。

（3）如果 $\frac{Q_P}{I_P}<\frac{Q_x}{I_x}$，则说明此人对组织的激励措施感到不公平。此时，他可能会要求增加报酬，或者自动地减少投入，降低绩效水平，以便达到心理上的平衡。当然，他甚至也有可能离职或跳槽，管理人员对此应特别引起注意。

除了“自己”与“别人”的横向比较外，还存在着自己的目前与过去的纵向比较。如以Q_{PP}代表自己目前所获报酬，Q_{Pl}代表自己过去所获报酬，I_{PP}代表自己目前的投入量，I_{Pl}代表自己过去的投入量，则比较的结果也有三种：

（1）如果$\frac{Q_{PP}}{I_{PP}}=\frac{Q_{Pl}}{I_{Pl}}$，此人认为激励措施基本公平，积极性和努力程度可能会保持不变。

（2）如果$\frac{Q_{PP}}{I_{PP}}>\frac{Q_{Pl}}{I_{Pl}}$，一般来讲此人不会觉得所获报酬过高，因为他可能会认为自己的能力和经验有了进一步的提高，其工作积极性不会因此而提高多少。

（3）如果$\frac{Q_{PP}}{I_{PP}}<\frac{Q_{Pl}}{I_{Pl}}$，此人觉得很不公平，工作积极性会下降，除非管理者给他增加报酬。

心理学的研究表明，不公平感的产生绝大多数都是由于经过比较，认为自己的报酬过低而产生的，但在少数情况下也发现，如果一个人经过比较，认为自己的报酬过高也会产生不公平感，但这种不公平感不像报酬过低时那样普遍。

尽管公平理论的基本观点是普遍存在的，但是在实际运用中很难把握。个人的主观判断对此有很大的影响，因为人们总是倾向于过高估计自己的投入量，而过低估计自己所得到的报酬，对别人的投入量及所得报酬的估计则与此相反。因此，管理者在运用该理论时应当更多地注意实际工作绩效与报酬之间的合理性。当然，对于有些具有特殊才能的人，或对完成某些复杂工作的人，应更多地考虑到其心理的平衡。

（三）强化理论

强化理论是由美国心理学家斯金纳首先提出的。该理论认为人的行为是对其所获刺激的函数。如果这种刺激对他有利，则这种行为就会重复出现；若对他不利，则这种行为就会减弱直至消失。因此管理者要采取各种强化方式，以使人们的行为符合组织的目标。

1．强化类型

根据强化的性质和目的，强化可以分为两种类型。

（1）正强化。所谓正强化，就是奖励那些符合组织目标的行为，以便使这些行为得到进一步加强，从而有利于组织目标的实现。正强化的刺激物不仅仅包含奖金等物质奖励，还包含表扬、提升、改善工作关系等精神奖励。为了使强化能达到预期的效果，还必须注意实施不同的强化方式。有的正强化是连续的、固定的正强化，譬如对每一次符合组织目标的行为都给予强化，或每隔一固定的时间都给予一定数量的强化。尽管这种强化有及时刺激、立竿见影的效果，但久而久之，人们就会对这种正强化有越来越高的期望，或者认为这种正强化是理所应当的。管理者要么不断加强这种正强化，否则其作用会减弱甚至不再起到刺激行为的作用。另一种正强化的方式是间断的、时间和数量都不固定的正强化，亦即管理者根据组织的需要和个人行为在工作中的反映，不定期、不定量实施强化，使每一次强化都能起到较好的效果。实践证明，后一种正强化更有利于组织目标的实现。

（2）负强化。所谓负强化，就是惩罚那些不符合组织目标的行为，以使这些行为削弱直至消失，从而保证组织目标的实现不受干扰。实际上，不进行正强化也是一种负强化。例如，过去对某种行为进行正强化，现在组织不再需要这种行为，但基于这种行为并不妨碍组织目标的实现，这时就可以取消正强化，使行为较少或不再重复出现。同样，负强化也包含着减少奖酬或罚款、批评、降级等。实施负强化的方式与正强化有所差异，应以连续负强化为主，即对每一次不符合组织的行为都应及时予以负强化，消除人们的侥幸心理，减少直至完全避免这种行为重复出现的可能性。

2．强化程序

强化的程序包括连续强化和间断强化两类。连续强化是每次行为都被强化；间断强化是有些行为被强化，有些行为没有被强化，又称部分强化。

3．行为塑造

根据强化的原理、类型和程序可以控制与改变人的行为，即行为塑造。例如，如果想使一位员工继续表现某一好的行为，就用正强化；如果想使某位员工不再出现某一坏行为，就用负强化。行为塑造原理与技术在组织管理中的应用被称为组织行为模式。

运用组织行为模式改变员工行为时，首先应找出并确定所要影响的行为，如迟到、协作、冲突等，然后通过观察、调查等方法搞清该行为当前的现状，根据是想增加还是减少该行为的意愿，采用各种强化手段，最后评估干预对策是否达到目的。如果实现了预期目标，表明干预措施很成功。否则，改变强化方法再进行干预。

三、激励方式

不论是个体，还是群体，都有其行为规律，个体和群体都遵循其行为规律而行动。在企业管理中，就是要研究如何使个体和群体的自发行为变成组织的行为。管理中常常使用组织的规章制度和规范去约束个体和群体的行为，而这种约束带有很明显的强制性，强迫人们去遵守规章制度和规范。人们的行为并非出自本身的意愿，轻则人们消极、被动接受组织规范，但效率低下；重则人们产生对抗。所以，单纯用组织的规章制度和规范去约束个体和群体的行为是不够的，必须把它与激励方式结合起来，只有激励才能产生高效率，只有激励才能产生凝聚力，组织才能求得长期的生存和发展。

（一）激励的基本方法

只有满足人的需要才能激发人的动机，调动人的积极性。那么，如何满足人的需要呢？基本方法有两种，即直接满足和间接满足。

1. 直接满足

直接满足又称职务内满足或岗位上满足。这就是工作本身和工作中与其他人的正常关系使他得到满足。一般来说，直接满足的内容有如下几种：① 工作本身有利于自我成长，专业对口，满足兴趣，符合志愿，适应特长等；② 工作本身能获得社会认可，评价较高；③ 工作具有挑战性，能获得成就感；④ 工作中同事之间和谐、友爱、安全、团结，对劳动者有内吸力。

2. 间接满足

间接满足又称职务外满足或岗位外满足。这是工作以外，即工作过程以后获得的满足，把工作当成以后得到满足的手段。间接满足的内容基本的有两种：

(1) 工资。工作一定时期后，人们从工作和工资本身并未获得实际需要的满足。而是用所得工资去购买食物、衣服、用品等后，才满足了多方面的实际需要。所以，工资是间接满足的一种重要形式。

(2) 津贴、奖励、福利费、医疗费、养老金、休假等，也是间接满足的重要形式。间接满足是满足人们需要的重要方面，是人们工作动力的基本来源，它能保持人们的积极性，增加同心力，增强归属感，因而，必须予以足够的重视。但间接满足也有一定的局限性，主要是工作与满足需要之间缺乏直接联系，因而可能出现对工作满不在乎，只要有物质利益就行的态度。所以间接满足除尽量与工作、成果相联系外，还必须同思想政治工作结合起来，才能充分发挥激励的作用。

（二）常见的激励方式

总的来说，激励有两种方式：正激励和负激励。对工作业绩突出的个人实行奖励，在更大程度上调动其积极性，完成更艰巨的任务，属于正激励；对于个人原因而使工作失误且造成一定损失的人实行惩罚，迫使其吸取经验教训，做好工作，完成任务，属于负激励。在管理实践中，按照公平、公正、公开、合理的原则，正确运用这两种激励方式，可以较好地调动人的积极性，激发人的工作热情，充分挖掘人的潜力，把工作做得更好。

1. 目标激励

通过给予人们一定的目标，以目标为诱因促使人们采取适当的行动去实现目标。任何企业都有自己的经营目标，每一个人也都在需要的驱使下产生个人目标，只要把企业经营目标与个人目标结合起来，一方面在目标实现中满足个人需要；另一方面通过企业经营目标与个人目标的结合，体现出个人在企业中的地位和作用，使个人的价值充分体现出来；再一方面，目标代表自己从未达到过的状态，目标的实现反映自身的升华，这些都能使个人产生巨大的激励。

2. 参与激励

这是让员工参与企业管理，使员工产生主人翁责任感，从而激励员工发挥自己的积极性。让员工经常参与企业重大问题的决策和管理，多提出合理化建议，并对企业的各项活动进行监督，员工就会亲身感受到自己是企业的主人，会将个人和企业的前途、命运联系起来，这样就会激励员工全身心地投入到企业的事业中来。

3．领导者激励

这主要是领导者的品行给员工带来的激励效果。企业领导者是企业众目之心，是员工的表率，是员工行为的指示器。如果领导者清正廉洁，对物质的诱惑不动心；吃苦在前、享乐在后；严于律己，要员工做的，自己先做；有困难，自己先上；虚怀若谷，谦虚、民主，不计前嫌，这样的领导者本身就能鼓舞群众的士气。如果领导者再具有较强的能力，能使企业获得较高的效益，有助于员工个人价值的实现，则更能产生巨大激励。

4．关心激励

这是企业领导者通过对员工的关心而产生的对职工的激励。企业的员工，以企业为其生存的主要空间，把企业当做自己的归属。如果企业领导人时时关心员工疾苦，了解员工的具体困难，并帮助其解决，就会使员工产生很强的归属感，且对员工产生强烈的激励。现在很多企业给员工赠送生日礼品，举行生日派对，都是用关心来激励员工的方式。

5．公平激励

这是在企业中的各种待遇上，对每一员工公平对待所产生的激励作用。只要员工等量劳动成果给予等量待遇，多劳多得，少劳少得，就会使企业形成一个公平合理的环境，员工要获得更多的待遇（包括工资、奖金、福利、职位、工作环境等），不能通过人情、后门等不正当的手段，只有依靠扎扎实实的劳动。因此，可以利用职工追求高待遇的心理，激励员工更有效地工作。

6．认同激励

这是领导者认同员工的成绩而产生的对员工的激励。虽然有一些人愿做无名英雄，但那毕竟是少数，而绝大多数人都不愿意默默无闻。当他取得了一定成绩后，需要得到大家的承认，尤其是要得到领导者的承认。这种激励既不必花费，效果又好，只需要领导者及时发现员工的成绩，并及时表示认同，不及时的认同产生不了激励。

7．奖励激励

这是以奖励作为诱因，使人们采取合理行动的激励作用。奖励激励通常是从正面进行引导，规定人们的行为符合某一规范就可获得一定的奖励。人们对奖励的追求，促使他的行动符合一定的行为规范。奖励激励手段包括物质的和精神的两方面。物质激励就是以物质利益（包括工资、奖金、晋级、各种实物等）为诱因对人们产生的激励。精神激励是以精神鼓励为诱因对人们产生的激励，它包括评选劳模、先进工作者等各种荣誉称号。人们通过对物质利益和荣誉称号的追求而产生最合理的行为，创造佳绩。

8．惩罚激励

这是利用惩罚这一手段，诱导人们采取合理化行为的一种激励。在惩罚激励中，要制定一系列的员工行为规范。逾越了行为规范，根据不同的逾越程度，确定惩罚的不同标准。惩罚手段包括：物质的手段，例如罚款、赔偿等；精神的手段，如批评、降职、降级、各级党政处分以及刑事制裁等。人们避免惩罚的需求和愿望促使其行为符合特定的规范。再则，通过对犯规人员的处罚，激励未犯规的人员自觉、积极地去遵守规范。

在实际工作中，激励的方式多种多样，每一种方式既适应于个体，又适应于群体，关键在于企业管理人员灵活运用，恰当地用好每一种方法，有效激励员工的行为。

本章小结

1．管理的基本职能集合在一起共同作用于企业运行过程时，表现为一系列具体的职能。本书将管理的基本职能划分为决策、计划、组织、控制、领导、激励六种职能。

2．决策就是指组织为了达到某一目标、目的或企图，在众多方案中选择一个最优的方案或策略，并加以实施的过程。简单地说，如何从多种方案中选择一种最佳方案，就是决策问题。本章讲解了决策的概念、类型、过程。

3．计划就是为了实现既定的目标，对未来行动进行规划、安排以及组织实施的一系列管理活动的总称。计划职能是管理的首要职能，它贯穿于管理的全过程。具体来讲，计划职能是为实现一定目标而科学预计和制订的未来行动方案。换言之，计划就是一个组织要做什么和怎么做的行动指南。本章讲解了计划的概念、类型、编制、执行与调整。

4. 控制就是检查工作是否按既定的计划、标准和方法进行，发现偏差分析原因，进行纠正，以确保组织目标的实现。由此可见，控制职能几乎包括了管理人员为确保实际工作与组织计划相一致所采取的一切活动。本章讲解了控制的概念、必要性、类型、过程及要求。

5. 领导是领导者为了实现预定目标，运用其法定权力和自身影响力，采用一定的形式和方法，率领、引导、组织、指挥、协调、控制其被领导者，以完成既定的总任务的过程。本章讲解了领导的概念、作用、素质要求、方式及理论。

6. 激励是指影响人们内在需求或动机，从而加强、引导和维持行为的活动或过程。本章讲解了激励的概念、理论。

思考与练习

1. 决策、计划、组织、控制、领导、激励六种职能的概念、作用、类型、方式方法、影响因素、过程？
2. 如何使集权与分权结合？
3. 做一个领导者应该具备的基本素质？
4. 领导理论、激励理论有哪些？具体的原理是什么？
5. 简述需要层次理论，对实际工作有何启发？

案例讨论

案例

第二篇

企业制度、文化与战略

第四章 现代企业制度

本章提要

本章以追溯我国国有企业改革历程、介绍我国国有企业改革取得历史性成就为开篇，阐述现代企业存在的多样性组织形式，提出现代企业制度的概念，分析现代企业制度的基本特征，探讨公司治理结构的内涵、组织形式及基本内容。

重点难点

- 重点掌握现代企业制度的概念、基本特征。
- 重点掌握现代企业产权制度。
- 重点掌握公司治理结构。

引导案例

从新闻出版单位改制后的企业来看，凡是改制真正到位的企业都发生了很大的变化，内部活力激发出来了，员工的积极性得到了发挥，成绩也是突出的。转制后的出版单位有三个积极变化：一是实现资产增值保值；二是经营效果显著；三是职工收入增加。改制是体制机制的第一步。对企业来说下一步最重要的是选择发展方向，进行股份制改造、公司制改革，最终建立现代企业制度，全面提升竞争力。1993年《中共中央关于建立社会主义市场经济体制若干问题的决定》、1999年《中共中央关于国有企业改革和发展若干重大问题的决定》、2013年《中共中央关于全面深化改革若干重大问题的决定》、2015年《中共中央国务院关于深化国有企业改革的指导意见》都指出"建立以公有制为主体的现代企业制度""国有企业改革是一个循序渐进、不断深化的过程"。我国创造性地实现了国有企业同市场经济相融合，中国特色现代国有企业制度建设深入推进。它是国有企业与市场经济融合发展的企业制度，以公司制股份制为主要组织形式，使国有企业成为依法自主经营、自负盈亏、自担风险、自我约束、自我发展的独立市场主体；它坚持中国共产党的领导与公司法人治理结构的内在统一，坚持工人阶级主人翁地位，是社会主义全民所有制与现代企业制度相结合的企业制度。

案例

第一节 我国国有企业改革历程

改革开放以来，国有企业改革扎实推进，取得巨大成就，国有企业活力、竞争力、影响力和抗风险能力进一步增强，国有经济在国民经济中的主导地位进一步提升，中国特色现代国有企业制度不断完善，国有资产管理体制改革取得显著成效，国有经济布局调整持续优化，国有企业作为中国特色社会主义的重要物质基础和政治基础的作用得到充分发挥。进入新时代，深化国有企业改革的任务依然艰巨。我们要深入贯彻习近平新时代中国特色社会主义思想和党的十九大精神，扎实稳妥地深化国有企业改革，推动国有企业在新的历史条件下承担新使命、展现新作为、作出新贡献。

习近平同志指出，国有企业是中国特色社会主义的重要物质基础和政治基础，是我们党执政兴国的重要支柱和依靠力量。改革开放 40 多年来，国有企业改革经历了放权让利、转换经营机制、利改税、建立现代企业制度等多个阶段，取得巨大成就。当前，中国特色社会主义进入了新时代。回顾国有企业改革历程、总结国有企业改革成功经验，对于进一步深化国有企业改革、推动国有企业在新时代更好发挥作用具有重大意义。

党的十九届四中全会提出“完善中国特色现代企业制度”，为我国企业制度创新指明了方向。无论在过去，还是未来，在国有企业改革历程中，坚持党对国有企业的领导是重大政治原则，国有企业是党和国家最可信赖的依靠力量，是坚决贯彻执行党中央决策部署的重要力量。

一、起步阶段：1978－1992

自 1978 年改革开放以来，国企改革也进入了起步探索阶段，这一阶段以“扩权让利”“两权分离”为重点。1979 年 7 月，国务院发布了《关于扩大国营企业经营管理自主权的若干规定》等五个文件，率先在首钢等八个企业进行了扩大企业自主权试点。随后试点在全国逐步展开，到 1980 年 6 月底，全国试点企业已达 6 000 多个。

扩大企业自主权试点被认为“方向正确、效果显著”，于是在 1980 年 9 月，国务院批转国家经济委员会《关于扩大企业自主权试点工作情况和今后意见的报告》，批准从 1981 年起，把扩大企业自主权的工作在国营工业企业中全面推开，使企业在人、财、物、产、供、销等方面，拥有更大的自主权。

1984 年国企改革迎来较为重要的一年。当年 5 月，国务院发出《关于进一步扩大国营工业企业自主权的暂行规定》，进一步下放权力；当年 10 月，中共十二届三中全会通过了《中共中央关于经济体制改革的决定》，提出“增强企业活力是经济体制改革的中心环节”，要“确立国家和全民所有制企业之间的正确关系，扩大企业自主权”。《决定》强调，所有权同经营权是可以适当分开的，要使企业真正成为相对独立的经济实体，成为自主经营、自负盈亏的社会主义商品生产者和经营者，具有自我改造和自我发展的能力，成为具有一定权利和义务的法人。

在所有权与经营权分离的条件下，出现了承包经营责任制、租赁制、股份制等搞活企业的多种经营方式。1984 年，“承包国有企业第一人”马胜利毛遂自荐承包石家庄造纸厂，使造纸厂迅速扭亏为盈，引发关注，承包经营责任制也逐渐推广开来。到 1987 年底，全国预算内全民所有制企业有 78% 实行了承包制。虽然承包制仍属于放权让利的范畴，但其普遍实行是计划经济下的国营企业向市场经济下的国有企业转化迈出的第一步，使企业初步完成了从面向计划到面向市场的转变。不过，承包制所存在的体制缺陷并未消除政企不分的问题，国企改革之路也才刚刚开始。

二、探索阶段：1993－2001

经历了 20 世纪 80 年代“投石问路、试探前行”，进入 90 年代，国企改革开始向“建立现代企业制度”迈进，并在 90 年代后期经历了“抓大放小”、战略性改组带来的阵痛。

1993 年 11 月，中共十四届三中全会通过《中共中央关于建立社会主义市场经济体制若干问题的决定》，为此前的国企改革进行了概括：“十几年来，采取扩大国有企业经营自主权、改革经营方式等措施，增强了企业活力，为企业进入市场奠定了初步基础。”并要求“继续深化企业改革，必须解决深层次矛盾，着力进行企业制度的创新”。《决定》还首次提出“建立现代企业制度，是发展社会化大生产和市场经济的必然要求，是我国国有企业改革的方向”，要求“进一步转换国有企业经营机制，建立适应市场经济要求，产权清晰、权责明确、政企分开、管理科学的现代企业制度”。

在明确了“建立现代企业制度”的方向后，1997 年 9 月，党的十五大报告对国有企业改革进一步做出了重大部署，“要着眼于搞好整个国有经济，抓好大的，放活小的。对国有企业实施战略性改组”“实行鼓励兼并、规范破产、下岗分流、减员增效和再就业工程，形成企业优胜劣汰的竞争机制”。国企改革由此进入“抓大放小”的战略阶段。

1998 年东亚金融危机发生，中国经济进入需求不足的经济周期，很多行业、产品都出现了产能过剩、价格下滑的情况，国有企业的财务状况陷入了谷底。就在这种背景下，党的十五届一中全会提出：“用三年左右的时间，使大多数国有大中型亏损企业摆脱困境，力争到本世纪末大多数国有大中型骨干企业初步建立现代企业制度”。

国企改革由此自 1998 年进入了三年攻坚阶段。1999 年出台的《中共中央关于国有企业改革和发展若干重大问题的决定》为国企改革作出具体部署，提出：从战略上调整国有经济布局，坚持有进有退，有所为有所不为，坚持“抓大放小”，继续对国有企业实施战略性改组。

战略性改组过程中，国企职工经历下岗分流的阵痛。但是经过努力，国有企业三年脱困的目标基本实现。到 2000 年底，1997 年亏损的 6 599 户国有及国有控股大中型企业，已减少 70% 以上；2000 年国有及国有控股工业企业实现利润 2 392 亿元，为 1997 年的 2.9 倍。

三、进展阶段：2002—2012

进入新世纪，伴随着中国加入 WTO，国企改革的步调趋于“平稳”，侧重点转向国有资产管理体制改革阶段。

2002 年 11 月，党的十六大报告提出，继续调整国有经济的布局和结构，改革国有资产管理体制，是深化经济体制改革的重大任务；建立中央政府和地方政府分别代表国家履行出资人职责，享有所有者权益，权利、义务和责任相统一，管资产和管人、管事相结合的国有资产管理体制；中央政府和省、市（地）两级地方政府设立国有资产管理机构。

随后在 2003 年，国务院国有资产监督管理委员会（国资委）挂牌成立，各级国资委也随之建立，通过委托代理关系建立起对企业经营者的激励约束机制，隔开了其他政府部门对企业的直接干预，初步实现了出资人职能的一体化和集中化。

2003 年 10 月，中共十六届三中全会通过《中共中央关于完善社会主义市场经济体制若干问题的决定》，进一步提出“大力发展国有资本、集体资本和非公有资本等参股的混合所有制经济，实现投资主体多元化，使股份制成为公有制的主要实现形式”。

《决定》还要求，完善国有资本有进有退、合理流动的机制，进一步推动国有资本更多地投向关系国家安全和国民经济命脉的重要行业和关键领域，增强国有经济的控制力。其他行业和领域的国有企业，通过资产重组和结构调整，在市场公平竞争中优胜劣汰。

2013 年初，时任国务院国资委副主任透露，全国 90% 以上的国企完成了公司制股份制改革，多数国企建立了股东会、董事会、经理层和监事会等机构；从 2003 年到 2011 年，全国国企（不含金融类企业）营业收入、净利润、上缴税金年均增长 17.6%、25.2% 和 19.4%。

四、深化阶段：2013年至今

伴随着经济步入“新常态”，官方提出全面深化改革的战略，国企改革也由此进入深水区，更加注重在监管、产权、经营等多个方面全面深化改革。

此时，国企改革所处的背景是：经过几十年改革，国有企业总体上已经同市场经济相融合，运行质量和效益明显提升，在国际国内市场竞争中涌现出一批具有核心竞争力的骨干企业，数据显示，有 47 家中央企业入围 2015 年世界 500 强。但也要看到，国有企业仍然存在一些亟待解决的突出矛盾和问题。

有鉴于此，2013 年 11 月，中共十八届三中全会通过《中共中央关于全面深化改革若干重大问题的决定》，就下一步国企改革提出新的论断，包括“积极发展混合所有制经济”“以管资本为主加强国有资产监管”“准确界定不同国有企业功能”“国有企业要合理增加市场化选聘比例”等诸多重要内容。

在《决定》为新一轮国企改革定调后，国企改革的顶层设计也随之加紧酝酿出台。在此期间，2014 年以来，国资委在中央企业启动“四项改革”试点，同时，地方版的国企改革也不断推进。

进入 2015 年，国企改革获得重点推进。2015 年 1 月，《中央管理企业负责人薪酬制度改革方案》正式实施，2015 年 6 月，中央全面深化改革领导小组第十三次会议审议通过了《关于在深化国有企业改革中坚持党的领导加强党的建设的若干意见》《关于加强和改进企业国有资产监督防止国有资产流失的意见》，为国企改革推开树立了保障。2015 年 7 月，习近平总书记在吉林长春考察调研时，对国企改革作出了“三个有利于”的重要论断：“推进国有企业改革，要有利于国有资本保值增值，有利于提高国有经济竞争力，有利于放大国有资本功能。”2015 年 8 月，在经过长时间酝酿后，各界等待良久的《关于深化国有企业改革的指导意见》终于出台，这是新时期指导和推进国企改革的纲领性文件，从总体要求到分类改革、完善现代企业制度和国资管理体制、发展混合所有制经济、强化监督防止国有资产流失等方面提出国企改革目标和举措。

历经 40 余年，而今，国企改革就此掀开新的篇章。

第二节 现代企业组织类型

随着市场经济的不断完善、发展，结合市场经济的需要，现代企业逐渐形成了不同的企业类型。现代企业类型可以从企业所属行业、企业内部生产力各要素所占比重、企业规模、经济性质等多个不同角度划分。

一、按照企业组织形式划分

现代企业按其组织形式一般可以分为单一企业、多元企业、经济联合体和企业集团。

1. 单一企业

单一企业即一厂一店就是一个企业。这类企业的经营领域往往比较单一和专业化，但同样也必须承担财产责任和经营责任，独立核算，自负盈亏。

2. 多元企业

多元企业是由两个以上不具备法人资格的工厂或商店组成的企业，它是按照专业化、联合化以及经济合理的原则由若干个分散的工厂或商店所组成的法人组织。如由两个以上分公司组建的公司，由一些分店组成的连锁企业等。

3. 经济联合体

经济联合体是经济组织之间按照一定的章程或协议，在生产、技术、科研和贸易等领域的经济合作。经济联合体是由两个以上的企业在自愿互利的基础上，打破所有制、行业、部门和地区的界限，本着专业化协作和合理分工的原则，进行部分或全部统一经营管理所形成的经济实体。它是一个具有法人资格的经济组织，主要形式有专业公司、联合公司、总公司和各类合资经营企业。

4. 企业集团

企业集团是企业联合组织中最成熟、最紧密和最稳定的企业运行模式，是由两个或两个以上的企业以资产为纽带而形成的有层次的企业联合组织，其中的成员企业都是相对独立的企业法人。其特点是规模大型化，经营多元化，资产纽带化。企业集团一般分为四个层次：第一层为核心层，通常由一个或几个大企业构成，如集团公司、商业银行、综合商社等，它们对集团中其他成员企业有控股或参股行为；第二层为紧密层，一般由核心层的控股子公司构成；第三层为半紧密层，由紧密层的子公司或核心层的参股公司构成；第四层为松散层，主要是由与前三个层次的企业有协作或经营关系的企业构成，彼此之间不是资产纽带关系，但可以有资金融通关系。

二、按照企业规模划分

就经济学原理而言，企业规模之大小应取决于“内部经济原理”与“内部不经济原理”两者之权衡。“内部经济”是一切产业之生产规模扩大，则在某一限度内，其单位成本降低，效率增加，收益提高。“内部不经济”是生产规模扩大到某一限度之后，若再扩大生产规模，则单位成本提高，效率降低。故企业规模与效率大小的关系可表述为：“企业规模之大小在不超过合理限度时，则效率随其规模的扩大而增加。”

《国民经济行业分类》（GB/T 4754—2017）已正式实施，对 2011 年制定的《统计上大中小微型企业划分办法》进行修订，形成《统计上大中小微型企业划分办法（2017）》。按照行业门类、大类、中类和组合类别，依据从业人员、营业收入、资产总额等指标或替代指标，将我国的企业划分为大型、中型、小型、微型等四种类型。具体划分标准见表 4-1，适用于 15 个行业门类以及社会工作行业大类。

表 4-1 统计上大中小微型企业划分标准

行业名称	指标名称	单位	大型	中型	小型	微型
农、林、牧、渔业	营业收入（Y）	万元	Y ≥ 20 000	500 ≤ Y < 20 000	50 ≤ Y < 500	Y < 50
工业 *	从业人员（X）	人	X ≥ 1 000	300 ≤ X < 1 000	20 ≤ X < 300	X < 20
	营业收入（Y）	万元	Y ≥ 40 000	2 000 ≤ Y < 40 000	300 ≤ Y < 2 000	Y < 300

续表

行业名称	指标名称	单位	大型	中型	小型	微型
建筑业	营业收入（Y） 资产总额（Z）	万元 万元	Y ≥ 80 000 Z ≥ 80 000	6 000 ≤ Y < 80 000 5 000 ≤ Z < 80 000	300 ≤ Y < 6 000 300 ≤ Z < 5 000	Y < 300 Z < 300
批发业	从业人员（X） 营业收入（Y）	人 万元	X ≥ 200 Y ≥ 40 000	20 ≤ X < 200 5 000 ≤ Y < 40 000	5 ≤ X < 20 1 000 ≤ Y < 5 000	X < 5 Y < 1 000
零售业	从业人员（X） 营业收入（Y）	人 万元	X ≥ 300 Y ≥ 20 000	50 ≤ X < 300 500 ≤ Y < 20 000	10 ≤ X < 50 100 ≤ Y < 500	X < 10 Y < 100
交通运输业 *	从业人员（X） 营业收入（Y）	人 万元	X ≥ 1 000 Y ≥ 30 000	300 ≤ X < 1 000 3 000 ≤ Y < 30 000	20 ≤ X < 300 200 ≤ Y < 3 000	X < 20 Y < 200
仓储业 *	从业人员（X） 营业收入（Y）	人 万元	X ≥ 200 Y ≥ 30 000	100 ≤ X < 200 1 000 ≤ Y < 30 000	20 ≤ X < 100 100 ≤ Y < 1 000	X < 20 Y < 100
邮政业	从业人员（X） 营业收入（Y）	人 万元	X ≥ 1 000 Y ≥ 30 000	300 ≤ X < 1000 2 000 ≤ Y < 30 000	20 ≤ X < 300 100 ≤ Y < 2 000	X < 20 Y < 100
住宿业	从业人员（X） 营业收入（Y）	人 万元	X ≥ 300 Y ≥ 10 000	100 ≤ X < 300 2 000 ≤ Y < 10 000	10 ≤ X < 100 100 ≤ Y < 2 000	X < 10 Y < 100
餐饮业	从业人员（X） 营业收入（Y）	人 万元	X ≥ 300 Y ≥ 10 000	100 ≤ X < 300 2 000 ≤ Y < 10 000	10 ≤ X < 100 100 ≤ Y < 2 000	X < 10 Y < 100
信息传输业 *	从业人员（X） 营业收入（Y）	人 万元	X ≥ 2 000 Y ≥ 100 000	100 ≤ X < 2000 1000 ≤ Y < 100000	10 ≤ X < 100 100 ≤ Y < 1 000	X < 10 Y < 100
软件和信息技术服务业	从业人员（X） 营业收入（Y）	人 万元	X ≥ 300 Y ≥ 10 000	100 ≤ X < 300 1 000 ≤ Y < 10 000	10 ≤ X < 100 50 ≤ Y < 1 000	X < 10 Y < 50
房地产开发经营	营业收入（Y） 资产总额（Z）	万元 万元	Y ≥ 200 000 Z ≥ 10 000	1 000 ≤ Y < 200 000 5 000 ≤ Z < 10 000	100 ≤ Y < 1 000 2 000 ≤ Z < 5 000	Y < 100 Z < 2 000
物业管理	从业人员（X） 营业收入（Y）	人 万元	X ≥ 1 000 Y ≥ 5 000	300 ≤ X < 1 000 1 000 ≤ Y < 5000	100 ≤ X < 300 500 ≤ Y < 1 000	X < 100 Y < 500
租赁和商务服务业	从业人员（X） 资产总额（Z）	人 万元	X ≥ 300 Z ≥ 120 000	100 ≤ X < 300 8 000 ≤ Z < 120 000	10 ≤ X < 100 100 ≤ Z < 8 000	X < 10 Z < 100
其他未列明行业 *	从业人员（X）	人	X ≥ 300	100 ≤ X < 300	10 ≤ X < 100	X < 10

说明：

（1）大型、中型和小型企业须同时满足所列指标的下限，否则下划一档；微型企业只须满足所列指标中的一项即可。

（2）表 4-1 中各行业的范围以《国民经济行业分类》（GB/T 4754—2017）为准。带 * 的项为行业组合类别，其中，工业包括采矿、制造、电力、热力、燃气及水生产和供应；交通运输包括道路运输、水上运输、航空运输、管道运输、多式联运和运输代理、装卸搬运，不包括铁路运输业；仓储业包括通用仓储，低温仓储，危险品仓储，谷物、棉花等农产品仓储，中药材仓储和其他仓储业；信息传输业包括电信、广播电视和卫星传输服务，互联网和相关服务；其他未列明行业包括科学研究和技术服务，水利、环境和公共设施管理，居民服务、修理和其他服务业，社会工作，文化、体育和娱乐业，以及房地产中介服务，其他房地产业等，不包括自有房地产经营活动。

（3）企业划分指标以现行统计制度为准。①从业人员，是指期末从业人员数，没有期末从业人员数的，采用全年平均人员数代替。②营业收入，工业、建筑业、限额以上批发和零售业、限额以上住宿和餐饮业以及其他设置主营业务收入指标的行业，采用主营业务收入；限额以下批发与零售业企业采用商品销售额代替；限额以下住宿与餐饮业企业采用营业额代替；农、林、牧、渔业企业采用营业总收入代替；其他未设置主营业务收入的行业，采用营业收入指标。③资产总额，采用资产总计代替。

三、按照企业的所有制关系划分

1. 国有企业

国有企业是生产资料归全民所有，并且代表全民的国家作为所有者的一种企业形式。其基本特点是：国家作为全体人民的代表拥有企业的财产所有权，企业规模较大，技术设备较先进，技术力量雄厚，是国民经济的主导力量，如邮政、电信、石油等。兴办国有企业的目的表现在国家财政、社会福利、经济以及国防和政治等诸多方面。

2. 集体所有制企业

集体所有制企业是生产资料归群众集体所有的一种企业形式。中国集体所有制企业存在着多种具体形式。农村有生产、供销、信用、消费等各种合作经济组织、股份合作经济组织和股份经济组织，从事农、林、牧、副、渔生产和工业、建筑业、运输业以及其他服务性劳动生产经营活动；城镇主要有手工业合作社或股份合作社，合作或股份合作工厂，街道工业生产或生活服务组织以及机关、学校、部队等单位举办的集体经济组织等。乡镇企业是集体所有制企业的典型代表。

集体所有制企业的特点：①生产资料归集体所有；②坚持自愿结合、自筹资金、自负盈亏的原则，具有较大的经营管理自主权；③实行民主管理，企业干部由企业全体成员民主选举或罢免。

3. 个体私营企业

个体私营企业是生产资料归私人所有，主要依靠雇工从事生产经营活动的企业。在中国现阶段，私营企业的产生和存在是由当前生产力发展水平决定的，是国家政策法令所允许的，它是社会主义经济的重要组成部分。目前，中国私营企业一般有三种形式：独资企业、合伙企业、有限责任公司。

4. 中外合资经营企业

中外合资经营企业是把国外资本引入国内，同国内企业合股经营的一种特殊形式的企业。其特点是：共同投资、共同经营、共负盈亏、共担风险。

5. 中外合作经营企业

中外合作经营企业是中外各方根据平等互利的原则建立的契约式经营企业。中外各方的权利、义务、责任，由共同签订的合同、协议加以确定，而不是根据出资额来确定，合作经营一般由中方提供场地、厂房、设施和劳动力等，由外方合作者提供资金、技术、主要设备、材料等。合作双方根据商定的合作条件，进行合作项目或其他经济活动，确定产品分成、收入分成或利润分成比例。

6. 外资企业

外资企业是除土地外，全部由外方投资经营的企业，其全部资本都是外国资本，企业所有权、经营权及利润全部归外方投资者所有，但这种外资企业，必须遵守中国有关政策和法律，并依法缴纳税金。

四、按照企业内部生产力各要素所占比重划分

1. 劳动密集型企业

劳动密集型企业是使用劳动力较多，技术装备程度低，产品成本中活劳动消耗所占比重大的企业。如纺织、服装、日用五金、饮食、儿童玩具等企业，多属于劳动密集型企业。

2. 资金密集型企业

资金密集型企业是原材料成本较高，产品生产技术复杂，所需技术装备水平较高，生产单位产品所需投资较多，使用劳动力较少的企业。它一般具有劳动生产率高、物资消耗省、活劳动消耗少、竞争能力强等优点。如钢铁企业、重型机器企业、汽车制造企业、石油化工企业等，通常划归资金密集型企业。

3. 技术密集型企业

技术密集型企业是运用现代化、自动化等先进的科学技术装备较多的企业。例如，计算机企业、计算机软件企业、飞机制造企业、技术咨询管理公司等。有的技术密集型企业需要较多具有高度科学技术知识和能力的科技人员从事科研与生产经营，因此也被称为知识密集型企业。

五、按企业财产组织形式划分

（一）独资企业或个人企业

独资企业或个人企业是企业形式中一种最古老、最基本的企业形式，是由一人出资兴办的企业，企业财产完全归投资者个人所有，企业由个人经营和控制。投资人以其个人财产对企业债务承担无限责任。这种企业不具有法人资格，在法律上为自然人企业。虽然独资企业有企业的名称、住所、法定的注册资本，但在法律上，这种企业的财产等同于业主个人的财产，流行于小规模生产时期。在这种企业中，企业家往往集资本家、经理甚或工人等职责于一身。

独资企业的优点是成败皆由业主左右，如此可以激励其责任心及向上进取之心，其优点是：规模较小，经营方式比较灵活，决策迅速及时，制约因素较少，业主能够独享利润，企业保密性强，有利于竞争，成本支出较低。其缺点是：自然人对企业的影响大，企业没有独立的生命，如果业主死亡或由于某种原因放弃经营，企业就随之消亡；由于个人资本有限，业主经营才能有限，信用不足，取得贷款的能力较差，企业发展制约因素较多，规模有限；当经营失败、企业的资产不足以清偿企业的债务时，业主对企业承担无限责任。

独资企业至今仍普遍存在，而且在数量上占大多数。在美国，独资企业约占企业总数的75%。独资企业一般只适用于零售商业、服务业、家庭农场、开业律师、个人诊所等。

（二）合伙企业

合伙企业是由两个或两个以上的出资者共同出资兴办，联合经营和控制的营利性组织。合伙人共同出资，合伙经营，共享收益，共担风险，并对合伙企业债务承担无限连带责任。合伙人的出资可以是金钱或其他财物，也可以是权利、信用与劳务等，每一个合伙人的权利与义务都写明在合同中。成立合伙企业时必须要有书面协议，以合伙合同形式规定该合伙经济组织的合伙人的范围、组织管理、出资数额、盈余分配、债务承担及入伙、退伙、终止等基本事项。企业的财产归合伙人共同所有，由合伙人统一管理和使用，合伙人都有表决权，不以出资额为限；合伙人经营积累的财产，归合伙人共同所有。每个合伙人对企业债务负连带无限清偿责任，即使其中某合伙人不能全部负起他应付责任的部分，则其他合伙人要对他负不起责任的部分负责到底。

合伙企业有很多优点，主要是成立法定手续简便，花费也较低廉。合伙人对企业之债务负全责，因此信用方面较好，容易向外筹措资本，提高决策能力，增加企业发展的可能性。但合伙企业同时也存在许多与独资企业相同的缺点，有些方面甚至不及独资企业。其缺点是：由于所有的合伙人都有权代表企业从事经济活动，重大决策都需要得到所有合伙人的同意，因而容易造成决策上的延误；合伙人有一人退出或加入都会引起企业的解散和重组，企业存续相对不稳定。此外，企业规模仍存在局限性。因此，在现代经济生活中，合伙企业所占比重小，不如独资企业那样普遍，如在美国，合伙企业只占全部企业的7%左右。合伙企业一般适合于资本规模较小，管理不复杂，经营者对经营影响较大，个人信誉因素相当重要的企业，如会计师事务所、律师事务所、广告事务所、经纪行、零售商业、餐饮业等。

（三）公司制企业

从中国对公司制企业的规定和实际情况来看，目前公司的组织形式主要是有限责任公司和股份有限公司。公司制是企业发展的高级形式，与前两种企业形式相比，具有以下特征：① 公司是法人，具有独立的法人主体资格，并具有法人的行为能力和权利；② 公司实现了股东最终财产所有权与法人财产权的分离，即不再是所有者亲自经营自己的财产，而将其委托给专门的经营者即公司法人代为经营，也就是实现了企业财产权与经营权的分离；③ 公司法人财产具有整体性、稳定性和连续性。由于股东投入到企业的资财不能抽回，使得公司的财产来源稳定、不被分割而保持了一定的稳定性和整体性，公司的股份可以转让，但公司的财产不因股份的转让而变化，公司的财产可以连续使用，保持了一定的连续性，只要公司存在，公司的法人就不会丧失财产权，公司的信誉大为提高；④ 公司实行有限责任制度，对股东而言，他们以其出资额为限对公司承担有限责任，对公司法人而言，公司以其全部自有资本为限对公司的债务承担责任，有限责任一般只是到公司破产时才表现出来。

1．股份有限公司

公司全部资本划分为等额股份，股东以其所持股份为限对公司承担有限责任，公司以其全部资产对其债务承担责任的企业法人。设立股份有限公司，应当有5人以上为发起人，股东无人数限制。它可以以自己的法人资格，取得并拥有资产，承担债务，签订合同，履行民事权利和义务；法律规定其股东人数的最低限，但不规定最高限，因而股份有限公司拥有众多股东，投资主体呈现出极度的分散化、多元化和社会化，是社会化程度最高的企业，可以广泛吸纳社会资金，便于资本集中，有效扩大企业规模，并分散企业经营风险；公司的资产，其最终所有权与法人财产权能够很好地分离，绝大部分小股东对企业的生产经营活动几乎没有影响，而对企业的生产经营活动有支配权的企业经理层往往并不拥有很多公司股份，能很好地实现企业自主经营；为了保护股东权益，各国法律一般要求股份有限公司公开其账目，具体包括：经营报告书、资产负债表、损益表、盈余分配表、财产目录等，这有利于投资者了解企业经营状况，确保社会资源流入生产经营状况好的企业，优化微观资源配置。

2. 有限责任公司

由两个以上 50 个以下股东共同出资设立，每个股东以其出资额为限对公司承担责任，公司以其全部资产对其债务承担责任的企业法人。有限责任公司也是一种法人企业制度，能以自己的名义开展活动并享有权利，承担义务，法律对有限责任公司股东人数有严格的规定，如《中华人民共和国公司法》规定，有限责任公司股东必须在 2 人以上 50 人以下；由于股东人数较少，利益目标明确，因而有限责任公司能够较好地监督企业经理，防止其损害股东的权利，但筹资渠道较为狭窄，无法像股份有限公司那样大规模集中资本；有限责任公司的股东相对比较稳定，股权流动性差，社会化水平比股份有限公司低。公司的资本不分成等额股份，而是由各股东协商认购，公司不发行股票，以股权证书作为权益凭证，企业成立的法律程序较为简单。

有限责任公司的特点主要表现在如下几个方面。① 股东人数是有限制的。一般对有限责任公司的股东人数都有最高和最低的数量限制，英国、法国、日本等国家的标准为 2 ~ 50 人，如有特殊情况超过 50 人时，必须向法院申请特许。这与股份有限公司有着根本的区别。② 不公开发行股票。有限责任公司的股份由全体股东协商入股，一般不分为等额股份，股东交付股金后，由公司发给出资证明书，股东凭出资证明书代表的股权享受权益。股金可以是货币，也可以是实物、工业产权和土地使用权等，出资证明书不能像股票那样可以自由流通买卖。③ 严格限制股权的转让。④ 公司的设立比较简便。⑤ 注册资本额起点低。在中国，2006 年前有限责任公司和股份有限公司注册资本的最低限额分别为 10 万元、1 000 万元；2006—2014 年间，有限责任公司和股份有限公司注册资本的最低限额分别为 3 万元、500 万元；2014 年 2 月，国务院印发了注册资本登记制度改革方案，取消有限责任公司最低注册资本 3 万元、股份有限公司最低注册资本 500 万元的限制。

《中华人民共和国公司登记管理条例》允许一人有限责任公司，是指只有一个自然人股东或者一个法人股东的有限责任公司。一人有限责任公司不设股东会；一人有限责任公司应当在每一会计年度终了时编制财务会计报告，并经会计师事务所审计；一人有限责任公司的股东不能证明公司财产独立于股东自己的财产的，应当对公司债务承担连带责任。“一人公司”在西方国家特别是美国较为普遍，因为美国许多州的公司法律规定董事必须拥有一定数额的公司股份，即资格股，所以许多公司的股份的绝大部分比例由一个股东拥有，另外，极小比例的股份由公司董事拥有。

公司制企业是商品经济发展和现代化大生产的产物，是适合于现代企业经营的一种企业组织形式。其优点：① 资本社会化是众多分散的、数量有限的资产所有者通过股份的财产组合机制实现资本联合，进行规模化生产；② 有限责任解除了投资者的后顾之忧，鼓励和刺激了投资的欲望和积极性；③ 资本所有者在一定条件下可以将自己拥有的股权转让出去，较方便地转移所有权；④ 企业管理制度化、科学化，管理效率高，企业寿命长，如美国通用汽车公司有百年历史，杜邦化学公司有 200 年历史。因此，公司制企业形式为现代市场经济国家的企业普遍采用。

（四）股份合作制企业

股份合作制企业是企业全部资本划分为等额股份，主要由员工股份构成，员工股东共同劳动、民主管理、利益共享、风险共担，依法设立的法人经济组织。企业享有全部法人财产权，以其全部财产对企业承担责任；股东以其出资额为限，对企业承担责任。企业实行入股自愿、民主管理、按股分红相结合的投资管理原则。股份合作制企业是股份制和合作制的结合，具有股份制和合作制的双重特征，是一种新型的企业组织形式。

股份合作制企业的法律特征是：① 入股自愿。参加股份合作制企业的成员，可以依照自己的意愿决定是否入股，所投入股份可以转让，在特定情况下可以退出。允许退股是股份合作制与一般股份制的不同之处。② 劳动联合与资本联合相结合。股份合作制企业的员工，一般来说既是企业的劳动者，也是企业财产的出资者，具有双重身份。员工的这种双重身份，能有效地促使员工认真负责地积极工作。③ 收益分配实行按劳分配与按股分红相结合。股份合作制企业的收益分配，不仅以入股的份额为标准，而且也以劳动者所提供的劳动为标准进行分配。

第三节　现代企业制度的概念与特征

一、现代企业制度的概念

企业制度是指以产权为核心的企业组织与管理制度。产权，即财产权。通常产权包括财产的所有权，财产的占有、使用、收益和处置的权利。也可以说，产权是指建立在一定生产资料所有制基础上的财产的归属权利和经营权利。

现代企业制度定义为以市场经济为基础，以企业法人制度为主体，以公司制度为核心，以产权清晰、权责明确、政企分开、管理科学为条件的新型企业制度。现代企业制度是指适应现代社会化大生产和市场经济体制要求的一种企业制度，也是具有中国特色的一种企业制度，是国有企业改革所追求的一个目标。

现代企业制度包括以下几层含义：

1．现代企业制度是企业制度的现代形式

现代企业制度中的“现代”一词具有双重含义：一是相对于我国原有的产品经济体制条件下的传统企业制度而言；二是相对于企业组织发展史的角度而言，企业组织形式的发展经历了从独资企业到合伙企业再到公司企业的过程。公司企业是进入现代社会后才发展起来的，是一种现代的企业组织形式。相对我国传统的企业制度来说，建立现代企业制度的一项重要内容是要对多数国有企业进行公司制改组，现代企业制度并不仅仅适用于国有企业，它同样适用于非国有企业。公司制改组是指本企业以整体资产进行重组，将国有企业改组为上市的股份公司，或是改组为有限责任公司。对比较小的非经营性资产不予剥离而改组设立新的法人实体。现代企业制度下的企业组织形式不仅包含最为典型的股份有限公司和有限责任公司，还包括其他能够适应现代市场经济体制要求的企业形式，如无限公司、两合公司、股份两合公司、独资企业和合伙企业等。这个判断有利于我们将现代企业制度理解为动态、可变的范畴，它是随着商品经济的发展而不断创新和演进的。

现代企业制度创新有利于提升资本要素、管理要素、劳动要素的配置效率。从我国国有企业创新的实践来看，混合所有制改革是现代企业制度创新的重中之重。按照完善治理、强化激励、突出主业、提高效率的要求，将单一所有制企业改革成为混合所有制企业，允许更多的国有经济和其他所有制经济发展成为混合所有制经济，放大国有资本功能，提高资本配置和运行效率。

2．现代企业制度是由若干具体制度相互联系而构成的系统

现代企业制度是企业产权制度、企业组织形式和经营管理制度的总和，不是某一种制度，而是一系列制度和制度环境的统称。现代企业制度是现代企业法人制度、现代企业产权制度、现代企业组织领导制度、管理制度等有机耦合的统一体。这层含义有利于在深化企业改革的过程中防止把建立现代企业制度简单地理解为公司化，有利于用新的观点来审视我国已经改建成的股份有限公司和有限责任公司及正在进行的企业转机建制实践，有利于我们正视建立现代企业制度的复杂性和艰巨性。

3．企业法人制度是现代企业制度的基础

企业法人制度是指依照法律建立起来的使其人格化和获得独立法人地位的企业制度。在这种制度下，企业是人格化的法人，具有法人地位，是独立的民事主体，自主地对外开展活动。企业法人制度是现代企业制度的主体。企业法人制度，简言之，就是企业的所有权和经营权分离，企业拥有经营权（法人财产权），在对所有者承担责任的前提下，能够独立支配企业的财产。

社会主义法人制度在确认国家所有权与企业经营权可以适当分开的基础上，确立了全民所有制企业的独立财产责任原则，从而在法律上使国库财产与全民所有制企业所经营管理的财产完全分开，对搞活经济具有十分重要的意义。确认全民所有制企业的法人地位，明确法人的独立财产责任并建立起相应的法人破产制度，这就真正在法律上使全民所有制企业变成了自主经营自负盈亏的商品生产者和经营者。可以进一步加强企业的经济核算和科学管理，增强企业在商品竞争中的活力，为我国社会主义市场经济的发展创造了更好的条件。

4．产权制度是现代企业制度的核心

构成产权的要素有所有权、占有权、处置权和收益权等。现代企业制度是以终极所有权与法人财产权的分离为前提的。现代企业产权制度就是企业法人财产权制度，在此制度下，终极所有权的实现形式主要是参与企业的重大决策，获得收益；法人企业则享有其财产的占有权、处置权等。这是用建立现代企业制度去改造我国国有企业的核心所在。只有建立现代企业产权制度，才能使国家公共权力与法人企业民事权利分离开来，才能使全民所有权与法人企业财产权分离开来，才能使政企真正分开。

现代产权制度是党中央在认真总结十几年来社会主义市场经济伟大实践的基础上，针对国有企业改革的现状，对中国如何搞好市场经济系统理论的再创新，对我国的全面建设小康社会，国民经济持续、健康、快速的发展，以及国有企业改革进一步向纵深发展，都将起到不可替代的作用。

5．现代企业制度以公司制为主要组织形式

公司制是现代企业制度的主要组织形式，现代企业制度不等于现代企业组织形式，而是以公司制度为主要表现形式。现代企业制度主要是针对我国的国有企业改革以及在产品经济体制下的传统的国有企业制度而提出来的。相对于国有企业改革而言，确实应该在国有企业中推行现代公司制度，相应地推行有限责任制，建立与完善法人制度。现代企业公司制主要指股份有限公司和有限责任公司。从这个角度来说，建立现代企业制度主要是公司化。这里包含两层意思：一是不能认为建立了公司制就建成了现代企业制度，因为它还有其他丰富的内容；二是股份有限公司和有限责任公司只是现代企业制度的典型形式。从这一层来看，大多数国有企业建立现代企业制度，并不只是把它们都改成股份有限公司和有限责任公司，而要深入理解"提升国资国企改革成效"的含义，积极探索其他有效形式。

二、现代企业制度的特征

（一）产权明晰

产权明晰就是要用法律来界定出资者和企业之间的基本财产关系，明确各自的权利、义务和责任。对于国有企业或具有一定国有资产的企业，尤其要明确企业国有资产的直接投资主体，明确国家作为企业国有资产出资者的有限责任，以确保国有资产的合法权益。

对于国有企业，产权明晰主要有三个方面的内容：

1．厘清资产

国有企业产权清晰的首要的是要弄清"家底"，即弄清每个国有企业的资产总额，包括流动资产、固定资产、无形资产及其他类别的资产。为此就必须建立包括资产评估的主体、客体、目的、程序、标准和方法在内的要素体系。2005 年 9 月，国务院国有资产监督管理委员会审议通过《企业国有资产评估管理暂行办法》，规定由各级国有资产监督管理机构履行出资人职责的企业及其各级子企业涉及的资产评估。这项工作不仅是国有资产保值增值的前提，而且是推行多种改革形式的一般前提。

2．明确国有资产所有者代表

社会主义全民所有制是社会主义公有制的最高形式，是人类历史上一种先进的生产资料所有制。狭义的国有资产概念，在法律上确定为国家所有的并能为国家提供未来效益的各种经济资源的总和。其中经营性国有资产，指国家作为出资者在企业中依法拥有的资本及其权益，包括企业国有资产，行政事业单位占有、使用的非经营性资产通过各种形式为获取利润转作经营的资产，国有资源中投入生产经营过程的部分。根据《中华人民共和国企业国有资产法》的规定，国有企业及其财产属于国家所有即全民所有，国务院代表国家行使国有资产所有权，国务院和地方人民政府依照法律、行政法规的规定，分别代表国家对国家出资企业履行出资人职责，享有出资人权益。

国有资产代表不确定，或者定位不准确，以经营国有资产为目标的国有企业不可能真正成为独立的法人实体和市场竞争主体。这也是国有资产保值增值的根本障碍，也是国有资产流失的最危险根源。为此，我国坚持国有企业出资人职责与国有资产监管职责密切相关、不可分割、有机统一，国务院成立国务院国有资产监督管理委员会作为履行这两项职责的主体。《企业国有资产监督管理暂行条例（2019 年 3 月 2 日修正版）》规定：国务院国有资产监督管理机构是代表国务院履行出资人职责、负责监督管理企业国有资产的直属特设机构，省、自治区、直辖市人民政府国有资产监督管理机构，设区的市、自治州级人民政府国有资产监督管理机构是代表本级政府履行出资人职责、负责监督管理企业国有资产的直属特设机构。

经过多年实践证明，这是一种有效的制度安排，推动了国有经济布局和结构的战略性调整，发展和壮大了国有经济，实现了国有资产保值增值，适应了社会主义市场经济需要。

3．对“产权明晰”的动态理解

对“产权明晰”一定要动态理解，如果不能深入到产权流动、产权交易以及在市场机制作用下资源优化配置这个层次，那就是为了明晰而明晰，失去了最重要的经济意义。在社会主义市场经济条件下，加快国有资产流动，积极而又慎重地推进产权交易，具有重大的理论与实践意义。

我国经济生活中存在的一个突出问题是产业结构老化，重复建设严重。产权归属清晰，从根本上提供了推动经济结构调整的活力和动力。而产权的顺畅流动，则形成了产权结构转换的有效途径。正是为实现企业效益的资本的频繁流动和重组，使过时的陈旧的产品、技术、管理难以驻足，而必须不断翻新，使老化、重复的产权结构难以长时期生存而必须不断转换和升级。概括地说，对经济效益的追求造成了产权流动的必要性，而产权流动无论造成的投资方向本身的变化还是实现资本组织方式的调整都直接间接地推动着产品、产业或间接结构的创新。现代产权制度是经济结构转换与升级的制度保证。现代产权制度通过推动资本的流动和重组，盘活国有存量资本，减少或是杜绝国有资产的流失。国务院及相关部门通过颁发国有企业改革的一系列规范性文件来规范国有企业的产权交易，效益从盘活存量资产中来，人也就随着存量资产的盘活而实现充分的就业。

（二）权责明确

现代企业制度形成了相互制衡的法人治理结构，这就是用法律来界定投资者、经营者、生产者的相互关系，明确各自的责、权、利，做到利益分配合理，各方权力相互制衡。投资者按照出资比例依法享受股东权益，并以出资额为限承担责任。企业拥有全部法人财产权，独立经营、自负盈亏，并以全部法人财产权为限承担企业债务责任。公司制度、法人制度与有限责任制度是现代企业制度在组织方面的三个典型特征，也是权责明确的基础。

企业的出资人按其投入企业的资本额享有资产收益、重大决策和选择管理者的权利。当企业亏损或破产时，也以投入到企业的那部分资产对企业的债务承担有限责任。在企业内部，所有权和经营权在一定程度上分离，出资者不直接参与企业的具体经营活动，而是交予有经营管理知识和能力的专家打理，经营者受所有者的委托，在一定时期和范围内作为股东代表拥有经营企业资产及其他生产要素并获取相应收益的权利。劳动者按照与企业的合约拥有就业和获取相应收益的权利。

企业拥有法人财产权；企业法人有接受全体投资人投资财产的权利；法人有将接受的投资财产登记在法人名下的权利；有以法人的名义经营该财产的权利；有以接受的投资财产和法人的日后积累，既法人名下的全部财产承担法人民事责任的权利。所以说 法人财产权是一种授权。进一步说是法定授权、定向授权、有限授权、特殊授权。或者说法人财产权是一揽子授权。授权的内容就是：投资人要将投资财产的占有权交付法人；接受投资的法人可以根据投资人授权将所接受的投资财产用于经营，无条件地用于承担法人自己的民事责任。既然是有限授权，那就是还有所保留。投资人授予法人的权利是法人财产权。投资人没有授出的，保留在自己手中的权利就股权。

（三）政企分开

政企分开是指政府的经济、行政、社会管理职能要与企业的经营管理职能分开，建立新型的政府与企业的关系。

政企不分是与计划经济相伴而生的，在特定历史时期为我国的经济建设和政治目标的实现作出了一定的贡献。在社会主义市场经济条件下，其所隐含的制度性缺陷日益成为我国经济发展的绊脚石。现阶段，政企分开的目标就是建立适应社会主义市场经济体制要求的政企关系。这个目标从宏观层面来讲主要是实现政资职能分开和政企职责分开，而在具体操作中就是实现政府和企业各自职能的复归。

1．政资职能分开

政资分开就是指政府的社会经济管理职能和国有资产所有者职能分开。在市场经济体制下，政府经济管理职能的宗旨是规范和引导微观经济主体的经济行为，实现宏观经济目标。这一目标的实现途径是通过政府调节市场，让市场来引导企业。无论是何种性质的企业，也无论其产权结构如何，政府均不能直接干预其经营活动，而应通过法律、行政法规来间接管理企业。

企业在市场经济法律体系的框架内，根据市场杠杆和信息，自主经营，自负盈亏，平等竞争，不能因为国有企业是国有产权而特殊对待。作为国有资产的所有者，政府不能直接经营国有资产，而只能通过国有资产管理部门依据国有资产所有权对国有资产的运营进行监督，以保证国有资产的保值增值。

2．政企职责分开

实行政企职责分开，政府不再直接参与企业的生产经营活动，不按行政机构来管理企业。要明确企业是经济组织，不应承担政府的行政管理职能，企业不定行政级别，企业的员工不纳入国家公务员序列来进行管理，取消企业与政府之间的行政隶属关系，企业摆脱对行政机关的附属地位，不再依赖政府。同时企业要将承担的社会职能逐步移交给政府或社会。

3．政府与企业职能的复归

在传统计划经济体制下，我国政府同时作为宏观经济的管理者和众多企业的所有者、经营者，这正是使政府自身职责不分的原因。这种政府角色在全新的市场经济条件下必须作出改变。

在现代企业制度下，国有企业和其他形式的企业一样都是市场的法人主体，依法经营，不再在行政上隶属于专业部门，而是应该建立现代企业制度，成为独立的法人实体，进入市场，投身竞争，优胜劣汰。在现代企业制度下，企业资产具有明确的实物边界和价值边界，有确定的政府机构代表国家行使所有者职能，切实承担起相应的出资责任。企业将成为独立的市场主体，在市场中独立运作法人财产，自主经营、自负盈亏，对出资者承担保值增值的责任。

（四）管理科学

管理科学是建立现代企业制度的保证，是指要把改革与企业管理有机地结合起来，在产权明晰、责权明确、政企分开的基础上，加强企业内部管理，形成企业内部的一系列科学管理制度，尤其要形成企业内部涉及生产关系方面的科学的管理制度。一是保证权力相互制衡，有效防止权力腐败；二是保证各项工作的标准化、规范化、制度化、民主化；三是理顺投资者、经营者、生产者的关系，做到投资者放心，经营者精心，生产者用心。

现代企业制度的四个特征有很强的关联性，既互为因果，又互为条件。只有充分认识现代企业制度的基本特征，才能从根本上解决企业改革中面临的深层问题。

第四节　现代企业的公司治理结构

公司治理是一种经济关系、一种契约关系、一种制度安排、一种权力制衡机制、一种基于特定产权的经济民主形式。法人治理结构是被世界各国公司发展历史所证明，是能够更为成熟、更为完善地保障公司所有者的权益以及企业利益的最为理想的组织形式。良好的公司治理结构可以激励董事会和经理层通过更有效地利用资源去实现那些符合公司和股东利益的奋斗目标。

一、公司治理结构的定义

公司治理结构，或称法人治理结构、公司治理系统、公司治理机制，是一种对公司进行管理和控制的体系。是指由所有者、董事会和高级执行人员即高级经理三者组成的一种组织结构。现代企业制度区别于传统企业的根本点在于所有权和经营权的分离，或称所有与控制的分离，从而需要在所有者和经营者之间形成一种相互制衡的机制，用以对企业进行管理和控制。现代企业中的公司治理结构正是这样一种协调股东和其他利益相关者关系的一种机制，它涉及到激励与约束等多方面的内容。简单地说，公司治理结构就是处理企业各种契约关系的一种制度。例如，董事会、经理层、股东和其他利害相关者的责任和权利分布，而且明确了决策公司事务时所应遵循的规则和程序。公司治理的核心是在所有权和经营权分离的条件下，由于所有者和经营者的利益不一致而产生的委托—代理关系。公司治理的目标是降低代理成本，使所有者不干预公司的日常经营，同时又保证经理层能以股东的利益和公司的利润最大化为目标。

这里所说的“结构”应该理解为兼有制度、体系和控制机制的含义。现代企业采取了股份制，在股份制企业中所有权与经营权分离，所有者与经营者之间，经营者不同集团之间的利益关系比单人业主制企业或合伙制企业要复杂得多。如何处理这种利益关系涉及到企业的效率、业绩，甚至成败。处理这些利益关系需要一套相应的制度，这就形成了公司治理结构理论。

经济学家谈论公司治理结构时，狭义地讲是指投资者（股东）和企业之间的利益分配和控制关系，包括公司董事会的职能、结构、股东的权利等方面的制度安排；广义地讲是指关于公司控制权和剩余索取权，即企业组织方式、控制机制和利益分配的所有法律、机构、制度和文化的安排。它所界定的不仅是所有者与企业的关系，而且包括相关利益集团（管理者、员工、客户、供货商、所在社区等）之间的关系。现在我们讲公司治理结构时是指广义的公司治理结构。公司治理结构的内容由一系列契约规定。这些契约包括正式契约和非正式契约。正式契约包括政府颁布的适用于所有企业的法律，如公司法、破产法、劳动法等，也包括企业自己的正式规定，如公司章程以及各种合同。非正式契约指由文化、社会习惯而形成的行为规范。这些规范没有具体化为成文的合同，从而不具有法律上的强制性，但却在实实在在地起作用，如一些企业的终身雇用制或者对在一定时期内保持工资不变的承认。公司治理结构决定企业为谁服务（目标是什么），由谁控制，风险和利益如何在各个利益集团中分配等一系列根本性问题。

1999 年，由 29 个发达国家组成的经济合作与发展组织（OECD），正式通过了《公司治理结构原则》，这是第一个政府间为公司治理结构开发出的国际标准，并得到国际社会的积极响应。《公司治理结构原则》在为各国政府部门制定有关公司治理结构的法律，以及监管制度框架提供参考，同时，为证券交易所、投资者、公司和参与者提供指导，它代表了 OECD 成员国对于建立良好公司治理结构共同基础的考虑。公司治理结构原则的主要内容如下：

（1）维护股东的权利。

（2）确认利益相关者的合法权利，并且鼓励公司和利益相关者为创造财富和工作机会以及为保持企业财务健全而积极地进行合作。

（3）确保包括小股东和外国股东在内的全体股东受到平等的待遇，如果股东的权利受到损害，他们应有机会得到补偿。

（4）确保董事会对公司的战略性指导和对管理人员的有效监督，确保董事会对公司和股东负责。

（5）保证及时准确地披露与公司有关的任何重大问题，包括经营状况、财务状况、所有权状况和公司治理状况的信息。

二、公司治理结构的具体内容

（一）公司治理结构的组织形式

我国国有企业始终坚持把党的领导和完善公司治理统一起来。国有企业在现代企业制度框架下，公司治理结构确立了党的领导地位，确保股东行权合规、落实董事会职权、维护经理层经营自主权。

公司治理的组织制度坚持决策权、执行权、监督权三权分离的原则，由此形成了公司股东大会、董事会和监事会并存的组织框架，如图 4-1 所示。公司的组织结构通常包括股东大会、董事会、监事会及经理人员四大部分。按照其职能分别形成决策机构、监督机构、执行机构。

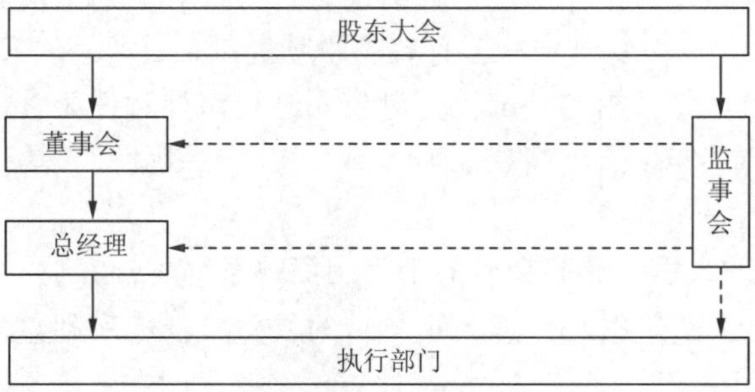

图 4-1　公司治理结构的组织形式

（1）决策机构。股东大会及其选出的董事会是公司的决策机构，处理公司重大经营管理事宜。股东大会是公司最高权力机构，董事会是股东大会闭会期间的常设决策机构及最高权力机构。公司决策机构是公司组织机构的最高层，是专门履行公司决策职能的机构。

（2）监督机构。监事会是股东大会选举产生的，对董事会及经理人员的工作进行监督的机构。

（3）执行机构。总经理及其助手是董事会领导下的公司管理和执行机构。

这种组织制度既赋予经营者充分的自主权，又切实保障所有者的权益，同时又能调动生产者的积极性，因此，它是现代企业公司治理制度不可缺少的内容。

（二）法人治理结构内部的制衡关系

在公司的法人治理结构中，股东大会、董事会、高层经理人员和监事会之间存在着联系密切但又性质不同的关系，只有明确划分股东大会、董事会、经理人员和监事会的权利和责任，才能形成法人治理结构的制衡关系。

1．股东大会与董事会之间的信任委托关系

在公司的法人治理结构中，董事会受股东大会的信任委托，托管公司的法人财产和负责公司经营，成为公司的经营决策层。股东大会与董事会这种信任委托关系主要表现为：

（1）董事会受股东大会委托来经营公司。这样，董事会就成为公司的法定代表。股东既然将公司交由董事会托管，出于信任，不得干预董事行为和公司管理事务，这是公司作为法人的条件。而且，股东也不能因商业经营原因，例如非故意的经营失误，而任意罢免董事。如个别股东对受托经营者的治理绩效不满，即对董事会不信任时，可以不再选举他们连任或转让股权。不过选举不能由单个股东决定，而要取决于股东大会投票的结果，如董事因违背《公司法》和公司章程的规定，或采取欺骗、隐瞒等手段而使股东利益受到侵害，股东可以以玩忽职守、未尽到受托责任而起诉董事，并追究其法律责任。

（2）受托经营的董事不同于受聘经理人员。不兼任执行人员的董事，一般不领取报酬，只领取一定的津贴或称车马费，表明不是雇佣关系，而是信任委托关系。在有限责任公司的情况下，由于股东的人数较少，董事会的成员多半具有股东身份，这意味着大股东直接控制公司；在股份有限公司情况下，董事会主要由经营管理专家以及社会人士组成。

（3）在法人股东占主导地位的情况下，大法人股东往往派出自己的代表充当被持股公司的董事。这时，公司特别是关联公司的经理人员，由于懂得经营和业务，往往成为被持股公司董事的合适人选。

2．董事会与经理人员之间的委托代理关系

董事会以经营管理知识、经验和创利能力为标准，挑选和聘任适合于本公司的经理人员。经理人员作为董事会的代理人，拥有管理权和代理权。前者是指经理人员对公司内部事务的管理权；后者是指经理人员在诉讼方面及诉讼之外的商业代理权。这种委托代理关系的特点在于：

（1）经理人员作为代理人，其权力受到董事会委托范围的限制。包括法定限制和意定限制，如营业方向的限制、处置公司财产的限制等。超越权限的决策和被公司章程或董事会定义为重大战略的决策，要报请董事会决定。

（2）公司对经理人员实行有偿聘任，经理人员有义务和责任依法经营好公司的业务。董事会有权依经理人员的经营绩效进行监督，并据此对经理人员作出奖励或处罚的决定，并可以随时解聘。

在这种委托关系中，委托人与代理人各自追求的利益是有差异的。作为委托人的董事会要求经理人员尽职尽责，执行好经营管理的职能，以便为公司取得更多的“剩余收益”即利润；而作为代理人的高层经理所追求的，则是他们本身的人力资源资本（知识、才能、社会地位、声誉等）的增值和提供人力资本所取得的收入最大化。为实现各自的目标，董事会就需要建立一套有效的激励机制，根据经理人员的工作绩效对他们进行激励。董事会运用若干监督和评审手段，包括指定外部机构对公司进行审计和任命直接对董事会负责的财务经理等手段，尽可能准确评价经理人员的工作绩效。高层经理人员客观上受到商品市场、资本市场和经理人员劳动力市场三种市场竞争机制的约束。

3．股东大会、董事会与经理人员、监事会间的相互制衡关系

现代公司通过明确划分股东、董事会和经理人员各自的权力、责任和利益，形成三者之间的制衡关系，最终保证公司制度的有效运行。

（1）股东作为所有者掌握着最终的控制权，他们可以决定董事会人选，并有推选或不推选直至起诉某位董事的权利。但是，一旦授权董事会负责公司经营管理后，股东就不能随意干预董事会的决策，个别股东更无权对公司经营活动进行干预。

（2）董事会作为公司的法人代表全权负责公司经营，拥有支配公司法人财产的权力，并有聘任经理人员的权力。但是，董事会必须对股东负责。要建立股东与董事会之间的制约与均衡关系，股权不能过分分散化，否则，容易使股东失去对董事会的控制，对公司的有效运营不利。

（3）经理人员受聘于董事会，作为公司的意定代理人统管公司日常经营业务，在董事会授权范围之内，经

理人员有权决策，其他人不能随意干涉。但是，经理人员经营绩效的优劣，也要受到董事会的监督和评判。

（4）监事会是强化公司治理结构制衡关系的重要一环，负责对董事会及其成员以及经理人员进行监督与检查，防止出现损害公司利益的现象。监事会的监督是一种“全程”监督，贯穿于公司经营管理的全过程。监事会由股东大会选举产生，代表广大股东的利益对董事会和经理人员进行监督。当发生滥用职权、经营不善的情况时，监事会可以提请召开股东大会，改组董事会或更换董事，提请董事会更换总经理。

三、公司治理结构中各机构的权责界定

（一）股东大会及其权责界定

股东大会是非常设的由全体股东所组成的公司权力机构。股东大会是针对股份有限公司而言的，对于有限责任公司来说，由全体股东组成的最高权力机构称为股东会。

1. 股东大会的职权

设置股东大会的目的是保护股东的合法权益。具体表现为：①为解决股东大会以外的机构，如董事会、监事会所不能解决的事项；②使股东了解公司的经营情况以及未来的发展方向。

股东大会有法定职权和公司章程规定职权两种，公司可以章程的形式规定除法定职权以外的其他职权。

（1）法定职权。股东大会一般拥有下面法定职权：①决定公司的经营方针和投资计划；②选举和更换非由职工代表担任的董事、监事，决定有关董事、监事的报酬事项；③审议批准董事会、监事会或者监事的报告；④审议批准公司的年度财务预算方案、决算方案、审议批准公司的利润分配方案和弥补亏损方案；⑤对公司增加或者减少注册资本作出决议；⑥对发行公司债券作出决议；⑦对公司合并、分立、解散、清算或者变更公司形式作出决议；⑧修改公司章程。

（2）公司章程规定的职权。公司章程不能改变《公司法》明文规定的股东大会的职权，但对股东大会没有明文规定的其他职权，公司章程可以作出规定。公司章程如违反《公司法》则不会产生司法效力。公司章程在不违反法规的前提下，一般不能缩减股东大会的职权，但可以增加规定一些股东大会的职权。如有的股份有限公司章程还赋予股东大会为本公司选择合适的会计事务所的职权。

一家企业的股东大会虽然是部门的非常设机构，但它却是必要的权力机构，公司存在一天股东大会的职权，就照常行使一天。即使在公司清算过程中，董事会、经理机构等都被终止了职权，但股东大会职权照常行使。公司清算结束后，清算组应当制作清算报告报公司股东大会确定。

2. 股东大会的决议

股东会决议是股东会就公司事项通过的议案。根据议决事项的不同，可将股东会决议分为普通决议和特别决议。

（1）普通决议。是指就公司一般事项作出，以简单多数即可通过的决议。形成普通决议，一般只要求有代表已发行股份总数过半数的股东出席，以出席股东表决权的过半数同意即可。

《公司法》规定的公司股东会议的普通决议事项有以下几条：①关于公司的经营方针和投资计划的决议；②选举和更换董事，有关董事的报酬事项的决议；③选举和更换由股东代表出任的监事，有关监事的报酬事项的决议；④对董事会报告的批准；⑤对监事会或者监事会报告的批准；⑥对公司年度财务预算方案、决算方案的批准；⑦对公司的利润分配方案和弥补亏损方案的批准。

（2）特别决议。是就公司特别事项，以绝对多数通过的决议。特别决议的形成要求较严格，一般要有代表发行股份总数 2/3 或 3/4 的股东出席，并以出席股东表决权的过半数或 3/4 通过。

《公司法》规定的公司股东会议的特别决议事项有以下几条：①关于公司增加或减少注册资本的决议；②关于公司合并、分立的决议；③关于发行公司债券的决议；④关于修改公司章程的决议；⑤公司章程规定的需由特别决议通过的其他事项。

（二）董事会及其权责界定

董事会是由公司股东大会所选出来的一定数目的董事所组成，法定的、常设的、集体的、对内进行经营管理及决定股东大会权限以外事项的机构。

1. 董事会的组成与召集

董事会的组成，按我国公司法的规定，有限责任公司一般不得少于 3 人，且最多不超过 13 人；股份有限

公司最少要 5 人，最多不超过 19 人。一般来说，董事会的组成人员需单数，以便董事会投票表决能顺利得出结果。

董事会会议的召集由董事长负责并主持，董事长因故不能履行职务时，可由其指定的副董事长或某董事召集主持。

2．董事

董事由股东大会选举产生，具有权利能力和行为能力。董事除以董事会成员身份参加董事会会议、就讨论事项进行表决外，还可依董事会的决定，负责具体实施股东大会决议、董事会决议，处理公司经营管理中的事务。

3．董事长

董事长可以是公司法定代表人，全面负责公司的经营管理。董事长作为公司的最高负责人，代表公司从事一切对外活动。董事长从具有董事资格的人员中任选，在董事会上以全体董事的过半数选举产生。

董事长的职权分为法定职权和董事会授权行使的职权。

（1）董事长的法定职权。包括：①主持股东大会和召集、主持董事会会议；②检查董事会决议的实施情况；③签署公司股票、公司债券。

（2）董事会授权董事长行使的职权。根据公司需要，可以由董事会授权董事长在董事会闭会期间，行使董事会的部分职权，包括：①负责召集股东大会，并向股东大会报告工作；②执行股东大会的决议；③决定公司的经营计划和投资方案；④制定公司的年度财务预算方案、决算方案；⑤制定公司利润分配方案和弥补亏损方案；⑥制定公司增加或减少注册资本的方案以及发行公司债券的方案；⑦拟定公司合并、分立、解散和清算的方案；⑧决定公司内部管理机构的设置；⑨聘任或解聘公司经理，根据经理的提名，聘任或解聘公司副经理、财务负责人，决定其报酬事项；⑩制定公司的基本管理制度，以及其他股份有限公司章程规定的董事会的职权。

（三）总经理及其权责界定

股份公司的总经理是董事会聘任的，对董事会负责，在董事会的授权下，执行董事会的战略决策，实现董事会制定的企业经营目标。并通过组建必要的职能部门，组聘管理人员，形成一个以总经理为中心的组织、管理、领导体系，实施对公司的有效管理。

总经理之所以成为公司必要的常设业务执行机关的主要负责人，是因为公司董事会的组成分子即董事，不一定是由管理专家、技术专家担任，而公司的日常业务经营活动却要求公司必须有精通管理、技术的人才能处理。公司设置总经理正是出于其业务经营的需要。

1．总经理的职权

总经理对董事会负责，辅助董事会执行公司业务，负责公司的日常生产经营管理工作。其职权具体包括：①主持公司的生产经营工作，组织实施董事会决议；②组织实施公司年度经营计划和投资方案；③拟订公司内部管理机构设置方案；④拟订公司的基本管理制度；⑤制定公司的具体规章；⑥提请聘任或者解聘公司副经理、财务负责人；⑦聘任或者解聘除应由董事会聘任或解聘以外的管理人员；⑧公司章程和董事会授予的其他职权。

总经理行使其职权主要通过以总经理为首的行政工作系统来实现，具体体现为董事会领导下的总经理负责制。总经理领导下的日常行政管理体系一般包括总经理、副总经理、各部门经理、总经济师、总会计师、总工程师等。副总经理是总经理的副手，受总经理委托，行使对公司日常运作的指挥、指导、监督、管理的权力，在总经理因故不能行使职权时，受托代行总经理职务。各部门经理是主管一个部门的工作或某项业务的负责人。而总经济师、总会计师和总工程师是协助总经理分管整个公司的总体效益、财务、技术等方面的负责人。

2．总经理的义务与责任

1）总经理的义务

作为公司日常经营活动的总负责人，总经理必须承担以下义务：①应依照与公司订立的聘任协议的有关要求，兢兢业业，认真负责地做好各项经营管理工作，以实现公司的利益最大化为目标，不以权谋私，为公司的发展努力工作；②遵守法律、公司章程及股东大会、董事会决议，在处理业务时，选择对公司最有利的可行方案，诚实而正当地行使所授权限；③当因为个人失职给公司经营活动造成重大损失时，根据公司法章程等，应向公司赔偿由此造成的损失。

2）总经理的责任

作为公司日常经营活动的总负责人，总经理也必须同时承担以下责任：①遵守公司章程，忠实履行职务，维护公司利益，不得利用在公司的地位和职权为自己牟取私利；②总经理不得利用职权收受贿赂或者其他非法收入，不得侵占公司财产；③不得挪用公司资金或者将公司资金借贷给他人；④不得将公司资产以其个人名义或者以其他个人名义开立账户存储；⑤不得以公司资产为本公司股东或者其他个人债务提供担保；⑥不得自营或者为他人经营与其所任职公司同类的营业或者从事损害本公司利益的活动，从事上述营业或者活动的，所得收入应当归公司所有；⑦除公司章程规定或者股东大会同意外，不得同本公司订立合同或者进行交易；⑧除依照法律规定或者经股东大会同意外，不得泄露公司秘密。

（四）监事会及其权责界定

监事会是公司必设的组织管理机构之一，是对董事会和总经理行政管理系统行使监督权，对公司的财务状况进行审查考核的常设机构。监事会对股东大会负责，向股东大会报告工作。设置监事会的意义在于维护公司股东和员工的利益，保证公司的健康发展，制止董事、经理人员等握有公司经营管理权力的人员滥用职权、违法—失职、损害公司利益，保证公司良好的管理与运行。它能约束董事会、经理人员的行为，在公司法人治理结构中建立起权力制衡关系。

1．监事会的组成

监事会是公司必备的法定的监督机关，代表股东大会行使监督职能。监事通常由股东代表和员工代表组成，且不得兼任董事或经理。监事会成员一般由股东会选任，其办法与董事相同。不过，对于监事会中的员工成员，各国多规定由公司员工民主选任或者由公司的工会组织选任。监事会应在其组成人员中推选一名召集人，多被称为监事会主席，负责召集和主持监事会会议，其他方面的权限可由公司章程做出规定。股份有限公司和规模较大的有限责任公司设监事会，其成员不得少于三人。股东人数较少或者规模较小的有限责任公司，可以设一至二名监事，不设监事会。

2．监事会的职权

《公司法》规定监事会的职权如下：①检查公司财务；②对董事、高级管理人员执行公司职务的行为进行监督，对违反法律、行政法规、公司章程或者股东会决议的董事、高级管理人员提出罢免的建议；③当董事、高级管理人员的行为损害公司的利益时，要求董事、高级管理人员予以纠正；④提议召开临时股东会会议，在董事会不履行本法规定的召集和主持股东会会议职责时召集和主持股东会会议；⑤向股东会会议提出提案；⑥对董事、高级管理人员提起诉讼；⑦公司章程规定的其他职权。

3．监事会的义务与责任

监事负有监督的职能，享有一系列的法定和公司章程规定的职权，同时，也应负起应有的义务和责任。应当遵守公司章程，忠实履行职务，维护公司利益，不得利用在公司的地位和职权为自己谋取私利。监事不得利用职权收受贿赂或取得其他非法收入，不得侵占企业的财产。监事除依照法律、法规的规定履行职责的需要外，不得泄露企业的商业秘密。如果监事执行职务时违反法律、行政法规或公司章程的规定，给企业造成损害的，应当承担赔偿责任。如果监事不履行监督义务，致使企业利益、股东利益遭受重大损害的，应当视其错误程度，依照有关法律、法规追究其责任；股东大会可以按照规定程序解除其监事职务。

本章小结

1．我国国有企业改革过程，大体经历了起步阶段、探索阶段、进展阶段和深化阶段。

2．现代企业制度是以企业法人制度为基础，企业产权制度为核心，以产权清晰、权责明确、政企分开、管理科学为条件而展开的由各项具体制度所组成的、用于规范企业基本经济关系的制度体系。它是为适应我国国有企业制度创新的需要而提出来的特定概念，是企业制度的现代形式。

3．产权即财产权。构成产权的要素有所有权、占有权、处置权和收益权等。现代企业制度是以终极所有权与法人财产权的分离为前提的，现代企业制度就是企业法人财产权制度。在此前提下，终极所有权的实现形式主要是参与企业的重大决策，获得收益；法人企业则享有其财产占有权、处置权。

4．现代企业制度的基本特征是产权清晰、权责明确、政企分开、管理科学。

5．公司治理结构原则的主要内容：①维护股东的权利；②确认利益相关者的合法权利，并且鼓励公司和利益相关者为创造财富和工作机会以及为保持企业财务健全而积极地进行合作；③确保包括小股东和外国股东在内的全体股东受到平等的待遇，如果股东的权利受到损害，他们应有机会得到补偿；④确保董事会对公司的战略性指导和对管理人员的有效监督，确保董事会对公司和股东负责；⑤保证及时准确地披露与公司有关的任何重大问题，包括经营状况、财务状况、所有权状况和公司治理状况的信息。

6. 公司治理的组织制度坚持决策权、执行权、监督权三权分离的原则，由此形成了公司股东大会、董事会和监事会并存的组织框架，按照其职能分别形成决策机构、监督机构、执行机构。

思考与练习

1. 怎样理解现代企业制度的概念及内涵？
2. 如何做到产权清晰、权责明确、政企分开、管理科学？
3. 公司治理结构的原理是什么？
4. 现代企业的组织类型主要有哪些？

案例讨论

案例

第五章　现代企业文化

本章提要

本章讲解企业文化理论的发源，解释企业文化的定义及内涵，总结企业文化的特点，分析企业文化的结构层次及各层次之间的关系，探讨企业文化所具有的五个功能。

重点难点

- 重点掌握企业文化的内涵。
- 重点掌握企业文化的结构。
- 重点掌握企业文化的观念层。

引导案例

案例

在激烈的市场竞争条件下，对于企业的生存发展来说，到底什么因素最重要、最关键？有人说奖金最关键，钱最灵验。也有人说靠严格的管理制度。可事实上，一些企业奖金没少发，管理也不可谓不严格，但重奖重罚并未见到明显的长远效果。也有人说企业资金设备或市场最关键。可有的企业资金设备条件并不差，市场也比较广阔，却倒闭垮台了。那么到底什么最重要？什么是企业自下而上发展的内在动力呢？国内外成功企业的经验可以回答这个问题。美国的IBM公司、摩托罗拉公司、日本的松下公司，我国的华为、海尔等企业，无不对人的因素、对文化观念的神奇力量有深切的感受。它们获得成功最重要的诀窍在于真正重视人的因素，激发人的潜能，充分发挥企业员工的积极性和创造性，增强企业的凝聚力。

第一节　企业文化的内涵

一、企业文化的起源

对于企业文化研究热潮的兴起，世人有"源于美国，根在日本"之说，即企业文化这一管理的新理论产生于美国，而作为在实践中的管理方式，则主要体现在日本的企业管理中。企业文化的兴起是20世纪70年代美国管理学家比较研究日本企业管理经验的产物。

美国是世界上最早拥有完善的企业管理理论和丰富的管理经验的国家。20世纪60年代，美国企业在世界市场上的竞争力明显超过其他国家。但自从进入20世纪70年代，美国经济衰退，货币贬值、失业剧增，在全球性石油危机的冲击下，美国企业逐步丧失了竞争优势；20世纪80年代，美国企业的产品质量大大下降。而与此同时，二战期间被美国大伤元气的日本，在基础工业和尖端工业方面都取得了令人瞩目的成就，有取代以工业王国著称的美国的趋势。日本对美国构成了严峻威胁和挑战。

如美国通用和克莱斯勒都生产豪华型大功效汽车，20世纪60年代在美国汽车业处于领先者的位置，而日本的丰田倾向于小型汽车，且耗油少，尤其20世纪70年代的石油危机，给日本小汽车带来广阔的市场。到

20 世纪 80 年代，美国汽车市场中的进口汽车上升到 30%，其中有 24% 是来自日本的进口汽车，丰田、本田汽车与通用、克莱斯勒已实力相当。这使得美国管理学者开始研究日本企业成功的奥秘，日本之所以取得成功，在于能够在自己传统的基础上努力对其他国家的优良传统加以融会贯通，在于他们的企业建立了强有力的企业文化，而这恰恰是不注意群体意识、企业精神，单纯依靠个人信念、个人创造力的美国企业所缺少的东西。

日本企业凭着突出群体意识和团队精神的企业文化，实现了 20 世纪 60 年代的经济起飞，20 世纪 70 年代安然度过了震动世界的石油危机，而 20 世纪 80 年代则登上世界经济大国的舞台。企业文化理论的兴起，标志着以美国为代表的西方管理理论开始由现代管理学派所强调的战略规划与科学预测以及应用现代定量技术和方法的管理又重新回到对人的管理阶段。

20 世纪 80 年代初，美国加州大学教授威廉大内在《Z 理论》一书中，首先提出了企业非技术因素——文化因素的巨大意义。其核心就是"Z 型文化"（公司文化）。其主导思想就是把企业中的每一个人，都视为能自我激励，且具有主观积极性、能动性的"全面而自由发展的人"。随后，美国管理界出版了《美国企业精神》《追求卓越》《日本的管理艺术》等一系列专著。从而在美国，在 20 世纪 80 年代初兴起了企业文化管理理论研究的热潮。

中国的企业文化源于社会思潮，要探究中国企业文化的特点，首先就得弄明白中国社会思潮的变迁。近现代中国的社会思潮历经三次变迁：一是新民主主义革命胜利前的儒家思想，二是新民主主义革命胜利后的马克思主义思想，三是改革开放后流入的西方思想。

针对西方管理学、企业文化等思想理论缺乏中国人性基因而在实践中出现的失败结局，中国的管理学界开始反思，逐渐在璀璨的中华文化中积极寻觅符合中国实际的企业文化建设思想，并出现了以论权者谋为代表的一大批管理学理论和企业文化建设理论，逐渐迎来了中国企业管理和企业文化建设的正常回归，中国部分企业开始培育出了能彰显仁爱包容、贵和尚中、求真务实等具有中华文明特色的企业文化。

在这个经济全球化的时代，今后企业间的竞争将不仅仅是经济实力、科技实力的竞争，说到底，是文化力和文化优势的竞争。纵观古今中外，无论多么新的产品都会成为文物，无论多么高的科技也必将成为历史。在历史长河中，唯有文化可以流芳百世，历久弥新。中外成功企业的实践证明：谁拥有文化优势，谁就拥有人才优势、科技优势、效益优势和发展优势。反之，不重视企业文化的企业就不可能拥有长久的生命力和竞争优势。如果文化根基发生了动摇，精神支柱坍塌了，再强的企业也会垮台。

二、企业文化的内涵

企业文化是一种从实际从事经济活动的组织之中形成的组织文化。它所包含的价值观念，行为准则等意识形态和物质形态均为该组织成员所共同认可。它与文教、科研、军事等组织的文化性质是不同的。它是企业在长期的生存和发展过程中所形成的，为企业多数成员所共同遵循的经营观念或价值观体系。企业文化内容包括价值标准、企业哲学、管理制度、行为准则、道德规范、文化传统、风俗习惯、典礼仪式以及组织形象等。其中，共同的价值观是形成企业文化的核心。因此，企业文化也可以认为是以企业哲学为主导，以企业价值观为核心，以企业精神为灵魂，以企业道德为准则，以企业形象为形式的系统理论。

企业文化的内涵可以从以下几个方面进行理解：

1．企业文化的核心是企业价值观

企业总是把自己认为最有价值的内容当做企业追求的最高目标、最高理想或最高宗旨，一旦这种最高目标和基本信念成为统一本企业成员的共同价值观，就会构成企业内部强烈的凝聚力和整合力，成为统领组织成员共同遵守的行动指南。因此，企业价值观制约和支配着企业的宗旨、信念、行为规范和追求目标。企业文化是以价值观为核心的，价值观是把所有员工联系到一起的精神纽带；价值观是企业生存、发展的内在动力；价值观是企业行为规范制度的基础。

2．企业文化的中心是以人为主体的人本文化

人是整个企业中最宝贵的资源和财富，也是企业活动的中心和规律，因此企业只有充分重视人的价值，充分调动人的积极性，发挥人的主观能动性，努力提高企业全体成员的社会责任感和使命感，使企业和成员成为真正的命运共同体和利益共同体，才能不断增强企业的内在活力和实现企业的既定目标。

3．企业文化的管理方式是以软性管理为主

企业文化是以一种柔性的文化引导形式出现的现代管理方式，区别于规章制度这种"硬性"的约束。通过

建立起企业内部合作、友爱、奋进的文化心理环境，自动地协调企业成员的心态和行为，并通过对这种文化氛围的心理认同，逐渐地内化为企业成员的主体文化，从而使企业的共同目标转化为成员的自觉行动，使群体产生最大的协同合力。这种由软性管理所产生的协同力比企业的刚性管理制度有着更为强烈的控制力和持久力。

4．企业文化的重要任务是增强群体凝聚力

企业的成员来自五湖四海，不同的风俗习惯、文化传统、工作态度、行为方式、目的愿望等都会导致成员之间的摩擦、排斥、对立、冲突乃至对抗，这不利于企业目标的顺利实现。企业文化通过建立共同的价值观和寻找观念共同点，不断强化企业成员之间的合作、 信任和团结，使之产生亲近感、信任感和归属感，实现文化的认同和融合，在达成共识的基 础上，使企业具有一种巨大的向心力和凝聚力，从而有利于企业共同行为的齐心协力和整齐划一。

三、企业文化的特征

1．独特性

企业文化具有鲜明的个性和特色，具有相对独立性，每个企业都有其独特的文化淀积，这是由企业的生产经营管理特色、企业传统、企业目标、企业员工素质以及内外环境不同所决定的。

2．继承性

企业在一定的时空条件下产生、生存和发展，企业文化是历史的产物。企业文化的继承性体现在三个方面：一是继承优秀的民族文化精华；二是继承企业的文化传统；三是继承外来的企业文化实践和研究成果。

3．相融性

企业文化的相融性体现在它与企业环境的协调和适应性方面。企业文化反映了时代精神，它必然要与企业的经济环境、政治环境、文化环境以及社区环境相融合。

4．人本性

企业文化是一种以人为本的文化，最本质的内容就是强调人的理想、道德、价值观、行为规范在企业管理中的核心作用，强调在企业管理中要理解人、尊重人、关心人。注重人的全面发展，用愿景鼓舞人，用精神凝聚人，用机制激励人，用环境培育人。

5．整体性

企业文化是一个有机的统一整体，人的发展和企业的发展密不可分，引导企业员工把个人奋斗目标融于企业发展的整体目标之中，追求企业的整体优势和整体意志的实现。

6．创新性

创新既是时代的呼唤，又是企业文化自身的内在要求。优秀的企业文化往往在继承中创新，随着企业环境和国内外市场的变化而改革发展，引导大家追求卓越，追求成效，追求创新。

第二节　企业文化的结构

企业文化结构就是企业文化的构成、形式、层次、内容、类型等的比例关系和位置关系。它表明各个要素如何链接，形成企业文化的整体模式。企业文化结构可以分为四层，即企业物质文化、企业行为文化、企业制度文化、企业精神文化形态，是一个“同心圆”模型，如图 5-1 所示。第一层是表层的物质文化；第二层是幔层的（或称浅层的）行为文化；第三层是中层的制度文化；第四层是核心层的观念文化。四层的关系形成一个同心圆。核心理念层位于同心圆最里层，是企业文化的核心，其他层次的表现由核心理念层支配和决定；制度层的内容是企业的各种规章制度，是企业推行和落实核心理念的保障措施和具体要求；行为层是企业管理人员和员工的各种对内对外的行为表现和习惯作风，它是制定规章制度的现实出发点，也是核心理念和规章制度的目标指向以及表征；

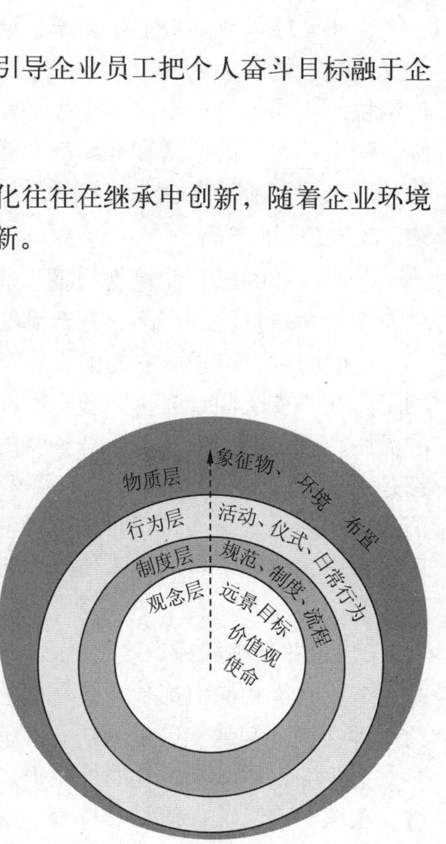

图 5-1　企业文化结构示意

物质层包括企业的一切物质的东西，如厂房、办公室、机器设备、用具用品、原料和产品等，这些物质承载并反映了企业的价值观、规章制度和员工的行为结果。因此，物质层是企业文化最综合的表现。

四层次“同心圆”是一个静态模型，它没能表现企业文化的动态性。这是它最大的缺点。为了克服这一缺点，清华大学经济管理学院的吴维库教授等提出了企业文化结构的“陀螺”模型。吴维库等认为：企业是文化的载体，企业是一个动态的而不是静态的系统，它要随环境的变化而变化，构成企业文化的核心理念、制度、行为、物质层都要随环境的变化而变化。所以，企业文化也是动态的。他们用动态运转的“文化陀螺”来描述这一动态文化，该陀螺的支轴就是企业的核心价值观，也就是“同心圆”模型的理念层，而陀螺的惯性盘则是制度层、行为层和物质层。

一、企业文化的物质层

企业文化的物质层也叫企业的物质文化，它是企业职工创造的产品和各种物质设施等构成的器物文化，是一种以物质形态为主要研究对象的表层企业文化，被誉为企业识别系统。企业生产的产品和提供的服务是企业生产经营的成果，它是企业物质文化的首要内容。其次是企业创造的生产环境、企业建筑、企业广告、产品包装与设计、信纸信封、工作服等，它们都是企业物质文化的主要内容。物质文化是给客户和社会的第一印象，所以企业一定要加以注重。成功的企业都有成功的物质文化，但有良好的物质文化的企业不一定都成功，它只是建立良好企业文化的基石。

1. 生产设施及环境

物质文化载体中生产设施是指在工业企业中直接参加生产过程或直接为生产服务的机器设备，主要包括机械、动力及传导设备等。这些是企业直接生产力的实体，是企业进行生产经营活动的物质基础，标志着人类文明进化的程度。

企业的生产机器、设备设施的摆设等往往折射出管理理念和企业的价值观。如在日本的许多企业中，对员工的关怀往往体现在对安全生产的重视，对安全标语、安全设施、保养维护、安全检查、工厂平面配置、现场布置、区域划分均有整体的科学规划。丰田汽车厂就运用最佳动作的原理，将产品输送带抬高，使作业人员不必弯腰工作，既提高了劳动生产率，又减轻了工人的体力负荷。企业的技术、设备的现代化与企业的文明程度密切相关，它是企业进行生产经营活动的物质基础，是生产资料中最积极的部分。在现代企业中，员工凭借先进的技术、设备，使劳动对象达到预期目标，为社会生产出高性价比的产品，创造优质的物质文化。

企业环境主要是指工作环境，如办公楼、厂房、俱乐部、图书馆，以及生活设施和环境绿化等。这也是企业文化建设的重要内容。企业的生产环境条件对员工的劳动效率会产生直接的影响，良好的生产环境能激起人们愉快、高昂的工作情绪，提高工作效率，消除紧张、疲劳、厌倦、烦躁不安的情绪。如果生产环境杂乱、肮脏、嘈杂，员工的情绪和健康都会受到影响，它势必降低工作效率。除此之外，企业环境也是企业形象与实力的外在表现，对扩大企业的社会影响、拓展经营业务，都具有积极作用。

2. 企业的产品

企业生产的产品和提供的服务是企业生产经营成果，它是企业物质文化的首要内容。企业总是按照一种文化心理来塑造自己的产品，是产品的使用价值从一开始就蕴含着一定的文化价值。

美国的可口可乐，它的配方，产品设计、品牌都是一种文化的象征。可口可乐公司的老板宣称：即使我们的工厂在一夜之间烧光，只要我的品牌还在，我就可以马上恢复生产。可口可乐公司能有330亿美元惊人价值的品牌，就是因为它有着十分独特的品质文化。“可口可乐”流线形的字体，那永远白变的红色，在世界各地都是那么枪眼，那么夺目。可口可乐品牌的所有者一直认为：“我们成功的原因在于我们创造出的友善的氛围，消费者实际上是想与可口可乐融为一体。”可口可乐不光给世人带来了美国的文化，美国的精神——开放、快乐、自由、诙谐，也向世人传播爱与和平。所有这些构成的可口可乐整体形象使其“挡不住的感觉”深深扎根在人们心中。

3. 企业名称和标识

企业名称和标识都是企业文化的可视性象征之一，充分体现出企业的文化个性。企业名称和标识被企业作为一种文化、智慧、进步的结晶奉献给社会，以显示其文化风格。

企业标识是以标志性的外化形态来表示本企业的文化特色，并与其他企业明显的区别开来的内容，包括品牌、工服、厂歌、厂旗、商标等。这些标识能明显而形象地概括企业的特色，有助于企业形象的塑造，有助于激发员工的自觉性和责任感，使全体职工自觉地维护本企业的形象。因此，企业标识已成为企业文化的最表层，但又不可缺少的组成部分。

二、企业文化的行为层

企业文化的行为层又称为企业行为文化，它是指企业员工在生产经营、学习娱乐中产生的活动文化。它的内容包括企业经营、教育宣传、人际关系活动、文娱体育活动中产生的文化现象。它是企业经营作风、精神面貌、人际关系的动态体现，也是企业精神、企业价值观的折射。如果说企业物质文化是企业文化的最外层，那么企业行为文化可称为企业文化的幔层，或称为第二层，即浅层的行为文化。

1. 企业员工的群体行为

业员工群体行为企业员工是企业的主体，企业员工的群体行为决定企业整体的精神风貌和企业文明的程度，因此，企业员工群体行为的塑造是企业文化建设的重要组成部分。有人把企业员工的群体行为塑造简单理解为组织职工思想政治学习、企业规章制度学习、科学技术培训，开展文化、体育、读书以及各种文体活动。

诚然，这些活动都是必要的、不可或缺的，但员工群体行为的塑造不仅仅限于此，至少还得包括以下三个方面的内容：第一，激励全体员工的智力、向心力和勇往直前的精神。在企业中形成一种勤于学习和善于钻研的好风气，为企业创新做出实际的贡献。第二，把员工个人的工作同自己的人生目标联系起来。这是每个人工作主动性、创造性的源泉，它能使企业的个体产生组合，即超越个人的局限，发挥集体的协同作用，进而产生 1+1 ＞ 2 的效果。它能唤起企业员工的广泛热情和团队精神，以达到企业的既定目标。当全体员工认同企业的宗旨、每个员工体验到在共同的目标中有自己的一份时，他们就会感到自己所从事的工作不是临时的，权宜的，单一的，而是与自己人生目标相联系的。当个人目标和企业目标之间存在着协同关系时，个人实现目标的能力就会因为有了企业而扩大，把这种“组合”转变成员工的个体行为，就会有利于员工形成事业心和责任感，建立起对企业、对奋斗目标的信念。第三，每个员工都必须认识到：企业文化是自己最可宝贵的资产，它是个人和企业成长必不可少的精神财富，要以积极处世的人生态度去从事企业工作，以勤劳、敬业、守时、惜时的行为规范指导自己的行为。从事企业工作就象从事其他一切经济活动一样，必须有一种精神力量和内在动力去推动。德国思想家马克斯·韦伯把它称为“经济伦理”“工具理性”。

2. 企业模范人物的行为

企业模范人物是企业的中坚力量，他们的行为在整个企业行为中占有重要的地位。在具有优秀企业文化的企业中，最受人敬重的是那些集中体现了企业价值观的企业模范人物。这些模范人物使企业的价值观人格化，他们是企业员工学习的榜样，他们的行为常常被企业员工作为仿效的行为规范。这些模范人物大都是从实践中涌现出来，被员工推选出来的普通人，他们在各自的岗位上做出了突出的成绩和贡献，因此成为企业的模范。

企业的模范行为可以分为企业模范个体的行为和企业模范群体的行为两类。企业模范个体的行为标准是，卓越的体现企业价值观和企业精神的某个方面，和企业的理想追求相一致。在其卓越体现企业精神等方面取得了比一般员工更多的实绩，具有先进性。他们的所作所为离常人并不遥远，显示出普普通通的人也能完成，可以成为人们仿效的对象。企业模范的行为总是在某一方面特别突出，而不是在所有方面都无可挑剔。所以，对企业模范不能求全责备，不能指望企业员工从某一企业模范身上学到所有的东西。一个企业中所有的模范人物的集合体构成企业的模范群体，卓越的模范群体必须是完整的企业精神的化身，是企业价值观的综合体现。企业模范群体的行为，是企业模范个体典型行为的提升，具有两面性。因此，在各方面它都应当成为企业所有员工的行为规范。企业模范可按不同的类型划分。美国学者曾把企业模范人物划分为共生英雄和情势英雄两大类。而情势英雄又被划分出格式英雄、引导式英雄、固执式英雄和圣牛式英雄四类。他们所说的共生英雄，是指优秀的企业创建者，共生英雄是企业模范中的最高层次，因为他们不仅建立了企业组织，而且还缔造了一个能使他们生存并将个人的价值观付诸实践，改变公司经营方式的企业理念，且这种企业理念的影响力不断地被扩大。

3. 企业家的行为

企业的经营决策方式和决策行为主要来自企业家，企业家是企业经营的主角。企业家是工业革命后资本主义商品经济高度发展的产物。企业家是具有卓越才能的人，他们强调长期行为，不断把利润进行再投资，以发展企业。他们善于创新，干实事而不尚空谈；有领导能力，有丰富的想象力、判断能力和坚韧的意志；有监督和管理才能；有丰富的业务知识，善于把握时机做出具有战略意义的重大决策和创新。他们目光远大，不斤斤计较眼前利润的多少，而是注重于对整个企业发展的全局性设想。

成功的企业家在经营决策时总会当机立断地选择自己企业的经营战略目标，并一如既往地贯彻这个目标直到成功。实现这一目标并非一件易事，它要求企业家在制定决策时必须体现宏观性、预见性、创新性、联想性和韧性的统一。

整个社会的经济运行来说，企业是社会经济的细胞，是一个局部，从企业本身来看，它又是一个有机的整体，有着自己的结构与层次。作为企业家，是整个企业的统帅，既要决策，又要指挥。因此，企业家必须统观全局。但若不分巨细，事必躬亲，必会消耗企业家过多的精力而影响他对全局的决策。企业家首先要学会宏观性的思维方式。那些具体的环节和事务，可委托他人或具体职能部门去做。只有有所不为，才能有所为。一个企业总体上的谋划、决策，就要靠统帅——企业家来担任。企业家的决策行为与企业命运是休戚相关的。

军事上把瞄准一个正在前进的目标定位在目标之前的那一段距离叫“提前量”，只有精确的计算提前量，射击目标才会准确。进行企业的决策，也应考虑提前量的问题。美国一名著名的企业家在介绍他的成功之道时说：“我把 75% 的精力放在考虑未来的事业上，只留下 25% 的精力处理昨天和今天的事情。”高明的企业领导总是处于高峰时准备应付低潮，企业的开拓方向，经营战略，要随形势而变化，在变化中求生存，求发展。因此，企业家就应当与新闻界、科技界、信息情报界、文化界的人士多交朋友，在社交中获取信息。

在企业决策行为中，创新性是十分重要的。企业家独立自主地经营企业，不仅拥有独立的生产决策权——企业生产什么，怎样生产，为谁生产的基本决策权，而且要对生产要素进行新的组合，要开发新产品，采用新工艺，开辟新市场，获得新原料，建立新组织，所有这些都需要有创新的勇气。

三、企业文化的制度层

企业文化的制度层又叫企业的制度文化，它在企业文化中居中层，主要包括企业领导体制、企业组织机构和企业管理制度三个方面。企业领导体制的产生、发展、变化，是企业生产发展的必然结果，也是文化进步的产物。企业组织机构，是企业文化的载体，包括正式组织机构和非正式组织。企业管理制度是企业在进行生产经营管理时所制定的、起规范保证作用的各项规定或条例。上述三者，构成企业制度文化。

企业制度文化是企业文化的重要组成部分，制度文化是一定精神文化的产物，它必须适应精神文化的要求。人们总是在一定的价值观指导下去完善和改革企业各项制度的，企业的组织机构如果不与企业目标的要求相适应，企业目标就无法实现。卓越的企业总是经常用适应企业目标的企业组织结构去迎接未来，从而在竞争中获胜。

企业制度文化又是精神文化的基础和载体，并对企业精神文化起反作用。一定的企业制度的建立，又影响人们选择新的价值观念，成为新的精神文化的基础。企业文化总是沿着精神文化——制度——新的精神文化的轨迹不断发展、丰富和提高的。

企业的制度文化也是企业行为文化得以贯彻的保证。同企业员工生产、学习、娱乐、生活等方面直接发生联系的行为文化建设得如何，企业经营作风是否具有活力、是否严谨，人际关系是否和谐、职工文明程度是否得到提高等，无不与制度文化的保障作用有关。

企业管理制度包括企业的各种规章制度以及这些规章制度所遵循的理念，如人力资源理念、营销理念，生产理念等，也包括企业内部长期形成的企业风俗。企业制度文化是一种约束企业和员工行为的强制性、规范性文化，它使企业在复杂多边、竞争激烈的经济环境中处于良好的状态，从而保证企业目标的实现。

四、企业文化的观念层

观念层是企业文化的最深层次也是最核心的层。它是企业的意识形态文化，包括企业精神、企业价值观、企业理念和企业伦理等。这些文化内容都是在企业多年的运营过程中逐步形成的。

1. 企业精神

企业精神是企业文化的一项重要而复杂的内容，人们对它的认识并不完全一致，有人认为它是企业全部的精神现象和精神活力。有人把它同企业价值观念等同起来。这些认识都没有抓住企业精神的实质。所谓企业精神，主要是指企业经营管理的指导思想。在美国称之为“企业哲学”，在日本称之为“社风”。企业精神是现代意识与企业个性相结合的一种群体意识。每个企业都有各具特色的企业精神，它往往以简洁而富有哲理的语言形式加以概括，通常通过厂歌、厂训、厂规、厂徽等形式形象的表达出来。一般的说，企业精神是企业全体或多数员工共同一致，彼此共鸣的内心态度、意志状况和思想境界。它可以激发企业员工的积极性，增强企业的活力。企业精神作为企业内部员工群体心理定势的主导意识，是企业经营宗旨、价值准则、管理信条的集中体现，它构成企业文化的基石。

企业精神源于企业生产经营的实践之中。随着这种实践的发展，企业逐渐提炼出带有经典意义的指导企业运作的哲学思想，成为企业家倡导并以决策和组织实施等手段所强化的主导意识。企业精神集中反映了企业家的事业追求、主攻方向以及调动员工积极性的基本指导思想。企业家常常以各种形式在企业组织过程中得到全方位强有力的贯彻。于是，企业精神又常常成为调节系统功能的精神动力。

在市场经济时代，国内外几乎所有的大企业都根据其自身所处的环境和战略目标的不同，形成各自独特的企业精神。企业领导总是从企业发展需要出发，提出不同的“精神”来统一员工的思想和行动，并在实践中贯彻和体现。

日本松下电器公司，早在其创立之初就提出“松下五精神”，后改为“松下七精神”：产业报国精神；光明正大精神；和亲一致精神；奋发向上精神；礼貌谦让精神；顺应同化精神；感恩报德精神。日立制作社提出的社训：诚、和、开拓精神。“诚”即将优良产品贡献给社会，“和”即尊重个人意见、广与议论、以和为本，“开拓精神”即积极进取、独立自主。

2．企业价值观

企业价值观是指企业及其员工的价值取向，是指企业在追求经营成功过程中所推崇的基本信念和奉行的目标。从哲学上说，价值观是关于对象对主体有用性的一种观念。而企业价值观是企业全体或多数员工一致赞同的关于企业意义的终极判断。简而言之，企业的价值观就是企业决策者对企业性质、目标、经营方式的取向所做出的选择，是为员工所接受的共同观念。不管社会如何变化，产品会过时，市场会变化，新技术会不断涌现，管理时尚也在瞬息万变，但是在优秀的公司中，企业价值观不会变，它代表着企业存在的理由。

价值观是价值主体在长期的工作和生活中形成的对于价值客体的总的根本性的看法，是一个长期形成的价值观念体系，具有鲜明的评判特征。价值观一旦形成，就成为人们立身处世的抉择依据。美国管理学家彼得斯和沃特曼在对国际知名的成功企业深入考察后指出：研究的所有优秀公司都很清楚它们主张什么，并认真地建立和形成了公司的价值准则。如美国IBM价值主张“成就客户、创新为要、诚信负责”，中国海尔价值主张“真诚到永远”，等等。事实上，如果一个公司缺乏明确的价值准则或价值观念不正确，我们很怀疑它是否有可能获得经营上的成功。迪尔和肯尼迪也指出：对拥有共同价值观的那些公司来说，共同价值观决定了公司的基本特征，使其与众不同。更重要的是，这样，价值观不仅在高级管理者的心目中，而且在公司绝大多数人的心目中，成为一种实实在在的东西，它是整个企业文化系统，乃至整个企业经营运作、调节、控制与实施日常操作的文化内核，是企业生存的基础，也是企业追求成功的精神动力。

价值观作用的最集中的体现便是当企业或者企业个人在企业运营过程中面临矛盾，处于两难选择时应当如何做的时候。这样做可以，那样做也可以，但必须有个决定，支持这个决定的便是价值观。提倡什么？反对什么？弘扬什么？抑制什么？基本商业伦理和企业精神是什么？企业信仰必须遵循产业社会的一般道德准则，并有效地处理与人类社会以及个人价值准则之间的一系列重要关系；由此来约束与激励全体员工的决策行为，尊重相关者地位或满足相关者利益。

企业价值观是企业领导者与企业员工判断失误的标准，其一经建立，并成为全体员工的共识，就会成为长期遵奉的信念，对企业具有持久的精神支撑力。美国著名的心理学家马斯洛指出：人的需求是有层次的，不仅有生理、安全等基本需求，而且有情感、自尊和自我实现等高层次精神需求。高层次精神需求一般通过以价值观为基础的理想、信念、伦理道德等形式表现出来。当个体的价值观与企业价值观一致时，员工就会把为企业工作看作是为自己的理想奋斗。企业在发展过程中，总要遭遇顺境和坎坷，一个企业如果能使其价值观为全体员工所接受，并以之为自豪，那么企业就具有了克服各种困难的强大精神支柱。许多著名企业家都认为，一个企业的长久生存，最重要的条件不是企业的资本或管理技能，而是正确的企业价值观。企业的命运如何最终由价值观决定。

3．企业理念

企业理念是一个总概念，它包括企业存在的意义、经营信条和行为规范等，并表达企业存在于这个世界上的使命是什么，宣告如何去实现这一使命。企业理念是以企业的价值观为基础，以企业的组织系统和物质系统为依托，以企业员工的群体意识和行为表现形式形成一个企业特有的生产经营管理的思想作风和风格。企业经营理念一般是在长期的生产经营实践中逐渐建立起来的，表现为企业所遵循的根本原则及企业全体员工对共同理想和信仰的追求，是企业文化中经营哲学、价值观、经营宗旨等内容的凝结和提炼。企业经营理念综合性地反映了企业精神，确立了企业行为目标和发展方向，被称为是企业的灵魂。

如日本佳友银行的“保持传统，更有创新”、美国德尔塔航空公司的“亲如一家”，这些体现了公司及员工的共同理想和追求。

企业理念是以企业的价值观为基础，以企业组织系统和物质系统为依托，以企业员工的群体意识和行为为表现，形成一个企业特有的生产经营管理的思想作风和风格。

4．企业伦理

企业伦理，也有人称之为企业道德，是一种特殊的行为规范，它是企业法规的必要补充，是协调企业与国家、企业与企业、企业与员工之间经济利益关系的准则。它以善良与邪恶、正义与非正义、公正与偏私、诚实与虚伪、勤奋与懒散等相互对立的道德范畴为标准来评价企业与员工的各种行为。企业伦理的养成，一方面通过舆论和教育方式，影响员工的心理和意识；另一方面又通过舆论、习惯、规章、制度等形式约束企业的员工的行为。企业伦理是指导企业员工行为的道德规则、标准、规范。其内容主要涉及企业目标、企业的社会责任、企业内部利益集团之间的利益关系等方面。贯穿于企业伦理的原则是公平、公正。

在当今时代，如果企业只追求利润而不考虑企业伦理，则企业的经营活动已越来越为社会所不容，必定会被时代所淘汰。也就是说，如果在企业经营活动中没有必要的伦理观指导，经营本身也就不能成功。树立企业伦理的观念，体现了重视企业经营活动中人与社会要素的理念。

2001 年 11 月，安然公司向美国证券交易委员会递交文件，承认做了假账，并与 12 月正式向法院申请破产保护，破产清单所列资产高达 498 亿美元，成为美国历史上最大的破产企业；2002 年，安达信倒闭、世通公司财务丑闻等一系列恶劣事件震撼了美国与全球业界。曾屡次创造利润神话，一度号称“中国第一蓝筹股”的 ST 银广夏，因伪造经营业绩、虚报财务报表而受到中国证监会的处罚。由此可以看出，企业伦理已成为全球企业共同面临的问题。

无视伦理准则，违反法律法规，不讲公众意识的不正当竞争不仅损害了诚实经营者和广大消费者的权益，企业本身也失去了公众的信任。从这个意义上来讲，不正当的市场竞争永远没有赢家。20 世纪 70 年代起，在美国、西欧、日本的一些先进的企业，就已经在组织内部建立起严格的伦理制度和监管制度，企业不再认为企业的竞争是赤裸裸的斗争，不再认为打垮对手就是赢得了自己。这些认识，促使企业改变旧有的经营观念，把企业定位在追求利润与推动良性的社会变迁上，使企业能够长久地生存下去。例如，美国的美体小铺创立之始就很注重企业伦理，《天下》杂志在新闻媒体的专业伦理要求上也堪称媒体之最，据了解，这两家公司的获利能力均超过同业水准。因此，要同时兼顾企业伦理与企业的生存绝非不可能，伦理是企业赖以生存的基石，有了它，企业可以同时拥抱利润与灵魂。

五、企业文化各层次的关系

企业文化的四个层次分为表层、浅层、中层和深层。物质文化最为具体实在，构成企业文化的硬外壳；行为文化是一种处在浅层的活动，构成企业文化的软外壳；制度文化是观念形态的转化，成为企业硬、软外壳的桥梁；精神文化是观念形态和文化心理，是企业文化的核心。

美国的埃克森公司的价值观是：高度尊重个人的创造性，绝对相信个人的责任感，但同时，默认在做出一项重要决定前要达成一致。这就决定了在制度层面的行为规范少，在行为层表现为随便的衣着和沟通方法，没有等级标志，相互之间可以争论等。而另一个总部设在欧洲的麦迪公司，它的价值观是尊重资历、学识和经验，注重通过服务时间的长短、整体工作情况和个人教育背景来评价职工。因此在制度层和物质层就表现为：一切规范化和正式化，大楼中的办公室都有正式的标志，大厅中时静默气氛，行为上往往通过人们在大厅中见面时周全的礼节得到体现。公司设有专门的高级经理人员餐厅，文件中使用正式学术用语以及注意计划、程序和正式的会议文件等。埃克森公司和麦迪公司的精神层的不同使他们的制度层、行为层和物质层表现为完全不同的内容。从案例中，可以看出企业文化的各个层次之间相互联系、相互作用，并且每个层次都有其重要性。

首先，精神层决定行为层、制度层和物质层。精神层是企业文化的核心和灵魂，是形成行为层、制度层和物质层的思想基础。有什么样的精神层，就有什么样的物质层、行为层以及制度层。

其次，物质层、行为层和制度层是精神层的体现。精神层具有隐性的特征，需要通过一定的表现形式来体现。物质层是企业文化的外在表现，是行为层、制度层和精神层的物质基础；行为层是企业文化的动态表现，制度层是企业文化的硬化表现。物质层和制度层体现着企业文化的水平和内涵。

综上所述，企业文化是人类文化、社会文化的一个子系统。作为一个系统，企业文化同样具有自己的要素，形成了一定的结构，并发挥着独特的作用。企业文化结构是企业文化系统内各层次之间的时空顺序、主次地位与结合方式。

第三节 企业文化的功能

所谓功能，是指一系统影响、改变他系统以及抵抗、承受他系统的影响和作用的能力，是从周围环境中取得物质、能量、信息而发展自身的功用。企业文化功能可以说出很多，主要有以下几个：

一、导向功能

任何文化都是一种价值取向，规定着人们所追求的目标，具有导向的功能。如果把经济比喻为“列车”，把科学技术比喻为纵横交错、四通八达的“铁路网络”，那么文化就可以比喻为“扳道工”。没有铁路、列车和铁路网络，扳道工是无所作为的；但在具备铁路网络和列车的基础上，文化“扳道工”却规定着经济“列车”在哪条轨道上奔驰。

所谓导向功能，就是通过它对企业的领导者和员工起引导作用。企业文化的导向功能主要体现在以下两个方面：

1. 经营哲学和价值观念的指导

经营哲学决定了企业经营的思维方式和处理问题的法则，这些方式和法则指导经营者进行正确的决策，指导员工采用科学的方法从事生产经营活动。企业共同的价值观念规定了企业的价值取向，使员工对事物的评判形成共识，有着共同的价值目标，企业的领导和员工为着他们所认定的价值目标去行动。美国学者托马斯·彼得斯和小罗伯特·沃特曼在《追求卓越》一书中指出：“我们研究的所有优秀公司都很清楚他们的主张是什么，并认真建立和形成了公司的价值准则。事实上，一个公司缺乏明确的价值准则或价值观念不正确，我们则怀疑它是否有可能获得经营上的成功。”

2. 企业目标的指引

企业目标代表着企业发展的方向，没有正确的目标就等于迷失了方向。完美的企业文化会从实际出发，以科学的态度去制定企业的发展目标，这种目标一定具有可行性和科学性。企业员工就是在这一目标的指导下从事生产经营活动。

企业文化是一个企业的价值取向，规定着企业所追求的目标。卓越的企业文化，规定着企业具有崇高的理想和追求，总是引导企业去主动适应健康、先进的、有发展前途的社会需求，导向胜利。拙劣的企业文化，使企业鼠目寸光，总是引导企业去迎合不健康、落后的、没有发展前途的社会需求，最终使企业破产。

国际商用电器公司（IBM）在经济大萧条的艰难情况下，树立了开发电子计算机的战略目标，确定了开发市场、培训销售人员，采取电子计算机租用制、加强售后维修等策略，并提出放眼明天的口号，向大学投资，委托大学进行计算机教育。经过多年的努力，该公司终于成为世界上最著名的电子工业企业。该公司的总裁曾说：我把我们的成功归功于IBM整套信念的力量。IBM的成功，正是显示了企业文化的导向功能。

二、约束功能

企业文化的约束功能，是企业文化对每个企业员工的思想、心理和行为具有约束和规范的作用。企业文化的约束，不是强制性的约束，而是一种软约束，这种软约束产生于企业中，弥漫在企业文化氛围里，形成一个群体的行为准则和道德规范。企业文化的约束功能主要是通过完善管理制度和道德规范来实现。

1. 管理制度的约束

企业制度是企业文化的内容之一。企业制度是企业内部的法规，企业的领导者和企业员工必须遵守和执行，从而形成约束力。

2. 道德规范的约束

道德规范是从伦理关系的角度来约束企业领导者和员工的行为。如果人们违背了道德规范的要求，就会受到舆论的谴责，心理上会感到内疚。同仁堂药店“济世养生、精益求精、童叟无欺、一视同仁”的道德规范约束着全体员工必须严格按工艺规程操作，严格质量管理，严格执行纪律。

关于企业文化的约束功能可以从第三种调节说起。平时我们只听说过两种调节：一种调节是市场调节，另一种调节是政府调节。市场是一只无形的手，靠市场供求规律来调节；政府调节是一只有形的手，通过法律、法规、政策来配置资源。有没有第三种调节呢？从历史上看，市场的出现不过是几千年前的事，原始社会后期才出现了商品交换。政府调节的出现就更晚了。那么之前，人类社会是靠什么力量来调节的？靠的是道德力量调节。再看，市场出现以后，政府出现以后，在某些偏远的小村落里，市场的力量是达不到的，政府的管辖是鞭长莫及的，但当地还有人生活，他们还在繁衍后代，这是什么力量在调节？是道德力量在调节。道德力量调节介于有形无形之间："道是无形却有形，道是有形又无形。"我们说，企业文化建设不是市场调节，也不是政府调节，而属于道德力量的调节。它通过将企业共同的价值观、道德规范和行为准则将企业员工个人价值观内化，在员工中建立了一种道德基础，受企业文化影响和熏陶的企业成员，对企业所承担的社会责任和企业目标有透彻的领悟和深刻的理解，从而自觉地约束个人的行为，使自己的思想、感情和行为与企业整体保持相同的取向。不管人前人后、领导在与不在、有无检查，都能自觉地按照企业文化的要求办事，制止或减少消极行为、越轨行为、违纪违法行为的发生。

企业文化这种具有道德力量调节的功能，可以弥补其他控制手段的不足，并具有更强的持久力和影响力，对员工行为发挥着有效的自我控制、自我约束的作用。因而，我们认为企业文化具有约束的功能。

三、凝聚功能

企业文化以人为本，尊重人的感情，这种价值观被企业员工共同认可后，它就会成为一种"黏合剂"，从而在企业中造成了一种团结友爱、相互信任的和睦气氛，强化了团体意识，使企业员工之间形成强大的凝聚力和向心力。共同的价值观念形成了共同的目标和理想，员工把企业看成是一个命运共同体，把本职工作看成是实现共同目标的重要组成部分，整个企业步调一致，形成统一的整体。这时，"厂兴我荣，厂衰我耻"成为员工发自内心的真挚感情，"爱厂如家"就会变成他们的实际行动。

在企业文化建设方面，除了创建企业风格、企业名牌之外，最主要的是培育企业全体员工所认同的价值观。只有得到员工的认同，企业才会有凝聚力，竞争力才会增强。这首先要对公平的含义有一个全面的理解。人们对公平的认识通常有三种说法。其一，平均分配是公平；其二，机会均等是公平；其三，收入分配合理差距是公平。第一种说法只能在特定的环境下才能成立。比如一个城市缺水时，向市民供应水都是同一标准份额。第二种说法必须体现大家都站在同一起跑线上，但有它的局限。第三种说法难以确定合理差距。除以上三种说法之外，第四种应为：公平来自于认同。不论在什么情况下，大家看法一致、认同一致，就能体现公平。每个人都是群体的一分子，你对群体认同了，公平感就产生了。例如：在一个家庭里有三个孩子，老大只上了中学就工作了，老二上了大学，老三不仅上了大学还出国留学了。在另一个家庭里，常常是老大穿新衣，老二、老三穿旧的。三个孩子从没有感到自己受到不公正的待遇，这就是出于对父母的谅解、对家庭的认同。正是企业文化具有培育认同感的功能，从而使其显示出凝聚功能。

四、激励功能

共同的价值观念使每个员工都感到自己存在和行为的价值，自我价值的实现是人的最高精神需求的一种满足，这种满足必将形成强大的激励。在以人为本的企业文化氛围中，领导与员工、员工与员工之间互相关心，互相支持。特别是领导对员工的关心，员工会感到受人尊重，自然会振奋精神，努力工作，从而形成幸福企业。另外，企业精神和企业形象对企业员工有着极大的鼓舞作用，特别是企业文化建设取得成功，在社会上产生影响时，企业员工会产生强烈的荣誉感和自豪感，他们会加倍努力，用自己的实际行动去维护企业的荣誉和形象。

五、调适功能

企业文化的调适功能，是指企业文化具有为企业员工创造一种良好的气氛、情调和环境的功能。调适就是调整和适应。企业各部门之间、员工之间，由于各种原因难免会产生一些矛盾，解决这些矛盾需要各自进行自我调节；企业与环境、与顾客、与企业、与国家、与社会之间都会存在不协调、不适应之处，这也需要进行调整和适应。企业哲学和企业道德规范使经营者和普通员工能科学地处理这些矛盾，自觉地约束自己。卓越完美的企业形象就是进行这些调节的结果。调适功能实际也是企业能动作用的一种表现。

企业文化调适的内容，主要包括心理调适和环境调整两个方面。人的心理，是人的感觉、知觉、记忆、思维、情绪、性格等的总结，是客观现实在人脑中的反映。企业文化一方面通过企业价值观和企业精神的培育、调节，另一方面通过优美的企业环境的建立，从而创造一种良好的人际环境和企业文化氛围，使企业员工充分保持一个健康和反应适度的心理。实践证明，良好的文化氛围、友善的人际关系、和谐的心理环境和优美的自然环境，不仅有利于企业员工身心健康，而且有助于高效率地工作。

六、辐射功能

企业文化关系到企业的公众形象、公众态度、公众舆论和品牌美誉度。企业文化不仅在企业内部发挥作用，对企业员工产生影响，它也能通过传播媒体，公共关系活动等各种渠道对社会产生影响，向社会辐射，不断地影响整个社会，对社会进步产生积极作用。企业文化的传播对树立企业在公众中的形象有很大帮助，优秀的企业文化对社会文化的发展有很大的影响。

企业文化追求要与社会环境和谐统一。当企业的价值观与社会文化提供的环境相适应时，企业文化就会充分发挥其作用，企业成员就会自觉地、积极地按企业的精神、价值目标去努力完成自己的工作。同时，具有优秀企业文化的企业通过其优质的产品、良好的服务、强烈的社会责任感等，带动和优化整个社会风尚，对社会进步产生积极作用。

七、育人功能

文化具有育人功能。企业文化同样有育人功能，一个企业塑造企业员工共同价值观的过程，实际上也是员工的精神境界、文明道德素养得以提高的过程。例如非常重视企业文化的松下，经常说："松下电器公司是造就人才的，也是生产电器产品的，但首先是造就人才的。"三洋公司的信条是："三洋是生产人的，首先是生产优质的人，然后再由优质的人生产优质的产品。"丰田公司的第三任总经理石田退三说："谋事在人，任何事业要想获得较大的发展，最重要的必须以造就人为根本。"因此，丰田公司从文化知识、技术技能、道德修养和思想感情等方面对员工进行教育培训，从而奠定了其世界著名公司的地位。

西方管理中的行为科学，比较重视人的研究，但主要研究如何适应人的需要，很少或完全不研究如何提高人的素质，这也是它和企业文化学的一个主要差别。

八、振兴功能

通过抓企业文化，使企业摆脱困境，走出低谷，持续发展，在竞争中长期立于不败之地。这是被国内外许多企业的实践经验所证明的真理，也是企业文化具有振兴功能的表现。企业文化的振兴功能，不仅表现为振兴企业的经济，也能振兴企业的教育、科学以及整个企业的文明总体状态。例如 1995 年海尔兼并青岛红星电器厂展示了海尔文化的威力，当时青岛红星电器股份有限公司总资产 4 亿多元，而负债高达 5 亿元，兼并后海尔没有注入一分钱，没增加一台机器，只是派了三位管理人员将海尔文化、海尔的管理体系带到被兼并企业，使被兼并企业的员工从思想观念上实现脱胎换骨的转变，三个人进去后三个月就停止了亏损，五个月后摆脱困境，盈利 151 多万元。

本章小结

1. 企业文化是企业在长期的生存和发展过程中所形成的，为企业多数成员所共同遵循的经营观念或价值观体系。它与文教、科研、军事等组织的文化性质是不同的。企业文化内容包括价值标准、企业哲学、管理制度、行为准则、道德规范、文化传统、风俗习惯、典礼仪式以及组织形象等。企业文化也可以认为是以企业哲学为主导，以企业价值观为核心，以企业精神为灵魂，以企业道德为准则，以企业形象为形式的系统理论。

2. 企业文化具有独特性、继承性、相融性、人本性、整体性、创新性等特征。

3. 企业文化结构就是企业文化的构成、形式、层次、内容、类型等的比例关系和位置关系。它表明各个要素如何链接，形成企业文化的整体模式。企业文化结构可以分为四层，即企业物质文化、企业行为文化、企业制度文化、企业精神文化形态，是一个"同心圆"模型。

4. 企业文化的功能有导向功能、约束功能、凝聚功能、激励功能、调适功能、辐射功能、育人功能、振兴功能等。

思考与练习

1. 怎样理解企业文化内涵？
2. 企业文化包含哪些层？各层的内容是什么？各层之间的关系是什么？
3. 企业文化有哪些特点？
4. 企业文化有哪些功能？

案例讨论

案例

第六章　企业战略管理

本章提要

本章系统的讲述企业战略管理的一般流程与原理，明确战略管理的概念与特征，分析企业面临的宏观环境、行业环境、竞争环境和内部环境，并从公司层、经营层及职能层等方面探析企业可能采取的不同层次的战略。

重点难点

- 重点掌握战略管理的内涵。
- 重点掌握战略环境分析。
- 重点掌握五力模型分析。
- 重点掌握多元化与专业化。
- 了解一般竞争战略。

引导案例

案例

如果把商场比作战场，那么，企业战略则是决定一些企业能否取得成功的重要因素。企业战略是“不战而屈人之兵”的制胜谋略。可以说，在现代环境下，市场竞争在某种意义上就是企业战略的竞争。因此，掌握战略管理的基本原理和相关理论知识，有助于我们运用全局性的眼光去审视企业的现在与未来的发展方向，以判断企业在激烈的市场竞争中能否可持续的发展。

第一节　企业战略管理概述

一、企业战略管理的概念

“战略”一词的希腊语是strategos，意思是“将军指挥军队的艺术”，原是一个军事术语。20世纪60年代，战略思想开始运用于商业领域，并与达尔文“物竞天择”的生物进化思想共同成为战略管理学科的两大思想源流。

什么是企业战略？从企业未来发展的角度来看，战略表现为一种计划（Plan），而从企业过去发展历程的角度来看，战略则表现为一种模式（Pattern）。如果从产业层次来看，战略表现为一种定位（Position），而从企业层次来看，战略则表现为一种观念（Perspective）。此外，战略也表现为企业在竞争中采用的一种计谋（Ploy）。这是关于企业战略比较全面的看法，即著名的5P模型。

战略并不是“空的东西”，也不是“虚无”，而是直接左右企业能否持续发展和持续盈利最重要的决策参照系。战略管理则是依据企业的战略规划，对企业的战略实施加以监督、分析与控制，特别是对企业的资源配置与事业方向加以约束，最终促使企业顺利达成企业目标的过程管理。

安索夫最初在其1976年出版的《从战略规划到战略管理》一书中提出了“企业战略管理”。他认为：企业的战略管理是指将企业的日常业务决策同长期计划决策相结合而形成的一系列经营管理业务。斯坦纳在他1982年出版的《企业政策与战略》一书中则认为：企业战略管理是确定企业使命，根据企业外部环境和内部经营要素确定企业目标，保证目标的正确落实并使企业使命最终得以实现的一个动态过程。

战略管理定义为：企业确定其使命，根据组织外部环境和内部条件设定企业的战略目标，为保证目标的正确落实和实现进行谋划，并依靠企业内部能力将这种谋划和决策付诸实施，以及在实施过程中进行控制的一个动态管理过程。

企业战略管理的特点是：指导企业全部活动的是企业战略，全部管理活动的重点是制定战略和实施战略。而制定战略和实施战略的关键都在于对企业外部环境的变化进行分析，对企业的内部条件和素质进行审核，并以此为前提确定企业的战略目标，使三者之间达成动态平衡。战略管理的任务，就在于通过战略制定、战略实施和日常管理，在保持这种动态平衡的条件下，实现企业的战略目标。

理解战略管理的概念时，要注意两点：第一，战略管理不仅涉及战略的制定和规划，而且也包含着将制定出的战略付诸实施的管理，因此是一个全过程的管理；第二，战略管理不是静态的、一次性的管理，而是一种循环的、往复性的动态管理过程。它是需要根据外部环境的变化、企业内部条件的改变，以及战略执行结果的反馈信息等，而重复进行新一轮战略管理的过程，是不间断的管理。

从战略管理的各种解释来看，其具有全局性、长远性、方向性、纲领性、现实性、竞争性、复杂性、风险性、稳定性、创新性的特点。

二、企业战略的构成要素

关于企业战略的构成要素，不同的学者会有不同的观点，一般认为企业战略包括以下四要素：

1. 经营范围

经营范围是指企业从事生产经营活动的领域。它反映出企业目前与其外部环境相互作用的程度，也可以反映出企业计划与外部环境发生作用的要求。对大多数企业来讲，他们应根据自己所处的行业、自己的产品和市场来确定经营范围。企业确定经营范围的方式可以有多种形式。从产品角度来看，企业可以按照自己产品系列的特点来确定经营范围，如半导体器件公司、机床公司等；也可以根据产品系列内含的技术来确定自己的经营范围，如计算机公司、光导纤维公司等。

2. 资源配置

资源配置是指企业过去或目前资源及技能配置的水平和模式。资源配置的好坏会极大地影响企业目标的实现程度，因而资源配置又称为企业的特殊能力。据研究，当企业面临重大的战略挑战时，大多数获得成功的企业会有三种反应：第一种是企业的经营范围和资源配置都发生了变化；第二种是企业的资源配置模式发生了变化；第三种是企业的经营范围发生了变化。而那些在重大战略挑战面前没有获得成功的企业，一般不会发生上述反应。这说明，当企业针对外部环境的变化考虑采取相应的战略行动时，一般都要对已有的资源配置模式进行或大或小的调整，以支持企业总体的战略行为。

3. 竞争优势

竞争优势是指企业通过其资源配置模式与经营范围的决策，在市场上形成的与其竞争对手不同的竞争地位。竞争优势既可以来自企业在产品和市场上的地位，也可以来自企业对特殊资源的正确运用。

4. 协同作用

协同作用是指企业从资源配置和经营范围的决策中所能寻求到的各种共同努力的效果。也就是说，分力之和大于各分力简单相加的结果，在企业管理中，企业总体资源的收益要大于各部分资源收益之和。

总之，企业战略的构成要素对企业的生产经营有着重要影响，它们存在于企业各个层次的战略之中。企业战略的层次不同，构成要素的相对重要程度也不同。

三、战略的层次

一般来说，一个企业的战略可以分为三个层次，即公司战略、经营（竞争）战略和职能战略，如图6-1所示。

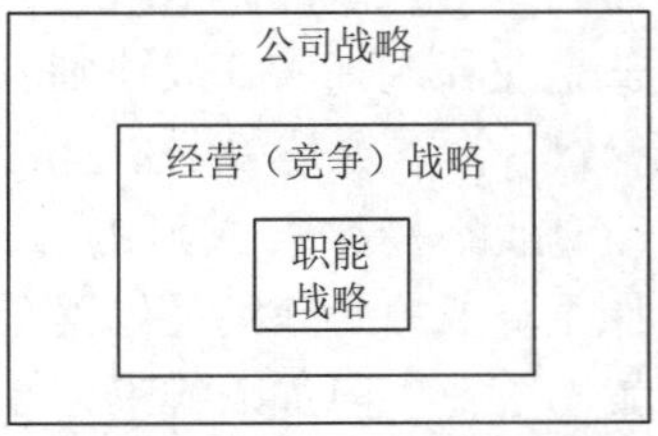

图6-1 企业战略的层次

1．公司战略

公司战略又称总体战略，是企业战略中最高层次的战略，是企业最高管理层指导和控制企业的一切行为的最高行动纲领。公司战略的对象是企业整体，公司战略决策通常要求有远见、有创造性，并且是全局性的。通俗来说，公司战略主要描述企业在增长、多种业务和产品种类的管理等方面的态度。公司战略还需要根据企业的目标合理配置企业经营所必需的资源，使各项经营业务相互支持、相互协调。

2．经营战略

经营战略又称事业部战略，因为它通常发生在事业部和产品层次上。具体来说，经营战略是在企业总体战略的指导下，由某一个战略经营单位（事业部）制定的战略计划，是公司战略框架之下的子战略，为企业的整体目标服务。事实上，经营战略把公司战略中规定的方向和意图具体化，成为更为明确地针对各项经营事业的目标和策略。它重点强调企业产品或服务在某个产业或事业部所处的特定细分市场中竞争地位的提高。当然，经营战略既包括竞争战略，也包括合作战略。

3．职能战略

职能战略通常发生在生产、营销和研发等职能领域。职能战略主要是以公司战略和事业部战略为根据确定各职能领域中的近期经营目标和经营战略，一般包括生产战略、营销战略、研究和开发战略、财务战略和人力资源战略。职能战略的主要作用是使职能部门的管理人员可以更加清楚地认识到本职能部门在实施企业总体战略与经营战略中的责任和要求。各个职能部门主要是通过最大化资源产出率来实现公司和事业部的目标和战略。具体来说，职能战略面临的决策课题是：生产和营销系统的效率，用户服务的质量和范围，特定产品的市场占有率，生产设备的专业化程度，研发工作的重点，库存水平的高低，人力资源开发和管理等。

企业通常同时使用以上三个层次的战略，因为职能战略支持经营战略，经营战略又支持公司战略。当然，经营单一事业的企业，一般只有公司战略和职能战略两个层次。

四、企业战略管理的过程

战略管理过程一般包括九个步骤，如图 6-2 所示。

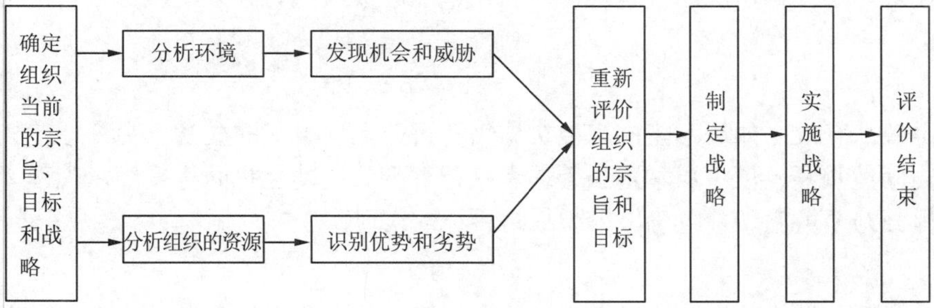

图 6-2　企业战略管理过程

1．确定组织当前的宗旨、目标和战略

定义公司的宗旨旨在促使管理者仔细确定公司的产品和服务范围。对“我们到底从事的是什么事业”的理解关系到公司的指导方针。如一些学者指出，美国铁路公司之所以不景气是因为他们错误地理解了自己所从事的事业。在 20 世纪 30 年代到 40 年代，如果美国铁路公司认识到他们从事的是运输事业而不仅仅是铁路事业，他们的命运也许会完全不同。

当然，管理者还必须搞清楚组织的目标以及当前所实施的战略的性质，并对其进行全面而客观的评估。

2．分析环境

环境分析是战略管理过程的关键环节和要素。组织环境在很大程度上规定了管理者可能的选择。成功的战略大多是哪些与环境相适应的战略。松下电器是家庭娱乐系统的主要生产商，自 20 世纪 80 年代中期开始，在微型化方面出现了技术突破，同时家庭小型化趋势使得对大功率、高度紧凑的音响系统的需求剧增。松下家庭音响系统的战略的成功，就是因为松下及早地认识到环境中正在发生的技术和社会变化。

管理者应很好地分析公司所处的环境，了解市场竞争的焦点，了解政府法律法规对组织可能产生的影响，以及公司所在地的劳动供给状况等。其中，环境分析的重点是把握环境的变化和发展趋势。关于环境的信息可以通过各种各样的外部资源来获取。

3．发现机会和威胁

分析了环境之后，管理者需要评估环境中哪些机会可以利用，以及组织可能面临的威胁。机会和威胁都是环境的特征。威胁会阻碍组织目标的实现，而机会则相反。在分析机会与威胁时，如下因素是关键：竞争者行为、消费者行为、供应商行为和劳动力供应。技术进步、经济因素、法律、政治因素以及社会变迁等一般环境虽不对组织构成直接威胁，但作为一种长期计划，管理者在制定战略时也必须慎重考虑。分析机会和威胁还必须考虑压力集团、利益集团、债券人、自然资源以及有潜力的竞争领域。如某公司发现竞争对手在开发新产品并削减价格，该公司所做的反应首先应是加强广告宣传、提高其品牌的知名度。

4．分析组织的资源

这一分析将视角转移到组织内部：组织雇员拥有什么样的技巧和能力？组织的现金状况怎样？在开发新产品方面一直很成功吗？公众对组织及其产品或服务的质量的评价怎样？这一环节的分析能使管理者认识到，无论多么强大的组织，都在资源和能力方面受到某种限制。

5．识别优势和劣势

优势是组织可投资开发利用以实现组织目标的积极的内部特征，是组织与众不同的能力，即决定作为组织竞争武器的特殊技能和资源；劣势则是抑制或约束组织目标实现的内部特征。经理们应从如下方面评价组织的优势和劣势：这些因素包括市场、财务、产品、研究与发展。内部分析同样也要考虑组织的结构、管理能力和管理质量，以及人力资源、组织文化的特征。

管理者可以通过各种各样的报告来获得有关企业内部优势和劣势的信息。

6．重新评价组织的宗旨和目标

按照SWOT分析和识别组织机会的要求，管理者应重新评价公司的宗旨和目标。SWOT四个英文字母分别代表：优势（Strength）、劣势（Weakness）、机会（Opportunity）、威胁（Threat）。

7．制定战略

战略需要分别在公司层、事业层和职能层设立。在这一环节组织将寻求组织的恰当定位，以便获得领先于竞争对手的相对优势。

8．实施战略

无论战略制定得多么有效，如果不能恰当地实施仍不可能保证组织的成功。另外，在战略实施过程中，最高管理层的领导能力固然重要，但中层和基层管理者执行计划的主动性也同样重要。管理者需要通过招聘、选拔、处罚、调换、提升乃至解雇职员以确保组织战略目标的实现。

9．评价结果

战略管理过程的最后一步是评价结果：战略的效果如何？需要做哪些调整？这涉及到控制过程。

第二节　企业战略环境分析

环境是企业的生存空间，是由企业无法控制的众多因素构成的，企业只能适应环境而不可能让环境来适应企业，要顺势而为。对环境的侦察是制定企业战略的关键一步。

一、宏观环境分析

宏观环境，或称总体环境，是在一定时空内存在于社会中的各类组织均需面对的环境。宏观环境大致可归纳为政治与法律（Political）环境、经济（Economic）环境、社会（Social）与自然环境和技术（Technological）环境四个方面，通过这四个因素对组织的宏观环境进行分析的方法称为PEST分析法，如图6-3所示。其作用在于评价这些因素对企业战略制定和实施的影响。企业宏观环境因素的具体内容如表6-1所示。

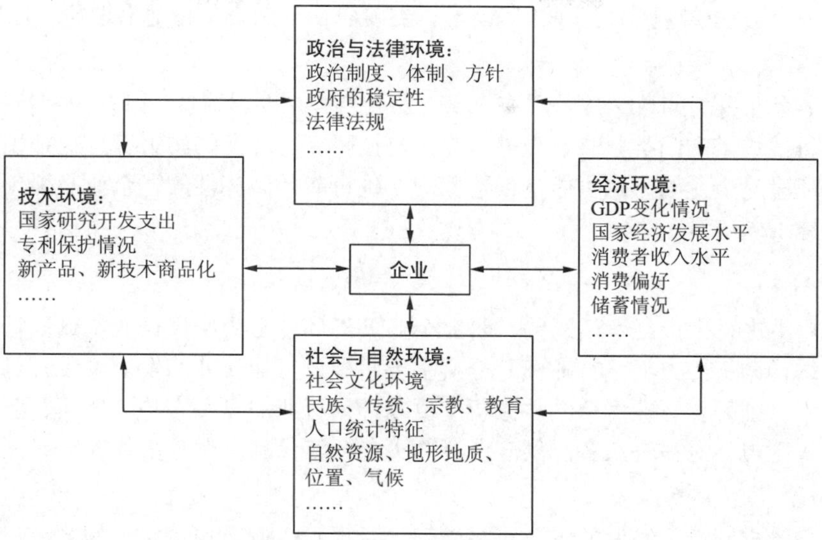

图 6-3　PEST 分析法

表 6–1　企业宏观环境因素

政治法律因素	经济因素	社会文化因素	科学技术因素	自然因素
路线方针	国民经济发展速度	人口出生率	国家的研究开发	自然资源
政策法律	固定资产投资规模	人口自然增长率	企业的研究开发	地形
法规战略规划	财政收支和财政赤字	人口结构	专利技术	地区
计划	货币供给量	年龄结构	新产品	气候
政府运用的经济杠杆	信贷规模和利率	性别结构	新技术	
	通货膨胀率	劳动力资源结构	新材料	
	国际贸易和国际收支	教育程度结构	新设备	
	国家外汇储备	产业结构	引进国外技术	
	就业（失业）率	地域结构		
	工资水平	民族结构		
	物价水平	人口质量		
	人民生活水平	价值管念		
	利率	消费倾向		
	汇率	风俗习惯		

1．政治与法律因素

政治和法律环境，是指那些制约和影响企业的政治要素和法律系统，以及其运行状态。政治环境包括国家的政治制度、权力机构、颁布的方针政策、政治团体和政治形势等因素。法律环境包括国家制定的法律、法规、法令以及国家的执法机构等因素。政治和法律因素是保障企业生产经营活动的基本条件。在一个稳定的法治环境中，企业能够真正通过公平竞争，获取自己正当的权益，并得以长期的稳定的发展。国家的政策法规对企业的生产经营活动具有控制、调节作用，同一个政策或法规，可能会给不同的企业带来不同的机会或制约。

2．经济因素

经济环境是指构成企业生存和发展的社会经济状况及国家的经济政策。具体包括社会经济制度、经济结构、宏观经济政策、经济发展水平以及未来的经济走势等因素。其中，重点分析的内容有宏观经济形势、行业经济环境、市场及其竞争状况。衡量经济环境的指标有：国民生产总值、国民收入、就业水平、物价水平、消费支出分配规模、国际收支状况，以及利率、税收通货供应量、政府支出、汇率等国家财政货币政策。

3．社会与自然因素

社会环境是指企业所处地区的社会结构、风俗习惯、宗教信仰、价值观念、行为规范、生活方式、文化水平、人口规模与地理分布等因素的形成与变动。社会文化环境对企业的生产经营有着潜移默化的影响，如文化水平会影响人们的需求层次；风俗习惯可能抵制或禁止企业某些活动的进行；人口规模与地理分布会影响产品的社会需求与消费等。

自然因素主要指一个国家或地区的客观环境因素，主要包括自然资源、地形地质、地理位置及气候等。

4. 技术因素

技术环境是指与本企业有关的科学技术现有水平、发展趋势和发展速度，以及国家科技体制、科技政策等。如科技研究的领域、科技成果的门类分布及先进程度、科技研究与开发的实力等。在知识经济兴起和科技迅速发展的情况下，技术环境对企业的影响可能是创造性的，也可能是破坏性的，企业必须预见这些新技术带来的变化，采取相应的措施予以应对。

二、行业环境分析

企业是在一定行业中进行生产经营活动的，研究企业外部环境必须掌握行业特点。行业分析主要包括行业概貌分析和行业竞争结构分析等方面。行业概貌分析主要掌握该行业所处的发展阶段、行业在社会经济中的地位、行业的产品和技术特征等。行业竞争结构分析主要掌握该行业的竞争态势。任何企业在本行业中，都要面临以下五个方面的竞争压力：潜在进入者、供应者、购买者、替代品、现有竞争者。

1. 新进入者的威胁

潜在竞争者进入竞争市场后，激发的竞争更为激烈，对现有企业会形成巨大的威胁。进入障碍的大小将直接造成潜在竞争的威胁。进入障碍包括规模经济，即新进入者规模不经济则难以进入；产品差异优势，新进入者与原企业争夺用户，必须花费较大代价去树立企业形象和产品信誉，一旦失败，将丧失全部投资；现有企业对关键资源的控制，一般表现为对资金、专利技术、原材料供应、分销渠道等关键资源的积累与控制，对新进入者形成障碍；现有企业的反击程度等。

2. 供应商

供应商是指企业生产活动所需的各种资源和服务的提供者。它包括原材料、设备、工具、能源、地产和房产等各类供应商以及为企业提供资金投入的股东、银行、保险公司、福利基金会，还有为企业提供人力资源的中介机构等。企业从事生产经营所需各种资源一般都要从供应者处获得。供应商往往通过提高产品的价格，或者降低质量及服务的手段，以谋取更多的利益，来向企业施加压力。

3. 买方

购买者对本行业的竞争压力表现为购买要求提高，如要求低价、高质、优服务等；还表现为购买者利用现有企业之间的竞争对生产厂家施加压力。任何企业来说，买方代表着不确定性，他们的喜好会发生改变，而且会不间断地追求低价、高质、优服务。这些都导致产业内企业在产品品质类同的情况下竞相压价，导致产业平均利润下降。

影响购买者议价的基本因素有：顾客的购买批量，对产品的依赖程度，改变厂家时的成本高低以及掌握信息的多少等。

4. 替代品的威胁

替代品是指与本行业产品具有相同或相似功能（即使用价值）的其他产品。如洗衣粉可以部分代替肥皂。替代品产生威胁的根本原因往往是它在某些方面具有超过原产品的优势，如价格低、质量高、性能好、功能新等。若替代品的盈利能力强，对现有产品的压力就大，会使本行业的企业在竞争中处于不利地位。替代品的存在为产品的价格设置了上限，当产品价格超过这一上限时，用户将普遍转向替代品。替代品威胁的不是某个企业，而是生产此种产品的所有企业。

替代品有两种表现方式：直接产品替代，也就是一种产品直接替代另一种产品；间接产品替代，由能起到相同作用的产品间接地取代另外一种产品（如塑料盒制造商与玻璃盒、纸盒、铝盒制造商之间的竞争）。

5. 现有竞争者之间的竞争程度

通常意义的竞争，主要竞争方式为价格竞争、广告战、新产品引进等。这种竞争的激烈程度取决于多种因素，如竞争者的多少及其力量的对比，行业发展的快慢，利润率的高低，行业生产能力与需求的对比，行业进入或退出障碍的大小等。当行业发展缓慢、竞争者多、产品同质性高、生产能力过剩、行业进入障碍低而退出障碍高时，竞争就会比较激烈。

以上五种作用力汇集起来决定着该行业的最终利润潜力，一个公司的竞争战略的目标在于使公司在行业内进行恰当定位，从而最有效地抗击五种竞争作用力并影响它们朝向自己有利的方向变化。

三、竞争对手分析

竞争对手是企业经营行为最直接的影响者和被影响者，这种直接的互动关系决定了竞争对手在外部环境分析中的重要性。这就需要对每一个竞争对手做出尽可能深入、详细的分析，揭示出每个竞争对手的长远目标、基本假设、现行战略和能力，并判断其行动的基本轮廓，特别是竞争对手对行业变化，以及当受到竞争对手威胁时可能做出的反应。对竞争对手的分析涉及以下四个方面：

（一）竞争对手的长远目标

对竞争对手长远目标的分析可以预测竞争对手对目前的位置是否满意，由此判断竞争对手会如何改变战略，以及他对外部事件会采取什么样的反应。日本摩托车企业在20世纪70~80年代的战略目标很明显，就是要全面占领美国这块世界上最大最好的市场。因此，像本田公司，在遇到关税壁垒时就可能采取到美国直接建厂的办法绕过美国关税壁垒的限制。

（二）竞争对手的战略假设

每个企业所确立的战略目标，其根本是基于他们的假设之上的。这些假设可以分为三类：

1．竞争对手所信奉的理论假设

例如许多美国公司所奉行的理论是短期利润，因为只有利润，才能支持发展。而日本企业信奉的是市场占有率和规模经济理论，他们认为，只要能占领市场，扩大生产销售规模，单位成本就会下降，利润自然滚滚而来，然后才有秋天的黄金收获。

2．竞争对手对自己企业的假设

有些企业认为自己在功能和质量上高人一筹，有些企业则认为自己在成本和价格上具有优势。名牌产品企业对低档产品的渗透可能不屑一顾，而以价格取胜的企业对其他企业的削价则会迎头痛击。

3．竞争对手对行业及行业内其他企业的假设

哈雷公司在20世纪60年代不仅对摩托车行业充满信心，而且对日本企业过于掉以轻心，认为他们不过是在起步学习阶段，对自己构不成威胁。然而，日本人一边谦虚地表示“我们是小学生，”一边却对美国人小觑自己刻骨铭心。经过20年的修炼，日本摩托车终于在美国修成正果。

实际上，对战略假设，无论是对竞争对手，还是对自己，都要仔细检验，这可以帮助管理者识别对所处环境的偏见和盲点。可怕的是，许多假设是尚未清楚意识到或根本没有意识到的，甚至是错误的；也有的假设过去正确，但由于经营环境的变化而变得不那么正确了，但企业仍在沿循着过去的假设。

（三）竞争对手的战略途径与方法

战略途径与方法是具体的多方面的，应从企业的各个方面去分析。从营销战略的角度看，本田的营销战略途径与方法至少包括这样一些内容：①在产品策略上，以小型车切入美国市场，提供尽可能多的小型车产品型号，提高产品吸引力；②在小型车市场站稳脚跟后再向大型车市场渗透；③在价格上，通过规模优势和管理改进降低产品成本，低价销售；在促销上，建立摩托车新形象，使其与哈雷的粗犷风格相区别。

事实证明，这些战略途径行之有效，大获成功。相对而言，哈雷公司却没有明确的战略途径与方法。哈雷公司的母公司AMF公司虽然也为哈雷公司注入资本提高产量，也曾一度进行小型车的生产，结果由于多方面因素的不协同而以失败告终。

（四）竞争对手的战略能力

目标也好，途径也好，都要以能力为基础。在分析研究了竞争对手的目标与途径之后，还要深入研究竞争对手是否具有能力采用其他途径实现其目标。这就涉及企业如何规划自己的战略以应对竞争。如果较之竞争对手本企业具有全面的竞争优势，那么则不必担心在何时何地发生冲突。如果竞争对手具有全面的竞争优势，那么只有两种办法：或是不要触怒竞争对手，甘心做一个跟随者，或是避而远之。如果不具有全面的竞争优势，而是在某些方面、某些领域具有差别优势，则可以在自己具有的差别优势的方面或领域把文章做足，但要避免以己之短碰彼之长。

从上面的分析中可知战略管理是一个“博弈”的过程。一是要选择我们的对手，二是要判断对手的棋路，并根据“对手会对我们这一着怎样反应”来决定我们的策略。概括起来，竞争对手对竞争的反应无非有三种情况：不采取反击行动、防御性反击和进攻性反击。这取决于竞争对手对目前位置是否满意，它是否处在战略转

变之中，以及竞争对手对他的刺激程度。

四、内部环境分析

企业内部环境直接反映了企业的综合能力及可利用的资源，是企业系统运转的内部基础。如果说外部环境给企业提供了可以利用的机会的话，那么内部条件则是抓住和利用这种机会的关键。只有在内外环境都适宜的情况下，企业才能健康发展。

所谓内部条件，是指企业能够加以控制的内部因素及其运作状况。内部条件是企业经营的基础，它是制定战略的出发点、依据和根本条件。对内部条件进行分析，其目的在于掌握企业目前的状况，明确自己所具有的长处和弱点，以便使确定的战略目标能够实现，并使选定的战略能发挥企业的优势，有效地利用企业的资源；同时对企业的弱点加以避免或采取改进措施。

（一）资源

企业的任何活动都需要借助一定的资源来进行，企业资源的拥有和利用情况决定其活动的效率和规模。企业资源包括人、财、物、技术、信息等，可归结为有形资源和无形资源两大类。

（1）人力资源。人力资源包括数量、素质和使用状况。人力资源分析的具体内容有各类人员（包括生产操作人员、技术人员、管理人员）的数量、技术水平、知识结构、能力结构、年龄结构、专业结构；各类人员的配备情况、合理使用情况；各类人员的学习能力及培训情况；企业员工管理制度分析等。

（2）物力资源。物力资源包括各种有形资产。物力资源分析就是要研究企业生产经营活动需要的物质条件的拥有情况以及利用程度。

（3）财力资源。财力资源是一种能够获取和改善企业其他资源的资源，对财力资源的管理是企业管理最重要的内容之一。财力资源分析包括企业资金的拥有情况、构成情况、筹措渠道和利用情况，具体包括财务管理分析、财务比率分析、经济效益分析等。

（4）技术资源。技术资源主要分析企业的技术现状，包括设备和各种工艺装备的水平、测试及计量仪器的水平、技术人员和技术工人的水平及其能级结构等。

（5）信息资源。信息资源主要分析各种情报资料、统计数据等内容。要研究现有信息渠道是否合理、掌握得是否充分，存在的问题及原因等。

（二）能力

能力是指运用、转换与整合资源的能耐，是资产、人员和组织投人产出过程的复杂结合，表现在整合一组资源以完成任务或者从事经营活动的有效性和效率。因此，这种利益观念重在资源间的整合，通过这种整合可以有效地发挥资源的作用：所以，能力往往包含着各种无形资源与有形资源彼此之间的复杂互动。但是资源（见表 6-2）不等于能力（见表 6-3）。虽然资源有重要价值，但仍然不是能力，比如说某一物流企业拥有为数众多的仓库和配送中心，而另一家物流企业仅有几个仓库和配送中心，但是这家物流公司有强大的物流信息系统作支持，在这种情况下就不能贸然断定拥有众多仓库和配送中心的物流公司的服务能力要强于另外一家。

表 6–2　企业内部资源

有形资源	实物资源	一定的厂房、设备等固定资产
	财务资源	现有资金和可融资资源
无形资源	组织资源	企业的报告系统及其正式的计划、控制和协调系统 企业的内部组织结构与采购、销售网络
	技术资源	技术储备，如专利、商标、版权、交易秘密、成功所必需的知识
	人力资源	知识、管理能力、组织惯例、管理人员、项目管理人员、技术人员、其他骨干
	企业形象	企业品牌、社会形象、员工满意度
	企业文化	企业精神、核心价值观

表 6–3　企业内部能力

职能领域能力	财务管理	盈利能力、偿债能力、运营能力
	人力资源	有效的激励体系、吸引人才的能力
业务领域能力	研发	快速的产品革新，独到的工艺，较强的基础研究
	市场开发	敏锐的市场意识，准确的市场定位和恰当的促销，有效的分销和物流体系
	制造	敏捷制造、精密制造、复杂制造
	项目管理	完整的信息管理体系、信息分析和加工、商务电子化能力
跨职能综合能力	学习能力	良好的学习氛围，企业通过实践进行学习的能力
	创新能力	鼓励创新的氛围，有效的创新组织和管理
	战略整合	与上下游之间的良好合作关系，有效的战略联盟，有效的组织结构，构建健康企业文化和企业变革能力

能力理论管理学家克里斯蒂森指出："就本身而言，资源几乎没有生产能力，能力是生产活动要求资源进行组合和协调而产生的。"现实中有不少物流企业存在这样一种状况，企业资金实力雄厚、人才充足、技术设备一流，但是经营业绩不佳，其原因不在于资源而在于企业缺乏运作资源的能力，缺乏将资源有效地整合在一起为企业利润作贡献的能力。但是需要注意的是，虽然资源本身不是能力，但是优势资源的拥有的确能够给企业带来较强的市场竞争优势。

在进行企业战略管理时，需要注意以下两个方面：

1. 必须树立企业能力观

国务院发展研究中心发展战略和区域经济研究部副部长高世楫指出：对处于不同产业的不同价值链环节的企业来讲，其组织能力的构成与组合会有所不同，这导致企业具有不同的综合性组织能力。这种嵌于企业组织中、能给企业带来持久竞争优势的综合性组织能力就是核心能力（核心竞争力）。因而，研究企业核心竞争力问题，最重要的是从企业组织能力的角度去考察企业的竞争力。这样，我们就会建立一种动态的、系统的思维方式和分析框架，从而认识到企业的组织能力内生于企业内部，在外部市场难以买到，必须通过持续的积累来建立。

2. 要确立系统的观念

无论处于产业价值链中什么位置的企业，其组织能力都体现在其管理能力、功能性能力和技术能力的合理组合和系统化配置上。同时，企业总是在特定的环境中运作的，它需要上、下游的生产配套，需要相关研究开发、营销、金融、人力资源、管理咨询等一系列支撑性服务。通过将企业的内部组织能力和外部环境联系在一起，我们能更全面地理解影响企业竞争力的系统要素。树立这种企业能力观，可以使我们更加明确企业竞争力的来源，更好地理解能力的形成过程和演进路径，也可以避免简单地将企业的核心竞争力理解为是可以迅速从外部获得的、可以一蹴而就而且一劳永逸的某种东西。

由于企业获得能力的产业环境、制度环境和文化环境各不相同，企业的能力组合也不尽相同。对于我国大多数企业而言，它们并不处于技术发展的前沿，而且参与市场竞争的时间比较短，这决定了其能力建设的先后顺序应该是先管理能力，而后是功能性能力，最后是技术能力。因为只有在通过运用有效的管理策略和功能性能力获得市场生存机会后，企业才能逐步建立起技术能力，特别是进行原创性技术创新的能力。在管理能力方面，要求企业家和高层管理团队具有发现市场机会和形成合理战略的能力，同时具备有效执行战略的能力，能够将包括投入要素、生产手段、市场策略、产业机会等多种资源有效地整合在一起，从而建立起企业稳定盈利的基础。

（三）核心竞争力

在美国学者普拉哈拉德和哈默看来，核心竞争力首先应该有助于公司进入不同的市场，它应成为公司扩大经营的能力基础。其次，核心竞争力对创造公司最终产品和服务的顾客价值贡献巨大，它的贡献在于实现顾客最为关注的、核心的、根本的利益，而不仅仅是一些普通的、短期的好处。最后，公司的核心竞争力应该是难以被竞争对手所复制和模仿的。

核心竞争力是一个企业（人才，国家或者参与竞争的个体）能够长期获得竞争优势的能力，是企业所特有的、能够经得起时间考验的、具有延展性，并且是竞争对手难以模仿的技术或能力。核心竞争力，又称"核心（竞争）

能力”、“核心竞争优势”，指的是组织具备的应对变革与激烈的外部竞争，并且取胜于竞争对手的能力的集合。

核心竞争力是企业竞争力中那些最基本的能使整个企业保持长期稳定的竞争优势、获得稳定超额利润的竞争力，是将技能资产和运作机制有机融合的企业自身组织能力，是企业推行内部管理性战略和外部交易性战略的结果。现代企业的核心竞争力是一个以知识、创新为基本内核的企业某种关键资源或关键能力的组合，是能够使企业、行业和国家在一定时期内保持现实或潜在竞争优势的动态平衡系统。

企业在构建核心竞争力的时候，要从八个方面考虑，但是最后必须凝聚在一个点上。八个方面分别为：规范化管理、资源竞争分析、竞争对手分析、市场竞争分析、无差异竞争、差异化竞争、标杆竞争、人力资源竞争。这八个方面涉及的具体细节知识，同学们可以查阅书籍获得。

对于企业核心竞争力的研究，越来越注重对公司资源和能力的分析。企业核心竞争力辨识可以首先从企业的资源和能力入手，从中发现企业的竞争力，然后再确定哪些竞争力能够构成核心竞争力。企业核心竞争力的识别标准有四个，这四个标准必须结合起来进行判断，如表 6-4 所示。从表中可以看出，企业只有运用那些有价值、稀有、难以模仿及不可替代的资源和能力，才能获得持久的竞争优势，并持久地获得高于行业平均利润水平的超额利润。

表 6–4　企业核心竞争力的识别

资源和能力是有价值的吗？	资源和能力是稀有的吗？	资源和能力是难以模仿的吗？	资源和能力是不可替代的吗？	竞争后果	业绩评价
否	否	否	否	竞争无优势	低于平均的回报
是	否	否	是 / 否	竞争对等	平均回报
是	是	否	是 / 否	暂时性的竞争优势	平均回报至高于平均回报
是	是	是	是	持久性竞争优势	高于平均回报

为何有的企业昙花一现，有的中途陨落，有的历经坎坷仍生生不息？原因正在于核心竞争力极其难以维持。比如 1896 年被道・琼斯工业股票平均指数选作首批成分股的 12 家享有盛名的公司如今只剩下 GE 一家，再如曾经在国内辉煌一时的巨人集团、飞龙集团、亚细亚集团、秦池集团等如今都已销声匿迹……

谁也不会怀疑它们曾经拥有过较强的核心竞争力，其由盛而衰只是由于核心竞争力的丧失或“得而复失”。因此维持核心竞争力是每个企业、尤其是那些已经获得成功的企业所面临的重要课题。

第三节　企业战略选择与评价

战略按其影响的范围及内容可分为公司战略、经营战略和职能战略。公司战略所要解决的问题是确定经营范围及进行资源配置，它由企业的最高管理层确定，并且有较长的时效；经营战略集中于在某一给定的经营业务内确定如何竞争的问题，它的影响范围比较窄，且适用于单一经营单位或战略经营单位；职能战略涉及各职能部门的活动，其活动范围较经营战略更窄。本节重点讲解公司战略和经营战略。

一、公司战略

公司战略是企业最高层次的战略。它需要根据企业使命，选择企业参与竞争的业务领域，合理配置企业资源，使各项经营业务相互支持、相互协调。公司战略主要指明企业应在哪些领域进行活动。经营范围选择和资源合理配置是其中的重要内容。通常，公司战略是企业高层负责制定、落实的基本战略。公司战略分为多元化战略和专业化战略两类。

（一）多元化战略

多元化战略是指企业同时生产和提供两种及两种以上基本经济用途不同的产品或服务的一种经营战略，是企业在新产品和新市场领域形成的战略。企业出于分散经营风险、逃避业务萎缩、提高资源配置效率等方面的考虑会采用多元化经营的战略。根据多元化业务之间的相互关联程度，可以把多元化战略细分为同心多元化、垂直多元化、水平多元化、复合多元化。

1. 同心多元化

同心多元化是指以市场或技术为核心的多元化，主要有三种形式：①多种产品或服务都以相同市场为统一的核心，如一家公司生产电视机、电冰箱、洗衣机等各种产品，这些产品都统一于“家电”这个市场。②各种产品或服务都以相同技术为统一核心，如冶金厂同时开展多种金属的冶炼业务，这些产品之间可以共享其冶炼技术；又如洗发水厂，多款洗发水结构相同，但是各有各的不同用途。③各种产品或服务都以相同的市场、技术为统一的核心，如收音机、录音机、电视机等都以电子技术为基础而统一于家电市场。

2. 垂直多元化

垂直多元化是指在一个完整的产品价值链中，企业在原承担的生产阶段的基础上向前或向后发展经营。如果是向价值链的前端发展，就称为前向垂直多元化，如汽车制造厂在进行装配的同时，也生产车轮或汽车轮胎，又如印刷企业也投资生产油墨等。如果是向价值链的后端发展，就称为后向垂直多元化。如一家轧钢厂也同时生产零部件。

3. 水平多元化

水平多元化是企业利用原有市场，在同一专业领域内进行多品种经营。是企业利用原有市场，在同一专业领域内进行多品种经营。例如，汽车制造厂生产轿车、卡车和摩托车等各种不同类型的车辆。

4. 复合多元化

复合多元化是指产品或服务没有任何共同主线和统一核心的多元化，或者说这类企业进入没有任何技术、经济关联的多项业务领域。如美国杜邦公司除经营化学产品外还经营摄影器材、印刷设备、生物医学产品。首都钢铁公司除主营钢铁外，将经营范围扩展至电子、机械、建筑等行业。

企业实现多元化经营可以通过内部增长或外部增长的方式来进行。内部增长即企业通过建立新的生产设施和营销网络，将业务扩张至其他行业和产品领域，从而实现企业多元化经营的方式。采用内部增长方式的企业，多元化是企业经营活动的自然延伸，是企业原经营活动的副产品，一般通过投资建新厂、研究开发新产品两种途径来实现。外部增长即企业通过兼并和收购其他企业，通过向外扩张，而将业务扩张至其他行业和产品领域，从而实现企业多元化经营的方式。

企业实施多元化的经营战略使企业的风险得到有效分散，即通过“以盈补亏”的方式降低风险，从而使企业内部对资金的需求得以提升，资金的流动性得以提升，进一步加快融通。企业实施多元化的经营战略使企业的经营资源被充分地挖掘出来，即通过对企业自身进行评估，企业自身隐藏的潜能也会被挖掘出来，而被挖掘出来的企业潜能能够将新思路、空间和资源提供给企业开展多元化经营，避免由于不能选择适合企业自身的多元化战略模式而造成企业经营失败。企业实施多元化的经营战略使企业的发展空间得以扩展，即可以与市场多样化和个性化的需求相结合，对企业内部的产品结构实施不断调整，能够对市场机会进行最大限度地运用，从而使利润的最大化得以实现，企业的综合竞争能力也可以得到全面强化。

与此同时，也要切记实现多元化战略也容易导致企业资源分散、管理质量下降、企业的运作费用提高。

（二）专业化战略

专业化经营是指企业集中公司所有资源和能力于自己所擅长的核心业务，通过专注于某一点带动公司的成长。核心业务是指在公司从事的所有经营领域中占据主导地位的业务，核心业务构成了公司的基本骨架。我们这里所说的专业化包括两方面的意思：一是行业专业化，即公司专注于某一个行业内经营；二是业务专业化，即公司专注于行业价值链中某一环节的业务。

专业化战略专注于核心业务求发展，是公司成长最基本的战略，也是公司成长的必由之路。与通过扩大业务范围来获得公司增长的方式相比，专注于核心业务的做法更值得鼓励，这种成长方式有助于增强公司的核心竞争力，建立稳固的竞争优势，因而它所驱动的增长也会更加健康，更加稳定，更加长久。管理大师彼德·德鲁克对此指出：系统地把注意力集中在生产率上的公司，几乎肯定可以取得竞争优势，并且会很快获取市场优势。

信息技术的发展以及技术、业务标准的逐步开放使公司间的信息交换效率大提高，交易成本大大降低，不同公司间的资源共享性与业务、技术兼容性大大增强。在这种情况下，公司“通吃”价值链各个环节的经营模式已经不能再适应现代的公司经营环境。现代公司更多地讲求协作，一批“专吃”的公司通过协作完全可以形成高效的价值链，获得比“通吃”公司更高的资源利用效率和运作效率。

与现代的公司经营环境相适应，一家公司应该只做自己最擅长、最赚钱、公司最有价值的核心业务，而把那些谁都能做、低附加值、非核心的业务委托给外部的协作公司去做。作为公司领导者，你应该明白有些业务别人做会比你自己做更好的道理，应该审慎地分析业务环境和自己的专业能力，主动放弃覆盖整个产业链的一体化运作模式，专注于你的核心业务。

企业实现专业化战略有利于企业集中优势资源，但也面临着专业市场变化、市场需求萎缩的市场风险。

二、经营战略

大型企业在公司总部之下常设事业部、子公司等战略经营单位，他们在企业总体战略指导下分别制定各自的战略规划，推行战略管理。这种战略主要是解决如何在特定的产业或市场中去参与竞争，改善自身的竞争地位，以赢得竞争优势。所以，这种战略实质上是一种基本竞争战略，也称为一般竞争战略。迈克尔·波特 1980 年提出了三种典型的竞争战略，即成本领先战略、差异化战略、集中化战略，他认为公司必须从三种战略中选择一种以赢得竞争优势。

（一）成本优先战略

成本领先战略又称低成本战略，是指企业通过在内部加强成本控制，在研究开发、生产、销售、服务和广告等领域里把成本降到最低限度，即在追求规模效益的基础上降低成本，成为行业中的成本领先者的战略。

从顾客的角度来看，成本领先战略是努力通过降低顾客成本以提高顾客价值的战略。它可以使企业获得以下优势：

（1）如果行业的企业以类似的价格销售各自的产品，成本领先者因为有低成本优势，它可以得到比其他企业更高的利润，从而增加企业价值。

（2）如果随着行业的逐渐成熟，行业内企业展开价格战时，成本领先者可以凭借其低成本坚持到最后，直到其他企业入不敷出的时候它仍然还可能获得利润，因而具有持久竞争优势。

（3）企业的低成本战略能够对抗强有力的买方，因为买方的讨价还价能力往往能迫使价格下降到下一个在价格上最低的对手的水平。

（4）无论规模经济还是在其他成本优势方面，那些导致成本领先的因素也成为了潜在进入者的进入障碍。

（5）具有成本领先地位的企业可以有效地对付来自替代品的竞争。

企业降低成本的具体方法包括：

（1）扩大企业的经济规模，提高企业的规模效益；提高生产能力使用率，提高生产效率。

（2）改进产品的设计和工艺，从产品结构上降低成本。

（3）与供应商和经销商建立良好的关系，降低原材料和销售费用；强化成本和管理费用的控制，从管理上加大控制成本的力度。

（4）控制广告、推销等费用。

进行成本领先战略选择需要考虑与新产品开发或现有产品调整相关的研究与开发成本、劳动成本、税率、能源成本、运输成本。目的是使自己的产品价格低于竞争者，从而提高市场份额和销售额，将一些竞争者逐出市场。因此，企业就要努力提高效率，尽可能地降低管理成本，实行低奖金制度，制止浪费，严格审查预算需求，大范围地控制、奖励与成本节约挂钩的行为，动员全体员工都参与控制成本的活动。

实行成本领先战略的优点包括便于操作，容易迅速扩大市场份额，容易建立市场壁垒。按照波特的行业分析模型，成本领先者在应对行业的五种力量时可以有很多优势，例如，它可以极大地降低替代品的威胁，它可以形成较强的进入屏障而阻止潜在进入者的侵蚀，它可以有效地应对供应商的行业价格影响，也可以较少地受到买方讨价还价的压力。当然，对竞争者它更具有成本优势。因此，成本领先战略已成为很多企业的基本战略。

但是，成本领先战略也存在着不少缺点，比如使用不当会影响企业声誉，竞争过度会影响企业的盈利水平，容易引起竞争者的反抗等。

一个企业成本领先战略的成功，往往取决于所选择的市场必须对某类产品有稳定、持久和大量的需求，产品的设计要便于制造和生产，要广泛地推行标准化、通用化和系列化；还取决于企业日复一日地实际实施该战略的技能。成本领先战略一般在以下情况时更容易获得成功：

（1）市场上的产品或服务基本上是标准化的，而且产品或服务差异化的途径并不多。

（2）行业中各公司的价格竞争十分激烈。

（3）价格是决定顾客购买的主要因素，价格弹性较大。

（4）顾客转换供应商或品牌基本不需要什么成本，而且顾客有很强的价格谈判能力。

（5）对单个公司而言，获得低成本的优势并不容易，而且降低成本的方法也难以模仿，这是公司保持持久低成本优势的关键。

企业在选择实行成本领先战略时应该严格注意以下一些问题：

（1）成本领先者提供的产品和服务必须是"标准的"，至少不应当被顾客视为是低档次的，否则成本领先者就很难使自己的价格保持在市场平均价格的水平上。可以预见，如果成本领先者不能维持这样的价格，其获利水平将会大大降低。

（2）技术的变化可能会使成本领先者赖以形成竞争优势的经验曲线效应化为乌有。

（3）成本领先战略在全球市场应用时可能会受到来自其他国家低劳动力成本和汇率变动等其他因素的冲击。

（4）成本领先战略易遭到竞争者的模仿。

（5）成本领先战略由于关注成本而容易忽视顾客需求的变化。

（6）原材料和能源价格的变化可能使该战略遭受严重打击。

（二）差异化战略

差异化战略指依靠产品的质量、性能、品牌、外观形象、用户服务的特色赢得竞争优势的战略，有时也称作对价格相对不敏感的用户提供某产业中独特的产品和服务的战略。差异化战略是将公司提供的产品或服务标新立异，形成一些在全产业范围中具有独特性的东西。差异化战略在本质上是通过提高顾客效用来提高顾客价值。如果顾客能够感知其产品与服务的独特性，总会有一部分顾客愿意为此支付较高的溢价，相应地，企业也可能获得较高的利润。比如，就其功能和质量而言，哈雷摩托车并不比本田摩托车高出多少，它的价格却高出许多；但由于其具有独特性，消费者感到物有所值。

差异化战略具有如下优点：

（1）用特色降低用户对价格的敏感性，获取较高的价格；可以回避与竞争对手的正面竞争，运用自己的特色赢得顾客。

（2）有利于建立市场壁垒，顾客的忠诚和形成特色的成本代价使竞争对手难以模仿，这既可以紧密地维系顾客，又是阻止潜在竞争者进入的屏障。

但是差异化战略也存在不少缺点，比如特色化容易提高成本，形成高价，从而失掉顾客，进而影响市场份额的扩大。

差异化战略的适用条件：

（1）企业具有强大的生产营销能力、产品设计和加工能力、很强的创新能力和研发能力，具有从其他业务中得到的独特技能组合、得到销售渠道的高度合作能力

（2）企业能够做到促进产品开发部门和市场营销部门之间的密切协作，重视主观评价和激励而不是定量指标，创造良好的氛围以吸引高技能工人、科技专家和创造性人才。

企业差异化战略的具体实施方法包括：

（1）差异化战略对产品独特的设计或品牌形象、技术方面的独特性提出了很高的要求。

（2）差异化战略对产品与服务的差别化提出了很高的要求，企业可以通过高质量来进行产品差别化，也可以通过不断推出新的功能来进行产品差别化。

（3）服务也是差别化的重要基础。服务可以表现在很多方面。海尔公司的五星级售后服务就是一种很有特色的服务方式。在实践中，人们已开始由售后服务拓展到售前、售中和售后的全方位服务。许多企业已经把本企业的价值链同顾客连成一体。例如，面向用户特殊需要进行产品设计、改进产品设计和提供特殊的供应方式，与用户建立长期的合作联盟等。

（4）差异化战略在很大程度上是一个营销管理问题，市场细分的许多变量都可以作为差异化战略的基础。企业也可以通过唤起顾客的心理欲望来建立产品差别化形象，如沃尔沃强调产品安全性唤起顾客对生命的热爱，索尼则始终强调它在家用电器领域的先锋形象。

企业在选择实行差异化战略时，一定应严格注意下面的问题：

（1）如何维持差别化的形象？差异化战略必须时刻关注市场的变化、技术的变化和模仿者的竞争，努力建

立不可模仿的独特能力。

（2）要处理好差别化与市场份额之间的矛盾关系。要正视强化差别化与扩大市场份额往往是二者不可兼顾。要充分估计到实现产品差别化将意味着以丧失领先的成本地位为代价，而且并不是所有顾客都愿意或有能力支付公司所要求的较高价格。

（三）集中化战略

集中化战略，就是在一个细分市场中，或在一部分产品中推进成本优势或别具一格。集中化战略是主攻某个特定的顾客群，某产品系列的一个细分区段或某一个地区市场。正如差异化战略一样，集中化战略可以具有许多形式。虽然低成本与产品差别化都是要在全产业范围内实现其目标，集中化的整体却是围绕着很好地为某一特定目标服务这一中心建立的，它所制定的每一项职能性方针都要考虑这一目标。

集中化战略有如下优点：

（1）集中化战略便于集中使用整个企业的力量和资源，更好地服务于某一特定的目标。

（2）将目标集中于特定的部分市场，企业可以更好地调查研究与产品有关的技术、市场、顾客以及竞争对手等各方面的情况，做到“知彼”。

（3）战略目标集中明确，经济成果易于评价，战略管理过程也容易控制，从而带来管理上的简便。根据中、小型企业在规模、资源等方面所固有的一些特点，以及集中化战略的特性，可以说集中化战略对中、小型企业来说可能是最适宜的战略。

企业选择集中化战略必须考虑它的适用条件。比如，存在着适合的细分市场，否则无法实行集中化战略；企业无力在大市场参与竞争，不得不屈居一隅，选择集中化战略；企业有独特的生产和服务能力，否则无法集中一点为特定的顾客群体服务。

企业既可以通过差异化战略来满足特定目标的需要，又可通过低成本战略服务于这个目标。尽管集中化战略不寻求在整个行业范围内取得低成本或差异化，但它是在较窄的市场目标范围内来取得低成本或差异化的。因此，低成本战略、差异战略、集中化战略三者之间具有相互矛盾的关系，但又不是单独存在，具有统一协调的可能性联系，如图 6-4 所示。

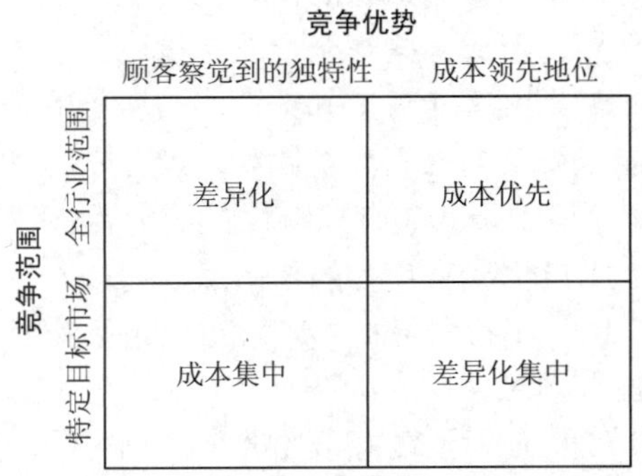

图 6-4　三种一般竞争战略的差别与联系

企业集中化战略的具体实施方法包括：

（1）单纯集中化是企业在不过多地考虑成本和差别化的情况下，选择或创造一种产品和服务为某一特定顾客群体创造价值，并使企业获得稳定可观的收入。

（2）成本集中化是企业采用低成本的方法为某一特定顾客群体提供服务。通过低成本方法，集中化战略可以在细分市场上获得比成本领先战略者更强的竞争优势。如地区性的小水泥厂较之市场覆盖面较大的成本领先者具有较强的运输成本优势。集中化战略者也可以通过选择某些难以发挥规模经济效益或经验曲线效应的产品，阻止成本领先者的侵蚀。实际上，绝大部分小企业都是从集中化战略开始起步，只是并不一定都能意识到它的战略意义，并采取更具战略导向的行动。

（3）差别集中化是企业在集中化的基础上突出自己产品和服务的特色。企业如果选择差别集中化，那么差异化战略的主要工具都应该用到集中化战略中来。所不同的是，集中化战略只服务狭窄的细分市场，而差异化战略要同时服务于较多的细分市场。由于集中化战略的服务范围较小，可以较之差异化战略对所服务的细分市场的变化做出更为迅速的反应；也可能由于对顾客需要更了解从而开发出更有针对性和更高质量的特色产品。

企业选择集中化战略应严格注意下面的问题：

（1）一般而言，集中化战略实施时由于产量和销量较小，生产成本通常较高，这将影响企业的获利能力。因此企业必须在控制成本的基础上加强营销活动，尽量扩大市场。

（2）集中化战略的利益可能会由于技术的变革或顾客需要的变化而突然消失，因此企业必须密切注视市场变化的信号。

（3）选择集中化战略的企业始终面对成本领先者和差异化战略者的威胁，因此企业在产品和服务的质量与价格上应注意保持优势，并注意培养用户的忠诚度。

三、一般竞争战略的选择

（一）选择竞争战略

大量研究结果表明，许多成功的企业有一个共同的特点，就是在确定企业竞争战略时都是根据企业内外环境条件在差异化、低成本竞争战略中选择了一个，从而确定具体目标，并采取相应措施而取得成功的。

选择哪一种竞争战略，决定着企业的管理方式、产品的研究开发、企业的经营结构以及市场理念。采用低成本竞争战略的企业应该在所有的生产环节都实现彻底的合理化，除成本控制外，最重要的就是讲求产品的合适批量，以充分利用大机器生产标准的产品，实现规模效益。福特汽车公司在早期的发展中，创造性地开发出流水线生产方式，并用其生产汽车。流水线的发明，使汽车成本大大降低，因此，福特公司当时生产的汽车成为“大量生产、大量销售”时代的代表。采用差异化竞争战略，就必须有特别的工艺、设备与技术，同时为了使顾客了解本企业的这种“差异”，或者让本来是标准品的产品在消费者心目中建立起“差异”的现象，企业还要在销售方面组织耗资巨大的广告宣传和产品推销活动等。这一切都决定了产品差异化竞争战略必然与低成本竞争战略发生矛盾与冲突，同时实施这两种竞争战略的企业往往在市场竞争中失败，世界著名的叉车制造厂——克拉克公司因同时追求这两个目标而失败的案例是典型的代表。

但是，同一企业在不同产品、不同阶段可以采取不同的竞争战略，下面三种情况最为常见：

（1）同一企业可以在不同种类的产品上采取不同的竞争战略，例如汽车生产厂家可以对轿车和卡车分别采取差异化竞争战略和低成本竞争战略。

（2）同一企业可以在生产与销售这两个不同环节上采取不同的竞争战略，例如，可以在生产上采取低成本竞争战略；而在销售和售后服务中采取差异化竞争战略。

（3）同一企业在不同时期可以有不同的竞争战略，例如，当产品处于投入期与成长期时，可以采用低成本竞争战略；而处于成熟期时，则采用差异化竞争战略。

（二）选择企业基本战略应考虑的问题

1．外部环境

在社会经济高速发展时期，由于企业之间激烈的竞争以及居民收入随生产力发展而迅速提高，低成本竞争战略就会在很大程度上失去了它的意义。反之，如果企业处于较落后的经济状态下，则应该高度重视低成本竞争战略以刺激需求。在欧美等发达国家，大众化的一般产品都强调产品差异化战略，而低成本竞争战略的模式则逐渐被企业所抛弃；在发展中国家则一般多采用低成本竞争战略。

2．自身实力

对于规模较小的企业，由于其生产与营销能力都比较薄弱，因此应该选择专一化竞争战略，以便集中企业优势力量瞄准某一特定顾客、特定地区或特定用途的产品打“歼灭战”。如果企业生产能力较强而营销能力较差，则可考虑运用低成本竞争战略；相反，如果企业营销能力强而生产能力相对较弱，则可考虑运用差异化竞争战略，以充分发挥企业销售能力强的长处；如果企业生产与营销能力都很强，则可以考虑在生产上采取低成本竞争战略，而在销售上采取差异化战略。

3．产品种类

对于不同种类的产品，客户对其价格、质量、服务等要素具有不同的敏感度。

（1）生产资料与消费品。很多生产资料都是标准产品，并且各类规格品种一般都有明确规定。所以，对于生产资料来说，在保证基本质量的前提下，价格将成为企业竞争中最重要的因素，企业应尽量降低成本；而消费品往往非专家购买，绝大多数消费者都是依据广告宣传、店员介绍、产品包装及说明、合适的价格来确定是否购买，所以对于消费品的生产企业来说，应尽量使本企业的产品在服务和市场营销管理方面实施差异化竞争战略。

（2）日常消费品与耐用消费品。日常消费品与耐用消费品是对消费品的进一步划分。日常消费品是人们几乎每天都消费的、反复少量购买的产品，这种产品竞争的关键是价格，因此，企业应在保证质量的前提下用优惠价格出售。耐用消费品是一次购买、经久耐用的产品，若干年才买一次，产品的质量与售后服务对顾客来讲非常重要，这就要求企业在这两个方面下功夫，推出质量和服务更好的差异化产品。但是，由于对于生产资料中的机械类产品，客户更重视售后服务；对于日常消费品中的食品类产品，顾客则更注重质量与品牌，所以，对这两种产品均应实行差异化竞争战略。

4．产品周期

在产品的投入期，为了抢占市场防止竞争者的进入，企业常常采用低成本竞争战略，以刺激需求，使企业处于成本、市场占有率、收益和设备投资四者的良性循环中。而到了产品的成熟期与衰退期，其消费需求明显呈多样性与复杂性，这时企业就应该采取差异化竞争战略或专一化战略。

当然，也存在与上述相反的实际现象，例如，一些高档消费品在投入期与成长期，由于购买者较少，需要以较高的价格作为自己身份、地位的象征；而产品到了成熟期之后，由于原购买者已失去了把这些产品作为自己地位象征的兴趣，而新加入的消费者又主要着眼于产品的一般消费功能，所以这时企业反而应从差异化战略转为低成本竞争战略。这种现象被称为高档品的日用品化。

第四节　企业战略实施与控制

企业战略管理的最终目的是通过战略方案的实施实现战略绩效，进而赢得长期竞争优势。成功的战略制定并不能保证成功的战略实施，战略的实施比战略的制定更加重要和困难。战略实施是为执行战略规划必须进行的行动和抉择，是变战略思想为战略行为的过程，是战略管理最关键的环节。在战略实施的过程中，时间是一个重要的因素，公司确定的战略目标和策略必须快速和有效地实施。时间的演进，情势的变化常常会使精心设计的战略不合时宜。

一、企业战略实施的基本原则

战略制定时并不能完全预见战略执行时将会面临的诸多问题，成功地实施战略可以参考以下四个基本原则：

1．统一领导

一般来讲，企业的高层管理人员对企业的经营战略理解得最深刻，他们掌握的战略相关信息要比企业中下层管理人员以及一般员工多，对战略意图有最深的领会，对企业战略实施产生的对各个方面的要求以及各个方面的相互联系了解得更全面，因此高层管理者应该统一领导和指挥战略的实施，只有这样，实施过程要求的资源分配、流程再造、战略支持型企业文化的建设、企业组织机构的调整、相关信息的共享及控制等各方面才能得到协调与平衡，才能使企业的一切运作都是围绕战略目标的实现。

战略实施过程中，企业的每个部门必须只能接受一个上级的指示，但是在战略实施过程中出现的问题，应尽可能在低层次、小范围内解决，不要扩展到更高层次、更大范围，这样做使得解决问题付出尽可能小的代价，避免因涉及面广、关系更复杂而导致在较高层次的环节上付出更大的代价。

2．战略目标的适度合理性

因受到信息、决策时限以及决策人认识能力等因素的限制，经营目标和经营战略的制定并非在对未来很精确的预测的基础上，并且在战略实施时，企业外部环境及内部资源等条件的变化通常较大，情况比较复杂，所以在实际中，如果战略预定的目标基本达到了，一般就认为该战略的制定与实施是成功的。企业战略实施不是完全按照原先制定的战略计划简单机械的执行过程，其中需要执行者的大胆创造与不断革新，创新是否定旧的企业战略、支撑旧战略的企业文化，贯彻实施新战略的需要。因此可以讲，战略的实施过程也是战略的创造过程，在此过程中，在不妨碍总体目标及战略目标实现的前提下，战略的某些内容或特征发生一些改变也应该认为是合理的。

另外，全面而复杂的总体战略应分解为具体的、简单的、可以管理和控制的问题，由企业内部各部门分工去贯彻和实施，为适应企业经营战略的需要，组织机构需要重新构建或调整。但一个组织结构内本位利益的存在导致各不同利益之间和以及与企业整体利益之间矛盾或冲突的必然，企业的高层管理者需要对各种矛盾冲突做协调和一致性的折中、妥协，找寻各方面都能接受的解决方案，而不能脱离客观条件去刻意找寻所谓绝对合理性。战略实施过程中所做的不损害总体目标实现的适度妥协，即战略实施的适度合理性原则。

3．沟通与反馈

通过沟通，要在企业内部各个层次达成对战略的共识。在实际中要努力把战略规划有效地转化为各个层级员工可以理解的语言，并成为指导其具体工作的原则，这是战略实施过程的首要任务。

战略实施中，企业需要找到关键战略绩效指标，及时地检验战略制定过程中所做的战略假设是否因现实情境的变化而需要修正和调整。对企业竞争环境的快速应变和反馈能力是战略实施的原则，是企业保持竞争优势的基础。

4．权变

战略的制定是基于对未来经营环境条件的假设，而到了战略实施过程，经营环境的发展与原先所做假设将不可避免会有所偏离，战略实施过程就要不断解决问题。但若企业内外环境发生重大的变化，导致原先制定的战略不可能实现，这时原定的战略就需要重大的调整，这就是战略实施的权变原则。权变的艺术关键在于掌握环境变化的程度，在环境发生了不大的变化时，如果就大幅度修订原先的战略，会导致组织内的人心不稳，造成消极的影响，组织成员会对执行战略缺乏恒心和毅力，战略的效果将永远无法实现。而若是环境确已发生了巨变，就不该再坚持实施既定的却已经不适应经营环境的战略，权变原则的关键在于如何衡量企业环境的变化。

在战略实施的整个过程中，都要遵循权变原则，要识别战略实施过程中的关键变量，并对那些关键变量做灵敏度分析，当关键变量的变化超出一定范围时，就应当调整战略，并准备相应的战略替代方案，企业应该对环境的变化有充分的观察和应变能力。

二、企业战略实施的模式

战略实施可视不同情况采用以下五种不同的模式。

1．指挥型

在这种模式下，企业最高领导者着重考虑的是如何制定一个最适合的战略。领导者亲自或者指派战略计划人员制定战略，并用行政命令的方式使得制定好的战略在企业上下强制执行。采用这种实施模式需要适应以下几点要求：

（1）战略制定者与实施者的目标一致，前后战略变化不大，战略的实施对企业现行运作系统不会构成大的威胁。

（2）领导者靠在组织中较高权威通过指令达成战略实施。

（3）企业的组织结构一般都是高度集权的；多元化程度较低；企业在所属行业中处于强势竞争地位，战略资源比较丰富。

（4）企业能够准确并有效地收集战略实施过程相关的各种信息，并将其及时汇总至领导者。正因如此，该模式不适应高速变化而难于收集信息的企业环境。

（5）企业需要配备有全局眼光的战略规划人员来协调各事业部的执行方案，使其更加符合企业的总体要求。

指挥型模式的缺点是把战略制定者与战略执行者强行分开，高层领导者制定战略，下层管理者执行战略，导致下层管理者缺少了执行战略的动力和创造精神，甚至会拒绝战略的执行。

2．变革型

在这种模式下，最高领导者重点考虑的是如何实施企业战略。在战略实施过程中，领导者将发起对企业的一系列变革，变革包括改变组织机构，建立先进的信息系统，变更人力的配置，兼并其他企业，或合并经营事业单位，以不断的系统的激励和控制来促进战略的实施。

这种模式适用于实施较复杂和困难的战略。在许多企业中比指挥型模式更加有效，不过这种模式并没解决指挥型模式存在的如何获得准确信息的问题，不同事业单位利益对整体战略计划的影响问题以及战略实施所需动力问题。这种模式只适用于处于稳定行业中的中小型企业，因为企业为了支持战略的实施所做的变革跟不上快速变化行业的速度，导致失去了战略的灵活性。处于剧烈变化的行业环境中的企业，不该采用不利于战略灵活性的战略实施模式。与指挥型模式相同，由于这种模式也是自下而上的执行，同样不利于发挥下属执行的积极性。

3．合作型

在这种模式下企业领导者考虑最多的是让其他高层管理者从战略实施一开始就承担自己的责任。为发挥集体智慧，所有高层管理者要一起对企业战略问题进行充分的讨论，在取得共识的基础上，制定出战略。因为了解和共同的参与，在贯彻实施战略的过程中，每个高层管理者都能够齐心协力做出各自的贡献。

可以采用成立“战略研究小组”的形式促使不同职能部门的高层管理者都参与战略问题的研讨，以合作的态度讨论分析不同观点，最后达成共识，制定出实施战略的具体措施。集体智慧提高了战略的可行性和有效性。合作型模式能使总经理接近下属管理者，获得有关战略执行的准确信息。该模式的局限在于：

（1）战略是不同利益、不同目的参与者协商折中的产物，有可能会使战略的合理性有所降低。

（2）研讨的时间长而会延误战略机会。

（3）仍然未能充分调动基层管理人员和员工的智慧和积极性。

4．文化型

与上述几种模式区别，在这种模式下，企业领导者着重考虑的是动员全体员工都参与战略实施。为达到这个效果，总经理要通过企业文化的宣传、培训和灌输，让企业全体员工都了解要传递的战略思想，建立共同的价值观和愿景，遵守共同的行为准则，让企业文化来支撑战略的实施。这种模式打破了战略制定者与实施者的界限，每个员工都参与到制定或实施企业战略的过程，企业全员都在共同的战略目标下工作，使得企业战略的实施障碍小，落实迅速。文化型模式的局限性表现为以下几点：

（1）因受教育程度及各方面素质的限制，基层员工参与企业战略制定的程度不理想。

（2）组织内强烈的企业文化或许会掩饰存在的某些问题，在以后的战略执行过程中企业要为此付出代价。

（3）耗费较多的时间和人力，而且还可能由于企业高层不愿意分散控制权，而使全员参与战略制定及实施无法真正贯彻。

5．增长型

在这种模式下，企业领导者着重考虑的是激发下层管理者实施战略的积极性及主动性。总经理要倡导下层管理者提出一切有利企业发展的方案，并且只要方案可行并符合企业战略发展方向，应及时与管理者探讨具体问题的解决措施，并批准这些方案，从而鼓励员工的首创精神。由此，企业战略是自下而上的产生而非自上而下的推行。

这种模式因其灵活性而适合处于变化大的行业中的企业以及发展多元化经营的企业。20 世纪 60 年代以前，企业界认为管理需要绝对的权威，战略的实施采用的是指挥型模式。到了 20 世纪 60 年代，钱德勒的研究结果指出，为了有效实施战略，需要调整企业组织结构，变革型模式应势而生。合作型、文化型及增长型这三种模式出现较晚，出现的原因在于人们意识到战略的实施充满了各种问题和矛盾，战略的实施必须要调动各种积极因素，才能获得成功。上述五种战略实施模式的侧重点不同，实际上，在企业中上述五种模式往往是交叉或混合交错使用的。

三、企业战略实施的过程

战略实施的过程有以下四个阶段：

1．战略发动阶段

这是战略实施的第一阶段，也是起基础保障作用的阶段。此阶段的任务主要是通过宣传、培训和全局范围的广泛沟通，达到全体员工对战略的了解和接受，从而调动起大家实施新战略的积极性和主动性，来为战略实施扫清认识上存在的一切障碍。不但要让员工树立起为新的战略目标服务的新观念，建立认识基础；还需要系统培训，使新战略实施会给企业带来的机遇与挑战让大多数员工了解，让大家认清环境中存在的机会和威胁，理解战略实施的必要性和及时性，打消组织中可能存在的对新战略的疑虑，振作士气，齐心协力为新战略的实现而奋斗。同时新战略的实施难免会遇到一些阻力，这个阶段也是统一思想，克服各种阻力的阶段。

2．战略实施计划阶段

该阶段需要把战略方案分解、细化，使之转变为具体的行动计划。要规定各个执行阶段的目标、原则、任务、内容，还要掌握进度控制等。计划应该尽可能细致，便于操作，要把每步行动布置到具体的职能环节，具体的人员。

3．战略实施执行阶段

前面两个阶段属于战略实施的准备阶段，而执行阶段则是具体的行动阶段，也是最关键，起决定性作用的阶段。从这一阶段起，战略计划必须要落实为企业具体的各项工作，要讲求质量、速度，满足时效要求。为了实现工作的顺利进行，需要按战略计划的要求，调整组织结构，建立资源分配体系，建立管理信息系统，完善激励与约束机制，建设支持型的企业文化等。这一阶段要把战略计划转化为企业的经营活动。

4．战略控制与评估阶段

战略是在变化的环境中实践的，企业还有加强对执行战略过程的控制与评价，适时调整战略计划，才能适应内、外部环境与条件的改变，使企业总体战略得以成功实施。

四、企业战略实施的控制

企业对战略实施过程中可能会出现下面的问题：战略方案和企业不匹配，对战略的执行不力，企业的内外环境发生了变化，等等。所以，正确而有效的战略控制，不仅能够及时发现和纠正战略偏差，确保战略目标的实施，而且还可能在必要时提出新目标、新计划和导致组织结构以及管理方法的重大变革等。也就是说，战略控制一方面可以确保战略的顺利实施，另一方面在企业的战略环境发生变化时可导致战略的结构性调整或制定新的战略方案。

战略控制主要是指在企业战略实施过程中，监测环境变化，检查业务进展，评价经营绩效，把它与既定的战略目标与绩效标准相比较，发现战略差距，分析产生偏差的原因，纠正偏差，使企业所处的内外环境和企业战略协调一致，使企业战略目标得以实现。企业战略控制的对象因战略层次的不同而不同，但是战略控制的目的都是保证企业的战略目标的实现。

著名管理学家孔茨指出："控制职能意味着确立标准、监测执行情况和纠正偏差。"战略实施控制尽管有其自身的特点，但基本原理却是一样的。战略控制的基本职能是确立控制标准、监测战略执行情况、对偏差进行分析、拟定纠正措施、最后实施纠正措施。这也是战略控制过程的基本环节。

常用的战略控制模式是一种诊断型战略控制模式，所谓诊断型战略控制是指对被控制对象确立一个标准，控制系统围绕这个标准对控制对象进行监测，发现偏差，及时纠正，主要目的是保证受控对象永远处于预定的标准状态下。但是这种控制模式存在两个方面的问题：一方面是控制系统被定义得过于狭隘，在控制系统的压力下人们往往只顾控制指标，却忘记了其工作的最根本的目的；另一方面是标准的制定问题，在一些特殊的情况下，企业无法确定控制的标准，而是靠员工的主动精神去对环境的变化做出正确的反应。这就需要一种新的控制模式来更好地解决以上战略控制的问题。在这样的背景下，一些非诊断型控制的思想被提出，主要有如下几类：

1．预防性控制

预防性控制是指依靠员工综合素质的提高来适应企业环境的快速变化，达到减少差错、提高应对能力的目的。预防性控制是通过不断地学习来达到的。所谓的学习是指不断地根据环境的变化进行自我知识更新的过程。企业建立学习型组织就是将企业的学习与组织成员的学习有机地结合起来，使员工的学习成为提高组织自我更新能力的一部分。企业的学习要保持和外界环境紧密的联系，使企业对外部变化做出迅速反应成为可能。

2．文化控制系统

文化是在较长期的企业实践中逐步形成的共有的价值观、信念、行为规范及团队精神等。在需要员工根据工作环境的变化而自我控制的情况下，使用企业文化控制系统是很有必要的。企业文化的认同可让企业员工接受企业的价值观和战略方向，按照企业文化所营造的氛围来把握自己的行为。文化可将员工的注意力集中在经营的核心理念上，例如，企业如何创造价值，企业所努力追求的工作质量标准，如何保持持续的竞争优势，以及个人如何处理各种内部和外部关系等。

3．禁区系统

禁区系统控制基于一个简单但却深远的，被称做"负面思维力量"的管理原理。如果希望自己的员工能够充满主动和创新精神，那么应该告诉他们哪些是不能做的而不是应该怎样做。建立标准操作规程或操作手册告诉员工如何做会破坏他们的主动精神和创造性，而仅仅告诉他们不能做什么却给员工留下更多的创新空间，当然这一空间应是有明确的限制范围的，这个限制范围是企业员工行为的禁区。例如，麦肯锡和波士顿咨询集团等大型咨询公司的日常业务是与客户共同分析高度机密的决策资料。为了维护自己的道德声誉，这些公司建立了严格的限制规则，严禁咨询人员向包括配偶在内的任何公司以外的其他人泄露信息，甚至是客户的姓名。

4．互动控制系统

当企业组织规模较小时，主要的经理和员工可以围坐在同一张桌前，对机遇和威胁的严重性进行非正规的探讨。然而随着企业的发展壮大，高级经理与普通员工的个人接触越来越少，在企业内部必须建立新型的正规系统以交流信息。但是，强调关注相比预定计划各种不足的诊断控制系统不足以实现这个功能。交互式控制系统是经理用来定期亲自参与下属决策过程的正规信息系统。通过这一系统，高级经理参与下属的决策过程，将企业的注意力和学习方向转移到重要的决策问题上来。

本章小结

1. 企业确定其使命，根据组织外部环境和内部条件设定企业的战略目标，为保证目标的正确落实和实现进行谋划，并依靠企业内部能力将这种谋划和决策付诸实施，以及在实施过程中进行控制的一个动态管理过程。

2. 关于企业战略的构成要素，不同的学者会有不同的观点，一般认为企业战略包括以下四要素：经营范围、资源配置、协同作用。

3. 宏观环境，或称总体环境，是在一定时空内存在于社会中的各类组织均需面对的环境。宏观环境大致可归纳为政治与法律环境、经济环境、社会与自然环境和技术环境四个方面。

4. 行业竞争结构分析主要掌握该行业的竞争态势。任何企业在本行业中，都要面临以下五个方面的竞争压力：潜在进入者、替代品、购买者、供应者、现有竞争者。

5. 战略按其影响的范围及内容可分为公司战略、经营战略和职能战略。公司战略所要解决的问题是确定经营范围及进行资源配置，它由企业的最高管理层确定，并且有较长的时效；经营战略集中于在某一给定的经营业务内确定如何竞争的问题，它的影响范围比较窄，且适用于单一经营单位或战略经营单位；职能战略涉及各职能部门的活动，其活动范围较经营战略更窄。

6. 企业核心竞争力的识别标准有四个，这四个标准必须结合起来进行判断，企业只有运用那些有价值、稀有、难以模仿及不可替代的资源和能力，才能获得持久的竞争优势，并持久地获得高于行业平均利润水平的超额利润。

7. 成功的战略制定并不能保证成功的战略实施，战略的实施比战略的制定更加重要和困难。战略实施是为执行战略规划必须进行的行动和抉择，是变战略思想为战略行为的过程，是战略管理最关键的环节。

思考与练习

1. 如何理解企业战略？企业战略的构成要素有哪些？
2. 公司战略包括哪几种，这几种战略的分类标准是什么？
3. 经营战略包括哪几种，这几种战略的分类标准是什么？
4. 企业战略实施过程中可能会遇到什么问题？有什么对策吗？
5. 如何识别企业的竞争力？如何形成和保持住企业核心竞争力？

案例讨论

案例

第三篇

职 能 管 理

第七章　市场营销管理

本章提要

本章简要介绍市场营销的基本概念和过程、市场营销机会分析的主要内容和方法，重点介绍市场细分、目标市场选择与市场定位，最后从产品、定价、渠道、促销四个方面详细介绍市场营销组合策略。

重点难点

- 市场营销的概念与过程。
- 市场营销机会分析的方法、内容。
- 市场细分、目标市场选择与定位。
- 市场营销组合决策的内容与方法。

引导案例

案例　　案例

现代社会，成功的企业有一个共同点，就是以顾客为中心，重视营销。营销是管理的一项职能，是为消费者创造、传播、传递价值和管理顾客关系，为组织和利益相关者带来利益的一系列过程。

第一节　营销管理概述

一、市场营销的概念

（一）市场营销的含义

市场营销是企业的一种重要的职能，与企业其他职能部门不同的是，市场营销处理与顾客相关的一切方面。简单地说，市场营销就是管理有价值的客户关系、市场营销的目的是通过承诺卓越的价值吸引新顾客，并通过创造、沟通、传播和交换产品中留住和发展顾客。顾客始终是市场营销的中心，是市场营销的立足点和出发点。市场营销有多种定义。美国营销协会对市场营销的定义是：营销是组织的一项职能，是为消费者创造、传播、传递价值和管理顾客关系，为组织和利益相关者带来利益的一系列过程。市场营销大师菲利普·特勒在其《市场营销原理》中给出了广义和狭义两种定义。广义上，市场营销是一种通过创造和与他人交换价值实现个人和组织的需要和欲望的社会管理过程。狭义上，市场营销是企业为从顾客处获得利益回报而为顾客创造价值并与之建立稳固关系的过程。根据以上的定义，理解市场和顾客的需求和欲望并采取行动使其满足，借此实现个人和组织的目标是市场营销的核心。市场营销过程的简单模型如图 7-1 所示。

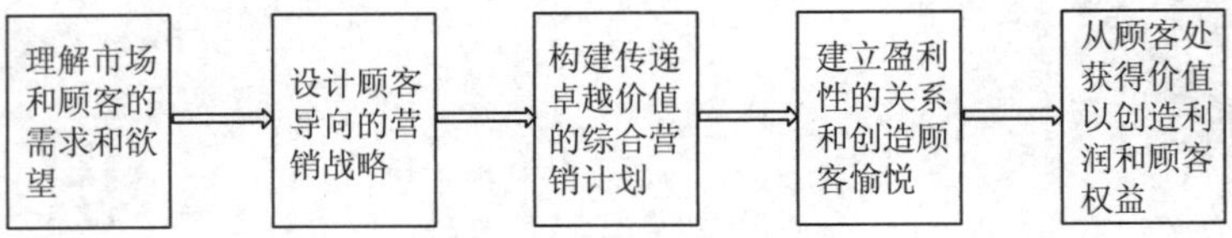

图 7-1　市场营销过程的简单模型

（二）理解市场与顾客需求

理解市场与顾客需求是市场营销的第一步，这涉及以下五个核心的概念：

1．需要、欲望和需求

人类的需要是市场营销的基石。需要是指人们没有得到某些满足的感受状态，人们在生活中需要空气、食品、衣服、住所、安全、感情以及其他一些东西，这些需要都不是社会和企业所能创造的，而是人类自身本能的基本组成部分。欲望是指人们想得到这些基本需要的具体满足物或方式的愿望。一个人需要食品，想要得到一个面包；需要被人尊重，想要得到一辆豪华小汽车。需求是指人们有能力购买并且愿意购买某个具体产品的欲望。在营销者看来，需求就是对某特定产品及服务的市场需求。优秀的企业总是力图通过使商品富有吸引力、适应消费者的支付能力和容易得到来影响需求。

2．产品与服务

在营销学中，产品特指能够满足人的需要和欲望的任何事物。产品的价值在于它给人们带来对欲望的满足。人们购买汽车并不是为了观赏，而是因为它可以提供一种被称为交通的服务。产品实际上只是获得服务的载体，可以是有形物品，也可以是无形的“服务”。例如，保健医生的健康指导、儿童钢琴知识教育等。市场营销者必须清醒地认识到，其创造的产品不管形态如何，如果不满足人们的需要和欲望，就必然会失败。

3．效用、费用和满足

效用是消费者对产品满足其需要的整体能力的评价，消费者通常根据这种对产品价值的主观评价和支付的费用来做出购买决定，消费者将全面衡量产品的费用和效用，选择购买能使每一元花费带来最大效用的产品。

4．交换、交易和关系

交换是指通过某种事物作为回报，并从他人那里获取其他事物的行为，交换的价值必须是能够使双方在交换后能变得更好，否则，交换是没有必要的，也是没有成果和价值的。交换是一个过程，而交易则是一个结果。交易包括以下几个实质的内容：第一，至少有两个有价值的事物；第二，买卖双方所同意的条件、协议时间与协议地点。

建立在交易基础上的营销可称为交易营销。为使企业获得较之交易营销得到的更多，就需要关系营销。关系营销是营销者与有价值的顾客、分销商、零售商、供应商以及广告代理商、科研机构等建立、保持并加强长期的合作关系，通过互利交换机制共同履行诺言，使各方实现各自目的的营销方式，其营销宗旨从追求每一次交易利润最大化转向与顾客和其他关联方共同长期利益最大化，即实现“双赢”或“多赢”。

5．市场

一个市场是由那些具有特定的需要或欲望，愿意并能够通过交换来满足这种需要或欲望的全部现实或潜在顾客构成，因此营销中买方构成市场。同时，企业评价一个市场的潜量可以用人口、人们的购买力和购买欲望来表示。

企业在进入一个市场前，必须对相应的市场潜量进行衡量，以使其与企业的资源相互配套协调起来，适合于企业的市场才是企业应予以重视的机会。

6．营销者

市场营销就是以满足人们各种需要和欲望为目的，通过市场变潜在交换为现实交换的活动。这种活动是指与市场有关的人类活动。在这种交换活动中，对交换双方来说，如果一方比另一方更积极主动地寻求交换，则前者称为营销者，后者称为潜在顾客。具体来说，营销者就是指希望从他人那里得到资源，并愿以某种有价值的东西作为交换的人。很明显，营销者可以是一个卖主，也可以是一个买方。假如有几个人同时想买某幢漂亮的房子，每个买家都力图使自己被卖方选中而进行营销活动，也都是营销者。

（三）市场营销管理的任务和类型

根据消费需求的水平、时间和性质的不同，可归纳出 8 种不同的需求状况。在不同的需求状况下，市场营销管理的任务有所不同。根据需求状况和营销任务的不同，可分为 8 种不同的营销管理，如表 7-1 所示。

表 7-1 营销管理的任务、种类、措施

需求种类	营销管理任务	营销管理类型	营销管理措施
负（否定）需求	转换（扭转）需求	扭转性营销	了解原因，对症下药
无需求	创造需求	刺激性营销	营造环境，刺激需求
潜在需求	开发需求	开发性营销	设计营销组合，开发需求
退却需求	恢复需求	恢复性（再）营销	多购、吸引竞争者的顾客、新购
不规则需求	配合需求	同步性（协调）营销	调整营销组合以适应市场需求
理想需求	维持需求	维持性营销	积极采取措施维持
过度需求	减低需求	限制性（减低）营销	降低质量，提高价格，减少服务、网点、促销
无益需求	消灭需求	抵制性（反）营销	不再营销

1. 扭转性营销

扭转性营销是针对负需求实行的。负需求是指全部或大部分潜在购买者对某种产品或服务不仅没有需求，甚至厌恶。例如，素食主义者对所有肉类有负需求；有些旅客对坐飞机有畏惧心理，也是负需求。针对这类情况，营销管理的任务是扭转人们的抵制态度，使负需求变为正需求。营销者必须首先了解这种负需求产生的原因，然后对症下药，采取适当措施来扭转。

2. 刺激性营销

刺激性营销是在无需求的情况下实行的。无需求是指市场对某种产品或服务既无负需求也无正需求，只是漠不关心，没有兴趣。无需求通常是因为消费者对新产品或新的服务项目不了解而没有需求；或者是非生活必需的装饰品、赏玩品等，消费者在没有见到时也不会产生需求。因此，营销管理的任务是设法引起消费者的兴趣，刺激需求，使无需求变为正需求，即实行刺激性营销。

3. 开发性营销

开发性营销是与潜在需求相联系的。潜在需求是指多数消费者对现实市场上还不存在的某种产品或服务的强烈需求，如人们渴望有一种味道好而对身体无害的卷烟，因此，营销管理的任务是努力开发新产品，设法提供能满潜在需求的产品或服务，将潜在需求变成现实需求，以获得极大的市场占有率。

4. 恢复性营销

人们对一切产品和服务的需求和兴趣，都会有衰退的时候。在这种情况下，营销管理的任务是设法使已衰退的需求重新兴起，使人们已经冷淡下去的兴趣得以恢复。例如，美国铁路客运多年来出现需求下降趋势，就极需有效的恢复性营销。但实行恢复性营销的前提是：处于衰退期的产品或服务有出现新的生命周期的可能性，否则将劳而无功。

5. 同步性营销

许多产品和服务的需求是不规则的，即在不同时间需求量不同，因而与供给量不协调，如运输业、旅游业等，都有这种情况。对此，营销管理的任务是：设法调节需求与供给的矛盾，使二者达到协调同步。例如，游乐场所的节假日需求量大，而平时营业清淡，可通过灵活的定价、广告和安排活动等办法，使供求趋于协调。如游人多时，可适当提高价格；游人少时，适当降价，并多安排些吸引游人的活动，多做些广告宣传等。

6. 维持性营销

在需求饱和的情况下，应实行维持性营销。饱和需求是指当前的需求在数量和时间上同预期需求已达到一致。但是，需求的饱和状态不会静止不变，常常由于两种因素的影响而变化：一是消费者偏好和兴趣的改变；二是同业者之间的竞争。因此，营销管理的任务是设法维持现有的销售水平，防止出现下降趋势。主要策略是保持合理售价，稳定推销人员和代理商，严格控制成本费用等。

7．限制性营销

当某种产品或服务需求过剩时，应实行限制性营销。过剩需求是指需求量超过了卖方所能或所愿供给的水平，这可能是由于暂时性缺货或者产品长期过度受欢迎所致。如，对风景区过多的游人、对市场过多的能源消耗等，都应实行限制性营销。限制性营销就是长期或暂时地限制市场对某种产品或服务的需求，通常可采取提高价格、减少服务项目和供应网点、劝导节约等措施。实行这些措施难免要遭到反对，营销者要有思想准备。

8．抵制性营销

抵制性营销是针对有害需求实行的。有些产品或服务对消费者、社会公众或供应者有害无益，对这种产品或服务的需求，就是有害需求。营销管理的任务是抵制和清除这种需求，实行抵制性营销或禁售。抵制性营销与限制性营销不同，限制性营销是限制过多的需求，而不是否定产品或服务本身；抵制性营销则是强调产品或服务本身的有害性，从而抵制这种产品或服务的生产和经营。例如，对毒品、赌品、迷信品、黄色书刊等，就必须采取抵制措施。

针对上述各种情况，营销管理者必须掌握一定的营销理论和方法，通过系统的营销调研计划，实施与控制等活动来完成这些任务。

二、市场营销管理哲学

市场营销管理哲学是企业对其营销活动及管理的基本指导思想。它是企业营销管理必须遵从的一种观念、一种态度或一种思维方式。确立正确的营销管理哲学，对企业经营成败具有决定性意义。市场营销管理哲学的核心是正确处理企业、顾客和社会三者之间的利益关系。在许多情况下，这些利益是互相矛盾的，也是相辅相成的。

（一）企业导向

以企业为中心的市场营销管理观念。这是以企业利益为根本取向和最高目标来处理营销问题的观念。它包括：

1．生产观念

是一种最古老的营销观念。认为消费者总是喜爱可以随处买到和价格低廉的产品，企业应当集中精力提高生产效率和扩大分销范围，增加产量，降低成本。以生产观念指导营销管理活动的企业，称为生产导向企业，其表现是我们生产什么，就卖什么。

2．产品观念

认为消费者喜欢高质量、多功能和具有某些特色的产品。因此企业管理的中心是致力于生产优质产品，并不断精益求精。

持产品观念的公司假设购买者欣赏精心制作的产品，相信他们能鉴别产品的质量和功能，并愿意出较高价格购买这样的产品。这些公司的经理人员常迷恋自己的产品，而不太关注市场是否欢迎。他们在设计产品时完全依靠工程技术人员而极少让消费者介入。

3．推销观念

推销观念也叫销售观念，认为消费者通常有一种购买惰性和抗衡心理，若听其自然，消费者就不会大量购买本企业的产品，因而企业的管理中心是积极促销和大力促销。

在推销观念下，企业相信产品是“卖出去的”而不是“被买去的”。他们收罗大批推销专家，致力于产品的推广和广告活动，夸大产品的“好处”，对消费者进行无孔不入的促销信息“轰炸”，以求说服甚至迫使消费者购买。

（二）消费者导向

以消费者为中心的观念，又称市场营销观念。这种观念认为，企业的一切计划与策略应以消费者为中心，正确确定目标市场的需要与欲望，比竞争者更有效地提供目标市场所需求的产品和服务。

（三）社会利益导向

社会营销观念认为，企业生产经营不仅要考虑消费者的需要，而且要考虑消费者和整个社会的长远利益。这类观念可统称为社会营销观念。企业的任务在于确定目标市场的需要、欲望和利益，比竞争者更有效地使顾客满意，同时维护消费者权益和社会福利。

三、市场营销计划、顾客关系与顾客价值

市场营销战略规定了公司服务顾客的总体目标和方向，为落实市场营销战略，需要制订具体可操作的市场营销计划和方案，市场营销计划将市场营销战略转化为行动来建立客户关系，这往往要用到市场营销组合，即公司用于执行市场营销战略的营销工具也就是 4P 组合——产品（Production）、定价（Price）、渠道（Place）与促销（Promotion）。

企业制订营销战略和营销计划，设计营销组合，目的是建立有价值的顾客关系，最终获得顾客价值。现代市场营销理论认为，建立顾客关系是实现企业价值的关键，因为企业的收入来自顾客，是顾客决定了企业的生死存亡。建立持久顾客关系的关键是创造卓越的顾客价值和满意。满意的顾客更容易成为忠诚的顾客，并为企业带来长久的业务和收入。顾客在面对多种产品和服务时如何选择？顾客选择能够给自己带来最大顾客价值的产品和服务。这种顾客价值是基于顾客的认知基础之上的，也可以说是顾客认知价值。顾客认知价值是指企业让渡给顾客，且能让顾客感受到的实际价值。顾客认知价值取决于总顾客价值与总顾客成本的差异。总顾客价值是顾客从购买的产品或服务中获得的所有价值的总和，包括产品价值、服务价值、人员价值和形象价值等。总顾客成本是指顾客为购买某一产品所耗费的时间、精神体力以及所支付的货币资金等成本之和，包括货币成本、时间成本、体力成本和精力成本等。

第二节　市场营销机会分析

一、市场营销信息系统与市场调查

现代企业面对多变的市场环境和顾客需求要做出正确的营销决策，需要依靠大量准确、及时、系统的信息。信息的价值越来越重要，因此，企业除了管理好资金、设备、材料、人力等资源外，还要管理好信息资源，重要的是建立市场营销信息系统，做好市场调查工作，收集与整理各种与营销有关的信息，帮助决策。

市场营销信息系统是由人、计算机和程序组成的集合体，它为市场营销决策者收集整理、分析、评价并传递有用、适时和准确的信息。市场营销信息系统如图 7-2 所示。

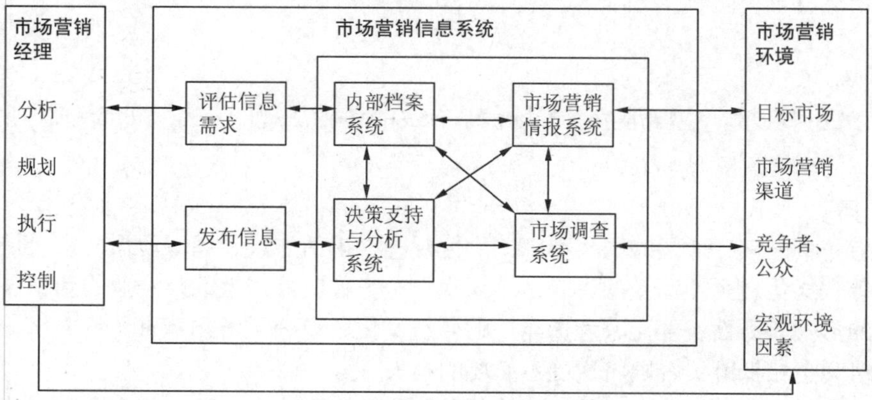

图 7-2　市场营销信息系统

市场营销经理的任务是分析、规划、执行、制订市场营销工作。市场营销决策需要市场营销环境方面的信息，这些信息通过市场营销信息系统提供。内部档案系统、市场营销情报系统、市场营销决策支持与分析系统和市场调查系统是市场营销信息系统的子系统，具体承担各项职能。

内部报告系统是最基本的信息系统，这些信息主要来自企业内部的销售、库存、财务等部门，包括销售订单、库存状况、产品发运信息应收款、销售报表等方面的信息。

市场营销情报系统和内部报告系统不同，它提供的是当前的信息。通过市场营销情报系统，可以获得市场营销环境发展变化的日常信息。这些信息可以由营销经理自己了解或接触得到，也可以通过别人收集，如通过检索书报资料，通过与顾客、经销商等人员交谈或者向市场调查公司购买等方式获得。

市场营销经理为了特定的目的，可以自己组织或委托市场调查公司进行市场调查。市场调查已经成为一个重要的社会中介行业提供专业的市场调查服务。常用的调查方法有定性调查和定量调查两大类。

市场营销经理经常需要做出各种决策，需要大量的信息，但信息还不是决策，因此，为了提高决策的效率和可靠性，人们开发了市场营销决策支持与分析系统。通过统计和模型模拟决策过程，依靠计算机软件和硬件把市场营销的信息转化为决策结果，辅助营销经理进行决策。

二、市场营销宏观环境分析

市场营销环境是指营销职能外部的不可控制的因素和力量，这些因素和力量是与企业营销活动有关的、影响企业生存和发展的外部条件。

宏观环境包括人口、经济、自然、技术、政法和文化环境等六大要素。一切营销组织都处于这些宏观环境因素之中，不可避免地受其影响和制约。这些都是不可控制的因素，企业及其所处的微观环境，都在这些宏观力量的控制和影响之下。这些宏观力量及其发展趋势给企业提供机会，同时也对其造成威胁。

1. 人口环境

人口环境对市场营销的关系是十分密切的，因为人是市场的主体。企业的人口环境包括人口的数量、密度、居住地点、年龄性别种族民族和职业等。

主要人口环境动向包括：世界人口迅速增长；发达国家的人口出生率下降，儿童减少；许多国家人口趋于老龄化；许多国家的家庭在变化；西方国家非家庭住户也在迅速增加；许多国家的人口流动性大（从农村流向城市、从城市流向郊区）；有些国家的人口由多民族构成。

2. 经济环境

构成市场的因素除人口外，还必须有购买力。而社会购买力是受宏观经济环境制约的，是经济环境的反映。影响购买力的因素主要有消费者的收入、币值、消费者的储蓄和信用、消费者的支出模式等。

3. 资源（自然）环境

地球上的自然资源有三类：取之不尽、用之不竭的资源，有限但可以更新的资源，有限又不能更新的资源。

4. 科学技术环境

科学技术是影响人类前途和命运的最大力量，是“第一生产力”。科学技术是一种“创造性的毁灭力量”。它有利于企业改善经营管理，同时也影响零售商业结构和消费者购物习惯。技术的进步对市场营销的影响更为直接而显著。

5. 政治法律环境

这里所说的政治法律环境，主要是指与市场营销有关的各种法规以及有关的政府管理机构和社会团体的活动。

6. 社会文化环境

社会文化主要指一个国家、地区的民族特征、价值观念、生活方式、风俗习惯、宗教信仰、伦理道德、教育水平、语言文字等。文化对企业营销的影响是多层次、全方位、渗透性的。企业的营销人员在产品和商标的设计、广告和服务的形式等方面，要充分考虑当地的传统文化，充分了解和尊重传统文化，在创新的时候也不要与核心文化和价值观念相抵触；否则将遭受不必要的损失。

企业策略与某一特定市场环境相配合的时间往往是短暂的，因为市场环境复杂多变，策略要随环境的变化而相应改变，所以营销管理者应密切注意市场环境的变化和策略的配合。

三、消费者市场分析

1. 消费者市场及消费者行为模式

消费者市场是指为满足个人或家庭物质文化生活需要而购买货物和服务的一切个人和家所组成的市场。现代市场营销的口号是“消费者至上”“消费者是上帝”。因此，一切企业，无论是生产企业还是商业、服务性企业，也无论是否直接为消费者提供服务，都必须研究消费者市场。因为只有消费者市场才是商品的最终归宿，即最终市场。研究消费者购买行为的理论中最有代表性的是“刺激—反应”模式，如图 7-3 示。

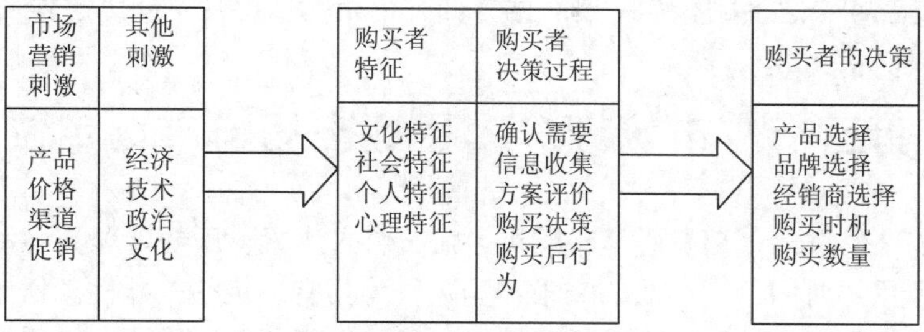

图 7-3　消费者购买行为模式

营销刺激，指企业营销活动的各种可控因素，即营销组合，包括产品、价格、分销、促销；其他刺激，指消费者所处的环境因素（经济、技术、政治、文化）的影响，如，国内政治经济形势的变化、币值的波动、失业率的高低等。这些刺激通过买者的“黑箱”产生反应，即购买者行为。

刺激和反应之间的购买者“黑箱”包括两个部分。第一部分是购买者的特性。购买者特性受到许多因素的影响，并进而影响购买者对刺激的理解和反应，不同特性的购买者对同一种刺激会产生不同的理解和反应。第二部分是购买者的决策过程。它直接影响最后的结果。购买者根据自己的特性处理这些信息，经过一定的决策过程，产生购买决定。

2．影响消费者购买的主要因素

消费者行为取决于他们的需要和欲望，而人们的需要和欲望以至消费习惯和行为，是在许多因素的影响下形成的。这些因素主要有文化的、社会的、个人的、心理的等四大类。这四类因素属于不同的层次，对消费者行为的影响程度是不同的，影响最深远的是一个民族的传统文化，它影响到社会的各个阶层和家庭，进而影响到每个人的心理及行为。影响消费者行为最直接的、决定性的因素，是个人及其心理特征。

（1）文化因素。文化、亚文化和社会阶层等文化因素，对消费者的行为具有最广泛和最深远的影响。

（2）社会因素。消费者购买行为也受到诸如参照群体、家庭、社会角色与地位等一系列社会因素的影响。其中参照群体是指那些直接或间接影响人的看法和行为的群体。

（3）个人因素。消费者购买决策也受其个人特性的影响，特别是受其年龄所处生命周期阶段、职业、经济状况、生活方式、个性以及自我观念的影响。

（4）心理因素。消费者购买行为要受到动机、知觉、学习以及信念和态度等主要心理因素的影响。

3．消费购买决策的一般过程

购买者的决策过程由一系列相关联的活动构成，将它分成若干阶段的目的，是使营销者能针对不同阶段的不同情况，采取有效的促销措施。市场营销学者对决策过程阶段的划分不尽相同，利普・科特勒把决策过程划分为五个阶段：确认需要、搜集信息、评估选择、决定购买、购后行为。这个模式表明，购买者决策过程远在实际购买之前即已开始，直到购买之后。它告诉营销者，应该研究购买者的整个决策过程，而不仅仅是注意购买决定。

（1）评估选择。消费者得到的各种有关信息，可能是重复的，甚至互相矛盾的，因此还要进行分析、评估和选择，这是决策过程中起决定性作用的一环。例如，某人要买电冰箱，搜集了有关资料，比较各牌号特点：×× 牌价廉耐用、省电、维修方便，但功能略少；×× 牌质优、效高、耐用，但价高、费电；×× 牌……各有利弊，权衡利弊后方能作出购买决定。

（2）决定购买。作出购买决定和实现购买，是决策过程的中心环节。消费者对商品信息进行比较和评选后，已形成购买意图，然而从购买意图到决定购买之间，还要受两个因素的影响。第一个因素是他人的态度。例如某人已准备购买 ×× 牌电冰箱，但他的家人或亲友持反对态度，就会影响购买意图。反对态度愈强烈，或持反对态度者与购买者的关系愈密切，修改购买意图的可能性就愈大。第二个因素是意外的情况。购买意图是在预期家庭收入、预期价格和预期获益（从购买的产品中）的基础上形成的。如果发生了意外的情况，如失业、意外急需、涨价或亲友带来该产品令人失望的信息，则很可能改变购买意图。

消费者修改、推迟或取消某个购买决定，往往是受已察觉的风险的影响。“察觉风险”的大小，随购买金额的大小、产品性能的稳定程度和购买者的自信心强弱而定。因此，营销者应设法使消费者所承担的风险减到最低限度，促使消费者作出购买决定并付诸实施。目前，有些大商场作出零风险承诺，对促进购买决定很有效。

（3）购后行为。消费者购买之后的行为主要有两方面：一是购后感受，即满意程度；二是购买后的行为。

第三节　市场细分、目标市场与市场定位

顾客是一个庞大、复杂的群体，消费心理、购买习惯、收入水平、所处地理环境和文化环境等都存在很大差异，因而不同消费者和用户对同一类产品的需求和购买行为具有一定的差异性。任何一个企业都无法满足整体市场的全部需求。因此，细分市场和目标市场营销战略就显得至关重要。企业需要根据某一类产品的不同需求，将顾客细分为若干群体；然后结合特定的市场环境和自身的资源条件，选择某些特定群体作为目标市场；并根据企业现有产品的市场地位和顾客对产品属性的重视程度，对产品进行市场定位。

一、市场细分

市场细分是企业根据自身条件和营销意图，以需求的某些特征或变量为依据，区分具有不同需求的顾客群体的过程。经过市场细分，在同类产品市场上同一细分市场的顾客具有较多的共性，不同细分市场之间的需求具有较多的差异性。

（一）市场细分常用变量

企业对市场的细分涉及市场细分变量的使用，现实中可以按照地理环境因素、人口因素、心理因素、行为因素等进行细分。

（1）按地理环境因素细分。不同地理环境下的顾客，由于气候、生活习惯、经济水平等不同，对同一类产品往往会有不同的需求和偏好，以至于对企业的产品、价格、销售渠道及广告等营销措施的反应也常常存在差别。

① 消费者居住的地区。如我国的茶叶市场，南方消费者喜欢红茶和绿茶，华北、华东地区消费者喜欢花茶。

② 地形气候。地形可分为山区、平原、丘陵；气温可分为热带、温带、寒带；湿度可分为干旱地区、多雨地区。如电风扇市场，热带地区一室多扇，而寒带地区则可以常年不需电风扇；洗衣机市场，多雨地区湿度大，顾客喜欢有脱水、烘干的功能。

（2）按人口因素细分。不同的年龄、性别、收入、职业、教育、种族或国籍的顾客，会有不同的价值观念、生活情趣、审美观念和消费方式，因而对同一类产品，必定会产生不同的消费需求。

① 年龄。人们在不同的年龄阶段，由于生理、心理等因素的不同，对商品的需求和欲望有着很大的区别。

② 性别。男性和女性，在不少商品的使用上存在很大的区别，如服装市场、化妆品市场，一般可以按照性别的不同，分为女性市场和男性市场。

③ 收入。收入水平不同的顾客，在购买时对商品的要求也不同。高收入的顾客，对产品比较注重“质”的需求，购物场所习惯到百货公司和专卖店；低收入的顾客，则侧重“量”的需求，通常喜欢到廉价的货仓商场、超市及普通商店。

④ 文化程度和职业。不同文化程度的人，他们的价值观、信念、习惯等存在较大的差异；不同职业的特点，也会使人们有很多购买上的差异。

⑤ 民族。我国有 56 个民族，绝大多数民族都有自己特殊的消费习惯和爱好。

（3）按心理因素细分。以上地理因素、人口因素相同或相近的顾客，对同一产品的爱好和态度也会截然不同，这主要是心理因素的影响。

① 生活方式。生活方式是人们生活的格局和格调，表现在人们对活动、兴趣和思想的见解，人们形成的生活方式不同，消费倾向也不一样。如女性服装可根据顾客的不同生活方式，分别设计出“朴素型”“时髦型”“新潮型”“保守型”“有男子气型”。

② 购买动机。购买动机是指顾客购买行为的直接原因。有些人为实用而购买，有些人为价格便宜而购买，有些人为追赶时髦而购买。

③ 性格。内向与外向；追求独特与愿意依赖；乐观与悲观。不同性格的顾客对产品的要求不同。如对产品的色彩，内向的人比较喜欢冷色调，外向的人却喜欢暖色调；对产品的款式，追求独特的人喜欢标新立异，

依赖的人却爱跟随众人。

（4）按行为因素细分。行为因素是按照顾客购买过程中对产品的认知、态度、使用来进行细分。

① 购买时机。按顾客对产品的需要、购买、使用时机的认知作为市场细分的标准。比如，旅行社可为每年的几个公众长假提供专门的旅游线路和品种，为中小学生每年的寒暑假提供专门的旅游服务。

② 追求利益。根据顾客对产品的购买所追求的不同利益来细分市场。美国学者阿莱（Haley）曾运用利益对牙膏市场进行细分而获得成功。他把牙膏需求者寻求的利益分为经济实惠、防治牙病、洁齿美容、口味清爽四种（见表 7-2）。

③ 使用情况。许多产品可以按照消费者对产品的使用情况进行分类。使用情况可以分为“从未使用过”“曾经使用过”“准备使用”“初次使用”“经常使用”等五种类型。对于不同的使用者情况，企业所施用的策略是不相同的。一般而言，资金雄厚、市场占有率高的企业，特别注重吸引潜在购买者，通过它们的营销策略，把潜在使用者变为实际使用者。一些中小型的企业，主要是吸引现有的使用者，提高他们对产品的使用率和对品牌的信赖和忠诚；或让使用者从竞争者的品牌转向本企业的品牌。

表 7-2　牙膏市场的利益细分

利益细分	人口统计特征	行为特征	心理特征	符合利益的品牌
经济实惠	男性	大量使用者	自主性强者	大减价的品牌
防治牙病	大家庭	大量使用者	忧虑保守者	品牌 A、E
洁齿美容	青年	吸烟者	社交活动多者	品牌 B
口味清爽	儿童	薄荷爱好者	喜好享乐者	品牌 C

（二）有效细分市场的原则

从企业营销角度看，并非所有的细分市场都有意义。企业选择的细分市场必须具备一定的条件。

1. 可衡量性。

可衡量性即用来划分细分市场大小和购买力特征程度，应该能够加以衡量和推断。

2. 可盈利性

可盈利性即细分市场有足够的需求量且有一定的发展潜力，使企业赢得长期稳定的利润。

3. 可实现性

可实现性即企业所选择的目标市场是否易于进入，根据企业目前的人、财、物和技术等资源条件能否通过适当的营销组合策略占领目标市场。

4. 可区分性

可区分性即不同细分市场的特征可清楚地加以区分。

（三）细分市场的步骤

根据收入、年龄、职业等一系列的细分变量可以将市场划分为若干细分市场。市场细分的步骤如下：

1. 市场调查

首先，利用焦点小组座谈等定性调查方法，了解消费者的动机、态度和行为。然后设计问卷，利用问卷调查消费者对产品属性及其重要程度的认识、品牌知名度及其受欢迎程度、产品使用方式、调查对象对产品类别的态度以及调查对象的人口统计特征、心理特征和接触媒体的习惯等信息。

2. 数据分析

信息收集完成后，要进行数据分析，用因子分析法分析资料，删除相关性高的变量，并用聚类分析法确定差异性大的细分市场。

3. 细分市场描绘

确定细分市场后，要对细分市场的特征进行描绘，便于制定有效的营销措施。利用消费者不同的态度、行为、人口统计变量、心理变量和消费习惯等勾画各细分市场的轮廓。

二、目标市场的选择

（一）目标市场选择

企业对市场进行细分之后，必须结合企业自身的资源决定为哪一个或哪几个市场进行服务，即将它们确定为企业的目标市场。

1. 评估细分市场

企业在评估不同的细分市场时，公司必须考虑两个因素，即细分市场的结构吸引力与企业的目标和资源。

（1）细分市场的结构吸引力。企业应结合前面所讲述的五种竞争力量模型对市场的结构生命力进行评价，并量化成相应的指标与权重，例如盈利率、客户数、企业投入的资源等，从而使不同的细分市场之间能够进行对比。

（2）企业的目标与资源。企业往往会为了短期的利益而奔波，这既耗费了企业的资源，又使企业目标的达成遥遥无期，从而使企业不能发展壮大，最终在激烈的竞争中被淘汰。而同时企业对于机会的把握，必须结合企业的资源，资源大于企业细分市场的需求会导致企业运作的低效、资源的浪费；资源小于企业细分市场的需求往往造成客户服务水平的下降，从而不利于更好地达成客户服务目标。

2. 目标市场进入的五种模式

公司在对不同的细分市场进行评估后，就必须对进入哪个市场和为多少个细分市场服务做出决策，通常企业有五种进入细分市场的模式（见图 7-4）。

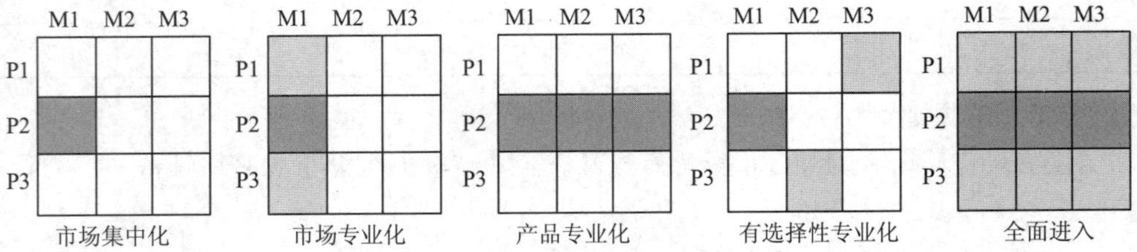

图 7-4　目标市场选择的五种模式

（1）市场集中化。企业选择一个细分市场作为目标市场，企业只生产一种产品来满足这一市场消费者的需求。这是最简单的目标市场模式。这种策略的优点主要是能集中企业的有限资源，通过生产、销售和促销等专业化分工，能提高经济效益。一般适应实力较弱的小企业，与其在大市场里平庸无奇，倒不如在小市场里争一席之地。但小企业面临着较大的潜在风险，如消费者的爱好突然发生变化，或有强大的竞争对手进入这个细分市场，企业很容易受到损害。

（2）产品专业化。企业选择几个细分市场作为目标市场，企业只生产一种产品来分别满足不同目标市场消费者的需求。这种策略可使企业在某个产品树立起很高的声誉，扩大产品的销售，但如果这种产品被全新技术产品所取代，其销量就会大幅下降。

（3）市场专业化。企业选择一个细分市场作为目标市场，并生产多种产品来满足这一市场消费者的需求。企业提供一系列产品专门为这个目标市场服务，容易获得这些消费者的信赖，产生良好的声誉，打开产品的销路。但如果这个消费群体的购买力下降，就会减少购买产品的数量，企业就会产生滑坡的危险。

（4）选择专业化。企业选择若干个互不相关的细分市场作为目标市场，并根据每个目标市场消费者的需求，向其提供相应的产品。这种策略的前提就是每个市场必须是最有前景、最具经济效益的市场。

（5）市场全面化。企业把所有细分市场都作为目标市场，并生产不同的产品满足各种不同的目标市场消费者的需求。只有大企业才能选用这种策略。

（二）目标市场策略

多数情况下，有价值的子市场可能不止一个。那么，面对已经细分的市场和多种可能的机会，企业应如何选择自己的目标市场和设计营销组合策略呢？通常有三种思路可供企业采用：无差异性营销策略、差异性营销策略、集中性营销策略。

1. 无差异性营销

无差异性营销在选择目标市场和组织营销活动方面的思路是：面对细分化的市场，企业重视各子市场之间在需求方面的共性而忽略它们的个性，不是选择一个或若干个子市场作为目标市场，而是把各子市场重新集合成一个整体市场，并将其作为自己的目标市场；企业向整体市场供应单一的标准化产品，使用单一的营销组合，并通过强有力的促销吸引尽可能多的购买者。例如，美国可口可乐公司因为拥有世界性专利，在20世纪60年代前经实行这种无差异营销策略，以单一品种、单一标准、单一包装和统一的广告宣传，长期占领世界饮料市场。

无差异营销的优点：首先，可以降低营销成本；其次，广告宣传等促销活动有可能强化品牌形象，甚至创造所谓超级品牌。但这种策略对大多数产品并不适合，因为在商品生产发达、市场竞争激烈的情况下，一种产品长期被所有的消费者接受的情况是极少见的。

2. 差异性营销

差异性营销在选择目标市场和组织营销活动方面的思路是：面对已经细分的市场，企业选择两个以上或多个子市场作为目标市场；分别为每个子市场提供有针对性的产品；并根据产品的特征和子市场的特点，分别制定和实施价格策略、分销渠道策略和促销策略。

差异性营销具有很大的优越性。首先，这种营销方式大大降低了经营风险。其次，这种营销方式能够使顾客的不同需求得到更好满足，也使每个子市场的销售潜力得到最大限度的挖掘，从而有利于扩大企业的市场占有率。最后，如果企业能够在几个子市场上取得良好经营效果，树立几个著名品牌，则可以大大提高消费者或用户对该企业产品的信赖程度和购买频率，尤其有利于新产品迅速打开市场。差异性营销策略的缺点在于，随着产品品种的增加、销售渠道的多元化以及市场调研和广告宣传等营销活动的扩大与复杂化，生产成本、管理费用和销售费用必然大幅度增加。

3. 集中性营销

集中性营销的思路是：企业既不试图在整体市场上经营，也不是把力量分散使用于若干个子市场，而是集中力量进入一个子市场，为该市场开发一种理想而独到的产品，实行高度专业化的生产和销售。采用这种策略通常是为了在一个较小的或很小的子市场上取得较高的、甚至是占支配地位的市场占有率，而不追求在整体市场上或较大的细分市场上占有较小的份额。集中性营销策略主要适用于资源力量有限的小企业，能使企业在生产和销售上实现专业化，节省营销费用，提高投资收益率，增强盈利性。但这种策略的缺点是潜伏着较大的风险，一旦目标市场突然不景气，而本企业又无法随机应变时，就可能陷人困境。

三、差异化与市场定位方式

公司在选择好目标市场之后，还必须确定一种价值主张，包括公司如何为目标市场创造差异化的价值，以及它希望在目标市场中占据什么位置。差异化是指公司以不同于竞争对手的产品创造卓越的顾客价值，寻求竞争优势。市场定位是确定产品在目标顾客心目中的位置。以汽车市场为例，日本的汽车定位于经济，在顾客心目中树立了节能经济的形象，奔驰汽车定位于豪华舒适，宝马汽车定位于性能卓越，沃尔沃汽车定位于安全性等。

（一）定位的基本概念

企业在选择目标市场之后，紧接着要考虑的问题就是进行合适的市场定位。定位的目的是使目标能够识别出企业独特的产品和形象。定位就是与其他产品相比，某种产品品牌或某系列产品在消费者心目中的地位。定位可以涉及某种产品，也可以涉及某一品牌，还可以是一系列产品；定位实际上是一种在客头脑中形成的印象，这种印象总是和竞争者的产品或品牌联系在一起。所谓市场定位，就是指设计一定的营销组合，以影响潜在顾客对一个品牌、产品线或一个组织的全面认识和感知。

“定位”一词的提出者阿尔·里斯和杰克·特劳特认为：定位起始于产品。一件商品、一项服务、一家公司、一个机构，或者甚至是一个人……然而，定位并非对产品本身做什么。定位是指要针对潜在顾客的心理采取行动，即将产品在客的心目中定一个适当的位置。

企业有了明确的定位，还要通过定价、标志、包装、销售、广告和促销等活动向消费者宣传和沟通，在消费者心中树立产品和企业形象。例如，大家公认赫兹公司是世界上最大的汽车租赁公司，可口可乐是世界上最大的软饮料公司，保时捷是世界上最好的运动跑车之一。

（二）市场定位的战略

市场定位战略包括特色定位战略、利益定位战略、用途定位战略、用户定位战略竞争者定位战略、产品种类定位战略、质量—价格定位战略等。

1．特色定位战略

一个公司可以定位自己的特色，如它的规模、它的历史等。例如，迪斯尼乐园可以在其广告中宣传自己为世界上最大的主题公园，同仁堂等老字号企业可以将自己百年老店的历史传统作为定位的依据。

2．利益定位战略

利益定位战略即把产品定位为某一特定利益上的领先者。例如，高露洁牙膏宣传它能够使牙齿坚固，佳洁士牙膏突出其防治牙病等。

3．用途定位战略

例如，早期的施乐复印机和后来的佳能复印机，都是办公自动化的一部分，而惠普的打印机则在激光打印领域处于领先地位。

4．用户定位战略

索尼的系列产品为不同的使用者提供不同的产品类型（包括业余歌手和专业歌手）。中国移动公司推出全球通、动感地带和神州行三种不同的通信产品，也是针对不同的用户进行定位。

5．竞争者定位战略

争者定位战略也就是针对竞争者的状况进行定位。例如：百事可乐针对可口可乐进行对比性广告宣传：可口可乐宣传自己是“真正的可乐”“永远的可乐”“正宗的可乐”；百事可乐宣传自己是“新一代的可乐”，“年轻人的可乐”“新一代的选择”等。

6．产品种类定位战略

例如新加坡的香格里拉饭店将自己定位为“又一座植物公园”，这里针对的不是宾馆业的竞争对手，而是另一种行业—新加坡植物公园。

7．质量—价格定位战略

这其实是一种价值定位战略，也就是在一定的价格下是最好的质量，或者同样的质量而价格最低。例如，戴尔计算机采用直销模式，降低了成本，并将下降的成本让利给顾客，戴尔强调的“物超所值，实惠之选”正是质量—价格定位的体现。

（三）市场定位的方式

市场定位可采取以下方式：

1．对抗定位

对抗定位是指对公司的产品进行设计，使之在目标顾客心目中占有一种“与在市场上占据支配地位的、最强的竞争对手相对立”的特有的位置。例如：百事可乐与可口可乐相持百年的可乐大战，麦当劳与肯德基的激烈竞争等。

2．避强定位

避强定位即避免与强有力的竞争对手进行正面交锋的市场定位战略。其优点是能够迅速地在市场上站稳脚跟，并能在消费者或用户心目中迅速树立起一种形象。例如，七喜就成功地采用了这一定位。由于可口可乐在可乐业拥有强大的支配力，并没有给其他品牌留下很大的发展空间，在此情况下，七喜公司推出了反其道而行之的定位战略，以避开强劲的竞争。它推出了“非可乐”的汽水，取得了巨大的市场成功。

3．反向定位

安飞士公司将自己定位为汽车租赁行业的第二位，强调“我们是老二，但我们要迎头赶上”。提出此定位后，该公司反而从多年连续亏损变为盈利。

4．对竞争对手再定位

对竞争对手再定位即在顾客心目中对竞争者进行再定位，改变竞争对手在顾客心目中的形象，从而树立自己在顾客心目中的形象。如宝马汽车针对奔驰的再定位是“最基本的座驾对最基本的行驶工具”。

第四节　市场营销组合决策

一、产品策略

（一）产品的概念

产品概念具有极其宽广的外延和深刻而丰富的内涵，指通过交换满足人们需要和欲望的因素或手段。产品包括提供给市场，能够满足消费者或用户某一需求和欲望的任何有形产品和无形产品。因此，市场营销学所讲的产品是一个整体概念，包含三个层次的内容：核心产品、形式产品、附加产品，如图 7-5 所示。

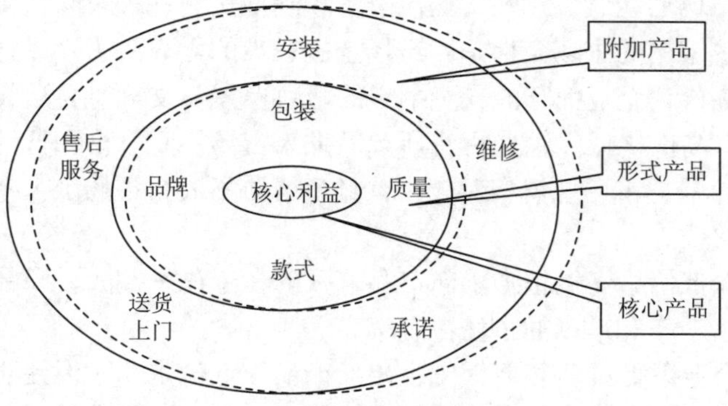

图 7-5　产品整体概念

市场营销学关于产品的整体概念如下：

1．核心产品

这是购买者购买某种产品时所追求的主要利益，是消费者需要的中心内容。例如，顾客购买照相机，不是为了得到一个铁匣子，而是要从中满足丰富业余文化生活和留下良好的形象以作纪念的需要。核心产品是产品整体概念中最基本、最主要的部分。

2．形式产品

形式产品主要包括产品的品种、规格、式样、花色、形状、品牌、包装等方面的内容，是购买者需求的不同满足形式。

3．附加产品

附加产品是购买者在购买形式产品时所获得的全部附加服务和利益，能给购买者以更大的满足。其内容主要包括保证（如“三包”“三保”）、安装、送货、维修、提供信贷等。

整体产品观念是市场营销观念的产物。在市场营销观念看来，“产品＝需求”这一等式是成立的。

（二）产品生命周期各阶段的特点及其策略

产品生命周期即产品的市场生命，指产品从研制开发、投放市场开始到最终被淘汰出市场的全过程，如图 7-6 所示。

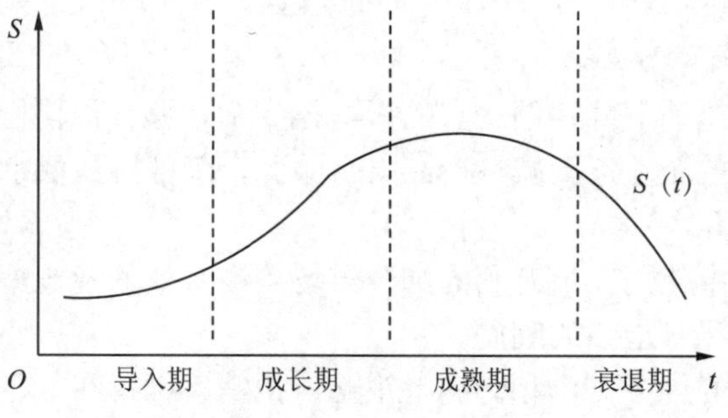

图 7-6　产品生命周期

不同产品虽具有不同的生命周期，但在客观上都会呈现出一种有规律的阶段性变化。根据产品销售增长率及企业利润的变化，一个典型的产品生命周期包括四个基本阶段：导入期、成长期、成熟期、衰退期。这些阶段各有其特征，它们直接影响企业市场营销策略的选择和实施效果。

1．导入期的市场特点与营销策略

消费者对处于导入期的产品不了解，大部分顾客不愿意放弃或改变自己以往的消费行为，销售量小，相应地增加了单位产品成本；尚未建立理想的影响渠道和高效率的营销模式；价格决策难以确立，高价可能会限制购买，低价可能难以收回成本；广告费用和其他营销费用开支较大；产品技术性能还不够完善；利润较少，容易出现经营亏损，企业承担的市场风险最大。

导入期的市场营销策略如下：

（1）快速掠夺策略，即以高价格和高促销推出新产品。实行高价格是为了在单位销售额中获取最大的利润，实行高促销是为了引起目标市场的注意，加快市场渗透。成功地实施这一策略，可以赚取较大的利润，尽快收回新产品开发的投资。实施该策略的市场条件是：市场上有较大的需求潜力；目标顾客具有求新心理，急于购买新产品，并愿意为此付出高价；企业面临潜在竞争者的威胁，需要及早树立品牌。

（2）缓慢掠夺策略，即以高价格低促销费用将新产品推入市场。高价格和低促销水平结合使企业获得更多利润。实施该策略的市场条件是：市场规模相对较小，竞争威胁不大；市场上大多数用户对该产品没有过多疑虑，适当的高价能为市场所接受。

（3）快速渗透策略，即以低价格高促销推出新产品，目的在于先发制人，以最快的速度打入市场。该策略可以给企业带来最快的市场渗透率和最高的市场占有率。

（4）缓慢渗透策略，即企业以低价格和低促销推出新产品。低价是为了促使市场迅速地接受新产品，低促销则可以实现更多的利润。企业坚信该市场需求价格弹性较高，而促销弹性较小。实施这一策略的市场条件是市场容量较大，潜在顾客易于或已经了解此项新产品，而且对价格十分敏感。

2．成长期的特点与营销策略

消费者对成长期的新产品已经熟悉，促销量增长很快；大批竞争者加入，市场竞争加剧；产品已定性，技术工艺比较成熟；建立了比较理想的营销渠道；市场价格趋于下降；为了适应竞争和市场扩展的需要企业的促销费用水平基本稳定或略有提高，但占销售额的比率下降；由于促销费用分摊到更多销量上，单位生产成本迅速下降，企业利润迅速上升。

在成长期，企业营销策略的核心是尽可能地延长产品的成长期，具体如下：

（1）根据用户需求和其他市场信息，不断提高产品质量，努力发展产品的新款式，增加产品新用途。

（2）加强促销环节，树立强有力的产品形象，主要目标是建立品牌偏好，争取新顾客。

（3）重新评价渠道和选择策略，巩固原有渠道，增加新的销售渠道，开拓新市场。

（4）选择适当的时机调整价格，以争取更多顾客。

3．成熟期的特点与营销策略

成熟期可以分为三个时期。首先，成长成熟期。此时各销售渠道基本呈饱和状态，增值率缓慢上升，还有少数的后续购买者进入市场。其次，稳定成熟期。由于市场饱和，消费平稳，产品销售稳定。销售增长率一般指与购买者人数呈正比，如无新购买者则增长率停滞或下降。再次，衰退成熟期。此时，销售水平显著下降，原有用户的兴趣已开始转向其他产品和替代品。

成熟期的营销策略有三种可供选择：市场改良、产品改良、营销改良。

4．衰退期的特点和营销策略

产品销售量由缓慢下降变为迅速下降，消费者的兴趣已完全转移；价格已下降到最低水平；多数企业无利可图被迫退出市场；留在市场上的企业逐渐减少产品附带服务，以维持最低水平的经营。

衰退期的营销策略包括以下几个：

（1）集中策略，即把资源集中使用在最有利的细分市场、最有效的营销渠道和最易销售的款式和品种上，缩短战线，以最有利的市场赢得尽可能多的利润。

（2）维持策略，即保持原有的细分市场和营销者策略，把销售维持在一个低水平上，待到适当时机便停止该产品的经营，退出市场。

（3）榨取策略，即大大降低销售费用。

如果企业决定停止经营衰退期的产品，应在立即停产还是逐步停产的问题上慎重决策并应处理好善后事宜，使企业有秩序地转向新产品的经营。

（三）品牌策略

品牌是用以识别某个销售者或某群销售者的产品或服务，并使之与竞争对手的产品或服务区别开来的商业名称及标志，通常由文字、标符号、图案和颜色等要素的组合构成。品牌是一个集合概念，它包括品牌名称和品牌标志两部分。

品牌策略主要有以下四种：

1．品牌有无策略

品牌能够给品牌所有者、品牌使用者带来更多好处，但并不是所有的产品都一定要有品牌。是否设定品牌，要视品牌运营的投入产出测算而定。实践中，有的销售者为了节约包装、广告等费用，降低产品价格，吸引低收入购买力，提高市场竞争力也采用无品牌策略。如在超市里就有无品牌产品，它们多是包装简易且价格便宜的产品。

2．品牌归属策略

确定产品应该有品牌以后，就涉及如何抉择品牌归属的问题。企业有三种可供选择的策略：其一是企业使用属于自己的品牌，这种品牌叫做企业品牌或生产者品牌；其二是企业将其产品售给中间商，由中间商使用自己的品牌将产品转卖出去，这种品牌叫做中间商品牌；其三是企业对部分产品使用自己的品牌，而另一部分产品使用中间商品牌。

3．品牌统分策略

品牌统分策略包括统一品牌、个别品牌、分类品牌和企业名称加个别品牌。统一品牌即企业所有的产品（包括不同种类的产品）都统一使用一个品牌。例如，飞利浦公司所有产品（包括音响、电视、灯管、显示器等）都以“PHILIPS”为品牌。个别品牌指企业对各种不同产品使用不同品牌。这种品牌策略可保证企业的整体信誉不至于受其某种商品声誉的影响，便于消费者通过识别不同的品牌来选购不同档次的商品，同时也有利于企业的新产品向多个目标市场渗透。使用这种品牌策略，促销费用较高。分类品牌指企业对所有产品在分类的基础上使用不同的品牌。企业名称加个别品牌指企业对其各种不同的产品分别使用不同的品牌，但需在各种产品的品牌前面冠以企业的品牌。

4．多品牌策略

多品牌策略指企业同时为一种产品设计两种或两种以上互相竞争的品牌。这种策略由宝洁公司首创并获得了成功。在中国市场上，宝洁公司为自己生产的洗发液设计了三个品牌：飘柔、海飞丝和潘婷。

（四）包装策略

包装是指对某一品牌商品设计并制作容器或包扎物的一系列活动。包装有两个方面的含义：其一，指为产品设计、制作包扎物的活动过程；其二，指包扎物。一般来说，商品包装应该包括商标或品牌、形状、颜色、图案和材料等要素。

符合设计要求的包装固然是良好的包装，但良好的包装只有同科学的包装结合起来才能发挥其应有的作用。可供企业选择的包装策略有如下几种：

1．类似包装策略

类似包装策略指企业的所有商品，在包装外形上都采用相同或相近的图案、色彩等共同特征，使消费者通过类似的包装联想起这些商品是同一企业的产品，具有同一的质量水平。类似包装策略不仅可以节省包装设计成本，树立企业整体形象，扩大企业影响，而且还可以充分利用企业已拥有的良好声誉，消除消费者对新产品的不信任感，进而有利于带动新产品销量。它适用于质量水平相近的产品。但由于类似包装策略容易对优质产品产生不良影响，所以，对于大多数不同种类、不同档次的产品，一般不宜采用这种包装策略。

2．等级包装策略

等级包装策略指企业对自己生产经营的不同质量等级的产品分别设计和使用不同的包装。显然，这种依产品等级来配比设计包装的策略可使包装质量与产品等级相匹配。对高档产品采用精致包装，对低档产品采用简略包装，其做法适应不同需求层次消费者的购买心理，便于消费者识别、选购商品，从而有利于全面扩大销售。

3．分类包装策略

分类包装策略指根据消费者购买目的的不同，对同一种产品采用不同的包装。

4．配套包装策略

配套包装策略指企业将几种有关联性的产品组合在同一包装物内的做法。这种策略能够节约交易时间，便于消费者购买携带与使用，有利于扩大产品销售，还能够在将新旧产品组合在一起时，使新产品顺利进入市场。

5．再使用包装策略

再使用包装策略也称双重用途包装策略，指包装物在被包装的产品消费完毕后还能移做他用的做法。常见的果汁、咖啡等包装即属此种。

6．附赠品包装策略

附赠品包装策略指在包装物内附上赠品以诱发消费者重复购买的做法。在包装物内的附赠品可以是玩具、图片，也可以是奖券。该包装策略对儿童和青少年以及低收入者比较有效。这也是一种有效的营业推广方式。

7．更新包装策略

更新包装策略就是改变原来的包装。指企业包装策略随着市场需求的变化而改变的做法。一种包装策略无效，依消费者的需要更换包装，实施新的包装策略，可以改变商品在消费者心目中的地位，进而收到迅速恢复企业声誉之佳效。

二、定价策略

价格是市场营销组合因素中十分敏感而又难以控制的因素，它直接关系到市场的需求和企业利润的多少，涉及到生产者、经营者、消费者等各方面的利益。因此定价策略是企业市场营销组合策略中一个极其重要的组成部分。

（一）影响定价的因素

1．定价目标

任何企业都不能孤立地制定价格，而必须按照企业的目标市场战略（即市场定位战略）的要求来进行。企业的定价目标主要有以下几种：

（1）维持生存。如果企业产量过剩，或面临激烈竞争，或试图改变消费者需求，则需要将维持生存作为主要目标。

（2）当期利润最大化。有些企业希望制定一个能使当期利润最大化的价格。他们顾及需求和成本，并据此选择一种价格，使之能产生最大的当期利润、现金流量或投资回报率。

（3）市场占有率最大化。有些企业想通过定价来取得控制市场的地位，使市场占有率最大化。

（4）产品质量最优化。企业也可以考虑产品质量领先这样的目标，并在生产和市场营销过程中始终观测产品质量最优化的指导思想。

2．产品成本

任何企业都不能随心所欲地制定价格。某种产品的最高价格取决于市场需求，最低价格取决于这种产品的成本费用。从长远来看，任何产品的销售价格都必须高于成本费用，只有这样才能以销售收入抵偿市场成本和经营费用，否则就无法经营。因此，企业制定价格时必须估算成本。

3．市场需求

在产品的最高价格和最低价格幅度内，企业把产品价格定多高，取决于竞争者同种产品的价格水平。可见，市场需求、成本费用、竞争产品价格对企业定价有着重要影响。

另外，需求受价格和收入变动的影响。因价格和收入等因素而引起的需求的相应变动率，叫做需求弹性。需求的价格弹性反映需求量对价格的敏感程度，以需求变动的百分比与价格变动的百分比之比值来计算，亦即价格变动百分之一会使需求变动百分之几。

（二）定价的基本策略

1．折扣定价策略

企业为了鼓励顾客较早付清货款、大量购买、淡季购买，还可以酌情降低其基本价格。这种价格调整叫做价格折扣。价格折扣主要有如下类型：

（1）现金折扣。这是企业给当场付清货款的顾客的一种减价方式，例如，顾客应在30天内必须付清货款，如果10天内付清货款，给予2%的折扣。

（2）数量折扣。这种折扣是企业给那些大量购买某种产品的顾客的一种优惠，以鼓励顾客购买更多的商品。这样做是因为大量购买能使企业降低生产、销售、储运、记账等环节的基本费用。

（3）功能折扣。这种折扣又叫贸易折扣，是制造商给某些批发商或零售商的一种额外折扣，促使他们执行某种市场营销功能。

（4）季节折扣。这种价格折扣是企业给那些购买过季商品或服务的顾客的一种减价，目的是使企业的市场和销售在一年四季内保持相对稳定。

（5）价格折让。这是另一种类型的价目表价格的减价。例如，一辆车的标价为4 000元，顾客拿旧车折价500元购买，付款3 500元，这叫以旧换新折让。如果经销商同意参加制造商的促销活动，则制造商卖给经销商的物品可以打折扣，这叫做促销折让。

2．地区定价策略

地区性定价策略，就是企业要决定对于卖给不同地区（包括当地和外地不同地区）顾客的某种产品，是分别制定不同的价格，还是制定相同的价格。也就是说，企业要决定是否制定地区差价。

3．心理定价策略

（1）声望定价。企业利用消费者仰慕名牌商品或名店的声望所产生的某种心理，制定商品价格，故意把价格定成整数或高价。

（2）尾数定价。利用消费者数字认知的某种心理，尽可能在价格数字上不进位，而保留零头，使消费者产生价格低廉和卖主经过认真的成本核算才定价的感觉，从而使消费者对企业产品及其定价产生信任感。

（3）招徕定价。指零售商利用部分顾客求廉的心理，特意将某几种商品的价格定得较低以吸引顾客。某些商店随季节变化推出降价商品，有的每天、每时都有一两种商品降价出售，以吸引顾客经常来采购廉价商品。

4．差别定价策略。差别定价策略主要有四种形式。

（1）顾客差别定价。即企业按照不同的价格把同一产品或服务卖给不同的顾客。

（2）产品形式差别定价。即企业对不同型号或形式的产品分别制定不同的价格，但是不同型号或形式产品的价格之间的差额和差别费用之间的差额并不成比例。

（3）产品部位差别定价。即企业对于处在不同位置的产品或服务分别制定不同的价格，即使这些产品或服务的成本费用没有任何差异。例如剧院，虽然不同座位的成本费用都一样，但不同座位的票价却不同。

（4）销售时间差别定价。即企业对于不同季节、不同时机甚至不同时点的产品或服务分别制定不同的价格。美国公用事业对商业用户（如旅馆、饭店等）在一天中某些时间、周末或平常日子的收费标准有所不同。

5．新产品定价策略

（1）撇脂定价。是指在产品生命周期的最初阶段，把产品的价格定得很高，以获取最大利润，犹如从鲜奶中撇取奶油。企业之所以能这样做，是因为有些购买者主观认为某些商品具有很高价值。

（2）渗透定价。是指企业把其创新产品的价格定得相对较低，以吸引大量顾客，提高市场占有率。

三、分销渠道策略

分销渠道，也叫配销通路，是指某种产品从生产者向消费者或用户转移过程中所经过的一切取得所有权（或协助所有权转移）的商业组织和个人。即产品所有权转移过程中所经过的各个环节连接起来形成的通道。分销渠道的起点是生产者，终点是消费者或用户，中间环节包括各种批发商、零售商、商业中介机构（交易所、经纪人等）。

（一）分销渠道类型

分销渠道按其有无中间环节和中间环节的多少，也就是按渠道长度的不同，可分为直接渠道和间接渠道。

1．直接渠道制造商直接把产品卖给消费者（或用户）

主要有派推销员上门推销、邮寄销售、开设自销门市部、通过订货会或展销会与用户直接签约供货等形式。

2．间接渠道

指在产品从生产者流向最终消费者或用户的过程中经过一层或一层以上的中间环节。消费品市场多数采用这种间接渠道。

（二）分销渠道设计

分销渠道的设计包括确定渠道模式、确定中间商数目和规定渠道成员彼此的权利和责任等三方面内容。

1．确定渠道模式

即决定渠道的长度。企业分销渠道设计首先是要决定采取什么类型的分销渠道，是派推销人员上门推销或以其他形式自销，还是通过中间环节分销。如果决定利用中间商分销，还要进一步决定选用什么类型和规模的中间商。

2．确定中间商的数目

即决定渠道的宽度。这主要取决于产品本身的特点、市场容量的大小和需求面的宽窄。通常有三种可供选择的形式。

(1) 密集性分销。运用尽可能多的中间商分销，使渠道尽可能加宽。消费品中的便利品（肥皂等）和工业用品中的标准件、通用小工具等，适于采取这种分销形式，为购买者提供最大便利。

(2) 独家分销。在一定地区内只选定一家中间商经销或代理，实行独家经营。独家分销是最极端的形式，是最窄的分销渠道，通常只对某些技术性强的耐用消费品或名牌货适用。独家分销对生产者的好处是：有利于控制中间商，提高他们的经营水平，也有利于加强产品形象，增加利润。但这种形式有一定风险，如果这一家中间商经营不善或发生意外情况，生产者就要蒙受损失。

采用这种形式时，通常产销双方议定销方不得同时经营其他竞争性商品，产方也不得在同一地区另找其他中间商。这种独家经营妨碍竞争，因而在某些国家被法律所禁止。

(3) 选择性分销。这是介乎上述两种形式之间的分销形式，即有条件地精选几家中间商进行经营。这种形式对所有各类产品都适用，它比独家分销面宽，有利于扩大销路，开拓市场，展开竞争；比密集性分销又节省费用，并较易于控制，不必分散太多的精力。有条件地选择中间商，还有助于加强彼此之间的了解和建立长期关系，使被选中的商家愿意努力提高推销水平。因此，对某些产品（家用电器、家具等）来说，这种分销形式效果较好。

3．规定渠道成员彼此的权利和责任

在确定了渠道的长度和宽度之后，企业还要规定与中间商彼此之间的权利和责任，如对不同地区、不同类型和不同购买量的中间商给予不同的价格折扣，提供质量保证和跌价保证以促使中间商积极进货。还要规定交货和结算条件，以及规定彼此为对方提供哪些服务，如产方提供零配件，代培技术人员，协助促销；销方提供市场信息和各种业务统计资料等。

四、促销策略

成功的市场营销活动不仅需要制定适当的价格、选择合适的分销渠道向市场提供令消费者满意的产品，而且需要采取适当的方式进行促销。正确制定并合理运用促销策略是企业在市场竞争中取得有利的产销条件、获取较大经济效益的必要保证。

促销工作的实质与核心是沟通信息，是企业通过人员和非人员的方式，沟通企业与消费者之间的信息，引发、刺激消费者的购买欲望，使其产生购买行为的活动。促销在企业营销活动中具有传递信息，强化认知；突出特点，诱导需求；指导消费，扩大销售；滋生偏爱，稳定销售的作用。

（一）促销组合的概念

促销组合是一种组织促销活动的策略思路，它包括广告、公共关系、营业推广、人员推销四种基本促销方式。

广告是一种以付费形式通过一定媒体对产品或企业进行宣传的促销方式，其具体手段种类繁多，常见的有：电视广告、互联网广告、报纸广告、杂志广告、广播广告、产品包装、产品说明书、户外广告、海报招贴和传单、售货现场陈列、视听资料、邮寄广告、产品目录，等等。公共关系是以非付费方式借助大众传播媒体的新闻报道间接宣传企业及其产品的一种促销方式，其常见的具体手段或工具包括新闻发布会、公益服务活动、经过策划的公关事件或专题活动、演讲、研讨，等等。营业推广是通过各种具有短期刺激作用的特定活动促使潜在购买者更快或更多地购买某一产品的一种促销方式，其具体手段中比较常见的有：赠送样品、优惠券、价格折扣、有奖销售、对经销商的各种折扣或奖励，等等。人员推销是以推销人员直接说服顾客购买为基本内容的一种促销方式，包括上门推销、电话推销、展销会或交易会推销、零售现场推销，等等。常见的促销组合工具如表 7-3 所示。

表 7–3　常见的促销组合工具

广告	营业推广	公共关系	人员推销
电视广告	销售竞赛、抽奖	销售竞赛、抽奖	销售介绍
报纸广告	奖金和礼品	研讨会	销售会议
报纸杂志广告	样品试用试尝	慈善捐赠	电话营销
电影广告	交易会	赞助	样品试用
路牌广告	价格优惠券	社区关系	展览会
邮寄广告	附赠品积分	形象识别媒体	
海报和宣传页	以旧换新	公关广告	

（二）影响促销组合的因素

公司在设计促销组合时，应考虑几个因素，如销售产品的市场类型，采用推动还是拉引战略，怎样使有准备的消费者购买，产品在产品生命周期中所处的阶段，以及公司的市场排列等。

1．产品市场类型

促销工具的有效性因消费者市场和工业市场的差异而不同。经营消费品的公司一般都把大部分资金用于广告，随之而来的是销售促进、人员推销与公共关系，而经营工业品的公司则把大部分资金用于人员推销，随之是销售促进、广告和公共关系，具体如图 7-7 所示。

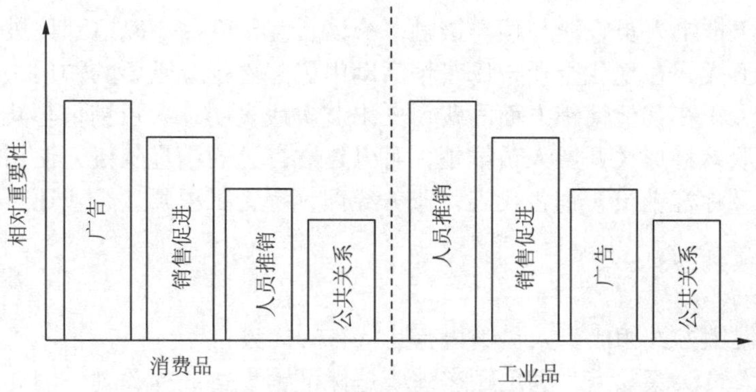

图 7-7　不同促销工具在消费品与工业品中的相对比重

2．推拉战略

企业的促销总策略有“推动策略”和“拉引策略”之分（见图 7-8）。推动策略是企业把商品由生产者“推”到批发商，批发商再“推”到零售商，零售商再“推”到消费者。显然，企业采取推动策略，人员推销的作用最大。拉引策略是以最终消费者为主要促销对象。企业首先设法引起购买者对产品的需求和兴趣，购买者需要通过中间商满足购买需求，中间商受利润驱动向厂商进货。可见，企业采用拉引策略，广告是最重要的促销手段。

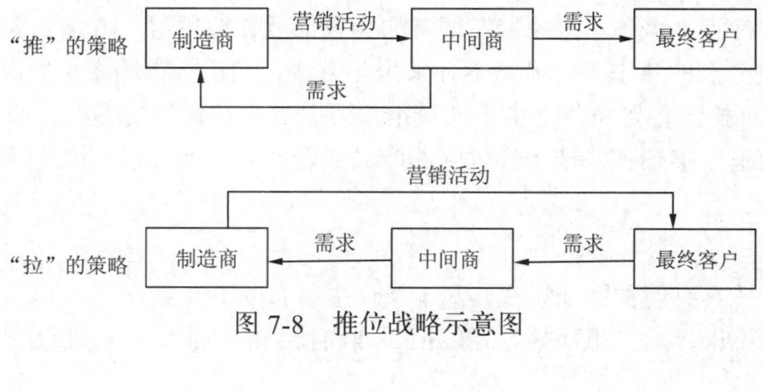

图 7-8　推位战略示意图

3. 购买者的准备阶段

促销工具在不同的购买准备阶段往往有着不同的成本效益。在知晓阶段，广告和公关的作用较大；在认识和喜欢阶段，广告作用较大，其次是人员推销和公共关系；在偏好和确信阶段，人员推销和公共关系的作用较大，广告次之；在购买阶段，人员推销和销售促进的作用最大，广告和公共关系的作用相对较小。购买者的不同购买阶段如图 7-9 所示。

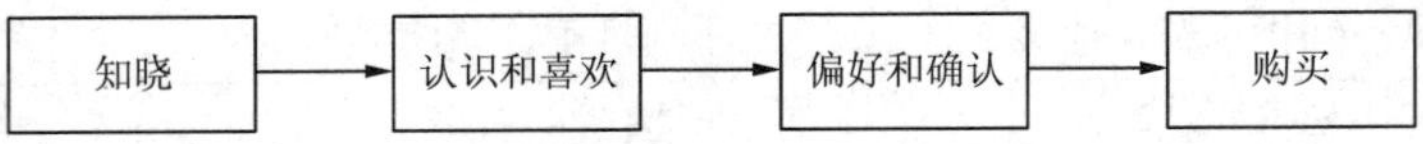

图 7-9　购买者购买阶段

4. 产品所处的生命周期阶段不同、促销的重点不同，所采用的促销方式也就不同

一般来说，当产品处于导入期，促销的主要目标是提高产品的知名度，因而广告和公共关系的效果最好，营业推广也可鼓励顾客试用。在成长期，促销的任务是增进受众对产品的认识和好感，广告和公共关系需加强，营业推广可相对减少；到成熟期，企业可适度削减广告，应增加营业推广，以巩固消费者对产品的忠诚度；到衰退期，企业的促销任务是使一些老用户继续信任本企业的产品，因此，促销应以营业推广为主，辅以公共关系和人员推销。

5. 促销费用四种促销方式的费用各不相同

总的说来，广告宣传的费用较大，人员推销次之，营业推广花费较少，公共关系的费用最少。企业在选择促销方式时，要综合考虑促销目标、各种促销方式的适应性和企业的资金状况进行合理的选择，以求符合经济效益原则。

（三）人员推销

1. 人员推销的含义与特点

人员推销是指企业派出推销人员直接与顾客接触、洽谈、宣传商品，以达到促进销售目的的活动过程。人员推销是一种传统的促销方式，在现代企业市场营销活动中仍起着十分重要的作用。国内外许多企业在人员推销方面的费用支出要远远大于在其他促销方面的费用支出。实践表明，人员销售与其他促销手段相比具有不可替代的作用。企业可以采取多种形式开展人员推销，可以建立自己的销售队伍，使用本企业的销售人员来推销产品。推销队伍中的成员又称推销员、销售代表、业务经理、销售工程师。企业还可以使用合同销售人员，按其销售额付给佣金。

2. 人员销售的特点

与广告、销售促进等促销方式相比，人员销售有其特有的优势：

（1）亲切感强。推销人员深深知道，满足顾客需要是保证销售达成的关键。因此，推销人员总愿意在许多方面为顾客提供服务，帮助他们解决问题。因此，推销人员通过同顾客面对面交流，消除疑惑，加强沟通。同时，双方在交流过程中可能建立起信任和友谊关系。

（2）说服力强。推销人员通过现场示范，介绍商品功能，回答顾客问题，可以立即获知顾客的反应，并据此适时调整自己的推销策略和方法，容易使顾客信服。

（3）针对性强。广告所面对的范围广泛，其中有相当部分根本不可能成为企业的顾客。而人员推销总是带有一定的倾向性访问顾客，目标明确，往往可以直达顾客，因而无效劳动较少。

（4）竞争性强。各个推销人员之间很容易产生竞争，在一定物质利益机制驱动下，会促使这一工作做得更好。

尽管人员推销有上述优点，但并不意味着在所有的场合都适合采用这一方式。人员推销成本费用较高，在市场范围广泛而买主又较分散的状态下，显然不宜采用此方法；相反，市场密集度高，买主集中（如有些生产资料市场），人员销售则可扮演重要角色。由于人员销售可以提供较详细的资料，还可以配合顾客需求情况，提供其他服务，所以它最适于推销那些技术性较强的产品或新产品；而一般标准化产品则不必利用人员销售，以免增加不必要的支出。

3. 销售人员的条件

一个理想的销售员应该具有何种特征呢？其基本条件主要有以下几点：

（1）心理健康。健康不仅仅是未患疾病，还包括心理和社交活动正常。心理健康对推销人员很为重要，这包括：对现实与他人的认识趋于准确客观。心理健康者对现实世界及他人的认识是客观的，很少受主观偏见的影响，这样才能根据正确的信息采取行动；对事实持现实的态度。心理健康者是现实的，他们往往能承受各种挫折，对人也不会过分苛刻；拥有广泛而深厚的人际关系。推销人员善于与他人接近，能和大多数人和睦相处，经常表现出友善、耐心和合作的愿望。

（2）意志坚强。意志使人自觉地确定目的，并根据目的来支配调节自己的行动，克服各种困难，从而实现目的心理过程。意志的作用在于自觉努力去保证意识目的的实现，并使主体克服各种障碍，并服从前进的目标。

（3）明确自己的责任。在市场经济条件下，推销员工作十分重要，推销工作上去了，企业整体发展也有了保证。为此，推销员要有强烈的责任感。

（4）深知工作性质。推销人员就是和不同的顾客打交道。从了解顾客、上门、与顾客接洽直到成交，每一关都是荆棘丛生，没有平坦大道可走。面对困难，坦然相迎。同时，推销员将公众利益、企业利益结合起来，所以应该理直气壮，为此感到自豪，不卑不亢，无惧无畏。

（5）以勤为径，百折不挠。美国推销协会的一项调查表明，48% 的推销员在第一次拜访用户后便放弃了继续推销的意愿；25% 的推销员在第二次拜访用户后放弃了继续推销的意愿；12% 的推销员在第三次拜访用户后放弃了继续推销的意愿；5% 的推销员在第四次拜访用户后放弃了继续推销的意愿，只有 10% 的推销员锲而不舍，而他们的业绩占了全部销售额的 80%。

（6）具有复合的个人特性。一个理想的销售员应该具有何种特性呢？有人认为销售员应该是外向的和精力充沛的，然而有许多成功的推销员却是内向的和态度温和的。其实，销售员的个人特性是由他们的责任决定的，如表 7-4 所示。

表 7–4　销售人员的个人特性

销售人员的责任	有关个人的特性
挖掘潜在顾客的需要	主动、机智、富有想象力、具有分析能力
宣传产品	知识丰富、热诚、富有语言天分、有个性
说服顾客	具有说服力、具持久力、机智多谋
答辩	有自信心、知识丰富、机智、有远见
成交	具有持久性、有冲劲、有自信心
日常访问报告、访问编排	有条不紊、诚实、留意小节
以服务建立企业信誉	友善、有礼貌、乐于助人

第五节　市场营销新趋势

在当前激烈的市场竞争中，引发着市场营销最深刻的变革。市场营销战略的发展呈现许多新趋势，主要是市场竞争国际化、市场营销个性化、市场营销虚拟化、客户主导化、媒体多元化、营销队伍精简化。

1．市场营销国际化

工业社会的市场壁垒随着互联网和全球经济一体化进程的加快而被逐渐打破，知识经济和信息社会将全球融合为一个巨大的时空界限更广阔的统一市场。社会的发展客观地把现代企业营销置于一个国际化的大环境之中。

因为企业融入了国际市场营销的潮流中，同在一市场条件下展开激烈竞争，传统的市场营销理念、体制和策略都必须站在国际市场营销的起点上重新审视调整和制定。每个营销主管必须了解和掌握国际市场发展的新动态，培养与建立全球化的营销思维方式以及战略实施组织能力。

全球性的战略联盟进一步加速了市场营销的国际化，特别是国家之间、区域之间和跨国公司之间的战略性联合，缩短了国际市场之间的差异和距离。尽管目前全球联盟仍未形成大规模发展的趋势，但互联网的迅猛发展客观上为各种联盟创造了良好的条件。近年西方继航空制造业、汽车制造业联盟之后，市场营销战略的全球一体化增强了其品牌在国际市场上的竞争力。

2．市场营销个性化

市场进一步细化和个性化是未来国际市场发展的总趋势。国际著名市场营销专家菲利普•科特勒指出：“未来市场经营者将把注意力由集中于大的群体转移到寻找特殊的合适的目标。在这些目标所在处，有财富存在。”由于客户需求的特殊性增加，不同客户在消费结构、时空、品质诸多方面的差异自然会衍生出“特殊的合适的目标市场”，这些市场规模会缩小，但其购买力并不会相对减弱。目标市场特殊性的强化预示着客户行为的复杂化和客户的成熟性。

未来的客户虽然总体上倾向于和大众保持同质化的产品或服务消费，但由于他们具有良好的教育背景和日益个性化的价值理念，因此需要更个性化的服务。根据单个客户的特殊需求进行产品的设计开发，制定相应的市场营销组合策略，是新世纪营销个性化的集中体现。互联网技术使信息社会供求关系变为动态的互动关系，客户可以在全世界的任何一个地方、任何时间将自己的特殊需求利用互联网迅速地反馈给供给方，而生产方也可随时随地通过互联网了解和跟踪客户的市场反馈，并最大限度满足客户的需求。

3．市场营销虚拟化

现在，以互联网技术为基础的电子商务在人们的日常生活中发挥着越来越大的作用，它取代了原有面对面的贸易方式。信息社会的到来改变了传统市场营销的运作模式，而且将市场营销竞争从一个物理现实空间转化到一个虚拟的空间并日益为人们所接受。

未来市场营销因素的组合是信息与互联网技术的组合。以互联网技术为基础的高新技术与市场营销资源融合，产生新的市场营销模式——营销和客户身份虚拟化、消费行为网络化。广告、调查、分销和购物结算都通过互联网而转变为数字化行为。客户通过互联网这个虚拟的购物空间确定自己的消费行为，标志着虚拟营销时代的到来。

4．客户主导化

未来以产品为导向的营销理念将逐步转向以客户为中心，全方位满足客户需求，不断创造更新更好的产品；市场营销管理的中心将从以往重业务的量的增长转向注重质的管理；营销目标将从降低成本、提高效率转向开拓业务、提高客户忠诚度。因为客户控制着信息技术，所以未来的市场将被客户支配。已发展成熟的系统，如免费电话号码、全球通用的信用卡、通宵送货服务等使得信息和技术被掌握在客户手中，而且这种情况在未来只会加强不会减弱。今天，客户能够接触到相关信息，可以辨认产品和服务，还能够在便利的时间和地点进行购买。未来的市场是客户统治的舞台，是互动的以及不断发展的，它是互联网，也是电子商务的时代，其特点是便捷、快速、客户居统治地位。

5．媒体多元化

21世纪媒体的变化最引人注目，因为它们在影响市场和营销组合策略的同时，也透过形形色色的大众娱乐潜移默化地改变着人们的生活方式。媒体逐渐细分化和专门化，演变为依据不同的市场、消费群体、场景的“小众媒体”，根据受众阅读习性、欣赏倾向和接受程度，最大限度地为受众量身定做媒体。这样既可满足特定消费群体个性化的媒体需求，也可提高媒体的发布效率。如果让媒体受众将接受广告视为一项乐于欣赏和阅读视听的事情，那么21世纪的媒体公司和广告公司就大有作为。21世纪的媒体究竟把广告带向何方，谁都不得而知，唯一一点可预知的就是，媒体选择会更人性化、更科学。

6．营销队伍精简化

世界的经济与技术正面临一个不连续的年代，在技术和经济政策上，在产业结构和经济理论上，在统领和管理的知识上，将是一个瞬息万变的年代。21世纪信息社会的最大特征就是网络化和自动化。由互联网产生而带来的速度、效率的提高和变化的不确定性，使得工业社会建立的营销组织必须变革才能适应新的市场营销环境。

社会的不确定性从根本上改变传统市场营销组织设计的思路，适应网络时代变化的营销组织要求反应迅速，沟通顺畅，加强企业内外的协调和互动。传统的产品部门、分销部门、广告部门、公关部门和营销部等都会被逐一淘汰，未来企业营销构架特征是不设中层管理机构，层级减少，20世纪层级组织体系被网状组织体系取代。因为信息化社会的市场竞争强调的就是速度，产品更新换代快、客户行为变化快、竞争对手反应敏捷、信息技术日新月异等因素都制约着市场营销组织建立的模式。因此，精简、富有弹性和互动极具效率并且高度自动化、网络化，将是营销组织在信息化社会设置的基本原则。

本章小结

1. 市场营销是企业的一种重要的职能，它与企业其他职能部门不同，市场营销处理与顾客相关的一切方面。

2. 广义上，市场营销是一种通过创造和与他人交换价值实现个人和组织的需要和欲望的社会和管理过程。狭义上，市场营销是企业为从顾客处获得利益回报而为顾客创造价值并与之建立稳固关系的过程。

3. 任何市场营销活动，都是在一定的营销观念指导下进行的。指导企业市场营销活动的观念先后有生产观念、产品观念、推销观念、市场营销观念和社会营销观念等。

4. 企业制订营销战略和营销计划，设计营销组合，目的是建立有价值的顾客关系，最终获得顾客价值。

5. 现代企业面对多变的市场环境和顾客需求，要做出正确的营销决策，需要依靠大量准确、及时、系统的信息。市场营销信息系统是由人、计算机和程序组成的集合体，它为市场营销决策者收集、整理、分析、评价并传递有用、适时和准确的信息。

6. 市场细分、目标市场选择和市场定位是现代市场营销的重要内容。市场细分是指根据消费者对产品的不同欲望和需求，不同的购买行为和购买习惯，把整体市场分割成不同的或相同的小市场群。目标市场的选择就是根据细分市场来确定企业的服务对象。市场定位是确定产品在目标顾客心目中的位置。

7. 市场营销组合就是公司用来在目标市场上实现营销目标的一整套营销工具，麦肯锡将营销组合归纳为产品、价格、分销渠道和产品促销四个方面。

思考与练习

1. 简述市场营销的基本概念。
2. 简述市场营销的基本观念。
3. 为什么要进行市场营销机会分析？如何分析？
4. 什么是市场细分？如何进行市场细分？
5. 目标市场选择有哪些模式？
6. 什么是市场定位？企业如何进行市场定位？
7. 举例说明产品周期理论，针对不同的周期阶段应分别采取的策略。
8. 举例说明有关的产品组合决策。
9. 新产品如何定价？
10. 什么是渠道决策？主要包括什么内容？

案例讨论

案例

第八章　生产组织

本章提要

本章重点介绍厂址选择的概念、影响因素及方法，对企业生产过程构成及其特性、生产过程的空间组织形式、生产过程的时间组织方式进行比较详细的阐述，最后简述精益生产和6S管理的基本思想。

重点难点

- 重点把握厂址选择的概念、影响因素及方法。
- 熟悉企业生产过程构成及其特性。
- 了解生产过程的空间组织方式。
- 把握生产控制、生产作业控制的理论和方法。
- 掌握精益生产和6S管理的基本思想。

引导案例

生产组织，是指通过对各种生产要素和生产过程的不同阶段、环节、工序的合理安排，使其在空间上、时间上结成一个协调的系统，使产品在运行距离最短、花费时间最省、耗费成本最小的情况下，按照合同规定或市场需求的品种、质量、数量、成本、交货期生产出来。合理组织企业的生产过程，是社会化大生产的客观要求，有利于提高企业的经济效益，保证生产任务的完成。

案例

第一节　厂址选择

一、厂址选择概述

（一）厂址选择的意义

厂址选择，是指确定工厂坐落的区域位置，包括在哪个地区设厂和在此区域内选择一个适当的地址两个方面。不同的厂址选择，会对企业产生三个方面的重要影响。

（1）企业初建时使用同样的建设速度建设相同生产规模能力的工厂，建在中等城市，其投资数额要比建在大城市小得多。

（2）会影响企业建成以后的厂内布置和企业的发展前景。依山傍水的企业往往有充足的水源供应，但地势可能不够平坦，这会限制厂区空间的拓展，也会限制厂区设施的布局。

（3）会对企业建成后的成本费用产生重要影响。建于东南沿海地区的企业运输费用可能较小，但需负担的劳动力成本较高；设立在老少、边、穷地区的企业则可能获得减免税收的优惠。

选择工厂设立的地区必须将自身的生产和销售条件与本地区的经济条件联系在一起，详细计算生产成本并预测未来的趋势后方可决定。一旦选址错误，将工厂建于不利条件的地区，则大错铸成，永久难于补救。企业的固定资产很难转移，由此会引起原料、工资、运输等费用的增加，销售成本也随之增高。成本高，售价必贵，缺乏竞争优势，且遇到市场环境的波动，则倒闭的命运在所难免。所以说，厂址选择可以决定企业的成败，对于任何规模和类型的企业来讲也概莫能外。

（二）厂址选择应考虑的因素

厂址选择的可能位置有都市、乡村、郊区、工业区或加工区，一般应考虑如下条件：

1．主要条件

厂址选择的主要条件如下：

（1）工人供应条件。高等技术工人对一般工厂的厂址选择没有决定性影响；普通工人报酬少、流动性小的工业，工厂应建于人口稠密的地区；技术工人需要多的工厂，以接近人口多的城市为宜。

（2）接近原材料条件。必须考虑原材料的产地及运价、市场供应条件等，要考虑是竞争性市场还是垄断市场，有无替代品等。

（3）市场接近及交通运输条件。工厂接近市场，有信息灵通、便于推销以及运费低等优势。货物运输的能力也比较重要，如珠宝、贵重衣料、精美家具、化妆品等，重量较轻而运费较高，可以运到较远市场的，厂址不必接近市场。在交通运输条件方面，原材料和产品外运量大的企业应特别予以考虑。例如，土地是否平整、地质条件是否允许。

（4）燃料及能源供应条件。对于生产流程上对燃料及能源耗费量大的企业，厂址选择应尽可能接近燃料及能源供应地。

2．次要条件

厂址选择的次要条件如下：

（1）纳税问题。

（2）法律问题。

（3）用水供应。包括饮用水和工业用水，如酿酒、染布等企业，均需好的水质，因此，必须考虑用水条件。

（4）气候条件。例如，湿度、温度、气压、风力风向、年降水量等是否能满足企业生产的要求，职工能否适应。

3．其他条件

厂址选择的其他条件如下：

（1）地区问题。厂址可分为乡村厂址、市郊厂址、城市厂址三类。厂址选择必须考虑有无空地，能否满足扩张的要求等方面。厂址四周应有适当的扩展余地。

（2）环境设备。包括下水道、电力电线、自来水、煤气供给、街道铺设等。

（3）地价负担。大规模的工厂不宜建在城市。

（4）地势与地质状况。地面是否平整、地势高低关系到工厂的建设成本，要考虑地质能否满足未来设施的载重等方面的要求。

（5）环境保护要求。

（6）职工的生活、医疗条件。

（7）开展教育、科研和生产协作的条件。

（8）建厂的投资费用。

（9）可扩展性。

表 8-1 所示为影响选址决策的因素。

表 8–1　影响选址决策的因素

选择国家	（1）政府政策、态度、稳定性及鼓励措施 （2）文化和经济问题 （3）市场位置 （4）劳动力供应、态度、生产力、成本 （5）生产供应能力、通信、能源情况 （6）汇率
选择地区	（1）企业目标 （2）地区吸引力（文化、气候、税收等） （3）劳动力供应、成本等 （4）公用设施的成本和供应

续表

选择地区	（5）所选地区的环境管理措施 （6）政府优惠鼓励性措施 （7）距离原材料产地及消费者的距离远近 （8）土地 / 建筑成本
具体位置决策	（1）场所的大小和成本 （2）空运、铁路、高速公路、水路系统 （3）分布格局约束条件 （4）距离所需服务 / 供应设施的远近 （5）环境影响因素

（三）不同地区建厂的优劣势分析

不同地区建厂的优劣势分析如下：

(1) 建于乡镇的工厂。其优势表现在：工资较低，人容易管理；地价低廉，容易获得建设用地；限制条件少；税负较轻。缺点是：交通运输不便；资金周转调度不便；需要自行建设社区，费用较高，如宿舍、学校、医院、娱乐场所等；远离销售市场，信息比较闭塞。大规模占用场地、发展较快、独立性强的企业宜建在乡村。

(2) 建于都市的工厂。其优势表现在：城市人口集中，剩余劳动力多，便于工厂对劳动力的选择；可利用城市的水陆交通，原材料和产成品的运销较乡镇方便；公路、煤气、电力、排水、火灾防范等设施较为完善；便于融通资金。缺点是：污染严重的企业不宜建在城市；工人的工资普遍较高；地价昂贵，不易扩大发展。造纸厂、占地较大的工厂不宜建在都市。

(3) 建于郊区的工厂。所谓郊区是指大都市的外围区域，通常地价较都市低，交通比乡村便利，因此兼具都市与乡村的优点而无都市与乡村的缺点。对企业来讲，可获得多种便利并减轻若干负担；对员工来说，可享受到较好的生活环境，子弟上学及娱乐均无影响，因此，一般工厂厂址的选择通常以郊区为宜。

厂址的选择是一个十分复杂的问题，既要考虑国家的产业布局政策，又要注重企业的经济效益，而且不能损害社会公共利益。这是一项对企业、国家、社会都会产生深远影响的工作。要尊重客观规律，认真研究，开展可行性分析，按照有关规定做好建设的前期工作，尽量不占或少占良田，在不损害国家和社会利益的前提下，力求达到企业建设投资费和生产经营费之和最小的目标。

（四）厂址选定后投资前应注意的问题

厂址选定后，在正式投下大量资金建厂之前，应当做比较详细的投资分析或可行性研究。

(1) 行销可行性分析。主要目的在于预测未来投资方案存续期间每年的销售量销售价格以及销售收入。

(2)技术可行性分析。目的在于决定行销可行性之后，企业是否有此工程技术能力履行将来的生产供应任务。

(3) 制造可行性分析。目的在于分析企业在实际制造作业上是否具备供应所需产品的品质及数量的能力。

(4) 利润可行性分析。目的在于比较分析未来历年的投资回报率是否高于企业所要求的标准。若是，则投资方案可行，否则，应放弃方案。

(5) 财务可行性分析。目的在于考察在方案存续期间，企业是否有力量筹得所需要的资金。若是，本方案可行，否则，否定本方案。

(6) 投资环境的再分析。本步骤是在前面分析厂址选择各种因素的基础上，进一步分析所掌握的投资环境资料是否有大的变动，是否符合所选定地区经济社会发展的实际。假使投资环境资料无多大差异，本方案可行，否则，应停止。

(7) 风险因素的评估。比较健全的可行性研究，应对上述各步骤分析中的重要因素进行风险评估，以测定万一某重要因素的估计错误（或发生变动）时，是否会影响整个投资方案的可行性。

二、厂址选择的方法

合理选择厂址，一定要运用科学的方法。本书介绍两种常用的方法。

（一）损益分歧点分析法

这是一种财务分析方法，它通过计算不同厂址在相同计划年产量下，损益分歧点产量的大小来选择厂址。损益分歧点产量最小的方案为最优方案。

【例 8-1】某企业投资生产某种产品，计划年产量 20 000 件，有甲、乙两个厂址可供选择，有关资料见表 8-2。

表 8–2　厂址选择（损益分歧点分析法）

项目	单位	厂址	
		甲	乙
总成本	元	380 000	420 000
可变成本总额	元	228 000	294 000
固定成本总额	元	152 000	126 000
计划年产量	件	20 000	20 000
单件	元 / 件	20	20
单位产品可变费用	元 / 件	12	14
盈亏平衡点产量	件	19 000	21 000

由计算结果可知，虽然在乙地办厂，年固定成本可节约 26 000 元，但是，由于单位产品变动成本比甲地高出 2 元，造成乙地建厂的损益分歧点产量比甲地高 2 000 件。这表明，如在乙地建厂，较甲地更难实现盈利。事实上，若按计划年产量 20 000 件组织生产，则在甲地建厂每年可获利润 20 000 元，在乙地建厂每年亏损 20 000 元，因而，应选择在甲地建厂。

（二）分等加权分析法

分等加权法是列出管理者认为应该考虑的影响厂址选择的因素，并视其重要程度给以相应的权数。常用的确定权数的办法有两种：

（1）百分制法，即先令所有影响因素的权数之和为 100，然后根据各因素的重要程度分解分配，给定各因素的权数；

（2）定 1 法，即先令影响因素中最不重要的一种权数为 1，其他影响因素和该种影响因素做比较，根据其相对重要程度给定权数。确定了各因素的权数以后，对不同的厂址选择方案分别就各因素打分，最后计算各方案的权分和，权分和最高的方案就是最优方案。

分等加权法的工作步骤为：①列出影响因素，根据影响力强弱为其规定权数；②规定评价标尺，并为各因素定级；③计算得分；④汇总选优。

【例 8-2】有甲、乙、丙、丁四个可供选择的厂址方案，其考虑因素的权数和各方案的分值资料见表 8-3。

在本例中，我们用定 1 法给定权数，先确定料场的权数为 1，再根据相对重要程度给定其他因素的权数，由分值和权数的乘积计算得出各方案的权分和。其中，丙方案的权分和最高，因而是最优方案。

【例 8-3】某厂有 4 个候选厂址，10 个影响因素，应用分等加权法选址，见表 8-4。

结论：运用分等加权法分析之后，C 方案为本厂最优选址。

应该指出的是，这两种方法各有优缺点。损益分歧点分析法以科学的计算为依据，客观性强，不易受个人意见的影响。但是，损益分歧点分析法要求对产量、单价、固定成本总额、单位变动成本进行准确的调查预测和估计，这往往是很难做到的。分等加权法资料来自估计和判断，容易取得，但主观性强，很容易受个人偏好的影响，有时甚至导致盲目决策。为了减少决策中的盲目性，在使用分等加权法进行厂址选择时，最好成立由专家、企业领导、员工、技术人员、政府有关人组成的委员会，确定各因素的权数和各方案的分值，力求做到客观公正。

表 8–3 厂址选择（分等加权法）

影响因素	权数	可供选择的方案			
		甲	乙	丙	丁
地理条件	7	2 / 14	3 / 21	4 / 28	1 / 7
气候	3	3 / 9	2 / 6	3 / 9	1 / 3
交通运输	6	2 / 12	1 / 6	3 / 18	2 / 12
资源	7	1 / 7	2 / 14	4 / 28	3 / 21
能源供应	8	2 / 16	3 / 24	4 / 32	2 / 16
水源	5	2 / 10	2 / 10	4 / 20	3 / 15
排水	5	2 / 10	3 / 15	4 / 20	1 / 5
扩展余地	2	1 / 2	3 / 6	2 / 4	4 / 8
环境保护	4	1 / 4	2 / 8	3 / 12	4 / 16
安全	3	3 / 9	3 / 9	4 / 12	4 / 12
生活条件	6	2 / 12	3 / 18	4 / 24	1 / 6
协作	4	2 / 8	3 / 12	4 / 16	1 / 4
劳动力来源	5	1 / 5	2 / 10	3 / 15	2 / 10
产品销售	3	3 / 9	3 / 9	4 / 12	1 / 3
料场	1	3 / 3	4 / 4	3 / 3	4 / 4
投资费用	6	2 / 12	3 / 18	4 / 24	1 / 6
总计		142	190	227	148

表 8–4 厂址选择（分等加权法）

影响因素	权数	可供选择的方案			
		A	B	C	D
劳动力条件	7	2 / 14	3 / 21	4 / 28	1 / 7
地理条件	5	4 / 20	2 / 10	2 / 10	1 / 5
气候条件	6	3 / 18	4 / 24	3 / 18	2 / 12
资源供应条件	4	4 / 16	4 / 14	4 / 8	4 / 16
基础设施条件	3	1 / 3	1 / 24	4 / 9	4 / 12
产品销售条件	2	4 / 8	2 / 10	4 / 6	4 / 8
生活条件	6	1 / 6	1 / 15	4 / 12	1 / 24
环境保护条件	5	2 / 10	3 / 6	2 / 20	1 / 5
政治文化条件	3	3 / 9	3 / 8	3 / 9	3 / 9
扩展的余地	1	4 / 4	4 / 9	4 / 2	1 / 1
总计		108	112	122	99

第二节 生产过程组织

一、生产过程及其构成

（一）生产过程的含义

生产过程是工业企业最基本的活动过程，任何产品的生产，都必须经过一定的生产过程。生产过程是指从准备生产某种产品所需的原材料的投入开始，直到生产出该种产品的全部过程，是按一定客观要求组织起来的劳动过程和自然过程的综合。劳动过程是指劳动者直接或间接（借助于劳动手段）地作用于劳动对象，使其发生变化的过程，也就是劳动者凭借智力和体力改变劳动对象的过程；自然过程是指借助自然力作用于劳动对象，使其发生变化的过程。工业企业的生产过程主要是劳动者运用机器设备等劳动资料对劳动对象进行加工处理，使之成为预期产品的过程，如切、割、压、冲、铣、磨等。在有些生产领域，生产过程也包括一定的自然力作用过程，以使劳动对象发生预期的物理、生物和化学变化，如铸件的冷却、油漆的干燥、酿造的发酵等。

（二）生产过程的构成

1．生产过程的结构性构成

生产过程的结构性构成主要表现为劳动者和生产设备的组合形式。它不同于行政性组织，是一种由生产任务关系形成的工作组织。

(1) 工作地。工作地是指由工人、设备、一定的生产面积等要素组成，具有特定的生产能力，能承担一定任务的生产单位。工作地是生产过程中最基层的生产单位。根据企业的任务即活动内容的不同，工作地的设置和承担的任务也不同。如工厂的工作地可以是一台设备，商店的工作地可以是一节柜台等。

(2) 工作中心。工作中心是指由相互关联的若干个工作地组成，具有特定生产能力，完成一定产品或半成品的生产单位。工作中心的形式可以是作业组、生产线、加工中心、流水线等，也可以是在辅助生产时的一个仓库、运输组等。工作中心的构成除各工作地外，一般另外需要一些联结各工作地的设置，如运输装置等。

生产过程的结构性构成见图 8-1。

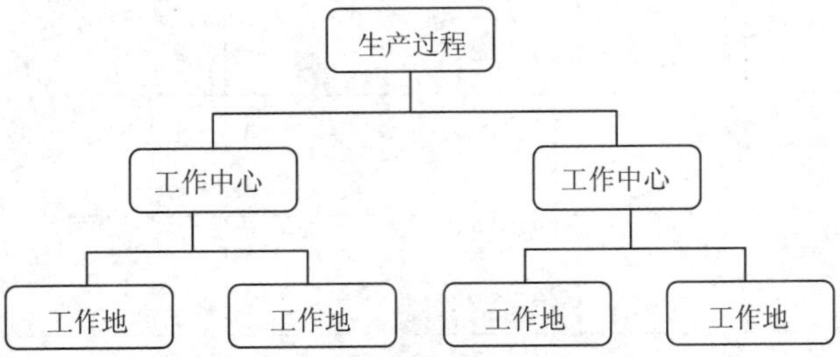

图 8-1　生产过程的结构性构成

2．生产过程的任务性构成（流程）

生产过程的任务性构成是指生产过程中任务的分解与结合，主要表现为任务的分工及协作关系。

(1) 工序。工序是生产过程的一个基本任务环节，它包括劳动者、劳动手段和劳动对象。可以说生产过程就是由一道工序、一道工序地进行的。

(2) 工艺阶段。工艺阶段是按照使用劳动手段的不同和加工性质的不同划分的局部生产过程。工艺阶段是较高层的局部生产过程。

企业的生产过程，一方面是原材料、燃料、力、劳动、技术的不断投入过程；另一方面是产品的不断输出过程。输出的工业产品，有些是直接可以用于最终消费的商品，如衣服、机器、家电等；有些是需要继续深加工的中间产品，如棉纱、金属材料等；还有一些是用于组成其他产品的零件、部件或毛坯。在前一种情况下，企业生产过程就是一个完整的产品生产过程，而在后两种情况下企业的生产过程只是社会产品生产过程的一部分，全部的生产过程要靠多个企业的协调配合才能完成。

对于工业企业，根据承担的任务不同，企业的生产过程可划分为生产技术准备过程、基本生产过程、辅助生产过程，生产服务过程和附属生产过程。

(1) 生产技术准备过程。是指投产前所做的各项生产技术准备工作过程。如产品设计、工艺设计、工艺准备、材料与工时定额的制定、新产品试制等过程。

(2)基本生产过程。是指与企业的基本产品实体构成直接相关的生产过程。所生产的产品以市场销售为目的。

(3) 辅助生产过程。是指为保证基本生产过程的实现，不直接构成基本产品实体的生产过程。例如，企业不以销售为目的，仅为本企业的需要而进行的动力生产与供应、工具制造、设备修理等。

(4) 生产服务过程。是指为基本生产和辅助生产的顺利进行而从事的服务性活动，如原材料、半成品、工具等的供应、运输、库存管理等。

(5) 附属生产过程。是指利用企业生产主导产品的边角余料、其他资源生产市场需要的、不属于企业专业方向的产品的生产过程。如飞机厂利用边角余料生产铝制日用品的过程。

生产过程的各组成部分既相互区别又密切联系。其中基本生产过程是主要的组成部分，生产技术准备是必要前提，辅助生产过程和生产服务过程都是围绕基本生产过程进行并为基本生产过程服务的。附属生产过程与基本生产过程是相对的，根据市场需要，企业的附属生产产品也可能转化为企业的主导产品。

二、生产过程组织的客观要求

生产过程组织是指对构成生产过程的各种生产要素，在空间和时间上进行合理的安排，按产品在生产过程中运动的客观规律，进行生产结构和生产流程的设计。合理组织生产过程，必须符合连续性、比例性、平行性、节奏性、适应性的要求。只有按照这些要求组织生产，才能以最小的劳动耗费，取得最好的生产成果提高生产的经济效益。

（1）生产过程的连续性。生产过程的连续性，是指生产过程各阶段、各工序的进行，在时间上是紧密衔接的，不发生各种非预计的中断现象，加工对象在生产过程中一直处于运动或被加工状态（如加工、检查、运输等），各生产环节的设备、人力总是处于工作状态。保持和提高生产过程的连续性，可以减少在制品（正在加工生产但尚未制造完成的产品）占用，缩短产品生产周期；可以更有效地利用原材料、设备、工地和人力，减少损失；可以改善产品质量；可以加速资金周转。要实现生产过程的连续进行，必须使企业内各车间、仓库之间以及工地之间的布置符合工艺流程的要求；必须采用先进的技术设备，提高自动化，专业化水平；必须做好生产准备工作和生产服务工作，防止意外停工。

（2）生产过程的比例性。生产过程的比例性，是指产品生产过程的各阶段、各工序之间，在生产能力上和产品加工劳动量上要保持一定的比例关系。各个生产环节的工人数、生产效率、设备数量等，都必须进行通盘考虑，综合平衡，防止出现比例失调。例如，装配一个产品，如需某种零件两个，则生产该零件的工作中心应有相应的生产能力。实现生产的比例性，一方面要在设计和建厂时充分考虑企业的产品结构和工艺特点，合理配备人力资源和设备资源；另一方面，企业的生产方向并非一成不变，因而，要在改变产品的工艺操作、工艺设计或淘汰旧产品、生产新产品时，及时地根据变化后的实际情况，进行适当的调整，以适应新的情况。

（3）生产过程的节奏性。生产过程的节奏性，是指企业及其各个生产环节，都要按照生产计划的要求，在一定时间内，生产相等或等速递增数量的产品，或完成相等或等速递增数量的工作量，使各个工作地的负荷保持相对的稳定。保证生产过程的节奏性，有利于减少在制品占用，压缩库存，提高人力、设备的使用效率，保证产品质量，做到均衡生产。提高生产过程的节奏性，应从投入、制造、出产三个环节入手。其中出产的节奏性是生产过程节奏性的本质要求，制造的节奏性是实现生产过程节奏性的保证，投入的节奏性是制造生产过程节奏性的前提。因而，为实现生产过程的节奏性，应当对投入、制造、出产进行统筹安排，合理规划。

（4）生产过程的适应性。生产过程的适应性，是指生产过程的组织形式要灵活多变，能够进行恰当的调整，以满足生产不同产品的要求。在社会主义市场经济条件下，市场需求千变万化、多种多样，企业只有抓住各种机会，满足不同消费者的要求，才能不断扩大市场占有率，赢得市场竞争。这要求企业在组织生产过程时，要保证企业的生产过程能在市场需求发生变化时，迅速做出调整，适应新的情况，按照市场或顾客的要求，准时提供足够数量和质量的产品。一般来说，为强化生产过程的适应性，企业的生产应向多品种、小批量、能够应急应变的方向发展，要采用混流生产等先进的生产组织方式，也可以在主流产品以外组织灵活的生产单位，不断开发新产品，提高企业生产过程的适应能力。

三、生产类型

生产类型，是指根据计划类型、生产方法、专业化程度、接受生产任务方式、生产设备等标志，对企业生产过程所进行的分类。生产类型是影响企业生产过程组织的主要因素之一。区分生产类型有利于简化和深化对企业生产过程的研究，合理地组织企业生产活动。

（一）生产类型的划分方法

企业生产类型划分的方法很多，可根据不同的标志分类，下面列举两种方法，以供参考：

（1）工序数目法。即根据工作地所担负的工序数目，确定生产类型。参考数据见表 8-5。

（2）工序大量系数法。

$$K = T/R$$

式中：K 为大量系数（按工序计算的）；T 为工序平均单件时间（分 / 件）；R 为零件平均出产时间的间隔（分 / 件），$R=F_e/N$（F_e 表示计划期有效工时；N 表示计划期全部零件产量）。

参考数据见表 8-6。

表 8–5　工序数目的参考数据

生产类型	工序数
大量生产	1 ~ 2
大批生产	2 ~ 10
中批生产	10 ~ 20
小批生产	20 ~ 40
单件生产	40 以上

表 8–6　大量系数的参考数据

生产类型	大量系数
大量生产	＞0.50
大批生产	0.50 ~ 0.10
中批生产	0.10 ~ 0.05
小批生产	0.05 ~ 0.025
单件生产	＜0.025

（二）企业生产类型的分类

1．按接受生产任务的方式（生产同需求的关系）和企业组织生产的特点分类

按接受生产任务的方式（生产同需求的关系）和企业组织生产的特点分类，企业生产可分为以下两类：

（1）订货生产方式（make-to-order），即根据企业与用户签订的订货合同或协议要求生产品种、质量、数量、交货期都符合合同或协议约定的产品。在这种方式下，企业的生产过程不稳定，计划组织较难，但由于合同对数量和交货期都做出了明确的规定，因而可以消除库存。管理的关键是保证在交货期内按质、按量完成约定产品的生产。重点在于生产周期与交货期的确定。

（2）存货生产方式（make-to-stock），即企业产品的生产不是依据客户的要求，而是建立在市场调查和预测基础上的，产品有库存。在这种情况下，生产过程组织可以有较规范、稳定的计划，生产管理不但要做好产品质量管理和成本控制工作，而且要保证供、产销之间的衔接，任一环节的中断便会导致整个生产过程的中断，重点在于库存量的确定。

订货生产方式与存货生产方式的区别见表 8-7。

表 8–7　订货生产方式与存货生产方式的区别

项目	订货生产方式	存货生产方式
产品	按用户要求生产，无标准产品，大量的变形产品与新产品	标准产品
对产品的需求	难以预测	可以预测
价格	订货时确定	事先确定
交货期	很重要，订货时确定	不重要，由成品库随时提供
设备	多采用通用设备	多采用专用高效设备
人员	多种操作技能人员	多种操作技能人员

2．按工艺过程的连续性划分

按工艺过程的连续性划分，企业生产可分为以下两种类型：

（1）连续型生产（流程式生产）。在连续型生产过程中，物料均匀、连续地按一定工艺顺序运动，如化工（生产塑料、药品、肥皂、肥料等）、炼油、冶金等，都是连续性生产的典型例子。由于物料按一定流程连续不断地通过各个工序的生产，因此，又将连续型生产称为流程式生产。一般地说，连续型生产的地理位置集中，生产过程自动化程度高，只要设备运转正常，工艺参数得到控制就可以正常生产出合格产品，生产过程中的协调与协作任务少。

（2）离散型生产（加工装配式生产）。在离散型生产过程中，产品是由零散的零部件装配而成的，零部件以各自的工艺过程通过各个生产环节，物料运动呈离散状态，因此又将其称为加工装配式生产。如汽车、柴油机、电视机、洗衣机等的生产。离散型生产的地理位置分散，一个产品的不同零件可以在不同地区甚至不同国家生产。由于零件种类繁多，加工工艺多样化，又涉及多个单位、工人和设备，生产过程中极易出现等待、停顿、延误等现象，使得生产过程中的协作关系十分复杂，计划、组织与控制的任务相当繁重，生产管理十分复杂，因此，一直是企业界探索的重点。

连续型生产与离散型生产的比较见表 8-8。

表 8–8　连续型生产与离散型生产的比较

特征	连续型生产	离散型生产
用户数量	较少	较多
产品品种	较少	较多
产品差别	有较多标准的产品	有较多用户要求的产品
营销特点	依靠产品的价格和可获性	依靠产品的特点自动化程度
资本 / 劳动力 / 材料密集	资本密集	劳动力、材料密集
自动化程度	较高	较低
设备布置的性质	流水式生产	批量或流水生产
设备布置的柔性	较低	较高
生产能力	可明确规定	模糊的
扩充能力的周期	较长	较短
对设备可靠性的要求	高	较低
维修的性质	停产维修	多数为局部维修
原材料的品种数	较少	较多
能源消耗	较高	较低
在产品库存	较低	较高
副产品	较多	较少

3．按生产方式划分

按生产方式划分，企业生产可分为以下类型：

（1）综合制造型，是指将不同的原材料或零配件合成或装配成一种产品的生产活动如纺织厂、水泥厂、家电厂等。

（2）分解制造型，是指以整体分割制造不同的产品，最典型的是石油化工厂、肉类罐头厂等。

（3）提炼制造型，是指从来自地下、海洋等的材料中提炼出某种物质的生产活动，如采矿企业、油田等。

（4）变形制造型，是指通过改变加工对象的形状或性能而制成产品的生产活动，如冶炼厂、橡胶厂等。

以上四种按生产方式对生产的分类并不是绝对的，有些企业甚至有些产品的生产可能会出现两种、三种基至四种生产并存的状况。如石油化工企业既裂化分解石油，又合成生产化学纤维，还能生产橡胶，是分解制造型、综合制造型和提炼制造型并存的生产。

4．按生产任务的重复程度和工作地专业化程度划分

按生产任务的重复程度和工作的专业化程度，企业生产方式可分为以下三类：

（1）单件生产，是指工作地经常变动地完成很不固定的工作的生产，同一产品只生产一件或数件，工作地专业化程度很低。

（2）成批生产，是指工作地轮换地加工成批零件，一批相同的零件加工完成以后，调整设备，再加工另一批零件。

（3）大量生产，是指工作地固定地完成一道或几道工序，工作地专业化程度很高。

三种生产类型特点比较见表 8-9。

表 8-9　三种生产类型比较

项目 ＼ 生产类型	大量生产	成批生产	单件生产
产品品种	单一或很少	较多	很多
产品产量	很大	较大	单个或很少
组织	分工详细，操作简单，工作质量稳定	分工较细	分工较粗，工序内容不稳定
专业化程度	专业化程度高，可采用流水线生产	专业程度较高，可以部分地采用专用设备	专业化程度低，多采用通用设备
工作地工序数量	1~2 道工序	较多	很多
生产重复性	不间断生产集中产品	周期性重复	不重复
设备的布置	对象原则，采用流水线生产或自动线生产	同时有按对象原则排列又有按工艺原则排列	基本按工序原则排列
工艺装备	采用高效或自动化专用工艺装备	专用和通用工艺装备并有	基本采用通用工艺装备
生产设备	广泛采用专用设备	专用和通用设备并存	基本采用通用设备
设备利用率	高	较高	低
应变能力	差	较好	很好
交货速度	好	一般	差
要求工人技术水平	低	较高	很高
劳动定额的制定	详细	有粗有细	粗略
劳动生产率	高	较高	低
计划管理工作	比较简单	比较复杂	复杂多变
生产控制	容易	难	很难
产品成本	低	较高	高
经济效益	高	较高	低

（三）企业生产规模与生产类型

生产规模一般是指企业生产过程的产出总数量或资源占有量，如用产量、销售收入、生产能力、从业人员、资本总值表示企业的规模。

一般来说，生产规模与生产类型之间的关系可表述为：企业生产规模越大，则专业化程度越高，生产类型越合理，成本也就越低。

成批生产和大量生产存在的规律为：在产量增加一倍时，成本大致可降低 20%。从这个意义上来讲，扩大企业的生产规模是改善企业生产经济性的有效途径。企业的生产规模受最小经济规模（Q_0）和市场容量（Q_m）的限制，不能过小，也不能过大，这就是所谓的规模限制。受此限制，有些产品根本不能实行大量生产。生产规模的选择公式为：$Q_0 \leqslant X \leqslant Q_m$（其中：$Q_0$ 表示最小经济规模，Q_m 表示市场容量）。

第三节　生产过程的空间组织

生产过程的空间组织， 主要是研究企业内部怎样划分和设置生产单位的问题，是指在空间上合理地确定企业内部各生产单位和各生产阶段的设置和运输路线以及劳动者、劳动资料等生产要素在空间上相互结合的方式。其内容包括应设置怎样的生产单位，应按照什么原则布置这些生产单位，确定生产单元及生产设施之间的相对位置关系，确定各生产单元的组成规则和相互连接关系。

一般来说，企业为实现生产过程，应在企业内部设置生产技术准备部门、基本生产部门、辅助生产部门、生产服务部门、附属生产部门等生产单位。企业生产单位的组成是否合理，对企业管理工作的水平和企业生产经营活动的成果有很大影响。企业生产单位组成的专业化形式，涉及企业内部各车间的分工与协作关系，是生产过程空间合理组织的一个重要问题。生产单位的组成有两种专业化形式：工艺专业化形式和对象专业化形式。

一、工艺专业化形式

（一）工艺专业化形式的基本原理

工艺专业化形式，是指按照生产工艺性质的不同设置生产单位的一种产品生产空间组织形式。在工艺专业化的生产单位中集中着同种类型的工艺设备和工人，对企业生产的各种不同产品，进行相同工艺的加工。其特点是工人使用相同设备，采取机群式布局，工人的工种相同，但加工对象不同，只是对其相同工艺部分进行加工。一般适用于单件小批生产类型的企业或特殊工艺加工。例如，机械企业中的机械加工车间、锻造车间、车工工段等，服装制造过程中的裁剪、制作、熨烫等工序均属此类。

图 8-2 所示为按工艺专业化组织的生产流程图。

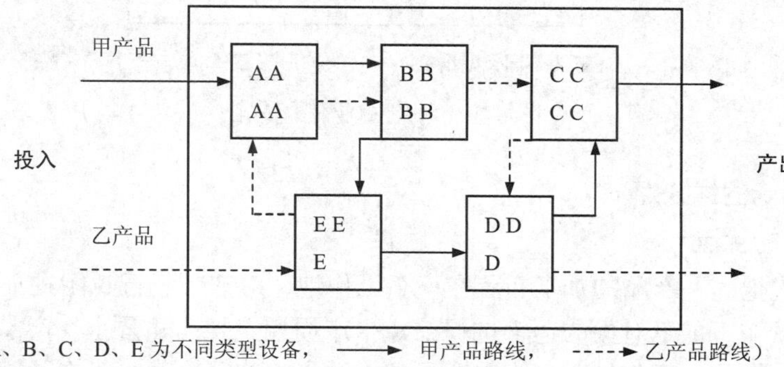

图 8-2 工艺专业化流程图

（二）工艺专业化形式的优缺点

1. 工艺专业化形式的优点

由于工艺专业化形式把同类设备集中在一起， 完成一定的工艺过程，因而存在着以下优点：

（1）加工对象可变，适应性强。当生产产品的品种发生变化时，不必重新布置工作地，不必调整设备和工艺装备，因而转产容易，有较强的应变能力。

（2）设备利用率高，系统维护成本低。由于集中了同类设备，便于充分利用设备和工作地的生产能力，提高设备负荷系数，个别设备出了故障对整个生产的影响较小。同时，同类操作工人之间可以展开竞争，有利于提高效率。

（3）便于技术管理和工人技术水平的提高。由于每种工作地内部进行相同的操作，因而有利于进行工艺过程控制，提高产品质量，能够对工人进行专业化技术指导，通过培养和竞争，造就一批高技术工人。

2. 工艺专业化形式的缺点

工艺专业化形式把加工某一产品（零部件）各类设备布置在不同的工作地，任一工作地都不可能完成一个独立产品（零部件）的加工，因而存在着如下缺点：

（1）加工对象的中间周转路线长，运输量大。产品轮流在各个工作地之间进行加工，在车间之间辗转频繁，流程交叉重复，加工路线长，原材料、在制品、成品的运输量大。

（2）在制品占用量大，资金占用多且周转缓慢。产品在各工序之间往往会出现停顿，有较长的等待时期，延长了生产周期。在制品占用量大，因而需占用大量资金。

（3）分工过细，工作单一，协调困难。由于各单位之间的协作、往来频繁，有些产品的加工要经过几十、上百道工序，因而各工序之间的协调困难，不易进行在制品管理和计划管理。

（4）多采用通用设备，生产效率低，适应性较差。

二、对象专业化形式

（一）对象专业化形式的基本原理

对象专业化形式，又称产品专业化形式，是按照产品（零部件）的不同设置生产单位，以加工对象的全部或大部分工艺为中心，建立工作中心。在对象专业化的生产单位，集中了为制造某种产品所需的各种设备，设备按工艺过程的顺序排列，加工对象是相同的，对相同的产品进行不同工艺过程的加工。产品的加工按照标准件、铸造件、齿轮、轴件等各组成部分组织，例如流水生产线、混合流水线以及自动线等，适用于大量、流水生产和结构简单的产品生产。例如连杆车间、齿轮车间、曲轴车间等。

图 8-3 所示为按对象专业化组织的生产流程图。

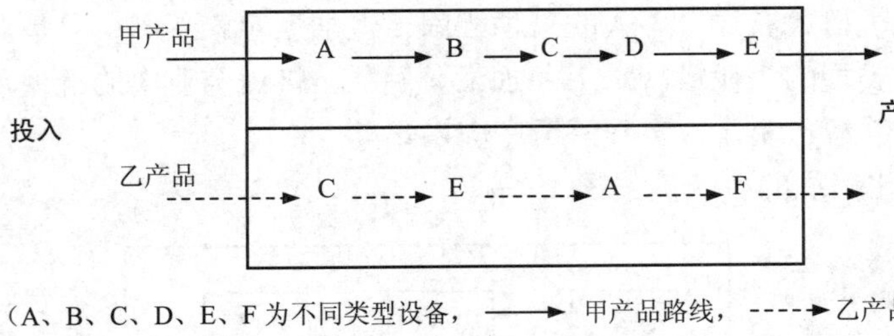

图 8-3　对象专业化流程图

（二）对象专业化形式的优缺点

1. 对象专业化形式的优点

由于对象专业化形式把同一产品的加工布置在一个工作地，对产品进行封闭式加工，因而存在如下优点：

（1）流程合理，可以缩短加工对象的运输过程缩短生产周期，且运输量小。产品从原材料开始，一直到经加工处理为成品，始终处在同一工作地，大大减少了加工过程中的运输量，节约了运输费用。

（2）节约加工时间和流动资金占用。在同一工作地对某种产品进行加工，有助于减少在制品的停放和运送时间，缩短了生产周期，从而减少了生产过程中在制品的占用量，能节约大量流动资金。

（3）便于协调。对象专业化形式大大减少了车间之间在生产过程中的联系，一方面，有利于强化协调工作，加强计划管理与在制品控制；另一方面，减少了产品搬运过程中的磕碰，有助于提高产品质量。

（4）可采用专用设备，生产效率高。

2. 对象专业化形式的缺点

对象专业化形式的工作地，只适合于加工某一种产品，存在着如下缺点：

（1）分工过细，工作单一，适应能力差。当市场需求发生变化时，对象专业化组织的工作地不易立刻转产，而要经过一段时间的调整和准备，在千变万化的市场经济条件下不能很好地满足随时变化的需求。

（2）设备利用率低。当某种产品的生产能力大于其生产任务时，按对象专业化组织的工作地不能生产其他产品，会出现工作地、设备和操作人员闲置的情况，降低资源的使用效率。

（3）系统受单独设备影响大。

工艺专业化和对象专业化组织形式的优缺点都不是绝对的，要根据工厂的实际情况决定采取的空间组织形式。产品设计比较成熟，生产的专业方向已确定，生产类型接近于大量大批生产，设备比较齐全，同类设备较多，设备负荷高的情况下，采用对象专业化组织是有利的。相反，生产规模不大，生产的专业化水平较低，产品品种较多，生产类型接近于单件小批生产的，则组织工艺专业化更为有利。一般来说，一个较大的企业并非单纯按工艺专业化或对象专业化组织生产，有些车间可能按工艺专业化组织，专门进行某些工艺过程的加工，而有些车间可能按产品专业化组织，专门进行某些产品或零部件的加工。究竟如何组织，要从实际出发结合企业生产的具体特点决定。

三、流水生产组织

流水生产，是指劳动对象按照一定的工艺路线和统一的生产速度连续不断地通过各个工作地，顺序地进行加工产品（零件）的一种生产组织形式。它是把高度的对象专业化生产组织和劳动对象的平行移动方式有机地结合起来的一种先进的生产组织方式。在大批量生产过程中，流水生产方式占有十分重要的地位。

1910 年，汽车还没有进入美国普通居民的家庭，主要原因就是售价太高了。后来，享利·福特于 1913 年发明了流水线生产方式，使生产效率大为提高，装配一辆汽车的时间减少了 90%。著名的黑色 T 形车就是这个时期生产的。生产效率的提高使得生产成本下降，为福特公司在不减少利润的情况下降价提供了条件。到了 1924 年，一辆福特车的售价还不到美国工人三个月的工资。汽车从此走进美国普通居民的家庭。1911 年，福特汽车公司生产了不到 4 万辆车，占全国汽车全部产量的 1/5；而 1921 年的销量则达到了 84.5 万辆，占当年全国汽车生产总量的 55%。

（一）流水生产的特征

流水生产具有以下几个主要特征：

（1）工作地专业化程度高。在一条流水线上只固定生产一种或几种产品（或零件），每个工作地都固定地完成一道或少数几道工序。

（2）工艺过程是封闭的。劳动对象某一工艺阶段的全部或大部分工序都在流水线中完成。

（3）工作地按照工艺过程的顺序依次排列。劳动对象在工序间作单向流动。

（4）生产的节奏性强。即流水线按固定的节拍进行生产。

（5）生产过程的连续程度高。劳动对象流水般地在工序间连续移动。

从上述特征可以看出，流水生产方式是一个具有较高连续性、节奏性和封闭性的先进生产组织形式。

（二）流水线的分类

（1）按生产对象是否移动，可分为固定流水线和移动流水线。

（2）按流水线上生产对象的品种数目，可分为单一对象流水线和多对象流水线。

（3）按生产对象的变换方式，可分为不变流水线和成组流水线。

（4）按生产过程的连续程度，可分为连续流水线和间断流水线。

（5）按流水线的节奏性，可分为强制节拍流水线、自由节拍流水线和粗略节拍流水线。

（6）按流水线的机械化程度，可分为手工流水线、机械流水线和自动流水线。

（三）组织流水线生产的条件

实现流水线生产需要一定的条件和要求。其中主要条件如下：

（1）产品的产量要足够大，以保证流水线上各个工作地处于正常负荷状态。

（2）产品结构和工艺要求相对稳定，以保证专用设备和工艺装备能发挥出潜在效益。

（3）工艺过程应能划分为简单的工序，便于根据工序同期化的要求进行工序的合并和分解，且各工序的工时不能相差太大。

（4）厂房建筑和生产面积容许安装流水线的设备和运输装置。

（四）流水线的组织设计

流水线形式不同，决定了组织设计方法也各不一样。现以单一对象流水线的组织设计程序（见图 8-4）为例加以简要说明。

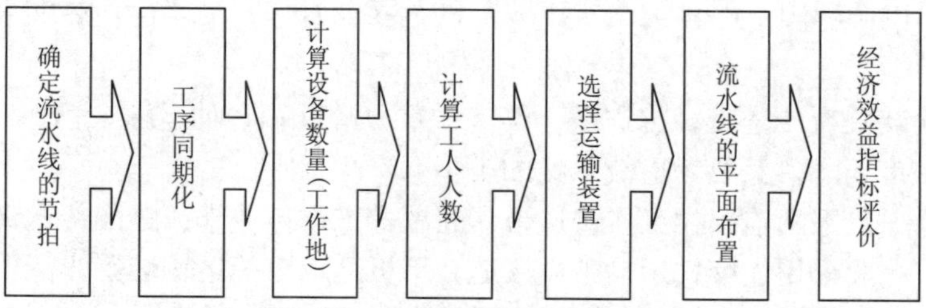

图 8-4　流水线的组织设计程序

1. 确定流水线的节拍

节拍是指流水线上连续生产两件相同制品（产品、部件或零件）的间隔时间。它是流水线上其他一切设计计算的出发点。其计算公式为：

节拍 = 计划期有效工作时间 / 计划期产量

计划期有效工作时间，是从制度工作时间里扣除修理机器设备的停工时间和工人节假日休息时间以后的全部时间；计划期产量是按生产计划规定的生产量并考虑废品数量而确定的。

如果计算出来的节拍数值很小，同时零件的体积、重量也很小，不便于逐件运输，则可以采取整批运输。顺序生产两批相同制品的时间间隔称为节奏，它的计算公式为：

节奏 = 节拍 × 运输批量

2．工序同期化

工序同期化是组织流水线的必要条件。工序同期化是根据流水线节拍的要求，采用技术组织措施来调整工序时间，使之尽可能与流水线节拍相等或成整数倍关系。同期化程度一般允许在 0.85~1.04 范围内变化。

实现工序同期化的措施有表 8-10 所示内容。

表 8–10　实现工序同期化的措施

工序同期化的措施	具体方法
提高设备的生产效率	对影响同期化的关键工序，通过改装设备或采用高效率的设备来提高生产效率
改进工艺装备	采用高效专用工装，以减少装夹零件，更换刀具的时间
改进工作地布置和操作方法	改进工作地布置和操作方法，减少辅助作业时间
提高操作工人的熟练程度	提高操作工人的熟练程度
减少机动时间	改变切削用量，减少机动时间
分解与合并工序	这是装配工序同期化的主要方法

3．计算设备（工作地）数量

流水线各工序所需的设备（工作地）数，可按下列公式计算：

某道工序所需的设备（工作地）数 = 工序单件加工时间 / 流水线节拍

如果计算的结果是整数，就可以将其确定为该工序所需的设备数，若计算的结果是小数，实际采用的设备数应为与该小数接近的较大整数。

在确定了设备（工作地）数量后，就应计算设备负荷系数（负荷率）。

设备负荷系数的计算公式为：

设备（工作地）负荷系数 = 计算的设备（工作地）需要数 / 实际采用的设备（工作地）数

流水线总设备负荷系数 = 流水线各工序计算设备（工作地）数之和 / 流水线各工序实用设备（工作地）数之和

一般要求流水线平均负荷系数不应低于 0.75。

4．计算工人人数

在以手工操作为主的流水线上，流水线工人人数可由下式计算：

每个工作地需要的工人数 = 每日工作班次 × 每一个工作地同时工作人数

各工作地的工人人数之和即为整个流水线上的工人人数。

在以设备加工为主的流水线上，配备工人要考虑实行多设备看管的可能性，及配备后备工人的百分比。

5．选择运输装置

流水线上使用的运输装置有传送带，传送链、滚道、重力滑道和各种运输车辆。选择运输装置既要考虑产品形状、尺寸、重量、精度要求，又要考虑流水线的类型。

强制节拍流水线上，一般采用连续式工作传送带、间歇式工作传送带、分配传送带。

自由节拍流水线上，一般采用连续式运输带或滚道，平板运输车等运输装置。

粗略节拍流水线上，一般采用滚道、重力滑道、手推车、叉车等运输工具。

6．流水线的平面布置

流水线的平面布置应使工人的操作方便、产品的运输路线最短，以及有效地利用生产空间。流水线平面布置的形状一般有直线形、L 形、U 形、山形、环形和 S 形，如图 8-5 所示。一般来说，当工序及工作地较少时，采用直线形；当工序或工作地较多时，可采用双直线排列，或采用 L 形、U 形、S 形等；山形一般用于零件加工和部件装配结合的情况；环形在工序循环重复时采用。排列工作地时，要符合工艺流程，整个流水线布置要符合产品总流向，尽可能缩短运输路线，减少运输工作量。

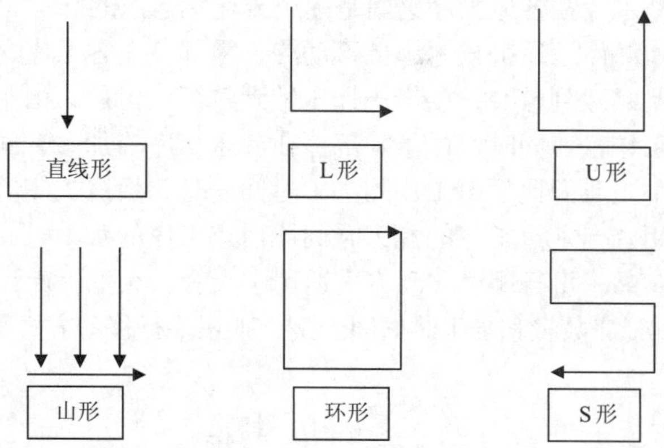

图 8-5　流水线的平面布置图形

7．流水线经济效益指标计算及评价

因为组织流水线需投入较多的资金，故必须对流水线的经济效益进行评价，对流水线经济效益的评价可以从绝对指标计算和相对指标计算两个方面进行。

第四节　生产过程的时间组织

生产过程的时间组织是指在加工过程中，对加工对象从时间方面进行合理组织，保持生产过程连续性，以求缩短产品的生产周期，提高设备利用率和劳动生产率。它要求生产对象的移动在时间上紧密衔接，实现有节奏、连续的生产、加强生产过程的时间组织，可以提高设备、工人和工作地的利用效率，减少在制品占用，缩短生产周期，减少资金占用，对于加强企业管理有着重要意义。

产品的生产周期是指原材料投入生产开始，至制成成品验收入库为止所需要的全部时间。它也可以指完成某一工艺阶段的生产周期。缩短产品生产周期的途径，首先要合理确定劳动对象在生产过程中的移动方式。零件的移动方式同一次生产的零件数量有关，当一次生产的零件只有一件时，零件只能顺次地经过各工序，而不能同时在不同工序上进行加工。缩短零件生产周期，只能在缩短工序时间和工序间的停留时间方面挖潜力。当生产的零件数在两个或两个以上，即按一定的批量进行加工时，零件在工序间就有不同的移动方式。本节重点讨论产品或零部件等加工对象在各工序之间的移动方式，主要有顺序移动方式、平行移动方式和平行顺序移动方式三种。

1．顺序移动方式

顺序移动方式，是指一批零部件或产品在上道工序的加工全部完成以后，才整批地从上道工序转入下道工序加工。顺序移动方式的最大特点是零件或产品在其加工的各个工序之间是整批整批地移动的，每批零部件完全加工完毕，才开始传到下道工序。

在顺序移动方式下，由于零件或产品是整批转送的，因而组织与计划工作比较简单。产品和零部件的集中加工、集中运送有利于提高工效，提高设备的利用率，但一批产品或零部件中大多数存在等待运输和等待加工的时间，因而在制品占用多，生产周期长。比较适用于工艺专业化的企业或批量较小的情况。

设一批零件总共有 n 个，要经过 m 道工序的加，每道工序的加工时间分别为 t_i，则在顺序移动方式下，产品生产周期的一般公式为

$$T_{顺} = n\sum_{i=1}^{m} t_i$$

式中：$T_{顺}$ 为顺序移动方式的加工周期；n 为批量；m 为工序数；t 为第 i 工序的单件工序时间。

2．平行移动方式

平行移动方式，是指每个零件在上一道工序的加工结束以后，立即转入下一道工序进行加工。有时候，零

件在各道工序之间的运送不是单个进行，而是按一个运输批量进行，但运输批量只占加工批量很小的比例。因此，平行移动方式的最大特点是零件在各道工序之间是逐个或逐批运送的。

在平行移动方式下，由于零部件是逐个或逐小批移动的，零部件在各工序之间的加工平行展开。因而这种时间组织方式能够把加工的在制品减到最少，生产周期压缩到最短。但是，由于零部件在各道工序之间按件或按小批运送，大大增加了运输工作量，同时，由于零部件在各道工序的加工时间不一致，会出现设备等待或零件等待的情况。当前道工序的加工时间比后道工序的加工时间长时，后道工序的设备会出现间歇性闲置，但由于闲置是零星的，因而难以利用；当前道工序的加工时间比后道工序的加工时间短时，后道工序又会出现零件等待加工的情况，存在少量在制品。平行顺序移动方式适用于大量、大批生产和对象专业化的企业。

设有一批零件，零件数量、工序数量和加工时间同上例，则在平行移动方式下，产品生产周期的一般公式为

$$T_{平} = \sum_{i=1}^{m} t_i + (n-1)t_{max}$$

式中：t_{max} 为各工序中最长的工序加工时间。

3. 平行顺序移动方式

平行顺序移动方式，是指一批零件在一道工序上尚未全部加工完毕，就将已加工好的那部分零件转入下道工序加工，以恰好能使下道工序连续地全部加工完该批零件为条件。平行顺序移动方式是平行移动方式和顺序移动方式的结合，它最大的特点是加工零件的每道工序，其设备在开机之后，连续地加工完全部零件但又使生产周期最短。

在平行顺序移动方式下，零件在各道工序之间的转送是以保证工序的连续加工，尽可能地缩短生产周期，减少零件运送量为标准的。因而，采用这种移动方式，克服了平行移动方式下，某些工序开工后又停止等待的缺点，也改善了顺序移动方式下生产周期过长的问题，运送量也比平行移动方式下有所减少。因而，当零件在各道工序的加工时间不协调时，平行顺序移动方式是一种较为理想的时间组织形式。当然，平行顺序移动方式也存在着管理工作复杂的缺点。

设有一批零件，零件数量、工序数量和工序加工时间同上例，则在平行顺序移动方式下，产品生产周期的一般公式为

$$T_{平顺} = \sum_{i=1}^{m} t_i + (n-1)\left(\sum t_1 - \sum t_s\right)$$

式中，t_1 为加工时间比前、后两道工序的加工时间都长的工序加工时间；t_s 为加工时间比前、后两道工序的加工时间都短的工序加工时间。

下面举例说明三种不同的移动方式下，产品加工的运送及生产周期状况。

例题：假设某种零件的批量 n 为 4 件，共有 4 道加工工序，其单位工序时间定额分别为 t=10 min，t_2=5 min，t_3=20 min，t_4=10 min。

则：在顺序移动方式下，产品的生产周期是

$$T_{顺} = n\sum_{i=1}^{m} t_i = 4\times(10+5+20+10) = 135 \text{（min）}$$

在平行移动方式下，产品的生产周期是

$$\begin{aligned} T_{平} &= \sum_{i=1}^{m} t_i + (n-1)t_{max} \\ &= 10+5+20+10+(3-1)\times 20 = 85 \text{（min）} \end{aligned}$$

在平行顺序移动方式下，产品的生产周期是

$$T_{平顺}=\sum_{i=1}^{m}t_i+(n-1)\left(\sum t_1-\sum t_s\right)$$
$$=4\times(10+5+20+10)-(3-1)\times(5+5+10)=95(\text{min})$$

在三种不同的移动方式下，零件的运送情况分别如图 8-6 ~ 图 8-8 所示。

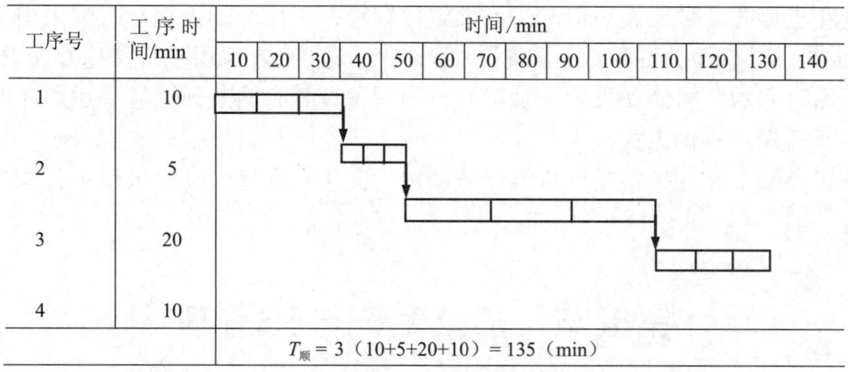

图 8-6　顺序移动方式图

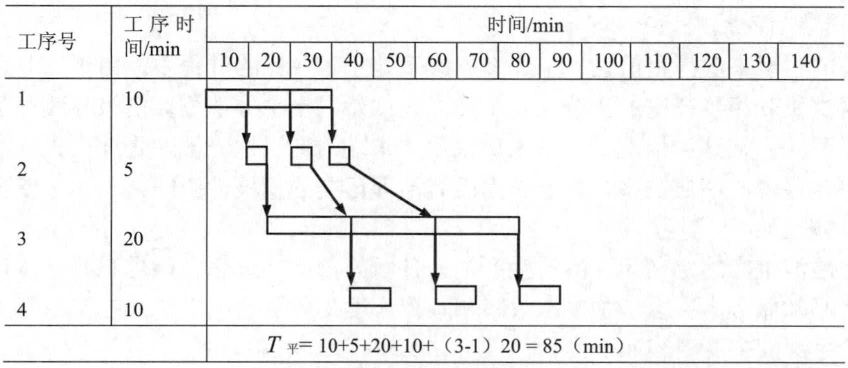

图 8-7　平行移动方式图

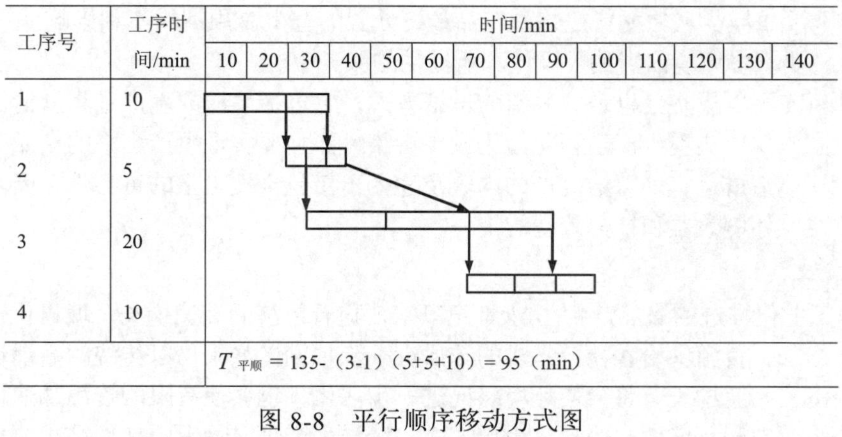

图 8-8　平行顺序移动方式图

可以看出，三种不同的生产过程时间组织形式中，就生产周期的长短来说，顺序移动方式最长，平行顺序移动方式次之，平行移动方式最短；就生产中产品的运输工作量大小来说，平行移动方式最大，平行顺序移动方式次之，顺序移动方式最小；就生产的连续性来说，顺序移动方式和平行顺序移动方式都能保证生产的连续进行，而在平行移动方式下会出现生产工作的间断。

一般来说，平行顺序移动方式是一种较好的生产组织形式，但也不能一概而论。在选择生产过程的时间组织形式时，除了要考虑生产周期、零件或产品的搬运量和生产的连续性以外，还要考虑以下因素：

（1）生产单位的专业化形式。生产单位布置的专业化形式和生产过程的时间组织存在密切关系。一般来说，如果生产单位是按工艺专业化布置的，且车间之间距离较大，由于零件不便于单件运送，宜采取顺序移动方式；反之，如果生产单位是按对象专业化布置的，设备间距离较小，则采用平行移动方式或平行顺序移动方式较为方便。

（2）生产类型。单件小批的生产多采用顺序移动方式；大量大批生产时，采用平行移动方式或平行顺序移动方式，节约在制品占用时间，加速生产进程。

（3）零件的重量和工序劳动量的大小情况。如果零件较轻，工序劳动量较小，则采用顺序移动方式有利于节约运输费；相反，如果零件较重，工序工作量较大，需按件运送，则宜采用平行移动方式或平行顺序移动方式。

（4）设备调整所需时间的长短。如果改变加工对象的设备调整时间长，则应采用顺序移动方式；反之，应采用平行移动方式或平行顺序移动方式。

（5）接受订货的紧急程度。如果接受订货的任务紧迫，交货期临近，则宜采用平行移动方式，缩短工期，保证交货。

第五节　清洁生产与5S管理

一、清洁生产

1．清洁生产的概念与内容

工业是环境污染的主要来源。目前世界上许多国家正处于工业化的过程中，由于工业企业数量的增加，能源消耗高、资源浪费严重和污染严重的传统工业生产方式依然居于主导地位，结果导致可利用资源逐渐枯竭，污染防治的形势非常严峻。在这种情况下，如果仍采用“末端治理”这一被动管理模式，存在着投入高、费时费力、与企业的经济效益没有明显关系，企业普遍没有治理污染的积极性等问题。为了使企业生产与环境保护协调发展，清洁生产应运而生。

联合国环境署对清洁生产的定义为：清洁生产是一种新的创造性思想，该思想将整体预防的环境战略持续应用于生产过程、产品和服务中，以增加生态效率和减少人类及环境的风险。

具体来说，清洁生产的主要内容如下：

（1）对企业生产过程来讲，要求节约原材料和能源，淘汰有毒原材料，并在全部排放物和废物离开生产过程以前削减所有废物的数量和毒性。

（2）对产品来讲，要求减少从原材料提炼到产品最终处置的全生命周期的不利影响。

（3）对服务来说，要求将环境因素纳入设计和所提供的服务中。

清洁生产是一种新的环境战略，也是一种新的思维方式，它包括清洁的生产过程、清洁的产品以及清洁的服务三方面的内容。它不仅要实现生产过程无污染或少污染，而且要实现生产出来的产品和服务在使用和最终报废处理过程中不对环境造成危害。清洁生产的内容及途径不仅包含技术上的可行性，而且包括经济上的可营利性，体现了经济效益、环境效益和社会效益的统一。

2．清洁生产的意义

（1）清洁生产是工业化推进的必然产物。21 世纪以来，随着经济的高速增长，城市化进程的加快，各种资源的开发和消耗不断增加，资源供给和社会需求的矛盾进一步加剧。如果仍以传统的高消耗、低产出、高污染的生产方式来维持经济的高速增长，将会使环境状况进一步恶化，也会使有限的资源加速耗竭。实践证明，清洁生产是一种兼顾经济效益和环境效益的最优生产方式。清洁生产可以最大限度地减少原材料和能源的消耗，降低成本，提高效益，变有毒有害的原料或产品为无毒无害，对环境和人类危害最小；对生产全过程进行科学的改革和严格的管理，使生产过程中排放的污染物达到最小化，这样，在生产过程中就可以控制大部分污染的来源，带来很高的环境效益。

（2）清洁生产是可持续发展的具体体现。可持续发展就是要使经济、社会的发展与环境保护协调一致，既要发展经济，又要保护好自然资源与环境；既要安排好当前的发展，又要使子孙后代能够永续发展。可持续发展的实质不仅要注重经济发展的数量和速度，而且要重视发展的质量和可持久性。而要做到这一点，就必然要求调整消费结构，广泛推行清洁生产方式，提高效益，节约资源与能量，减少废物排放。清洁生产正体现了工业可持续发展的战略，能够保障环境与经济的协调发展，因此成为可持续发展的优先领域。通过实施清洁生产，不仅可以减少甚至消除污染物的排放，而且能够节约大量能源和原材料，降低废物处理和处置费用，从而在经济上有助于提高生产效率和产品质量，降低生产成本，使产品在市场上更具竞争力。

（3）清洁生产丰富和完善了企业管理思想。就生产过程而言，清洁生产通过对企业管理人员及操作工人的培训，提高他们的管理意识和环境保护意识，调动职工的积极性，使他们认识到在日常生活工作中只要采取一些简单易行不花钱或很少花钱的措施就可大大降低原材料和能源消耗，提高物品的利用率，减少污染物的排放，从而节约成本，提高产品质量。清洁生产还通过一套严格的审计程序核对有关单元操作、原材料、水、能源、产品和废弃物的来源、数量及类型，判定物料流失的关键所在，判定企业效率低的原因和管理不善之处，从而提出一套节约能源、减少污染、提高企业效率和产品质量的行之有效的方法。清洁生产之所以能够推广开来，究其原因主要是它能与企业的管理结合起来，能与企业的本身利益紧密地结合起来。它通过一套系统而完整的思路来促进企业节约能源，减少废弃物的排放量，提高企业的投入产出比，从而丰富了企业管理的思想。

二、5S管理

5S 管理起源于日本，1955 年日本 5S 活动的宣传口号是“安全始于整理整顿，终于整理整顿”。5S 就是整理（Seiri）、整顿（Seiton）、清扫（Seiso）、清洁（Seiketsu）、素养（Shitsuke）五个项目，日语的拼音均以“S”开头简称 5S。通过规范现场、现物，营造一目了然的工作环境，培养员工良好的工作习惯，最终目的是提升人的品质 : 革除马虎之心，养成凡事认真的习惯 (认认真真地对待工作中的每一件“小事”)；遵守规定的习惯 ; 自觉维护工作环境整洁明了的良好习惯；文明礼貌的习惯。5S 管理因其简单、实用、效果显著，在日本企业中被广泛推行。1986 年第一本关于 5S 管理活动的著作问世，对整个日本现场管理模式起到了冲击作用，并由此掀起了 5S 管理活动的热潮。二战后，许多日本企业导入 5S 管理活动，并将其作为工厂管理的基础，使企业的产品质量和经济效益得到迅速、明显的提升，为日本后来成为世界经济强国奠定了基础。

1．5S管理的目的

5S 管理活动是企业管理中一项很具体的基础管理工作，对塑造企业形象、降低成本、准时交货、安全生产、标准化推进、提升效率、保障品质、提升员工素质等方面起着重大的作用，在改善现场工作环境、提高企业竞争力方面能够取得很好的效果，这些已经逐渐被各国管理界所认识，并将 5S 管理作为重要的管理方法和手段在企业中实施。

（1）开展 5S 管理活动不仅仅是要提高现场的作业环境，它追求的是职工养成良好的工作习惯，提升员工的自身素质，形成良好的企业文化，提高企业的竞争力。如果企业认为现场环境好了、物品定置了就是把 5S 管理做好了，那就大错特错，这样的企业开展 5S 管理活动一定达不到有效的目的。

（2）开展这项活动必须持之以恒。这不是一项短期的活动，而是一项长期坚持不懈的活动，并且是在不断发展提高的。“管理无止境”“没有最好，只有更好”，开展 5S 管理活动的重要意义就在于它不断提出更高的要求，使员工养成不断改善的良好习惯，保证企业持续创新。

（3）管理的提升是一个逐步积累的过程。千里之行始于足下，要想做好 5S 管理，只有扎扎实实做好每一项基础工作，才能达到预期效果。

（4）5S 管理是一门实战性很强的管理体系和方法，必须与企业的实际情况相结合，不断推出新的、更高层次的要求，并持之以恒坚持不懈地开展下去，才能不断提高员工素质，提升企业竞争力，保证企业持续发展。

2．5S管理的内容

（1）整理。就是要将工作场所的所有东西区分为有必要的与不必要的，把必要的东西与不必要的东西明确、严格地区分开来，不必要的东西要尽快处理掉。其目的在于腾出空间，空间活用，防止误用和误送，塑造清爽的工作场所。

企业生产过程中经常有一些残余物料、待修品、待返品、报废品等滞留在现场，既占据地方又阻碍生产。一些已无法使用的工夹具量具、机器设备，如果不及时清除，会使现场变得凌乱。生产现场摆放不要的物品是一种浪费，即使是宽敞的工作场所，也将愈变愈窄小。另外，棚架、橱柜等被杂物占据而减少使用价值，增加了寻找工具、零件等物品的困难，浪费时间；物品杂乱无章的摆放，增加盘点的困难，成本核算失准。

进行整理工作要有决心，不必要的物品应断然地加以处置。实施要领是：

①确定“要”和“不要”的判别基准。

②将不要的物品清除出工作场所。

③对需要的物品调查使用频度，决定日常用量及放置位置。

④制定废弃物处理方法。

⑤每日自我进行检查。

(2) 整顿。就是对整理之后留在现场的必要物品分门别类地放置，排列整齐，明确数量，并进行有效的标识。其目的是使工作场所一目了然，创造整整齐齐的工作环境，消除找寻物品的时间，消除过多的积压物品。整顿是提高效率的基础。

整顿的三要素是场所、方法、标识。在放置场所方面，物品的放置场所原则上要100%设定。物品的保管要定点、定容、定量，生产线附近只能放真正需要的物品，放置原则是易取并不超出所规定的范围，因此，要在放置方法上多下工夫。标识方法是：放置场所和物品原则上一对一表示；现场物品和放置场所必须表示；某些表示方法全公司要统一。

整顿工作所包含的三定原则是：定点（即放在哪里合适）、定容（即用什么容器、颜色）、定量（即规定合适的数量）。

实施要领包括：

①前一步骤的整理工作要落实。

②流程布置，确定放置场所。

③规定放置方法，明确数量。

④划线定位。

⑤场所、物品标识。

(3) 清扫。即要将工作场所清扫干净。其目的在于消除脏污，保持职场内干干净净、明明亮亮，注重细微之处，并防止污染的发生，稳定品质，减少工业伤害。实施时要注意责任化、制度化。

实施要领是：

①建立清扫责任区（室内外）。

②执行例行扫除，清理脏污。

③调查污染源，予以杜绝或隔离。

④建立清扫基准，作为规范。

(4) 清洁。即将“整理”“整顿”“清扫”3S实施的做法制度化、规范化、标准化，并维持其成果，其目的在于通过制度化来维持成果。

(5) 素养。培养员工遵守规章制度、按规定行事积极向上的工作习惯，养成良好的文明礼貌习惯及团队精神，提升人的品质，革除马虎之心，养成凡事认真的习惯。

在5S管理基础上加上安全就是6S管理，是指对生产现场各生产要素（主要是物的要素）所处的状态不断进行整理、整顿、清扫、安全、清洁及提升人的素养的活动。开展以整理、整顿、清扫、安全、清洁、和素养为内容的管理活动，称为6S管理。6S管理主要是针对企业中每位员工的日常行为提出要求，倡导从小事做起，力求使每位员工都养成事事“讲究”的好习惯，这种管理不但可以迅速提升企业的安全、卫生、品质、效率、形象及竞争力，还可控制成本开支、改善工作环境、创建良好的企业文化，更可树立人的科学的思考方式。事实上，日常工作中的许多问题可通过实施“6S管理”迎刃而解。

本章小结

1. 厂址选择，是指确定工厂坐落的区域位置包括在哪个地区设厂和在此区域内选择一个适当的地址两个方面。不同的厂址选择，会对企业产生多方面的影响。

2. 生产过程，是指从准备生产某种产品所需的原材料的投入开始，直到生产出该种产品的全部过程，是按一定客观要求组织起来的劳动过程和自然过程的综合。根据生产产品所需要劳动的性质及其对产品所起作用的不同，一般可以将生产过程划分为生产准备过程、基本生产过程、辅助生产过程和生产服务过程四个部分。

3. 生产过程组织是指对构成生产过程的各种生产要素，在空间和时间上进行合理的安排，按产品在生产过程中运动的客观规律，进行生产结构和生产流程的设计。合理组织生产过程，必须符合连续性、比例性、节奏性、适应性的要求。

4. 生产类型，是指根据计划类型、生产方法、专业化程度、接受生产任务方式、生产规模设备等标志，对企业生产过程所进行的分类。生产类型是影响企业生产过程组织的主要因素之一。

5. 生产过程的空间组织，是指在空间上合理地确定企业内部各生产单位和各生产阶段的设置和运输路线以及劳动者、劳动资料等生产要素在空间上相互结合的方式。主要包括工艺专业化、对象专业化和混合方式三种方式。

6. 生产过程的时间组织，简单来说，就是确定劳动对象在生产过程中各车间、各工序之间的移动方式，确定生产要素在时间上的衔接关系。主要包括顺序移动、平行移动和平行顺序移动三种方式。

7. 清洁生产是一种新的创造性思想，该思想将整体预防的环境战略持续应用于生产过程、产品和服务中，以增加生态效率和减少人类及环境的风险。

8. 5S管理就是整理、整顿、清扫、清洁、素养五个项目，日语的拼音均以“S”开头，简称5S。5S起源于日本，通过规范现场、现物，营造一目了然的工作环境，培养员工良好的工作习惯，其最终目的是提升人的品质：革除马虎之心，养成凡事认真的习惯。

思考与练习

1. 简释下列概念：

清洁生产　　柔性生产　　系统流水线　　节拍　　工艺专业化　　对象专业化　　节奏

订货生产方式　　存货生产方式　　生产过程

2. 生产过程组织的要求有哪些？

3. 影响生产过程时间组织形式的因素有哪些？

4. 简述清洁生产的意义。

5. 下面列出了五种有代表性的企业，你认为在它们进行选址时主要应考虑哪些因素？指出最主要的一两种。

（1）产品型工厂：少品种、大批量，面向整个市场，工艺、设备、组织效率水平较高。

（2）市场地区型工厂：生产公司所有产品，但只供应某一特定的市场地区。

（3）生产过程型工厂：流程型，通常是总厂下的一个分厂，负责制造过程的几个阶段。

（4）通用型工厂：不固定生产某种产品，也不固定供应某一市场，柔性强，中小企业。

（5）搬迁厂：迁往一个新址。

6. 某单位拟投资建厂，计划年生产某种产品10 000件，现有甲、乙两个建厂地址可供选择，有关资料如下：甲方案固定费用总额为88 000元，单位变动成本为12元：乙方案固定费用总额为90 000元，单位变动成本为10元。产品价格为每件20元。

问题：试用损益分歧点分析法确定应选择哪一个建厂方案？

7. 有一批零件，总共四个，要经过四道工序的加工，每道工序的加工时间分别是10、5、15和5分钟，分别用公式和图示法计算顺序移动方式、平行移动方式、平行顺序移动方式下，零件的加工周期各为多少。

8. M企业的机加工车间有四个零部件，按照工艺流程，要经过4道工序，每道工序的加工时间分别为10、5、12和7分钟，试计算顺序移动方式平行移动方式和平行顺序移动方式下零部件的加工周期各为多少？

案例讨论

案例

第九章　生产计划与生产控制

本章提要

本章阐述了计划与计划系统的基本理论，重点对生产计划，生产能力，生产控制基本理论，生产控制方法等做了比较详细的介绍，看板管理，生产计划，生产作业控制，生产作业计划等也是本章重点关注的内容。

重点难点

- 重点理解计划系统，生产计划，生产能力等内容。
- 掌握生产控制，生产作业控制的方法与技巧。
- 了解常用生产控制方法的基本思想和做法。

引导案例

案例

一家企业的成功与生产计划与生产控制是密不可分的，那么究竟什么是生产计划与生产控制呢？生产计划和生产控制的基本思想是什么？如何掌握生产计划与生产控制的方法呢？本章将带着大家一起学习。

第一节　计划与企业计划系统

一、计划

1. 计划的概述

计划，从动词意义上讲，是指根据对组织外部环境与内部条件的分析，提出在未来一定时期内要达到的组织目标以及实现目标的方案途径。从名词意义上讲，是指用文字和指标等形式所表述的组织以及组织内不同部门和不同成员，在未来一定时期内关于行动方向、内容和方式安排的管理文件。换言之，计划就是一个组织要做什么和怎么做的行动指南。

而一份行动指南要想行之有效，必须包含以下因素：

（1）清晰的目标。

（2）明确的方法与步骤。

（3）必要的资源。

（4）约束条件。

（5）可能的问题与成功关键。

例如：你是总裁助理，明天下午总裁在上海有一个重要的研讨会，需准时抵达，这是目标；安排总裁明天早上搭乘高铁，这是方法；请杨师傅送总裁到高铁站，上海分公司的王师傅接车，这是资源；路上堵车或赶不上高铁，这是可能存在的问题；提前出发，预留出路上耽搁的时间，这是关键。

2．有效目标的评估标准

以上五个要素是计划中包含的最基本要素，其中最为重要的就是要有清晰的目标。那么，我们怎么评价计划中的目标是否清晰呢？在企业中，常常用SMART法则来进行评价。SMART原则（S=Specific、M=Measurable、A=Attainable、R=Relevant、T=Time-bound）是为了利于员工更加明确高效地工作，更是为了管理者将来对员工实施绩效考核提供了考核目标和考核标准，使考核更加科学化、规范化，更能保证考核的公正、公开与公平。有效目标的SMART法则含义如下：

（1）S——明确具体的。

（2）M——可衡量的（数字化）。

（3）A——行动导向的。

（4）R——合理可行的。

（5）T——有时间限制的。

我们可以根据SMART法则来评价所设立的目标是否清晰。例如：

（1）明年要大力推进节能减排工作。（衡量标准是什么？）

（2）要改善员工福利。（改善哪方面的福利？什么时候改善？）

（3）每天阅读1个小时（阅读定义不清晰，读名著还是杂志？专业书籍还是陶冶情操？）

可见，有一个清晰的目标，是制定有效计划的开端。

二、企业计划系统

人们把由各种计划构成的计划体系与完成计划工作的各级计划职能的有机结合称作计划系统。

（一）计划的性质与意义

计划工作是收集信息、预测未来、确定目标、制定行动方案、明确方案实施的措施、规定方案实施的时间地点的一个过程。计划是计划工作的结果文件，其中记录了组织未来所采取行动的规划和安排。

计划的主要性质有首位性，普遍性，目的性，实践性，明确性和效率性。

计划的重要意义：

（1）计划是管理活动的依据。

（2）是合理配置资源减少浪费提高效益的手段。

（3）是降低风险掌握主动权的手段。

（4）是管理者制定控制标准的依据。

（二）计划的分类

1．按时间进行分类

（1）长期计划：长期计划描述了组织在较长时期的发展方向和方针，规定了组织的各个部门在较长时期内从事某种活动应达到的目标和要求，绘制了组织长期发展的蓝图。

（2）中期计划：通常指三年以下的生产计划。

（3）短期计划：短期计划具体地规定了组织的各个部门在较短的时期阶段，应该从事何种活动，从事该种活动应达到何种要求，为各组织成员在近期内的行动提供了依据。

2．按维度进行分类

（1）战略性计划：应用于整体组织的，为组织未来较长时间设立总体目标和寻求组织在环境中的地位的计划。（长期性与整体性）

（2）战术性计划：指规定总体目标如何实现的细节的计划，其需要解决的是组织的具体部门或职能在未来各个较短时期内的行动方案。

3．按实施方向进行分类

（1）指导性计划：是指上级计划单位只规定方向、要求或一定幅度的指标，下达隶属部门和单位参考执行的一种计划形式。

（2）具体性计划：是指具有明确的目标，不存在模棱两可，没有容易引起误解的问题的计划。

其他分类，如功能计划：组织计划，生产计划，财务计划，市场开拓计划；综合性计划和专业性计划；

指向性计划和具体性计划；程序性计划与非程序化计划。

（三）计划的步骤

（1）机会分析：计划工作是从分析组织面临的机会和挑战开始的。这需要组织的管理者认真分析组织环境的状况，预测其变化趋势，从中寻找发展机会，并判断利用这种机会的可能性和能力，或面对挑战寻求应对策略和思路。

（2）确定目标：组织目标应解决三个问题，一是目标内容，二是目标的实现时间，三是目标的具体指标和价值。

（3）预测计划实施环境：计划前提是指计划实施时的环境状态。为了实现组织目标，使所指定的计划切实可行，必须准确地预测出实施计划时的环境和资源状况。

（4）提出可行方案：围绕组织目标，要尽可能地多提出各种实施方案，充分发扬民主，吸收各级管理者、专家、技术人员、基层员工代表参与方案的制定。

（5）评价备选方案：这是选择方案的前提，要从计划方案的客观性、合理性、可操作性、有效性、经济型，机动性、协调性等方面来衡量。

（6）选定方案：依据方案评价的结果从若干可行方案中选择一个或几个优化方案。首先要认真比较各个方案的优点和缺点，站在全局的观点上权衡利弊，最后选出一个或几个优化方案，除了选出一个主方案外，还要有备用方案，供环境和其他因素发生变化时使用。

（7）预算：将计划数字化，是计划的资源，可使任务分配变得容易，有利于授予下级适当的权力与责任。调整预算有两种方法：一是将预算与活动成果挂钩，二是滚动预算 。

第二节　生产计划

一、生产计划

生产计划是对生产任务作出统筹安排，具体拟定生产产品的品种、数量、质量和进度的计划。是企业经营计划的重要组成部分，是企业进行生产管理的重要依据。既是实现企业经营目标的重要手段，也是组织和指导企业生产活动有计划进行的依据。企业在编制生产计划时，还要考虑到生产组织及其形式。但同时，生产计划的合理安排，也有利于改进生产组织。

生产计划是指一方面为满足客户要求的三要素“交期、品质、成本”而计划；另一方面又使企业获得适当利益，而对生产的三要素“材料、人员、机器设备”的确切准备、分配及使用的计划。

（一）生产计划特征

一个优化的生产计划必须具备以下三个特征：

（1）有利于充分利用销售机会，满足市场需求。

（2）有利于充分利用盈利机会，实现生产成本最低化。

（3）有利于充分利用生产资源，最大限度的减少生产资源的闲置和浪费。

（二）生产计划原则

为了有利于改进组织生产，生产计划必须具备以下几点：

（1）要保证交货日期与生产量。

（2）使企业维持同其生产能力相称的工作量（负荷）及适当开工率。

（3）作为物料采购的基准依据。

（4）将重要的产品或物料的库存量维持在适当水平。

（5）对长期的增产计划，做人员与机械设备补充的安排。

（三）生产计划种类

按生产计划的时间分类如表 9-1 所示。

表 9-1　生产计划的时间分类

划分种类		对象	期间	期别
大日程（长期）	长期生产计划	产品群	2~3 年	季
	年度生产计划	产品群	1 年	月
中日程（中期）	中日程（中期）	产品群	季，半年	周、月
	月份生产计划	产品别，零件别	周	日
小日程（短期）	周生产计划	产品别，零件别	周	日
	日生产计划	产品别，零件别	日	小时

主生产计划（MPS）是按时间分段方法，去计划企业将生产的最终产品的数量和交货期。主生产计划是一种先期生产计划，它给出了特定的项目或产品在每个计划周期的生产数量。一个有效的主生产计划是生产对客户需求的一种承诺，它充分利用企业资源，协调生产与市场，实现生产计划大纲中所表达的企业经营目标。主生产计划在计划管理中起“龙头”模块作用，它决定了后续的所有计划及制造行为的目标。在短期内作为物料需求计划、零件生产计划、订货优先级和短期能力需求计划的依据。在长期内作为估计本厂生产能力、仓储能力、技术人员、资金等资源需求的依据。

次生产计划，是计划层级低于主生产计划的计划类型。

（四）生产计划条件

一个好的生产计划应满足下列条件：

（1）计划应是综合考虑各有关因素的结果。

（2）必须是有能力基础的生产计划。

（3）计划的粗细必须符合活动的内容。

（4）计划的下达必须在必要的时期。

（五）生产计划评价指标

制定生产计划指标是生产计划的重要内容。为了有效地和全面地指导企业生产计划期的生产活动，生产计划应建立包括产品品种、产品质量、产品产量和产品产值的四类指标为主要内容的生产指标体系。

1．品种指标

产品品种指标是指企业在报告期内规定生产产品的名称、型号、规格和种类。它不仅反映企业对社会需求的满足能力，还反映了企业的专业化水平和管理水平。

产品品种指标的确定首先要考虑市场需求和企业实力，按产品品种系列平衡法来确定。

2．质量指标

产品质量指标是衡量企业经济状况和技术发展水平的重要指标之一。产品质量受若干个质量控制参数控制。对质量参数的统一规定形成了质量技术标准，包括国际标准、国家标准、部颁标准、企业标准、企业内部标准等。

3．产量指标

产品产量指标是指企业在一定时期内生产的，并符合产品质量要求的实物数量。以实物量计算的产品产量，反映企业生产的发展水平，是制定和检查产量完成情况，分析各种产品质检比例关系和进行产品平衡分配，计算实物量生产指数的依据。

确定产品产量指标主要采用盈亏平衡法、线性规划法等。

4．产值指标

产品产值指标是用货币表示的产量指标，能综合反映企业生产经营活动成果，以便进行不同行业间比较。根据具体内容和作用不同分为工业总产值、工业商品产值和工业增加值三种形式。

二、企业生产计划的概述

（一）企业生产计划的确定

生产计划的确定就是根据对市场需求的预测，从企业能够适应需求的生产能力出发，来规定企业计划期内应出产的产品品种、数量、质量和进度安排。

生产计划的确定的步骤，可分为四大步：

(1) 调查研究，收集相关信息。

(2) 拟订生产计划指标方案，进行方案优化。

(3) 综合平衡，确定生产计划指标。

(4) 编制生产计划大纲。

(二) 生产计划的编制

要编制好生产作业计划，必须有充分可靠的依据资料，主要包括：

(1)年、季度生产计划和订货合同、技术组织措施计划、生产技术准备计划、工艺装备生产计划及其完成情况。

(2) 产品零、部件明细表，产品零件分车间、工段和班组明细表，产品工艺技术文件。

(3) 各种产品、零件分工种、分工序的工时消耗定额及其分析资料，人员配备情况及其各类人员数的技术等级。

(4) 原材料、外购件、外协件、工艺装备等的供应和库存情况，动力供应情况和物资消耗情况。

(5) 设备的类型、数量及其运转情况，设备修理计划，厂房生产面积和台时消耗定额。

(6) 上期生产作业计划预计完成情况和在制品情况。

(7) 市场动态及产品销售情况。

(三) 生产计划的考虑因素

一份好的生产计划是企业能否顺利完成生产任务的重要保证，也是工厂作业能否有序实施的决定因素。既然计划在企业运作中起着如此重要的作用，那么对制定计划的工作也马虎不得。一份确实可行的计划制定有那些步骤和应该考虑那些因素呢？

首先，要进行产能和负荷的分析：

(1) 分析的内容：企业要生产的产品型号、生产进度、生产周期；生产产品所需的材料、数量，以及如何保证所需材料的供应；产品对技术的要求、目前技术是否能满足要求，如果不能，如何解决；生产产品所需的设备及数量；生产产品所需的人力及现有人力是否满足要求，如果不能，如何解决；等等。

(2) 制定产能与负荷分析管制表：将产能和负荷换算成相同的可比单位，比如时间或数量，从而比较制造能力和生产任务是否平衡，内容包括工作中心名称、编号，分析评估期间，产能状况，负荷状况，以及分析结论及对策。

(3) 对产能进行预分析：月份产能预估分析，周次产能预估分析。

(4) 对负荷进行预估分析：月份负荷预估分析，周次预估分析。

(5) 分析的结论及对策：产能大于负荷时的应对措施，产能小于负荷时的应对措施。

其次，制定和实施月生产计划：

(1) 月生产计划的种类：月份生产排程与负荷计划，月份生产计划。

(2) 月生产计划的制定：据订单确立生产批，依据订单开立制造令，编排月生产计划。

(3) 是制定细部生产计划对生产进度进行详细的安排，明确各生产批及各工程的投产日、每日产量及完工日。

三、生产能力

(一) 生产能力概述

生产能力是反映企业所拥有的加工能力的一个技术参数，它也可以反映企业的生产规模。每位企业主管之所以十分关心生产能力，是因为他随时需要知道企业的生产能力能否与市场需求相适应。当需求旺盛时，他需要考虑如何增加生产能力，以满足需求的增长；当需求不足时，他需要考虑如何缩小规模，避免能力过剩，尽可能减少损失。

各个企业要计算生产能力时，需要首先确定生产能力的计量单位。不同类型的企业生产能力计算方式不同。相比之下，机械制造企业的生产能力计算稍微复杂一些，主要原因是这类企业产品的加工环节多，参与加工的设备数量大，设备能力又不是连续变动的，而是呈阶梯式发展的，所以各环节的加工能力是不一致的。计算工作通常从底层开始，自下而上进行，先计算单台设备的能力，然后逐步计算班组（生产线）、车间、工厂的生产能力。生产能力的计算主要有以下三种类型：流水线生产类型企业的生产能力计算，成批加工生产类型企业的生产能力计算和服务行业的生产能力计算。

在计算生产能力时，必须了解每条独立生产线的情况、每家独立工厂的生产水平以及整个生产系统的生产分配状况，一般可通过以下步骤来进行：

（1）运用预测技术预测每条独立生产线的产品的销售情况。

（2）计算为满足需求所需投入的设备和劳动力数量。

（3）合理配置可获得的设备与劳动力数量。

企业常常还要考虑一个生产能力余量作为平衡设计生产能力与实际生产能力的缓冲。生产能力余量是指超过预期需求的生产富余能力。例如，某产品的预计需求为 1 000 万，而设计生产能力为 1 200 万。这样，生产能力余量为 20%，即企业是以 80% 的生产能力利用率生产该产品。相反，如果一家企业的设计生产能力低于为满足产品需求应达到的生产能力，则说明该企业的生产能力余量为负值。比如一家企业的产品年需求量为 1 200 万，而其生产能力仅为 1 000 万，则该企业的生产能力余量 -20%。

由于企业种类的广泛性，不同企业的产品和生产过程差别很大，在作生产能力计划以前，必须确定本企业的生产能力计量单位。常见的生产能力计量单位如下：

1．以产出量为计量单位

调制型和合成型生产类型的制造企业生产能力以产出量表示十分确切明了。如钢铁厂、水泥厂都以产品吨位作为生产能力，家电生产厂是以产品台数作为生产能力。这类企业它们的产出数量越大，能力也越大。若厂家生产多种产品，则选择代表企业专业方向，产量与工时定额乘积最大的产品作为代表产品，其他的产品可换算到代表产品。换算系数 k_i 由下式求得：

$$k_i=t_i/t_0$$

式中　k_i —— i 产品的换算系数；

t_i —— i 产品的时间定额；

t_0 —— 产品的时间定额。

以原料处理量为计量单位。有的企业使用单一的原料生产多种产品，这时以工厂年处理原料的数量作为生产能力的计量单位是比较合理的，如炼油厂以一年加工处理原油的吨位作为它的生产能力。这类企业的生产特征往往是分解型的，使用一种主要原料，分解制造出多种产品。

2．以投入量为生产能力计量单位

有些企业如果以产出量计量它的生产能力，则会使人感到不确切，不易把握。如发电厂，年发电量几十亿度电，巨大的天文数字不易比较判断，还不如用装机容量来计量更方便。这种情况在服务业中更为普遍，如航空公司以飞机座位数量为计量单位，而不以运送的客流量为计量单位；医院以病床数而不是以诊疗的病人数；零售商店以营业面积，或者标准柜台数来计量，而不能用接受服务的顾客数；电话局以交换机容量表示，而不用接通电话的次数。这类企业的生产能力有一个显著特点，就是能力不能存储，服务业往往属于这种类型。生产能力计划如图 9-1 所示。

通常在一个企业中，生产能力计划主要包含三方面的问题，即需要什么样的生产能力，需要多大的生产能力，什么时候需要该生产能力。

且我们还需知道，生产能力主要有以下特点：

1．生产技术发展改变了生产能力

生产技术的发展变化导致了生产能力的改变，企业需要根据生产技术的发展与需求的变化，适时调整生产能力。

2．同一种设备对不同产品的生产率的差异

加工装配型企业，相同的设备加工不同的产品时，由于加工工艺要求不同，会使生产能力随产品不同而有差别。

3．学习效应改变生产能力

在服务性企业与以手工劳动为主的工业企业，其生产率与劳动者的经验及学习有关，随着劳动者熟练程度的增加，单位产品的时间消耗下降，生产能力将提高。

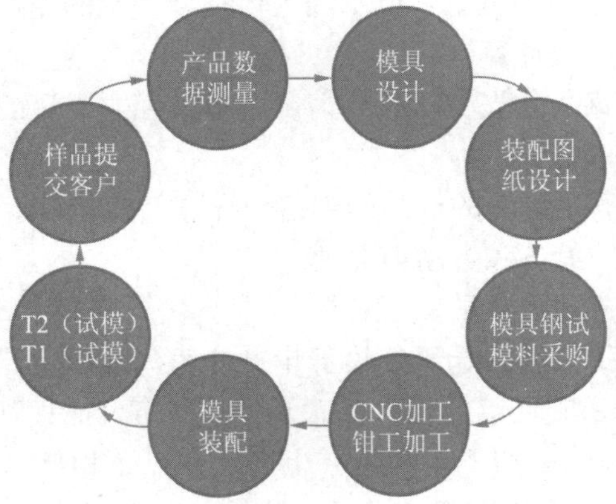

图 9-1　生产能力计划

（二）生产能力的分类

实际运用中的生产能力有多种不同的表达方式，包括：设计生产能力、查定生产能力和计划生产能力等。

1．设计生产能力

设计生产能力是企业建厂时在基建任务书和技术文件中所规定的生产能力，它是按照工厂设计文件规定的产品方案、技术工艺和设备，通过计算得到的最大年产量。企业投产后往往要经过一段熟悉和掌握生产技术的过程，甚至改进某些设计不合理的地方，才能达到设计生产能力。设计生产能力也不是不可突破的，当操作人员熟悉了生产工艺，掌握了内在规律以后，通过适当的改造是可以使实际生产能力大大超过设计生产能力的。

2．查定生产能力

查定生产能力是指企业没有设计生产能力资料或设计生产能力资料可靠性低的情况下，根据企业现有的生产组织条件和技术水平等因素，而重新审查核定的生产能力。它为研究企业当前生产运作问题和今后的发展战略提供了依据。

3．计划生产能力

计划生产能力也称为现实能力，是企业计划期内根据现有的生产组织条件和技术水平等因素所能够实现的生产能力。计划能力包括两大部分。首先是企业已有的生产能力，查定能力；其次是企业在本年度内新形成的能力。后者可以是以前的基建或技改项目在本年度形成的能力，也可以是企业通过管理手段而增加的能力。

计划能力的大小基本上决定了企业的当期生产规模，生产计划量应该与计划能力相匹配。企业在编制计划时要考虑市场需求量，能力与需求不大可能完全一致，利用生产能力的不确定性，在一定范围内可以对生产能力作短期调整，以满足市场需求。

对于老企业而言，可能由于产品方向有所改变，或者是产品结构重新设计，也可能因为工艺方法有所改进等种种原因，当初的设计能力已完全不能反映实际情况，这时需要对企业的产能作重新核准，称此结果为查定能力。查定能力是企业的实际能力，对于企业各类计划有指导作用，是企业计划工作的基本参数。

（三）影响生产能力的因素

一个企业的生产能力受多种因素的影响，主要有经济规划，销售预测，空间成本和外协生产等。

1．经济规划

在完成一个新厂的设计或对现有的生产系统进行重新设计或扩展时，需要对生产能力作出正确的决策。仅仅着眼于各类产品的年销售量是不够的，因为销售情况可能会反映出季节性的波动。我们究竟是按销售量的高峰值还是其平均水平来确定生产能力呢？如果打算按照销售曲线来确定，则会使库存积压的风险减至最小，在这种情况下，工厂的劳动力数量应是可变的，除高峰期以外，工厂的生产能力部分被闲置起来。如果我们把生产能力确定为中等水平，则劳动力数量趋于稳定，工厂设备的利用趋于合理，但为了应付销售高峰就应注意积累库存。到底哪种方式能使库存成本、工厂投资和劳动力周转的综合成本达到最低呢？在这里，关键的问题是进行经济分析。这可以归结为一个规划问题，即将生产能力按各个经营时期进行规划，以使上述综合成本最低，综合成本中的投资费用可用一个关于生产能力的非线性函数来近似地表示出来。

2．销售预测

这样就产生了销售预测的问题。我们究竟是制定一个适应销售情况的生产能力计划呢，还是制定一个适应于预测的 1 年、5 年或 10 年后销售水平的计划呢？为了获得超过需要的生产能力，我们在经济上是否能负担得起呢？值得一提的是，一定量后续生产能力的耗费与当前耗费并不是相等的。而且，一般的情况是，在任何规模的生产能力水平上，实际上都有些设备处于闲置状态。因此，在改变生产能力时，其实无需购置那些已具有闲置能力的设备。生产能力规划用来确定未来生产所需生产能力，在制定生产能力规划时，即使考虑到未来的预期市场需求，也只需购进需要的设备，同时在建筑物和平面布置规划中为将来需购进的设备预留出适当的空间，这样，在对原有的生产能力进行扩充时，就不必再重新进行工厂布置了，只需把新添机器放置到原有系统中去就行了。

3．空间成本

由此可见，问题实际上可以归结为预留额外空间以满足未来的预期需求。考虑到后续的扩建空间单位成本要大一些（因为原先的墙壁须打破，还需开出新门来），所以这种预先留空间的方式是合理的。更为重要的是，事后扩建方式除所增空间本身的费用需要考虑之外，还需考虑由其产生的平面重新布置费用。如果所增空间并不是与已有系统有机地结合在一起，则将还需支付物资的运输成本这一额外费用。综上所述，在核定生产能力规模时，必须把扩增新空间所耗的额外成本，与预留空间的成本及其维持到需用时的费用加以权衡比较。

4．外协生产

下面我们来谈一下外协生产及多班工作制对生产能力的影响。生产能力问题的另一个方面是如何满足所需的生产能力。投资与生产能力的比值随外协生产规模及设备利用率（是实行单班制、两班制还是三班制）的不同而异。在需投入用于购置新设备的资金时，进行经济分析，从而决定零部件是自制还是外购就显得十分重要，所以在核定未来的生产能力时，有必要首先对自制与外购作出决策。

为一个企业确定合适的班次数目，也不是一个简单的问题。例如，我们用两班制代替单班制，并不会使投资成本减少一半，因为，正像我们在前面所指出的那样，追加投资额并不与生产能力的增加量绝对成比例，通常还要牵涉到其他许多费用。对第二班来说，一般要有 10% ～ 15% 的工资增加额，对多班制而言，还常需增加监督管理费用。班次制定问题也没有一个唯一的答案，因为对于不同的工业部门，厂房、设备和劳动力的成本所占的份额是不一样的，需针对具体的情况进行经济分析。一般而言，对于厂房和设备的人均投资额较大的工业部门，如钢铁、化学、石油加工等，采用多班制较为经济；而人均投资额为中等或较低水平的部门，由于多班制所导致的工资增加额超过了它所节省的投资，所以从经济角度来看并不合算。

（四）生产能力的调节因素

可由企业对生产能力加以调节控制的因素很多（见图 9-2）。从计划的观点看，可将这些因素按取得能力的时间长短，分为长期、中期和短期三类。

1．长期因素

取得生产能力的时间在一年以上的都可归入长期因素。它们包括建设新厂、扩建旧厂、购置安装大型成套设备、进行技术改造等。这些措施都能从根本上改变生产系统的状况，大幅度地提高生产能力，但同时也需要大量的资金投入。应用这些因素属于战略性决策。

2．中期因素

在半年到一年之内对生产能力发生影响的那些因素为中期因素。如采用新的工艺装备、添置一些可随时买到的通用设备，或对设备进行小规模的改造或革新；增加工人，以及将某些生产任务委托其他工厂生产等，其中，也包括利用库存来调节生产的作用。这些因素是在现有生产设施的基础上所作的局部扩充。它们属于中层管理的决策。一般在年度生产计划的制定与实施中加以考虑。

3．短期因素

在半年之内以至当月就能对生产能力产生影响的属于短期因素。这类因素很多，如：

（1）加班加点。

（2）临时增加工人，增开班次。

（3）采取措施降低废品率。

（4）改善原材料质量。

（5）改善设备维修制度，以减少设备故障时间，提高设备利用率来提高生产能力。

（6）采用适当的工资奖励制度，激发工人的劳动积极性，在短时间内提高生产。

（7）合理选择批量。批量选择的不同会影响设备调整时间的变化。合理选择批量能减少不必要的设备调整时间，而提高设备利用率，即提高了设备的生产能力。

生产能力的短期调节因素是对现有生产设施利用的改善，都属于作业层的决策。

综上所述，生产能力问题涉及一系列重要决策，这些决策将决定着工厂的总投资和经营成本。概括起来，这些决策包括：与不同时期销售水平有关的生产规模大小；决定几班制最为经济；决定工厂预留多大的剩余生产能力是经济的。在一定时期内，企业的财政状况常常限制了最理想生产能力的获得。一个资金有限的公司，必须经常对可用资金的投向作出正确抉择：是用于广告促销，还是用于产品发展或是设备更新。

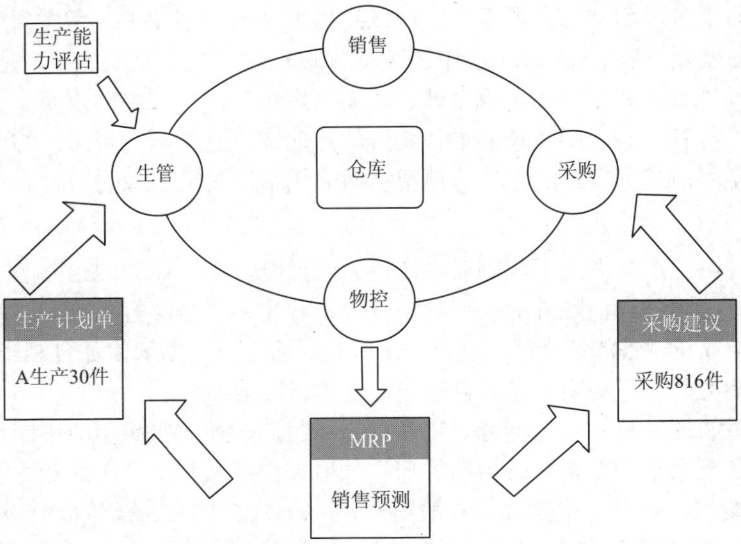

图 9-2　生产能力的调节

四、生产能力的核定

生产能力核定是指对企业、车间、班组或设备在一定时期内的生产能力进行计算和确定，又称生产能力查定。具体来说，生产能力核定就是通过对人员数量、技术水平、固定资产三大因素的调查，在查清现状的基础上将这些因素加以确定，从而计算出企业的生产能力。

（一）单一品种生产能力的核定

1. 实验量法

当只生产一种产品时，计算生产能力时使用该种产品的实物量即可，计算公式如下：

$$\text{设备组生产能力}=\text{单位设备有效工作时间}\times\text{设备数量}\times\text{单位设备产量定额}$$
$$=\frac{\text{单位设备有效工作时间}\times\text{设备数量}}{\text{单位产品台时定额}}$$

2. 生产面积法

当产品生产的生产能力取决于生产面积时，用于计算生产能力的公式如下：

$$\text{生产面积的生产能力}=\frac{\text{生产面积的有效利用时间}\times\text{生产面积数量}}{\text{单位产品占用面积}}\times$$
$$\text{单位产品占用时间}$$

3. 联动机单位时间法

（1）所生产的产品使用连续开动的联动生产时，生产能力一般采用下列的公式进行计算：

$$联动机单位时间生产能力=\frac{原料重量\times单位原料产量系数\times计算能力时间内联动机的有效工作时间}{原料加工周期的延续时间}$$

说明：单位原料的产量系数是指使用一单位的原料可生产出的产品的数量。

（2）在核定流水线的生产能力时，按流水线的有效工作时间和规定的节拍进行计算，具体计算公式如下：

$$流水线生产能力=\frac{流水线有限工作时间}{节拍}$$

说明：节拍是指流水线上两件相同制成品生产的时间间隔。

（二）多品种生产能力的核定

在企业生产当中，往往都是多品种产品生产。那么在多品种生产条件下，就存在不同种类的产品，相互之间不能简单相加的问题。为此，在进行多品种生产能力的核定时，常常采用以下的方案：

1. 标准产品法

（1）将不同品种或规格的同类产品按照产品的实际情况折算成标准产品。

（2）按单一品种的生产能力核算方法来确定设备组或生产现场的生产能力。

2. 代表产品法

代表产品是指反映工厂专业方向并且产量大、劳动量大的产品，或者产量大、在结构上与工艺上有代表性的产品。代表产品法生产能力核定的操作步骤如下所示：

（1）按照产品反映工厂专业方向、产量和耗费劳动量较大、工艺过程具有代表性的原则选择一款产品。

（2）将选出的产品按照单一品种生产能力的核算办法计算出该种产品的生产能力。

（3）分别计算其余产品与选出产品的换算系数。

$$换算系数=\frac{其余产余产品的台时定额}{代表产表产品的台时}$$

（4）计算其余产品的计划数量换算为代表产品时的数量，并计算出产品的总数量。

$$其余产品换算后的产量=其余产品的计划产量\times换算系数$$

产品的总数量是不同品种的产品的生产数量之和。

（5）计算各种产品的生产数量占总产量的比重，具体计算公式如下：

$$比重=\frac{各产品的生产数量}{总产量}$$

（6）计算出各种产品的生产能力，具体计算公式如下：

$$产品生产能力=\frac{代表产品的生产能力\times比重}{换算系数}$$

其中：代表产品的换算系数为1。

3. 假定产品法

使用条件为：当工厂生产的产品品种复杂且各种产品的结果、工艺和加工劳动量相差巨大，难以确定工厂的代表产品时，采用假定产品法核定工厂的生产能力，操作步骤如下：

（1）计算假定产品的台时定额，具体公式如下：

$$假定产品的台时定额=\sum 具体产品台时定额\times\frac{具体产品计划产量}{总产品计划产量}$$

（2）计算假定产品的生产能力，具体为使用单一品种生产能力的核算方法计算出假定产品的生产能力。

（3）计算各具体产品的生产能力，计算公式如下：

$$各具体产品的生产性能=假定产品的生产性能\times\frac{具体产品计划产量}{总产品计划产量}$$

例：设有 A、B、C、D 共有 4 种产品，其计划年产量和各产品的单位产品台时定额如表 9-2 所示，现计算代表产品和假定产品。

表 9–2　计划年产量和各产品的单位产品台时定额

产品	计划年产量	单位产品台时定额	折算成代表产品 C 的产量	折算成假定产品的产量
A	50	20	25	27
B	100	30	75	82
C	125	40	125	126
D	25	80	50	55
合计	300		275	300

解：代表产品的计算，由表知，选定产品 C 为代表产品，计算得：

A：50×20/40=25（台）

B：100×30/40=75（台）

C：125×40/40=125（台）

D：25×80/40=50（台）

假定产品的计算：

首先，计算假定产品的台时定额：

T_{pj}=(50×20+100×30+125×40+125×80)/300=36.67（台时）

然后，将各产品的计算产量计算成假定产量：

A：50×20/36.67=27（台）

B：100×30/36.67=82（台）

C：125×40/36.67=136（台）

D：25×80/36.67=55（台）

（三）综合核定工厂的生产能力

1．综合平衡生产环节

核定完各个生产车间（生产环节）的生产能力后，还要将它们进一步加以综合平衡。综合平衡工作主要包括三个方面。

（1）各个基本生产车间之间的能力综合。

（2）查明辅助生产部门的生产能力对基本生产部门的配合情况，并采取相应的措施。

（3）当各个生产车间（或生产环节）之间的能力不一致时，整个基本生产部门的生产能力通常按主导的生产环节来核定。

2．确定主导环节

主导环节一般是指产品生产的主要工艺加工环节。

（1）当企业的主导生产环节同时有几个，且各个环节之间的能力不一致时，主要根据今后的市场需求量来核定它们的生产能力。

（2）如果该产品的需求量大，可以按较高能力的主导生产环节来定，其他能力不足的环节，可以组织外部生产协作或进行技术改造来解决。否则，就按薄弱环节的能力来核定。对于能力富裕的环节，可以将多余的设备调出，或者可以较长期接受外协订货。

3．协调基本生产部门与辅助生产部门

一般来说，当基本生产部门的能力与辅助生产部门的能力不一致时，企业的综合生产能力应当按基本生产部门的能力来核定，但仍需要做好以下两项工作：

（1）查定、验算辅助及附属部门的生产能力。如果辅助生产部门的能力低于基本生产部门的能力，就要采取措施提高其供应和服务能力，以保证基本生产部门的能力得到充分发挥。

（2）要采取相应的措施，使富裕的辅助生产能力得到充分利用。

第三节　生产作业计划

一、生产作业计划概述

生产作业计划是指企业生产计划的具体执行计划。它把企业的年度、季度生产计划具体规定为各个车间、工段、班组、每个工作地和个人的以月、周、班以至小时计的计划。它是组织日常生产活动、建立正常生产秩序的重要手段。生产作业计划的作用是通过一系列的计划安排和生产调度工作，充分利用企业的人力、物力，保证企业每个生产环节在品种、数量和时间上相互协调和衔接，组织有节奏的均衡生产，以取得良好的经济效果。生产作业计划编制工作的主要内容包括：收集为编制计划所需要的各项资料，核算、平衡生产能力，制定期量标准和编制生产作业计划。生产作业计划概述如图 9-3 所示。

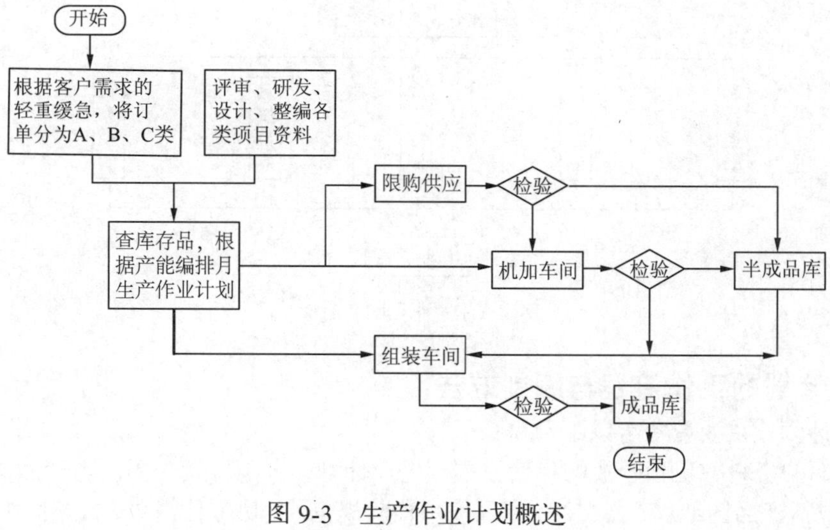

图 9-3　生产作业计划概述

二、生产作业计划的形式与任务特点

生产作业计划的形式主要有从纵向划分和其他方面划分两种方式。

1．从纵向方面来分

根据企业的具体情况，生产作业计划有厂部、车间和工段（班、组）三级作业计划形式。厂部生产作业计划由企业生产科负责编制，确定各车间的月度生产任务和进度计划；车间级生产作业计划由车间计划调度室负责编制；工段级生产作业计划由工段计划调度员负责编制，分别确定工段（班、组）或工作地月度、旬（或周）以及昼夜轮班的生产作业计划。

2．从其他方面来分

生产作业计划又可分为流水线加工生产作业计划、周期性生产类型的生产作业计划和适应需求变动的生产计划。

生产作业计划的主要任务包括：生产作业准备的检查；制定期量标准；生产能力的细致核算与平衡。编制生产作业计划的主要依据是：年、季度生产计划和各项订货合同；前期生产作业计划的预计完成情况；前期在制品周转结存预计；产品劳动定额及其完成情况，生产能力及其利用情况；原材料、外购件、工具的库存及供应情况；设计及工艺文件，其他的有关技术资料；产品的期量标准及其完成情况。

生产作业计划的特点：

(1) 计划期短，生产计划的计划期常常表现为季、月，而生产作业计划详细规定月、旬、日、小时的工作任务；

(2) 计划内容具体，生产计划是全厂的计划，而生产作业计划则把生产任务落实到车间、工段、班组、工人；

(3) 计划单位小，生产计划一般只规定完整产品的生产进度，而生产作业计划则详细规定各零部件，甚至工序的进度安排。

图 9-4 所示为生产作业计划形式。

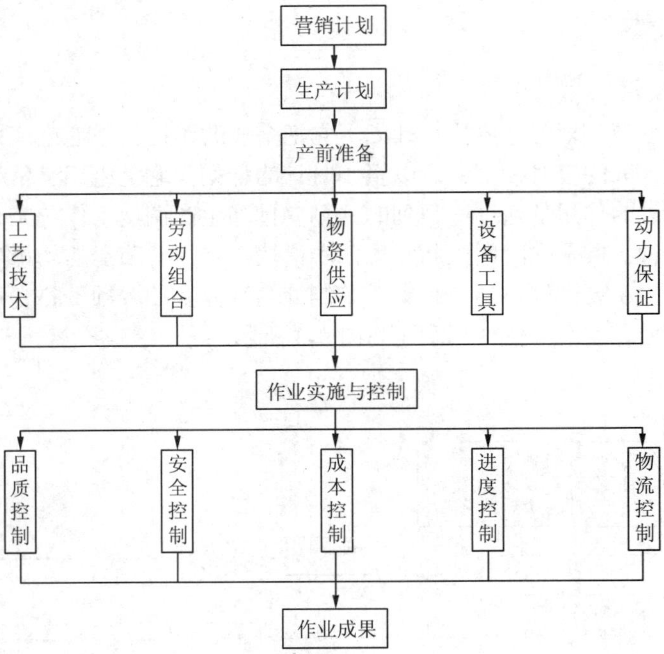

图 9-4　生产作业计划形式

三、生产作业计划的工作流程与编制方法

为编制生产作业计划，主要应备有以下资料：

(1) 生产任务方面的资料，包括企业的年度、季度生产计划、各项订货合同、新产品试制计划等。

(2) 技术资料，包括产品图纸、工艺文件、产品技术检验规范、外协零件清单、按车间编制的零件明细表等。

(3) 生产能力方面的资料，包括各工种生产工人情况、生产设备负荷情况、生产面积利用情况、工作定额和生产能力查定情况。

(4) 生产准备工作方面的资料，包括工艺装备准备情况和原材料、外协件、配套库存及供应情况等。

(5) 各种期量标准和生产资金定额。

(6) 前期预计生产完成情况和在制品结存及分布情况等。

不同生产类型的企业选择不同的编制方法，主要有在制品定额法、提前期法、生产周期法和定货点法。随着科学技术的迅速发展，各种企业生产的品种日益增多，系统分析、运筹学等原理和计算机越来越多地用于企业管理，又出现了成组技术计划法、网络法等新的生产作业计划编制方法。

(1) 在制品定额法：根据生产计划的要求将预先制定的在制品定额与预计可能结存的在制品数量作比较，使期末在制品数量保持在规定的定额水平上，并据此来规定各车间的生产任务。这种方法适用于大批量生产的企业。

（2）提前期法：又称累计编号法。根据生产计划的要求和预先制订的提前期来规定各车间的某种产品的装配生产提前完成的产量。它通常用累计编号来表示投入出产的产量任务。这种方法通常用于多品种成批生产的企业。

（3）生产周期法：根据生产计划的要求和预先制订的产品生产周期图表，通过生产能力的核算来规定各车间的生产任务。这种方法适用于单件小批生产的企业。

（4）定货点法：这种方法适用于安排生产产量大、品种稳定、价值低、结构简单的小型零件（见库存管理）。

（5）成组技术的计划方法：这种方法打破产品界限，把工艺相似的零件组织成组生产，适用于多品种、中小批量生产的企业。

（6）网络法：它是一种逻辑性的计划手段，其典型的方法是计划评审法。这种方法主要用于复杂的一次性产品（或工程）的生产。

（7）准时生产制：它的内容要点是在必要的时候，按必要的数量，把生产所必要的物料送到必要的地方。它的目的是把在制品储备压缩到最低限度，尽可能地节约流动资金。日本丰田汽车公司的“看板管理”就是准时生产制的一种方式。它要求后道工序的工人凭“领料看板”到前一道工序领取必要数量的零件。前一道工序的工人根据“生产看板”生产规定数量的零件；搬运工人凭“送货看板”在规定的时间内运送规定数量的零件。这样可以利用“看板”把人力、物力和设备有机地结合起来，组成有节奏的生产，防止过量生产造成在制品的过量储备。

（8）混流生产方法：在生产条件和生产能力的情况下，经过科学逻辑的运算，制订出在同一生产线上最优品种搭配的生产方案，达到品种、产量、工时的均衡，最大限度地节约资源。这种方法主要用于工艺相似的系列化产品的流水生产企业。

图 9-5 所示为生产作业计划系统。

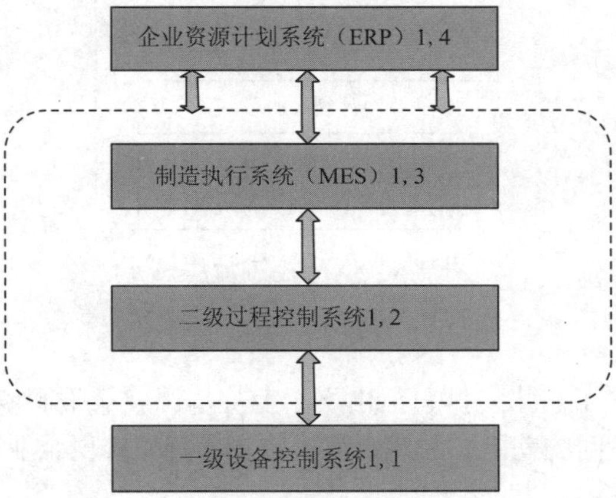

图 9-5　生产作业计划系统

第四节　生产控制基本理论

一、生产控制的概述

生产控制是对企业生产系统的设置和运行的各项管理工作的总称，又称生产管理。其内容包括：

（1）生产组织工作，即选择厂址，布置工厂，组织生产线，实行劳动定额和劳动组织，设置生产管理系统等。

（2）生产计划工作，即编制生产计划、生产技术准备计划和生产作业计划等。

（3）生产控制工作，即控制生产进度、生产库存、生产质量和生产成本等。

（4）保证按期交付正常，根据生产计划安排，保证客户产品交付正常。

生产控制的任务：对客户产品交付异常情况进行及时有效的处理。通过生产组织工作，按照企业目标的要求，设置技术上可行、经济上合算、物质技术条件和环境条件允许的生产系统；通过生产计划工作，制定生产系统优化运行的方案；通过生产控制工作，及时有效地调节企业生产过程内外的各种关系，使生产系统的运行符合既定生产计划的要求，实现预期生产的品种、质量、产量、出产期限和生产成本的目标。生产管理的目的就在于，做到投入少、产出多，取得最佳经济效益。而采用生产管理软件的目的，则是提高企业生产管理的效率，有效管理生产过程的信息，从而提高企业的整体竞争力。

生产控制的主要模块：计划管理、采购管理、制造管理、品质管理、效率管理、设备管理、库存管理、士气管理、精益生产管理。

其要达到的目标：高效、低耗、灵活、准时地生产合格产品，为客户提供高品质和满意服务。

- 高效：迅速满足用户需要，缩短订货、提货周期，为市场营销提供争取客户的有利条件。
- 低耗：人力、物力、财力消耗最少，实现低成本。
- 灵活：能很快适应市场变化，生产不同品种，不断开发新品种。
- 准时：在用户需要的时间，按用户需要的数量，提供所需的产品和服务。
- 高品质和满意服务：是指产品和服务质量达到顾客满意水平。

图 9-6 所示为生产控制流程图。

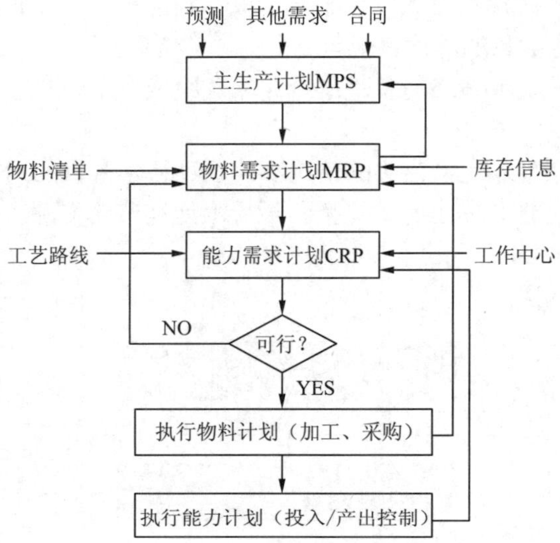

图 9-6　生产控制流程图

二、生产控制的类型

生产活动在生产计划中虽然作了具体安排，但由于企业环境以及企业自身的影响，在现实的企业生产组织中，往往会出现现实与计划目标之间的差距，因此，为了防止干扰，实现企业计划的目标必须要进行生产控制。它主要包括：

（1）生产进度控制：指从原材料投入生产到成品入库为止的全部生产过程进行管理，包括投入进度控制、出产进度控制、工序进度控制。

（2）在制品占用量控制：企业从材料、外购件等投入生产到产成品出厂前，储留在生产过程中各环节的零部件称为在制品。主要任务是做好在制品的计划、协调和控制，保证生产环节均衡进行生产。管理的关键在于建立健全收发、领用制度并做好记账和核对工作等。

（3）生产调度：就是在生产计划的执行过程中，对生产计划的监督、检查和控制，发现偏差及时调整的过程。

（4）生产作业核算：就是在生产作业计划执行过程中，对产品、零件的实际投入和产出量，投入和产出期，在制品占用量，各单位和个人完成的工作任务等所进行的实际记录。

（5）分析调整生产偏差：发现计划执行结果有差距，迅速查明原因，采取措施缩小差距和恢复正常。作业控制的偏差主要表现为进度落后、产量不足等，关键在于迟延，应采取措施。

[小知识] 精益生产

精益生产作为现代工业化时代的一个管理概念，也称为精细化生产，最早是由日本的企业在20世纪50年代提出的。“天下大事，必做于细。”精益管理的理论已经被越来越多的企业管理者所接受，精益管理就是一种先进的管理文化和管理方式。

精益生产是一种管理理念和管理技术，是通过规则的系统化和细化，运用程序化、标准化和数据化的手段，使组织管理各单元精确、高效、协同和持续运行。精益生产要求在企业管理中多用“数学”，重点是关注细节、数据、工具，而不应该是权力、经验、感觉、判断，少用或不用“语文”。精益生产：要求对于管理工作要作到制度化、格式化、程式化，强调执行力。

精益生产有三大原则：注重细节；立足专业；科学量化。只有做到这三点，才能使精细化生产落实到位。

举一个我们日常生活中的例子，就是煮鸡蛋。我们一般在家里煮鸡蛋，无非找一口锅，放上水和鸡蛋，打开火，煮上十分八分钟，等自己觉得差不多了，关火取鸡蛋，放凉水里冰一下，就完成了。那么，如果采用精细化的方式，将怎样煮鸡蛋呢？在日本的超市里，鸡蛋售出时都会附赠一份说明书，介绍的是怎样煮鸡蛋的步骤，告诉你用什么样的容器，放多少水，煮多长时间，等等，这就是精益。

三、生产控制的基本业务

生产控制的基本任务主要有制定生产计划、把握材料供给情况、把握生产进度等方面。

1. 制定生产计划

这里所说的生产计划主要是指月计划、周计划和日计划。原则上，生产部门要以营销部门的销售计划为基准来确定自己的生产计划，否则在实行时就很可能会出现产销脱节的问题——要么是生产出来的产品不能出货，要么是能出货的产品却没有生产，不管是哪一种情形，都会给企业带来浪费。当然，由于市场本身瞬息万变，所以营销部门有时也无法确定未来一段时期内的销售计划。这时，生产部门就要根据以往的出货及当前的库存情况去安排计划。最后还要记住，生产计划做出来后一定要传达给采购部门以及营销部门。

2. 把握材料的供给情况

虽然说材料的供给是采购部门的职责，但生产部门有必要随时把握生产所需的各种原材料的库存数量，目的是在材料发生短缺前能及时调整生产并通报营销部门，以便最大限度地减少材料不足所带来的损失。

3. 把握生产进度

为了完成事先制订的生产计划，生产管理者必须不断地确认生产的实际进度。起码要每天一次将生产实绩与计划作比较，以便及时发现差距并树立有效的补救措施。

4. 把握产品的品质状况

衡量产品品质的指标一般有两个：过程不良率及出货检查不良率。把握品质不仅仅要求生产管理者去了解关于不良的数据，而且更要对品质问题进行持续有效的改善和追踪。

5. 按计划出货

按照营销部门的出货计划安排出货，如果库存不足，应提前与营销部门联系以确定解决方法。

6. 对从业人员的管理

和单纯技术工作不同的是，生产管理者要对自己属下的广大从业人员负责，包括把握他们的工作、健康、安全及思想状况。对人员的管理能力是生产管理者业务能力的重要组成部分。

7. 职务教育

要对属下的各级人员实施持续的职业教育，目的在于不断提高他们的思想水平和工作能力，同时还可以预防某些问题的再发生。为了做到这一点，生产管理者要不断地提高自身的业务水准，因为他们不可能完全依靠聘请外部讲师来完成他们的教育计划。

四、生产控制的具体任务

生产控制的具体内容有：基础数据维护、生产计划维护、下生产单、备料、领料、投料、退料、模具查询、工序记录、统计工时、生产下线记录、产成品统计、制定维修计划、报表输出。

（1）基础数据维护：生产管理的基础数据有产品用料构成、工时定额、设备信息、生产线信息、工序信息等。

（2）产品用料：产品用料定义了每种产品的材料构成及用量，即生产某种产品需要哪些材料？要多少？当生产单下达后，系统根据产品用料表自动计算所需物料及用量。

（3）工时定额：工时定额定义了每道工序的标准工时，可以此为标准进行工时统计。

（4）设备信息：设备信息记录了各种设备的基本信息，如所在生产线名称、设备名称、型号、工作状态、责任人、安装时间、原值、折旧年限、折旧方法、净残值等，可为成本计算提供依据。

（5）生产线信息：生产线信息记录了各生产线的基本信息，如生产线编号、生产线名称、对应工序、安装地点等。

（6）工序信息：工序信息定义了各道工序的工序编号、工序名称、作业内容。

（7）模具库：模具库用于存放模具信息，如模具编号、名称、规格、对应客户等，可以多种条件随时查询。

（8）生产计划维护：生产计划来自销售管理、生产管理本身以及库存管理，生产计划是下达生产任务的依据。

（9）下生产单：生产单是执行生产计划的第一步，填写时可直接引用生产计划，也可手动填写。

生产单确认后，系统将依据产品用料表自动计算所需物料，生成物料需求清单。

（10）生产备料：生产备料根据物料需求清单确定库存物料是否短缺，如果短缺，那么是外购，还是生产？外购多少，生产多少？备料单确认后，系统将依据外购数量、生产数量，自动生成采购计划和生产计划。

（11）生产领料：备料完成后，不足部分的物料等待采购或生产，已有的材料可先领取，以便进行生产，生产领料后即可进行生产。

（12）工序进料：工序进料用于记录进入生产线各道工序的物料量，并根据领料量，计算物料剩余量。

（13）工序退料：工序退料用于将多领或错领的物料退还仓库，退料单确认后，物料直接入仓。

（14）工序记录：工序记录用于对产品生产的每道工序进行详细记录，以便及时了解产品的完成情况。

（15）工时统计：工时统计依据工时定额，计算并统计产品生产的人工工时，以便计算工人工资。

（16）制定维修计划：维修计划用于制定设备的短期、长期、临时的维修计划，以便及时、准确、高效地对设备进行必要的维修，以确保设备正常运行。

（17）生产月报表：生产月报表对当月的材料使用情况进行了统计，统计的信息有材料名称、单位、投料量、使用量、废料量、材料利用率（%）等。

五、生产控制考核

生产控制绩效是指生产部所有人员通过不断丰富自己的知识、提高自己的技能、改善自己的工作态度，努力创造良好的工作环境及工作机会，不断提高生产效率、提高产品质量、提高员工士气、降低成本以及保证交货期和安全生产的结果和行为。生产部门的职能就是根据企业的经营目标和经营计划，从产品品种、质量、数量、成本、交货期等市场需求出发，采取有效的方法和措施，对企业的人力、材料、设备、资金等资源进行计划、组织、指挥、协调和控制，生产出满足市场需求的产品。相应地，生产管理绩效主要分为以下六大主要方面：

1．效率

效率是指在给定的资源下实现产出最大。也可理解为相对作业目的所采用的工具及方法，是否最适合并被充分利用。效率提高了，单位时间人均产量就会提高，生产成本就会降低。

2．品质

品质，就是把顾客的要求分解，转化成具体的设计数据，形成预期的目标值，最终生产出成本低、性能稳定、质量可靠、物美价廉的产品。产品品质是一个企业生存的根本。对于生产主管来说，品质管理和控制的效果是评价其生产管理绩效的重要指标之一。所谓品质管理，就是为了充分满足客户要求，企业集合全体的智慧经验等各种管理手段，从而达到优良品质、短交货期、低成本、优质服务来满足客户的要求。

3．成本

成本是产品生产活动中所发生的各种费用。企业效益的好坏在很大程度上取决于相对成本的高低，如果成本所挤占的利润空间很大，那么相应的企业的净利润则相对降低。因此，生产主管在进行绩效管理时，必须将成本绩效管理作为其工作的主要内容之一。

4．交货期

交货期是指及时送达所需数量的产品或服务。准时是在用户需要的时间，按用户需要的数量，提供所需的产品和服务。一个企业即便有先进的技术、先进的检测手段，能够确保所生产的产品质量，而且生产的产品成本低、价格便宜。但如没有良好的交货期管理体系，不能按照客户指定的交货期交货，直接影响客户的商业活动，客户也不会购买你的产品。因此交货期管理的好坏是直接影响客户进行商业活动的关键，不能严守交货期也就失去了生存权，这比品质、成本更为重要。

5．安全

安全生产管理就是为了保护员工的安全与健康，保护财产免遭损失，安全地进行生产，提高经济效益而进行的计划、组织、指挥、协调和控制的一系列活动。安全生产对于任何一个企业来说都是非常重要的，因为一旦出现工作事故，不仅会影响产品质量、生产效率、交货期，还会对员工个人、企业带来很大的损失，甚至对国家也产生很大的损失。

6．士气

员工士气主要表现在三个方面：离职率、出勤率、工作满意度。高昂的士气是企业活力的表现，是取之不尽、用之不竭的宝贵资源。只有不断提高员工士气，才能充分发挥人的积极性和创造性，让员工发挥最大的潜能，从而为公司的发展做出尽可能大的贡献，使公司尽可能地快速发展。

因此，要想考核生产管理绩效，就应该从以上六个方面进行全面的考核。

六、信息化时代下的生产控制

（一）信息化背景

随着信息化技术的发展，信息化生产管理已成为制造企业生产管理的重要手段，通过信息化技术及时掌握生产状态，掌握生产速度、质量及生产工人的工作绩效，大大提升了制造企业的生产管理水平。而且在生产现场应用更多的自动化的设备，这些设备可以大大提升生产效率，降低生产成本及保证产品质量稳定方面做出了巨大的贡献。

（二）生产控制系统

生产控制系统有：企业资源管理系统（ERP）的生产管理模块、物料需求计划（MRP）、制造企业生产过程管理系统（MES）、生产设备和工位智能化联网管理系统（DNC）、生产数据及设备状态信息采集分析管理系统（MDC）、制造过程数据文档管理系统（PDM）、工装及刀夹量具智能数据库管理系统（Tracker）、NC 数控程序文档流程管理系统（NC Crib），等等。

（三）三大手法

生产控制主要有标准化，目视管理，管理看板三种方法。

1．标准化

所谓标准化，就是将企业里有各种各样的规范，如规程、规定、规则、标准、要领，等等，这些规范形成文字化的东西统称为标准（或称标准书）。制定标准，而后依标准经实践检验是行之有效的则称之为标准化。那些认为编制或改定了标准即认为已完成标准化的观点是错误的，只有经过指导、实践才能算是实施了标准化。管理水平的提升是没有止境的。

2．目视管理

所谓目视管理，就是通过视觉导致人的意识变化的一种管理方法。

目视管理有三个要点：

（1）无论是谁都能判明是好是坏（异常）。

（2）能迅速判断，精度高。

（3）判断结果不会因人而异。

在日常活动中，我们是通过五感（视觉、嗅觉、听觉、触摸、味觉）来感知事物的。其中，最常用的是“视觉”。据统计，人的行动的 60% 是从“视觉”的感知开始的。因此，在企业管理中，强调各种管理状态、管理方法清楚明了，达到“一目了然”，从而容易明白、易于遵守，让员工自主地完全理解、接受、执行各项工作，这将会给管理带来极大的好处。

3．看板管理

看板管理是管理可视化的一种表现形式，即对数据、情报等的状况一目了然的表现，主要是对于管理项目、特别是情报进行的透明化管理活动。它通过各种形式如标语 / 现况板 / 图表 / 电子屏等把文件上、脑子里或现场等隐藏的情报揭示出来，以便任何人都可以及时掌握管理现状和必要的情报，从而能够快速制定并实施应对措施。因此，看板管理是发现问题、解决问题的非常有效且直观的手段，是优秀的现场管理必不可少的工具之一。

看板管理是一种高效而又轻松的管理方法，有效的应用对于企业管理者来说是一种管理上的大解。看板管理一般有生产看板、异常看板。

异常管理看板的后台数据分析报表支持，具有异常呼叫时间点、异常开始处理时间点、异常处理结束时间点，还有统计异常处理时间、异常发生率、异常发生率趋势图标，以及数据支持现场管理是否成效。

第五节　生产作业控制

一、生产调度

生产调度是组织执行生产进度计划的工作。生产调度以生产进度计划为依据，生产进度计划要通过生产调度来实现。生产调度的必要性是由工业企业生产活动的性质决定的。现代工业企业，生产环节多，协作关系复杂，生产连续性强，情况变化快，某一局部发生故障，或某一措施没有按期实现，往往会波及整个生产系统的运行。因此，加强生产调度工作，对于及时了解、掌握生产进度，研究分析影响生产的各种因素，根据不同情况采取相应对策，使差距缩小或恢复正常是非常重要的。

（一）基本内容

生产调度工作一般包括以下内容：

（1）实时监控生产各环节工作情况，了解场站运行状况，制定应急措施。

（2）根据生产需要合理调配劳动力，督促检查原材料、工具、动力等供应情况和厂站运输工作。

（3）检查各生产环节的零件、部件、毛坯、半成品的投入和产出进度，及时发现生产进度计划执行过程中的问题，并积极采取措施加以解决。

（4）对轮班、昼夜、周、旬或月计划完成情况的统计资料和其他生产信息（如由于各种原因造成的工时损失记录、机器损坏造成的损失记录、生产能力的变动记录等）进行分析研究。

（5）检查、督促和协助有关部门及时做好各项生产作业准备工作。

（二）基本要求

对生产调度工作的基本要求是快速和准确。所谓快速，是指对各种偏差发现快，采取措施处理快，向上级管理部门和有关单位反映情况快。所谓准确，是指对情况的判断准确，查找原因准确，采取对策准确。为此，就必须建立健全生产调度机构，明确各级调度工作分工，建立一套切合实际和行之有效的调度工作制度，掌握一套迅速查明偏差产生的原因，采取有效对策的调度工作方法。对生产调度工作的其他一些要求如下所述：

（1）生产调度工作必须以生产进度计划为依据，这是生产调度工作的基本原则。生产调度工作的灵活性必须服从计划的原则性，要围绕完成计划任务来开展调度业务。同时，调度人员还应不断地总结经验，协助计划人员提高生产进度计划的编制质量。

（2）生产调度工作必须高度集中和统一。现代化大生产中生产者成千上万，生产情况千变万化，讲管理就必须讲统一意志，统一指挥，建立一个强有力的助手。各级调度部门应根据同级领导人员的指示，按照作业计划和临时生产任务的要求，行使调度权力，发布调度命令。各级领导人员应充分发挥调度部门的作用，维护调度部门的权威。

（3）生产调度工作要以预防为主。调度人员的基本任务是预防生产活动中可能发生的一切脱节现象。贯彻预防为主的原则，就是要抓好生产前的准备工作，避免各种不协调的现象产生。在组织生产的过程中，不仅要抓配套保证装配需要，还要抓毛坯保证加工需要，防止只抓出产不抓投入，抓后不抓前的做法。只有做到“以前保后”，才能取得调度工作的主动权。

（4）生产调度工作要从实际出发，贯彻群众路线。为此，调度人员必须具有深入实际、扎实果断的工作作风和敢于负责的精神，要经常深入生产第一线，亲自掌握第一手资料，及时了解和准确地掌握生产活动中千变万化的情况，摸清客观规律，深入细致地分析研究所出现的问题，动员群众自觉地克服和防止生产中的脱节现象，出主意想办法，克服困难，积极完成生产任务。只有这样，才能防止出现瞎指挥的现象，使调度工作达到抓早、抓准、抓狠、抓关键、一抓到底的要求。

（三）工作作用

生产计划和生产作业计划编制出来之后，还仅仅是纸上的东西，要组织计划的实施，把纸上的计划变成现实的可供销售的产品，就需要一个部门去组织实现这项任务，这就是生产调度。

1．保证生产过程顺利运行

编制生产计划和生产作业计划，无论考虑多么周密，安排如何具体，也不可能预见到实际生产过程中的一切变化。实际生产过程中，情况十分复杂，千变万化，有局部的，也有整体的；有内部的，也有外部的；有工艺方面的，也有设备方面的；有主观因素，也有客观因素。这些问题一旦出现，小则造成生产被动，大则造成生产过程中断，生产停车，计划难于完成。生产调度就是要及时了解掌握这些影响因素，组织有关部门、有关人员处理解决这些不平衡因素，消除隐患，以保证生产过程长周期安全运行，保证生产计划和生产作业计划按要求实现。如果没有生产调度夜以继日的指挥调度，要想及时解决生产过程中随时出现的矛盾，维持生产过程的正常运行，是不可能的。

2．收集生产动态和有关数据

生产调度不仅要组织实现生产计划，而且在组织生产过程中，有许多工艺、设备、环保、安全、质量、供应、销售、服务等方面的动态性情况和许多原始数据，需要及时、准确地记录下来，这是一项十分重要的基础工作。及时准确地记录下这些数据和情况，就能及时地为各级领导、各部门了解生产、指挥生产提供真实可靠的依据，可作为有用的资料保存下来。

3．协调关系、贯彻领导指示

现代企业生产逐步趋向深度加工、联合加工，领导管理多层次宽幅度。因此，协调好上下左右关系，对保证生产过程的正常运行起着重要的作用。协调能力既是一种工作艺术，又是调度作用进一步发挥的体现。同样一件事，由于各人协调能力的差距，结果就不一样。生产调度处于生产系统的中枢地位，处于生产指挥的中心位置。各级领导对生产管理的指示，均通过生产调度传达下去，然后反馈上来。

（四）机构与分工

企业的生产调度部门，是实施生产作业（进度）控制，进行日常生产管理，以实现生产作业计划的责任部门。因此，每个工业企业都应该按照上下贯通、左右协调、集中统一、灵活有效的原则建立起生产调度工作系统。在各个生产环节中都应设置专职的或兼职的调度机构和人员，负责处理日常生产活动中产生的各种偏差。一般大中型企业设厂级、车间和工段三级调度。即厂部以主管生产的厂长为首，设总调度室（或生产科内设调度组）执行调度业务；车间在车间主任领导下设调度组（或调度员）；工段（班组）设调度员，也可由工段长（班组长）兼任；在机修、工具、供应、运输、劳动等部门也要建立专业性质的调度组织。

各级调度机构应明确职责和权限，规定编制，充实人员，并配备相应的调度技术装备。

调度机构的分工应根据集中与分散相结合的原则，以及每个企业的生产技术特点来决定。

对于生产过程连续程度较高，各个生产单位之间生产活动联系紧密，生产安全问题比较突出的企业（如化工厂、冶金厂、流水作业的机械厂等），生产调度的集中程度就要大一些。反之，厂内各个生产单位的生产活动独立程度比较高的企业（如特种工艺美术厂、单件小批生产的机械厂等），生产调度工作的集中程度就应该相对小些，可把较多的权力下放给基层。

厂部调度机构的调度人员分工，一般有以下三种方式：

1．按产品分工

由每个调度员主管一种或几种产品的调度业务。从所管产品的生产前准备、投料、生产，一直到产品完工的全过程，都由分管调度人员包干负责到底。这种分工的优点是：调度人员了解所分管产品的全过程，责任明确，特别适用于生产周期长的产品和新产品。其缺点是：容易发生对车间、工段的多头指挥，影响调度工作的集中统一。

2．按车间、部门分工

由每个调度人员分工主管一个或几个车间（业务部门）的调度工作，全面掌握所管车间（或部门）所有产品的生产及业务活动。这种分工的优点是：调度人员能全面了解该车间生产各种产品的情况（或该业务部门的全部情况），便于统筹兼顾。其缺点是：不能了解产品生产的全过程，容易发生前后脱节的现象。对于品种较稳定的成批大量生产，宜采用这种分工方式。

3．按产品按车间相结合的分工

按产品按车间相结合的分工即对稳定生产的品种，实行按车间分工的方式，对特殊的、难度大的、生产周期长的产品，设专职调度员，以保证此类产品较顺利地完成生产全过程；同时又尽可能减少各种产品相互冲突，对车间、工段多元指挥的现象。

此外，厂级的设备、工具、供应、运输、仓库、劳动等部门，可根据实际需要，设立调度组，或指定专人负责调度工作。

二、生产进度控制

生产进度控制，又称生产作业控制，是在生产计划执行过程中，对有关产品生产的数量和期限的控制。其主要目的是保证完成生产作业计划所规定的产品产量和交货期限指标。生产进度控制是生产控制的基本方面，狭义的生产控制就是指生产进度控制。

（一）生产进度控制的基本内容

生产进度控制的基本内容主要包括：投入进度控制、工序进度控制和出产进度控制。其基本过程主要包括：分配作业、测定差距、处理差距、提出报告等。

生产进度控制贯穿整个生产过程，从生产技术准备开始到产成品入库为止的全部生产活动都与生产进度有关。习惯上人们将生产进度等同于出产进度，这是因为客户关心的是能否按时得到成品，所以企业也就把注意力放在产成品的完工进度上，即出产进度。

生产进度控制主要涉及以下部门：

1．制订进度控制目标的职能部门

进度控制目标就是进度计划，该项任务由计划部门负责完成。从进度控制的内容可知，进度计划包括了工厂、车间和班组三个不同层次的计划对象，涉及到不同层次的管理部门。

厂级生产计划部门（如生产计划处或科）负责制订产品、主要部件的出产进度计划和投入进度计划。车间计划人员根据厂部计划进一步细化，编制零件和部件的投入产出计划进度。许多车间还要承担工序进度计划。如果车间规模大，产品结构复杂，品种又多，工序进度计划可由班组编制。在实际生产中，上述这些计划内容都属于生产作业计划，即在生产作业计划中都能找到。在这里做这样的分析主要是为了阐述企业的生产控制职能。

2．执行测量比较的职能部门

企业中有一个测量记录生产成果的很强的职能部门，它就是生产统计部门（如生产统计处或科）。生产计划是由上而下逐级制订，而生产统计是自下而上逐级汇总。每个班组设有兼职的统计员，主要统计当天的生产成果，包括进度计划执行情况，每台设备（或设备组）的生产作业完工量，以及每个工人的作业完成量和劳动工时统计。班组统计每班结束前进行，统计结果上交车间，有些关键数据可以同时报告生产统计部门。班组统计是全厂工作的基础，采集的几乎都是第一手的原始数据，工作质量好坏直接影响到统计资料的准确性。

车间设有若干名专职生产统计员，人数视工作量而定，他们的任务是汇总处理班组上报的统计资料，统计出全车间的生产进度计划执行情况。车间统计每天进行一次。如果车间实行三班制，班组每班自行统计本班的作业完工量，车间负责汇总。因此车间的统计工作一般都是第二天进行，滞后一天。

厂级设有专门的生产统计机构，他们根据下面上报的统计报表，进一步汇总整理出全厂的生产进度执行情况，包括各种产品的投入、出产进度，各车间的生产进度，产品零部件的配套情况，也可能对个别的关键设备和重要零部件单独进行统计。很明显，厂级的统计结果至少滞后生产实况两天以上。生产统计数据是用于控制决策的主要依据，但不是唯一的依据。

3．制订控制措施与实施的部门

在理论上可以分成制订措施和实施执行两部门，在现实中，两项职能由生产调度部门一家承担。生产调度在目前企业中担负着生产控制的大部分工作量。控制措施的产生和调度指令的发布，大多通过生产调度会议的形式完成。

车间生产调度会议每周至少召开一次，由车间主任或生产调度组长主持，车间各职能组室有关人员和班组长参加，研究讨论生产进度和存在的问题，制订控制措施，落实措施负责人，以及完工日期。

厂级生产调度会议每周开一次，由调度处（科）长召集主持，主管生产厂长出席，各车间主任、调度员，厂级有关职能部门（如统计、物资、财务、质量管理等部门）负责人参加。厂级会议着重解决生产过程中各部门、各车间之间的横向衔接和协调。会前要做好充分准备，如生产调度执行情况的统计分析，解决问题的初步措施方案，以便于会上讨论形成最终方案。

此外，企业中还经常举行一些现场调度会、日常碰头会等，解决一些专门性的问题或日常性的协调问题。

4．物资管理部门

对企业生产所需物资进行的采购、使用、储备等行为进行计划、组织和控制。通过对物资进行有效管理，以降低企业生产成本，加速资金周转，进而促进企业盈利，提升企业市场竞争力。

（二）生产进度控制的主要方面

生产进度控制是生产作业控制的关键，主要包括以下三个方面：

1．工序进度控制

在大量大批流水生产条件下，车间、班组由于生产连续性强，产品品种、工艺、工序都比较固定，不必按工序进行控制，只控制在制品数量即可。在成批、单位生产条件下，由于品种多、工序不固定，各品种（零部件）加工进度所需用设备经常发生冲突，即使作业计划安排得很好，能按时投产，但由于在投产后的生产执行过程中干扰因素的出现，原来计划往往会被打乱。因此，对成批或单件生产只控制投入进度和出产进度是不够的，还必须加强工序进度的控制。如：按加工路线单经过的工序顺序进行控制、按工序票进行控制、跨车间工序进度控制等。但不管哪种工序都要在项目管理系统中及时登记跟进情况，以免工序过程混乱，出现不必要的麻烦。

2．投入进度控制

指对产品开始投入的日期、数量及品种进行控制，以符合计划要求，它还包括检查各个生产环节、各种原材料、毛坯及零部件是否按提前期标准投入，设备、人力及技术措施等项目的投入生产是否符合计划日期。投入进度控制是预防性的控制。投入不及时必然会造成生产中断、赶工突击，影响成品按时出产。投入过多，则又会造成制品积压、等待加工，从而影响经济效益。由于企业的生产类型不同，投入进度控制的方法也不相同，但大致可分为大量大批生产投入进度控制方法、成批和单件生产投入进度控制方法。

3．出产进度控制

出产进度控制指对产品（或零部件）的出产日期、出产提前期、出产量、出产均衡性和成套性的控制。出产进度控制是保证按时按量完成计划的前提，也是保证生产过程各个环节之间的紧密衔接、各零部件出产成套和均衡生产的有效手段。

出产进度的控制方法，通常是把计划出产进度同实际出产进度同列在一张表上进行比较来控制，不同的生产类型各有不同的控制方法，如大量生产出产进度控制方法、成批生产出产进度控制方法、单件小批生产出产进度控制方法。

现在项目管理系统可将生产进度一体化管理，如可将进度汇报自动关联生产数据，一键查看生产订单所有执行过程（子单合集），实时跟踪、掌控订单进度，及时调整、安排生产活动，进度一目了然。强大的进度查询功能，使订单编号、开始日期、截止日期、产量进度、工时进度、订单状态、产品信息、订单流程、计件工资及发放状态尽在掌控之中。

（三）可采取的措施

针对可能出现的情况，可以采取的措施有：

1．以库存应万变

影响生产进度计划的原因归结到最后都是因为设备的有效作业时间不足而影响生产进度。例如，按计划设备应该正常运转7.5小时/班，因种种原因停产过多，运转时间不足7.5小时/班，就会欠产。建立足够的库存量，当欠产时用库存补不足，是一种最简单的办法。但企业同时也为此付出沉重的代价，一个庞大的库存系统占用了大量的库存损耗。这个办法不是从产生问题的根本原因上解决问题，而是让库存管理部门承担起进度控制的全部责任是不尽合理的。尽管如此，这仍然是企业对付欠产的主要手段。

2．抢修设备

设备故障是许多企业造成欠产的最主要原因。减少设备故障率，缩短设备修理时间，也是进度控制中普遍采用的一项措施。建立一套完整严格的设备检修保养制度，是降低设备故障率行之有效的措施。但是，大多数企业认为设备发生故障的概率是随机的，不可预料的，往往因为生产任务忙而不重视设备维护保养工作，制度形同虚设，把注意力放在故障发生后的抢修上。为了缩短抢修时间，采取更换部件的修理方法，这样就需要建立一个规模不小的备品备件库。

3．加班

时间资源具有刚性，损失的时间是无法追回的，损失的机时一般只能通过加班的途径补回来，这需要支付加班工资。但是，如果设备是三班运转，就不存在加班的可能，损失就难以挽回。还存在一种即使可以加班也无法赶上进度计划的情况，这就是当关键设备发生严重故障，修复时间又长于库存所能维持生产的时候。这是库存耗尽后，设备还没有修复，造成全线停产，即使设备修复后加班生产也不可能补回全线停产的损失。

4．培养多能工

当关键设备操作工缺勤时，派其他工人顶上去。只要企业认真考虑这件事情，一个工人掌握多种技能是完全有可能的。

从中国目前企业的状况看，进度控制的首选措施仍是以足够的库存对付各种随机干扰，这种状况有待进一步改进。改进的思路是：

（1）控制影响生产进度的最基本原因，从根本上消除隐患。

（2）改进信息处理手段和及时反馈，依照目前生产统计的信息处理与传递方式，会丧失控制时机。

（3）由于时间资源的刚性，所以更多地采用事前控制方式，是最主动最积极最有效的。

（4）要有系统的整体观念，追求整体利益的有效控制。

不同生产类型的生产过程差异很大，影响进度的主要因素不尽相同，控制的重点和方法也不一样。

三、在制品中占用量的控制

在制品占用量控制，是指对生产过程各个环节的在制品实物和账目进行控制。做好在制品控制工作，有利于减少企业的在制品占用量，节约流动资金，加强生产过程的连续性，提高经济效益，保证生产作业计划的完成。

（一）主要任务

在企业生产管理实践中，在制品占用量的控制包括以下三个方面：

1．控制车间各工序之间在制品的流转

在大量生产条件下，在制品占用量的控制方法通常采用轮班任务报告单，结合生产原始凭证或台账进行控制，即以各工作地每一轮班的实际占用量与规定的在制品定额进行比较，使在制品的流转和储备量经常保持正常占用水平。

2．控制跨车间协作工序的在制品流转

跨车间协作工序易于造成在制品控制的混乱状况。为了使主要工序车间和协作工序车间衔接紧密，一般采取由主要工序车间归口管理的办法，防止发生无人负责的状况。

3．控制检查站的在制品流转

检查站工作对车间在制品管理具有重要的影响，应该加强控制。主要包括以下内容：切实按照加工路线单上开列的项目，检验质量，检查数目；及时处理返修品和废品；正确处理加工路线单、工序票、入库单和检查人员值班报告等原始凭证。

（二）工作职责

在制品管理工作就是对在制品进行计划、协调和控制的工作。在加工—装配型的工业企业中，搞好在制品管理工作有着重要的意义。它是调节各个车间、工作地和各道工序之间的生产，组织各个生产环节之间平衡的一个重要杠杆。合理地控制在制品、半成品的储备量，做好保管工作，使它们不受损坏，可以保证产品质量，节约流动资金，缩短生产周期，减少和避免积压。

搞好在制品的管理工作，要求对在制品的投入、出产、领用、发出、保管、周转做到有数、有据、有手续、有制度、有秩序。有数就是在制品要计数；有据就是收发进出要有凭证；有手续就是收发进出要有核对、签署、登录手续；有制度就是对在制品要建立一套原始记录管理制度，如及时入账、经常对账等制度；有秩序就是要把在制品管得井井有条。

为了有效地进行在制品和半成品的管理，必须认真做好以下几方面的工作：

1．建立和健全在制品、半成品的收发领用制度

在制品和半成品的收发领用，要有入库单、领料单等原始凭证，计量、签署、登账等要严格地实行按计划限额收发在制品制度。在制品和半成品的收发应当遵循“先进先出”的原则，使库存的半成品经常新旧更迭，质量常新。车间内部在制品的流转通过加工路线单等予以控制。发放装配用的零部件要按配套明细表规定的要求发。要建立在制品增减数字管理制度。

2．对在制品和半成品要正确地、及时地进行记账核对

在工作地之间、工段之间、工段与车间内部仓库之间、车间之间、制造车间与中间半成品（毛坯库）之间，在制品、半成品的收发数量必须及时记账，及时结清账存，还要建立定期的对账制度，做到账实相符和账账相符。而可以正确地掌握车间内部和车间之间在制品的流转情况。妥善处理零部件的报废、代用、补发、回用是在制品管理工作中的一个重要问题。这方面管理不好，常常会造成有账无物，或有物无账。在成批生产条件下，采用累计编号计算方法，这问题更为重要。凡是零件报废或代用了，应当在账簿和图表中减掉或去掉。凡是废品修复回用（或用于其他产品上），则应当加上。这项管理工作看来似乎简单，实际十分琐碎，稍有疏忽遗漏，就会造成生产的中断和零件的积压浪费。

3．合理地存放和保管在制品、半成品，充分发挥库房的作用

对在制品应进行分类管理，按其价值的大小，把那些从数量上来说所占比重比较小，但从资金占用量来说所占比重比较大的制品，作为“A 类零件”，给予重点管理；对那些无论从数量上或资金上说都占中等地位的在制品，可以作为“B 类零件”，给予普通管理；其余那些在数量上所占的比重虽然比较大，但在资金上所占的比重却比较小的在制品，则作为“C 类零件”，给予一般管理。如此分类管理，对合理组织生产，控制生产资金，降低生产成本很有好处。对“A 类零件”应当尽量缩小批量，严格控制投入、出产的期和量。在制品在车间工作地、仓库中存放时，要摆放整齐，存放文件要因件、因地制宜。库存在制品一般要按照品种、规格分类分区存放。为了避免在制品在存放保管中的丢失、损坏、变质、混号，应根据每种在制品的特性建立各种保管制度，例如印号（或挂牌）、刷油防锈、通风防潮、防止曝晒，有的要注意轻拿轻放等，对一些精密的零件，更要严格保管。还应解决各种辅助装置和设施，例如库房建筑、料架、料柜、工位器具等。

（三）管理分类

在制品管理工作中，仓库起着十分重要的作用。在制品仓库往往是几个生产单位的联结点，各单位在生产上的联系多数要通过它。所以库房被称为企业生产管理部门的眼睛。仓库不仅要做好保管、存放、配套、发送等工作，而且要协助生产管理部门监督各生产单位执行作业（进度）计划，严格按照作业（进度）计划的规定发放和接收在制品，拒收或拒发计划外的在制品。要重视中间仓库的管理，其方法有两种：

（1）厂部统一设库管理。这种方法便于厂部全面掌握在制品的情况，控制整个生产进程，防止各生产环节脱节。这种方法，一般适用于生产产品复杂，生产不稳定，各生产环节衔接关系复杂的企业。

（2）车间分散设库管理，按照不同在制品设库，归有关车间领导。这种方法，可使车间与仓库紧密联系，便于车间管好生产，一般适用于封闭式生产的车间。

做好在制品和半成品的清点、盘存工作。在制品和半成品在生产过程中不断流动变化，它的数量有增有减，为了确切地掌握它们的数量，除了要经常记账核对以外，还要做好清点、盘存工作。根据清点、盘存的资料，对清点中超过定额的储备应当积极进行处理，尽量不浪费已消耗的劳动。清点、盘存工作的范围、方法和时间根据具体情况确定，全企业的清点、盘存工作可以定期（例如按季）进行。车间内部的在制品的盘点工作应经常一些，例如一个月一次，以便及时发现和解决问题。

（四）物料搬运控制

所谓物料搬运控制，是指为提高物料流转、仓库储存、工业包装的作业效率所进行的控制工作。

物料搬运控制工作的主要任务是：

（1）缩短物料搬运距离，减少或取消搬运。

（2）物料及时流转，减少在制品数量。

（3）逆向搬运最小化，保证合理利用空间和过道。

为了做好物料搬运控制工作，生产主管要特别重视工作器具的作用，推行工作器具的合理化、标准化、定量化和省力化。

四、库存半成品控制

在多数的生产制造型企业中，随着管理水平的不断提高，物流管理人员对产成品和原材料库存的控制有了足够的认识。然而，企业的组织结构以及部门职责范围的制约，物流管理人员很少能够有机会触及半成品或在制品（本文统称半成品）的库存控制。多数情况下，由于确定半成品库存的多少是由生产制造部门来决定的，而往往生产制造部门又以完成生产任务和降低制造成本（不计算由于半成品的占压而带来的财务成本）为首要任务，因此对半成品库存的控制没有受到足够的重视。

（一）半成品库存的功能

如同我们对成品库存的研究一样，半成品库存应控制在合理的范围：过少的半成品库存，则会使生产不能连贯地进行，延长订单的执行周期时间。这一点对于按订单生产模式（另一种模式为按库存生产）的企业尤为重要。而过多的半成品库存同样会产生资金的占压，带来不必要的财务成本支出。同时，由于多数的生产为不可逆向，原材料一旦转换为半成品，就很难回复，过多的半成品一旦不能继续为新的订单所需要，则会造成成本以及原材料（特别像目前通讯产品的半导体元器件的全球短缺）的浪费。另外，在IT行业，公司占压产品和半成品的时间越长，则所面临库存贬值的风险就越大。

（二）半成品库存的原因

总结起来，半成品库存最主要的功能就是满足生产制造的连贯性。其产生可能有如下原因：

（1）前后生产工序（或设备）的速度的差异如：工序A速度50件 / 小时；工序B速度70件 / 小时。由于后续工序B的速度大于工序A的速度，如想生产连贯进行或要求工序B不得停顿，则势必要求在工序B开始前有足够的工序A产生的半成品。这就要求生产预先对工序A制订计划。

（2）下一生产工序必需的两个或多个产品，分别同步生产的工序（或设备）的速度差异如工序A速度50件 / 小时；工序B速度70件 / 小时；工序C必须由工序A和工序B所产生的半成品组合而成。而工序A的生产速度小于工序B，这就可能产生两种情况：①工序C以工序A的速度进行生产，则会使得工序B产生的半成品不断地积压；②工序C以工序B的速度进行生产，则要求预先有足够的工序A的半成品。

（3）由于生产能力紧张（如多种产品共用某一工序或设备），必须预先生产某一种半成品，而使该工序或设备能腾出时间转为其他生产。

当进行产品A的生产时，在完成了工序C之后，由于某些原因（如紧急订单），不得不暂时停止产品A的生产，而使工序C（或设备C）转而为产品B的生产。这样，生产车间中会有产品A的半成品积压。

（4）生产工序（或设备）的生产批量所至。如工序A速度70件 / 小时，工序B速度50件 / 小时，工序A由于生产批量的要求（更多地是出于对生产制造成本的），其单位时间半成品的产出速度有时会快于下一工序（如B）单位时间所能消耗的速度。如在生产过程中不停止工序A（或设备A）的生产，则势必会产生在工序B之后半成品的积压。

（5）原料或半成品在生产制造过程中移动所需的批量所至。有些时候，由于生产线的布局、原料或半成品的搬运以及它们的包装的限制，原料或半成品在生产制造过程中的移动是按批量进行的。这会使得在一些工段（或工作点），由于对原料或半成品的消耗速度相对较慢，而造成了原料或半成品在这些地方的积压。

（6）由于对产品质量的要求而产生的待处理半成品库存。熟悉全面质量管理的管理人员都知道，对于质量的控制，不仅仅体现在产成品或原材料的质量检测，同时也贯穿于整个生产制造过程。而各个生产环节的半成品，如果未通过质量的检验又不能及时处理，也会造成生产线上半成品的积压。有时，这也是企业内部小团体利益驱使所至。有的公司的生产主管或财务主管，对于未达到质量标准的半成品不能及时处理（如当期报废），是出于对他们当期业绩表现（如当期制造成本、当期报废金额）的担心。

（三）半成品库存的控制

计划中的控制主要在生产计划的层面为生产操作人员制订规则。在不改变生产工艺、生产工序或设备速度的情况下，一般应遵循按瓶颈生产的原则。这首先需要计划人员、生产管理人员、工程维护人员事先确定各个工序或设备的正常生产速度，并针对所生产的不同产品找出影响整个生产过程的瓶颈工序或瓶颈设备。对于瓶颈，又有两种计划方法可供参考：

（1）整个生产线按瓶颈工序或设备的速度制订生产计划。这样做的好处，是可以最大限度地减少由于速度差异而产生的生产线上的半成品的积压；缺点是有可能延长了整个产品的生产周期。

（2）在瓶颈的地方，预先设置半成品库存，使得订单产品的生产过程能够按照较快的速度生产；显而易见，这种办法又会带来较多的半成品库存。

计划中的控制的一个基本原则是：尽可能小批量多批次地生产，才能使平均库存保持在较低的水平。而工作中，该原则会经常会遇到来自生产部门的阻力。必须承认，小批量多批次地生产，可能会局部地造成制造费用的增加（如设备启动调整、产品换型等摊薄的单位时间成本的增加）。

只有平衡半成品库存成本与制造费用之后，才能确定经济的生产批量。如果企业不愿意保有过多的生产半成品，或希望加快订单的生产周期时间，另一个方法则是对生产制造环境的改造，调整生产工艺、工序或提高瓶颈处的生产能力（如增加设备、人员等）。但必须指出的是，瓶颈在我们的生产经营活动中会一直存在的。随着我们对局部的条件改善，瓶颈会流动到其他部分或以其他形式存在。它可能会变成供应链的前端（如市场、渠道），也可能会跳到整个供应链的后端（如采购活动或供应商）。总之，对于半成品库存的控制，并不能因为它存在于生产环节，被复杂的生产过程（或细节）所掩盖，就忽视它的管理或强调它的特殊性。半成品库存仅是库存的一种表现形式，它的管理可同样应用于物流管理的普遍方法。

第六节　生产控制方法

一、生产成本的控制

生产过程成本的控制，包括生产的各个环节和部门的消耗的控制。但无论哪个生产环节和部门，它所控制的内容，基本上都是料、工、费的支出。

（一）原材料消耗控制

根据已制定的图纸、工艺方法和工艺消耗定额的控制标准，在生产过程各环节，对原材料消耗进行控制。

第一，采购人员和供应人员要按设计工艺规定，控制采购原材料的品种规格、材质，控制采购价格、运输费、采购量和检验入库费等不得超支。

第二，仓库管理人员要控制保管费和做好限额发料、退料、补料、回收废料等工作。

第三，车间加工人员要对下料方法、材料利用率、回收率等进行控制，要按图纸、工艺、设备、工装进行操作，对原材料工艺消耗定额进行控制，推行代用、综合利用，节约支出。

第四，生产管理人员要控制合理批量、合理投产、合理投料、用料、合理调度、组织均衡生产、减少废品提高材料利用率，控制原材料定额消耗不超支。

第五，车间材料员要监督材料消耗，组织材料核算，分析材料消耗定额发生的偏差，找出原因，追踪责任者和提出改进措施。各项原材料消耗的具体控制方法，将因工艺不同，使用设备不同而用不同的控制方法。

（二）能源消耗控制

能源消耗在成本中占比重很大，由于我国一些企业的技术装备水平和工艺加工落后，节约能源消耗的潜力也很大。能源消耗的控制，一方面是“动能”（动力）的控制，即对各种设施，如使用机械、生产建筑设施、运输车辆、起重、电器设备等动力消耗的控制。包括动力能源的油、电、气、汽、风的控制。

控制方法，首先是动力部门负全责，构成能源的责任成本中心，合理地选择设备避免“大马拉小车”，尽量选用低能耗的设备。在设备的使用上，生产部门要控制设备的空运转率和无效作业率。控制单位产品能耗定额，以及采取各种节能限额和措施。添置控制能耗的计量仪表，如分装电表、流量表、气表、压力表等。以解决当前企业在能源上“吃大锅饭”，分不清责任和“失控”状态。另一方面是“热能”的控制，即对各种生产设施、设备和加工工艺所需热能消耗的控制，包括电、油、煤、焦炭、木柴、各种化学燃料和助燃剂的消耗的控制。这由设备动力、工艺部门制订消耗定额，由生产管理人员和设备管理人员控制选用品种，认真计量和记录，随时监测和控制。此外，还有照明取暖各种能源消耗的控制，这些属间接费用预算项目的控制。

（三）生产工资控制

生产工资是日常成本控制的重要内容，它实际上是人力资源消耗的控制。除了劳动部门控制定员人数和制订劳动定额外，主要是由车间劳资员对生产现场的劳动人员分配、使用，劳动定额、出勤率、工时利用率、加班加点、奖金、津贴，劳动组织等控制。劳动定额的控制，首先由施工人员按图纸、按工艺、按技术标准进行控制操作，按工艺规定的工人技术等级和使用的设备、工装、用料进行控制。生产管理人员要按作业计划合理投产、合理派工、控制停工、窝工，控制加班加点等。车间劳资员（或定额员）控制和核算劳动定额的执行情况，工时利用情况。对已发现的偏差，要找出原因和采取措施，对工资中发生的变动要找出原因，进行控制。

（四）废品损失控制

废品损失对成本有多方面的影响，要认真控制废品损失。将废品损失指标分解落实到各车间、班组，或转化为废品率指标落实到各车间、班组。主要是控制废品的发生和对废品的修复及回收的处理。对已发生废品提高废品修复率（即可修复废品数 ÷ 废品总额）的控制和降低修复费用的控制，保证修复品的销售收入抵偿修复费的余额大于废品残值，以减少废品造成的损失。对废品的回收控制，要保证废品及时挑出、隔离、交库，要及时进行处理回收残值。

（五）制造费用控制

制造费用是企业为生产产品和提供劳务而发生的各项间接费用，包括工资和福利费、折旧费、修理费、办公费、水电费、机物料消耗、劳动保护费、季节性和修理期间的停工损失等。制造费用发生情况不同，各部门各车间间接费用发生地点和费用项目编制预算作为控制依据。

二、看板管理

看板管理是在工业企业的工序管理中，以卡片为凭证、定时定点交货的管理制度。“看板”是一种类似通知单的卡片，主要传递零部件名称、生产量、生产时间、生产方法、运送量、运送时间、运送目的地、存放地点、运送工具和容器等方面的信息、指令。一般分为：在制品看板，用于固定的相邻车间或生产线；信号看板，主要用于固定的车间或生产线内部；订货看板（亦称“外协看板”），主要用于固定的协作厂之间。

（一）看板管理的目的

1．传递现场的生产信息，统一思想

生产现场人员众多，而且由于分工的不同导致信息传递不及时的现象时有发生。而实施看板管理后，任何人都可从看板中及时了解现场的生产信息，并从中掌握自己的作业任务，避免了信息传递中的遗漏。

此外，针对生产过程中出现的问题，生产人员可提出自己的意见或建议，这些意见和建议大多都可通过看板来展示，供大家讨论，以便统一员工的思想，使大家朝着共同的目标去努力。

2．杜绝现场管理中的漏洞

通过看板，生产现场管理人员可以直接掌握生产进度、质量等现状，为其进行管控决策提供直接依据。

3．绩效考核的公平化、透明化

通过看板，生产现场的工作业绩一目了然，使得对生产的绩效考核公开化、透明化，同时也起到了激励先进、督促后进的作用。

4．保证生产现场作业秩序，提升公司形象

现场看板既可提示作业人员根据看板信息进行作业，对现场物料、产品进行科学、合理的处理，也可使生产现场作业有条不紊地进行，给参观公司现场的客户留下良好的印象，提升公司的形象。

（二）看板管理系统

看板管理系统主要有 MES 看板管理和 MDC 看板管理两种。

1．MES看板管理

随着经济发展、技术进步，汽车模具产品向着个性化、多样化方向发展，导致车间作业管理复杂多变。目前我国汽车模具制造企业中，车间管理层面存在诸多问题，急需一种先进的管理理念和高效的系统对其进行优化管理。制造执行系统（MES）是面向车间层的实时信息系统，是连接企业计划管理层与生产控制层之间的桥梁，强调整个生产过程的优化。电子看板管理作为MES的核心模块，能够提高车间生产过程控制能力，对MES的构建以及整个车间作业流程的优化均具有很大的作用。

2．MDC看板管理

MDC设备运行状态报告，可以显示出当前每台设备的运行状态，包括是否空闲、空闲时间多少、是否加工中、加工时间是多少、状态设置如何、正在运行中或是出了故障了。设备综合利用率（OEE）报表，能够准确清楚地分析出设备效率如何，在生产的哪个环节有多少损失，以及可以进行哪些改善工作。直观、阵列式、色块化的设备实时状态跟踪看板，将生产现场的设备状况第一时间传达给相应的使用者。企业通过对工厂设备状态的实时了解，可以实现即时、高效、准确地精细化设备管理。

（三）按应用对象划分的看板类型

1．三角形看板

三角形看板主要为“5S”管理服务。看板内容主要标示各种物品的名称，如成品区、半成品区、原材料区等，将看板统一放置在现场划分好的区域内的固定位置。

2．设备看板

设备看板可粘贴于设备上，也可在不影响人流、物流及作业的情况下放置于设备周边合适的位置。设备看板的内容包括设备的基本情况、点检情况、点检部位示意图、主要故障处理程序、管理职责等内容。

3．品质看板

品质看板的主要内容有生产现场每日、每周、每月的品质状况分析、品质趋势图、品质事故的件数及说明、员工的技能状况、部门方针等。

4．生产管理看板

生产管理看板的内容包括作业计划、计划的完成率、生产作业进度、设备运行与维护状况、车间的组织结构等内容。

5．工序管理看板

工序管理看板主要指车间内在工序之间使用的看板，如取料看板、下料看板、发货看板等。根据使用，又可以分为以下两种：

（1）取料看板，主要位于车间的各工序之间，其内容主要包括工序序号、工序名称、工序操作者、下料时间、数量、完工时间、首检等。

（2）发货状况管理看板，主要位于生产车间，其内容主要包括工序序号、小组名称、产品完成日期、发货日期、收货客户等内容。

（四）看板功能

看板最初是丰田汽车公司于20世纪50年代从超级市场的运行机制中得到启示，作为一种生产、运送指令的传递工具而被创造出来的。经过近50年的发展和完善，已经在很多方面都发挥着重要的机能。

1．工作指令

生产及运送工作指令是看板最基本的机能。公司总部的生产管理部根据市场预测及订货而制定的生产指令只下达到总装配线，各道前工序的生产都根据看板来进行。看板中记载着生产和运送的数量、时间、目的地、放置场所、搬运工具等信息，从装配工序逐次向前工序追溯。

在装配线将所使用的零部件上所带的看板取下，以此再去前一道工序领取。前工序则只生产被这些看板所领走的量，“后工序领取”及“适时适量生产”就是通过这些看板来实现的。

2．防止过量生产

看板必须按照既定的运用规则来使用。其中的规则之一是：“没有看板不能生产，也不能运送。”根据这一规则，各工序如果没有看板，就既不进行生产，也不进行运送；看板数量减少，则生产量也相应减少。由于看板所标示的只是必要的量，因此运用看板能够做到自动防止过量生产、过量运送。

3. 目视管理

看板的另一条运用规则是"看板必须附在实物上存放""前工序按照看板取下的顺序进行生产"。只要通过看板所表示的信息，就可知道后工序的作业进展情况、本工序的生产能力利用情况、库存情况以及人员的配置情况等。

4. 改善的工具

看板的改善功能主要通过减少看板的数量来实现。看板数量的减少意味着工序间在制品库存量的减少。如果在制品存量较高，即使设备出现故障、不良产品数目增加，也不会影响到后工序的生产，所以容易掩盖问题。在JIT生产方式中，通过不断减少数量来减少在制品库存，就使得上述问题不可能被无视。通过改善活动不仅解决了问题，还使生产线的"体质"得到了加强。

（五）看板管理的原则

在采用看板作为管理工具时，应遵循以下五个原则：

(1) 后工序只有在必要的时候，才向前工序领取必要数量的零部件：需要彻底改变现有流程和方法。

(2) 前工序应该只生产足够的数量，以补充被后工序领取的零件：在这两条原则下，生产系统自然结合为输送带式系统，生产时间达到平衡。

(3) 不良品不送往后工序：后工序没有库存，后工序一旦发现次品必须停止生产，找到次品送回前工序。

(4) 看板的使用数目应该尽量减少：看板的数量，代表零件的最大库存量。

(5) 应该使用看板以适应小幅度需求变动：计划的变更经由市场的需求和生产的紧急状况，依照看板取下的数目自然产生。

（六）按应用时机划分的看板种类

1. 工序内看板

工序内看板是指某工序进行加工时所用的看板。这种看板用于装配线以及即使生产多种产品也不需要实质性的作业更换时间（作业更换时间接近于零）的工序，例如机加工工序等。

2. 信号看板

信号看板是在不得不进行成批生产的工序之间所使用的看板。例如树脂成形工序、模锻工序等。信号看板挂在成批制作出的产品上，当该批产品的数量减少到基准数时摘下看板，送回到生产工序，然后生产工序按该看板的指示开始生产。另外，从零部件出库到生产工序，也可利用信号看板来进行指示配送。

3. 工序间看板

工序间看板是指工厂内部后工序到前工序领取所需的零部件时所使用的看板。典型的工序间看板，前工序为部件1#线，本工序总装2#线所需要的是号码为A232-60857的零部件，根据看板就可到前一道工序领取。

4. 外协看板

外协看板是针对外部的协作厂家所使用的看板。对外订货看板上必须记载进货单位的名称和进货时间、每次进货的数量等信息。外协看板与工序间看板类似，只是"前工序"不是内部的工序而是供应商，通过外协看板的方式，从最后一道工序慢慢往前拉动，直至供应商。因此，有时候企业会要求供应商也推行JIT生产方式。

5. 临时看板

临时看板是在进行设备保全、设备修理、临时任务或需要加班生产的时候所使用的看板。与其他种类的看板不同的是，临时看板主要是为了完成非计划内的生产或设备维护等任务，因而灵活性比较大。

（七）看板管理的具体使用

看板有若干种类，因而看板的使用方法也不尽相同。如果不周密地制定看板的使用方法，生产就无法正常进行，我们从看板的使用方法上可以进一步领会JIT生产方式的独特性。在使用看板时，每一个传送看板只对应一种零部件，每种零部件总是存放在规定的、相应的容器内。因此，每个传送看板对应的容器也是一定的。

1. 工序内看板的使用方法

工序内看板的使用方法中最重要的一点是看板必须随实物，即与产品一起移动。后工序来领取中间品时摘下挂在产品上的工序内看板，然后挂上领取用的工序间看板。该工序然后按照看板被摘下的顺序以及这些看板所表示的数量进行生产，如果摘下的看板数量变为零，则停止生产，这样既不会延误也不会产生过量的存储。

2. 信号看板的使用方法

信号看板挂在成批制作出的产品上面。如果该批产品的数量减少到基准数时就摘下看板，送回到生产工序，然后生产工序按照该看板的指示开始生产。没有摘牌则说明数量足够，不需要再生产。

3. 工序间看板的使用方法

工序间看板挂在从前工序领来的零部件的箱子上，当该零部件被使用后，取下看板，放到设置在作业场地的看板回收箱内。看板回收箱中的工序间看板所表示的意思是“该零件已被使用，请补充”。现场管理人员定时来回收看板，集中起来后再分送到各个相应的前工序，以便领取需要补充的零部件。

4. 外协看板的使用方法

外协看板的摘下和回收与工序间看板基本相同。回收以后按各协作厂家分开，等各协作厂家来送货时由他们带回去，成为该厂下次生产的生产指示。在这种情况下，该批产品的进货至少将会延迟一回以上。因此，需要按照延迟的回数发行相应的看板数量，这样就能够做到按照 JIT 进行循环。

JIT 是拉动式的生产，通过看板来传递信息，从最后一道工序一步一步往前工序拉动。生产过程共有三道工序，从第三道工序的入口存放处向第二道工序的出口存放处传递信息，第二道工序从其入口存放处向第一道工序出口存放处传递信息，而第一道工序则从其入口存放处向原料库领取原料。这样，通过看板就将整个生产过程有机地组织起来。看板的形式并不局限于记载有各种信息的某种卡片形式，在实际的 JIT 生产方式中，还有很多种代替看板发出生产请求的目视化方法，如彩色乒乓球、空容器、地面空格标识和信号标志等。

本章小结

1. 计划工作是收集信息、预测未来、确定目标、制定行动方案、明确方案实施的措施和规定方案实施的时间地点的一个过程。计划是计划工作的结果文件，其中记录了组织未来所采取行动的规划和安排。

2. 生产计划是指一方面为满足客户要求的三要素（交期、品质、成本）的计划;另一方面又使企业获得适当利益，而对生产的三要素（材料、人员、机器设备）的确切准备、分配及使用的计划。评价指标有品种指标，质量指标，产量指标，产值指标。

3. 生产能力是反映企业所拥有的加工能力的一个技术参数，它可以反映企业的生产规模，也可以反应企业的生产能力能否与市场需求相适应。生产能力主要受经济规划、销售预测、空间成本和外协生产等影响。生产能力核定就是通过对人员数量、技术水平、固定资产三大因素的调查，在查清现状的基础上将这些因素加以确定，从而计算出企业的生产能力。

4. 生产作业计划是指企业生产计划的具体执行计划。它把企业的年度、季度生产计划具体规定为各个车间、工段、班组、每个工作地和个人的以月、周、班以至小时计的计划。它是组织日常生产活动、建立正常生产秩序的重要手段。

5. 生产活动在生产计划中虽然作了具体安排，但由于企业环境以及企业自身的影响，在现实的企业生产组织中，往往会出现现实与计划目标之间的差距，因此，为了防止干扰，实现企业计划的目标必须要进行生产控制。

6. 生产进度控制，又称生产作业控制，是在生产计划执行过程中，对有关产品生产的数量和期限的控制。其主要目的是保证完成生产作业计划所规定的产品产量和交货期限指标。生产进度控制是生产控制的基本方面，狭义的生产控制就是指生产进度控制。

7. 看板管理亦称“看板方式”“视板管理”。在工业企业的工序管理中，以卡片为凭证，定时定点交货的管理制度。“看板”是一种类似通知单的卡片，主要传递零部件名称、生产量、生产时间、生产方法、运送量、运送时间、运送目的地、存放地点、运送工具和容器等方面的信息、指令。

思考与练习

1. 什么是生产控制，生产控制的主要方法有哪些？
2. 简要阐述生产控制的程序。
3. 生产调度工作应符合什么原则？
4. 请阐述生产成本控制的基本原则和方法。
5. 简述看板管理的基本思想。
6. 生产计划的主要指标有哪些？
7. 大量流水线生产，成批生产，单件小批量生产的标准有何不同？
8. 所谓“碳铺和冰铺”的谚语，是指夏天卖冰而冬天卖碳，表示适应需求变动的生产方式，请调查若干适应需求变动而采取不同生产方式的事例。

案例讨论

案例

第十章 企业质量管理

本章提要

本章从对质量、质量特性、质量策划、质量特性等概念的理解出发，介绍质量管理的相关概念，着重对质量保证体系及全面质量管理的主要思想、PDCA循环、常用的质量管理工具和技法进行阐述。

重点难点

- 理解质量、质量策划、质量保证的概念。
- 重点掌握全面质量管理的概念及主要思想。
- 掌握质量保证体系的基本内容。
- 熟悉PDCA循环及QC小组的运作思路。

引导案例

产品的质量是企业的生命，只有优质、高效的企业才能在任何挑战中永远立于不败之地。所以。企业必须把好质量关。无论从事任何经营，都要严格要求产品质量。如在经营管理过程中没有质量管理的观念，那么这个企业就不能发展。用高品质的产品和服务来征服市场，赢得顾客，而精益求精是质量的精髓。海尔砸的只是电冰箱，食品安全中的质量隐患，不仅仅影响着产品，更影响着生命与健康。

案例

第一节 质量与全面质量管理

一、质量及相关概念

（一）质量

质量的概念有狭义和广义之分。

1．狭义的质量概念

狭义的质量是指产品质量，包括外观、强度、纯度、尺寸、寿命、不良率、包装等方面。

产品质量，是指“产品的适用性”。这是美国著名质量管理专家朱兰博士从用户的观点出发定义，并以此衡量产品在使用中成功地满足用户需求的程度。产品不同，由于适用性的要求不同，因而对质量要求的标准也不同。一般来说，产品的质量特性可以概括为六个方面：

（1）性能，是指产品满足某种具体使用要求所具有的技术特性，如产品的物理化学性能。产品性能具有具体指标，如电视机清晰度、冰箱的噪声分贝数，等等。

（2）使用寿命，是指产品在适用范围和正常条件下的有效使用期限，如电视机显像管的使用时间。

（3）可靠性，是指产品在规定工作条件下和规定时间内完成规定功能的能力，常用的衡量指标有工作时间、工作次数、平均故障率等。

（4）安全性，是指产品在流通和使用过程中保证安全的程度。

（5）经济性，是指产品在寿命周期中所发生的全部费用的合理性。

（6）外观，是指产品造型、色泽、包装等外观质量特性，如汽车车身大小、座椅设计舒适度，等等。

因此，对产品质量的评价判断可以从以上六个方面来综合考虑。当然，对于不同的产品来说，质量的内涵可能有所偏重，有的产品如易耗品不需要考虑可维修性的问题，有的产品如复印纸不需要考虑安全性的问题，有的产品如地下供热管道则无须过多考虑美观性的问题。从企业的角度来看，必须深入识别顾客对产品质量特性的关注重点，避免闭门造车，防止顾客关心的质量特性不足、顾客不重视的质量特性投入过多的情况发生。

产品质量状况是以质量标准作为衡量尺度的。产品质量标准是按产品的质量特性所规定的一系列应达到的技术经济参数，包括对产品的功用、规格、包装及检验规则、检验方法等所作的技术规定。我国现行的产品质量标准分为国际标准、国家标准、部颁标准和企业标准等。这些都是具有社会法律作用的标准，产品符合这些标准，则为合格品，否则为不合格品、次品或废品。

对产品质量的认识应该注意一个问题，即不一定达到越高的技术标准产品就越有市场，必须结合企业的生产能力和市场的实际需求状况具体制定。先进的产品应是从用户需求中来，而不是从标准来。中国加入 WTO 以后，我们的市场规则也在逐渐调整，以适应国际化要求。从按标准生产到按市场需求生产，再到按用户要求生产是一个飞跃。用户在引导这一变化，厂商一定要跟上这一变化。

2. 广义的质量概念

广义的质量包括产品质量、工序质量和工作质量。

工序质量是指工序能够稳定地生产合格产品的能力，通常以工序能力表示。工序质量一般是由操作者、机器设备、材料、方法、测量、环境等六大因素决定。如果这六大因素配合适当则能保证产品质量的稳定，反之则出现不合格产品。

（1）操作者，是指操作工人的文化程度、技术水平、劳动态度、质量意识和身体状况等。

（2）机器设备，是指设备及工艺装备的技术性能、工作精度、使用效率和维修状况等。

（3）材料，是指原材料及辅助材料的性能、规格、成分和形状等。

（4）方法，是指工艺规程、操作规程和工作方法等。

（5）测量，是指测量器具和测量方法等。

（6）环境，是指工作地的温度、湿度、照明、噪声和清洁卫生等。

工作质量是指企业为保证和提高产品质量和工序质量，在经营管理和生产技术工作方面所应达到的水平或保证程度。它包括的范围较为广泛，主要包括经营决策工作质量和现场执行工作质量。它可以通过工作效率、工序质量、产品质量、经济效益等指标反映出来，并可直接用合格品率、返修率、废品率等指标来衡量。

总之，产品质量、工序质量和工作质量是相互联系、相互影响的。其中工序质量直接影响产品质量，工作质量是工序质量和产品质量的保证和基础，产品质量则是各项工作质量的综合反映。

（二）质量的形成

在实践中，人们逐渐认识到质量不是检验出来的，它有一个产生、形成和实现的过程。这一过程可用“朱兰螺旋曲线”来表示。朱兰用一条螺旋上升的曲线来反映产品质量形成的规律，如图 10-1 所示，这一规律告诉我们下面的五项结论：

1. 质量有一个产生、形成和发展的过程

产品质量形成的全过程包括 13 个环节：市场研究、产品开发、设计、生产技术准备、制定工艺、采购、仪器仪表及设备装置、生产制造、工序控制、检验、测试、销售、服务。这 13 个环节构成了一个系统，质量就是在这个系统中经过每一个环节的作用而逐步形成的。

2. 质量是以需求的变化为中心，不断改进和提高的

质量形成的 13 个环节以产品的适用性为中心，构成一个循环，每经过一轮循环，质量就有所提高。这是因为人们的需求在不断发展，为满足需求，质量也在不断适应、不断改进的过程中得到上升。

3. 质量的形成取决于每一个环节

作为一个质量系统，其目标的实现取决于每个环节的质量保证和各环节之间的协调。因此，必须将质量形成过程中的各个环节都纳入质量管理体系，实行全过程的管理。

4. 质量形成过程是一个开放的系统

质量形成过程与社会环境有着密切的联系，“朱兰螺旋曲线”中有三个环节与企业外部相联系：采购环节与物料供应商有联系；销售环节与顾客有联系；市场研究与产品市场有联系。所以，产品质量的形成并不只是

企业内部行为的结果，质量的形成过程是一个开放的系统，质量管理是一项系统工程。

5．质量形成的最根本的影响因素是人

在质量形成的全过程中，每一个环节都要靠人去完成，人的素质以及对人的管理是过程质量乃至产品质量的基本保证。所以，质量管理必须重视人的因素。

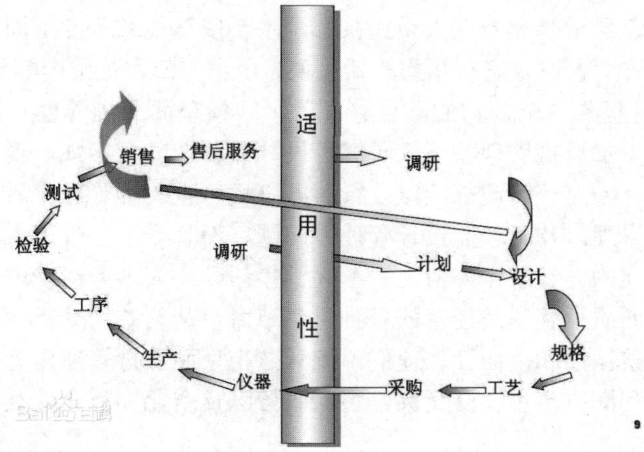

图 10-1　朱兰螺旋曲线

（三）质量管理

国际标准和我国国家标准将质量管理定义为："确定质量方针、目标和职责，并在质量体系中通过诸如质量策划、质量控制、质量保证和质量改进使其实施的全部管理职能的所有活动。"

由以上定义可知，质量管理是企业围绕着使产品质量能够满足不断更新的质量要求，而展开的质量策划、组织、实施、检查、监督审核等所有管理活动的总和。

1．质量策划

质量策划即设定质量目标并规定必要的运行过程和相关资源以实现其目标的活动。质量策划涉及企业内部的众多方面，例如建立质量管理体系策划、产品实现过程策划、质量改进策划、适应环境变化策划等。

2．质量控制

质量控制指通过一系列作业技术和活动对质量形成的整个过程实施控制，其目的是为了使产品、过程或体系的固有属性达到规定的要求。它是预防不合格产品发生的重要手段和措施，贯穿于产品形成和体系运行的全过程。

3．质量保证

它是对达到质量要求提供信任的活动。质量保证的核心是向人们提供足够的信任，使顾客和其他相关方确信企业的产品、体系和过程达到和满足质量要求。它包含两方面的含义：一是企业在产品质量方面对用户所作的一种担保，这一含义还可引申为上道工序对下道工序提供的质量担保；二是企业为了提供信任所开展的一系列质量保证活动，这种活动对内来说是有效的质量控制活动，对外来说是提供依据以证明企业质量管理工作实施的有效性，以达到使人确信其质量的目的。因此，质量保证包括取信于企业领导的内部质量保证和取信于用户的外部质量保证。

4．质量改进

质量改进指致力于增强满足质量要求能力的活动。质量改进涉及组织的各方面，生产经营全过程中各个阶段、环节、职能、层次都会需要改进，企业管理者应着眼于积极主动地寻求改进机会，发动全体成员参与改进活动。

二、全面质量管理

全面质量管理的概念和思想诞生于美国，费根堡姆和朱兰为之建树了不朽的功绩。早在 1961 年，美国通用电气公司总裁费根堡姆在他的著作《全面质量管理》一书中就已提出了全面质量管理（Total Quality Management，TQM）的概念："全面质量管理是为了能在最经济的水平上，并考虑到充分满足用户要求的条件下进行市场研究、设计、生产和服务，把企业内各部门的研制质量、维持质量和提高质量的活动构成一种有效的体系。”

全面质量管理理论在美国取得的成功令世人瞩目。各国纷纷引进，并结合各自国情加以改造，终于形成了一股世界性的质量管理大潮流。

在这个大潮流中，对全面质量管理学习最认真，得益也最大的当数日本。日本人的全面质量管理带有鲜明的民族文化特色。和欧美国家以质量管理专业人员为核心、主要依靠规章制度不同，日本的全面质量管理强调全体员工的参与。用日本著名质量管理专家石川磬的话来说，所谓“公司范围内的质量管理”（Company-Wide Quality Control，CWQC，有时也称“全公司的质量管理”，即指全面质量管理），就是“特点在于整个公司从上层管理人员到全体职工都参加质量管理。不仅研究、设计和制造部门参加质量管理，而且销售、材料供应部门和诸如计划、会计、劳动、人事等管理部门以及行政办事机构也参加管理。质量管理的概念和方法不仅用于解决生产过程、进厂原材料管理以及新产品设计管理等问题，而且当上层管理人员决定公司方针时，也用它来进行业务分析，检查上层管理的方针的实施情况，解决销售活动、人事劳动管理问题，以及解决办事机构的管理问题”。日本人认为，全面质量管理是经营的一种思想革命，是新的经营哲学，是一门特别重视质量的管理学说，强调全面质量管理的整体性和全面性。他们不仅只是把全面质量管理作为一种专业管理，而是作为紧密围绕着经营目标（即质量、利润、产量、交货期、售后服务以及企业和社会效益等）进行综合管理的理论和模式。

我国自 1978 年推行全面质量管理以来，取得了丰硕成果，逐渐形成具有中国特色的、以全面质量管理为核心的质量管理科学。

世界各国在推行全面质量管理的过程中由于国情不同，其认知和做法也有所不同，但其核心是基本一致的。在国际社会中，对全面质量管理较规范的称呼是 TQM（Total Quality Management）和 TQC（Total Quality Control），目前使用最广泛的是 TQM。关于全面质量管理，在国际标准 ISO 8402：1994 中的定义是：“一个组织以质量为中心，以全员参与为基础，目的在于通过让顾客满意和本组织所有成员及社会受益而达到长期成功的管理途径。”全面质量是包括组织内部全过程、所有部门和全员的质量。

全面质量管理的主要观点有以下几个方面：

1．“用户第一”的观点

为用户服务是指从用户的立场出发，生产出满足用户需要的产品，尊重用户权益，方便用户，充分实现产品固有使用价值的一套经营管理思想。“用户”不仅指本企业产品的用户，而且包括企业生产和工作中的下道工序。下道工序就是用户，下道工序的要求就是前道工序的质量目标，每道工序都为下道工序着想，这样，各个工作环节之间相互协调，相互促进，切实保证了各个环节的工作质量，从而使企业的质量工作得到保证。

2．“预防为主”的观点

全面质量管理认为质量是设计出来的，不是检查出来的。以预防为主，就必须在产品质量的产生、形成和实现全过程的每一环节中充分重视质量管理。质量管理的重点要从事后质量检验把关转到预防，转到开发设计和生产制造即质量形成因素上来，把不合格品消灭在产品的形成过程中。这不仅可以做到防患于未然，而且可以减少许多因质量问题而产生的不必要的浪费。

3．“一切用数据说话”的观点

全面质量管理强调用数据和事实来科学分析和处理各种问题。通过掌握真实可靠的数据并进行分析、整理，从而掌握质量波动的规律，发现质量问题，采用适当措施进行控制。

4．全面质量管理要求实现全过程的质量管理

将质量控制从质量检验和统计质量控制扩展到整个产品寿命周期，包括市场调查、研究开发、设计、生产准备、采购、生产制造、包装、检验、储存、运输、销售、为用户服务等全过程，旨在把不合格的产品消灭在产生过程中，从而形成一种“市场—生产现场—市场”的经营模式和防检结合以防为主、能够向顾客提供长期稳定合格品的系统。全过程质量管理要求企业树立“下道工序就是用户”的思想意识，使每道工序的质量都得到保证，形成产品形成全过程的质量管理。

5．参加管理的人员是全面的，即全员性的质量管理

全面质量管理要求参加质量管理的人员是全面的。全面质量管理是依靠全体员工参加的质量管理，质量管理的全员性、群众性是科学质量管理的客观要求。产品质量的好坏，是许多工作和生产活动环节的综合反映，因此它涉及企业所有部门和所有人员。这就是说，一方面，产品质量与每个人的工作有关，提高产品质量需要依靠所有人员的共同努力；另一方面，在这个基础上产生的质量管理和其他各项管理，如技术管理、生产管理、资源管理、财务管理等各方面之间，存在着有机的辩证关系，它们以质量管理为中心环节相互联系，又相互促进。因此，实行全面质量管理要求企业在集中统一领导下，把各部门的作用有机地组织起来，人人都必须为提高产品质量、为加强质量管理尽自己的职责。只有人人关心产品质量，都对质量高度负责，企业的质量管理才能搞好，生产优质产品才有坚定基础和可靠保证。

6．管理方法和工具是全面的

全面质量管理用以管理质量的方法是全面的、多种多样的，它是由多种管理技术与科学方法组成的综合性的方法体系。全面、综合地运用多种方法进行质量管理，是科学质量管理的客观要求。随着现代化大生产和科学技术的发展以及生产规模的扩大和生产效率的提高，对产品质量提出了越来越高的要求。影响产品质量的因素也越来越复杂，既有物质因素，又有人的因素；既有生产技术的因素，又有管理因素；既有企业内部的因素，又有企业外部的因素。要把如此众多的影响因素系统地控制起来，统筹管现，单靠一两种质量管理方法是不可能实现的，必须根据不同情况，灵活运用各种现代化管理方法和措施加以综合治理。

目前，质量管理中广泛运用各种方法。常用的质量管理方法有所谓的老七种工具，具体包括因果图、排列图、直方图、控制图、散布图、分层图、调查表；还有新七种工具，具体包括关联图法、KJ 法、系统图法、矩阵图法、矩阵数据分析法、PDPC 法、矢线图法。除了以上新老工具外，还有很多方法，尤其是一些新方法近年来得到了广泛的关注，具体包括质量功能展开（QFD）、稳健性设计（三次设计）方法、质量工程学、价值工程与分析、六西格玛（6σ）法等。

总之，为了实现质量目标，必须综合应用各种先进的管理方法和技术手段，必须善于学习和引进国内外先进企业的经验，不断改进本组织的业务流程和工作方法，不断提高组织成员的质量意识和质量技能。“多方法的质量管理”要求的是“程序科学、方法灵活、实事求是、讲求实效”。

7.“持续改进”的观点

持续改进是谋求投入产出转换过程中所有因素持续不断地改善，这些因素包括设备、方法、原材料和人员。对于某一个产品来说，顾客的期望和需要是会不断提升的，因此要持续改进全组织内每一系统，每一关键过程，来提升质量以期超越顾客期望。对于某一个制造过程来说，为了提高生产的有效性和效率以确保实现企业的预期目标，需要对制造过程质量进行持续改进。

以上的这些观点充分表明，贯彻全面质量管理比坚持传统质量管理的企业更容易达到或超过用户的满意度，两者的比较见表 10-1 所示。

表 10–1　贯彻全面质量管理和坚持传统质量管理的公司比较

项　目	传统的质量管理	TQC
总使命	最大投资回报	达到或超过用户满意
目标	强调短期收益	长期效益和短期效益间求平衡
管理	不公开，有时与目标不一致	公开，鼓励员工参与，与目标一致
管理者作用	发布命令，强制执行	指导，消除障碍，建立信任
用户需求	可能不清晰	至高无上，识别和理解的重要性
问题	责备、处罚	识别并解决
问题解决	不系统，个人行为	系统，团队精神
改善	时断时续	持续不断
工作	狭窄，过于专业化，个人努力	广泛，更全面，跟注重发挥团队作用
定位	产品取向	过程取向

第二节 全面质量保证体系

一、全面质量保证体系的概念和内容

（一）质量保证和全面质量保证体系

质量保证也是质量管理的一部分，即对达到质量要求提供信任的活动。质量保证的核心是向人们提供足够的信任，使顾客和其他相关方确信企业的产品、体系和过程达到和满足质量要求。它一般有两方面的含义：一是企业在产品质量方面对用户所做的一种担保，具有“保证书”的含义。这一含义还可引申为上一道工序对下一道工序提供的质量担保。二是企业为了提供信任所开展的一系列质量保证活动。这种活动对内来说是有效的质量控制活动；对外来说是提供依据以证明企业质量管理工作实施的有效性，以达到使人确信其质量的目的。因此，质量保证包括取信于企业领导的内部质量保证和取信于用户的外部质量保证。

全面质量保证体系指企业以提高和保证产品质量为目标，运用系统方法，依靠必要的组织结构，把组织内各部门、各环节的质量管理活动严密组织起来，将产品研制、设计制造、销售服务和情报反馈的整个过程中影响产品质量的一切因素统统控制起来，形成的一个有明确任务、职责、权限，相互协调、相互促进的质量管理的有机整体。质量保证体系相应分为内部质量保证体系和外部质量保证体系。全面质量保证体系就是要通过一定的制度、规章、方法、程序和机构等把质量保证活动加以系统化、标准化及制度化。质量保证体系的核心就是依靠人的积极性和创造性，发挥科学技术的力量。全面质量保证体系的实质就是责任制和奖罚。全面质量保证体系的体现就是一系列的手册、汇编和图表等。

一般来说，全面质量保证体系有图 10-2 所示的结构。

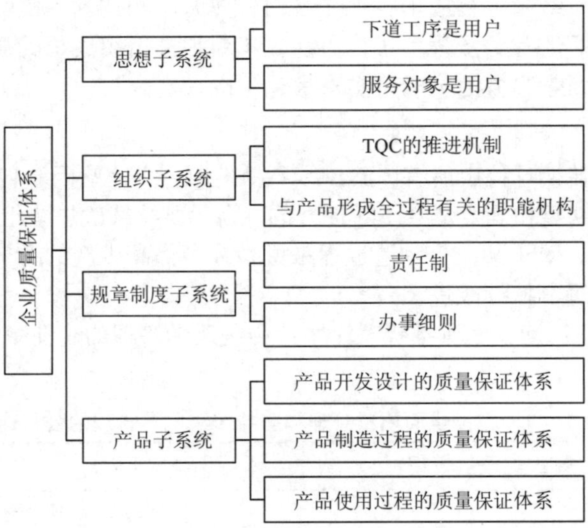

图 10-2 全面质量保证体系结构

（二）全面质量保证体系的基本内容

全面质量保证体系的主要内容包括设计过程、制造过程、辅助生产过程和使用过程的质量保证体系。

1. 设计过程的质量保证

产品设计过程的质量管理是全面质量管理的首要环节。设计过程包括制订方案、市场调查、产品设计、工艺的调试、试制和鉴定等，即产品未正式投产前制定相关的管理、经营、技术准备过程。具体工作内容包括开展市场调研，根据用户的要求、外部市场环境与企业内部条件，制定产品质量目标；组织涉及产品生产、管理、经营相关的部门参与对产品的功能、性能、管理协调、市场定位等进行全方位的论证，确定全面、适合企业的设计方案，为质量管理工作打下基础。

加强设计过程的质量管理，一般要做好以下几个方面的工作：

1）制定产品质量目标

质量目标是根据质量方面的要求，企业在一定期间内在质量方面所要达到的预期成果。质量目标的制定，首先要对产品的使用要求和生产实际情况做充分的调查研究，同时还要掌握国内外科学技术的发展趋向，系统地调查和积累有关情报资料，如顾客的反映和使用效果，生产过程中发现的质量问题以及国内外有关技术与经济情报等。

2）加强设计工作中的试验研究工作

试验研究工作是设计过程质量管理中的重要环节。做好试验研究工作，可以保证产品顺利投产。

3）设计评审

设计评审是保证产品设计质量的主要手段之一，目的在于及早发现并设法弥补设计上的缺陷，以避免对以后的生产和销售带来损害。评审的要点主要包括方案设计阶段、技术设计阶段、工作图设计阶段三个方面的内容。

（1）方案设计阶段主要评审质量目标是否符合顾客和企业发展的要求，技术上是否先进可行，经济上是否有利。

（2）技术设计阶段主要评审原理结构是否先进合理，其质量性能、可靠性、安全性、经济性是否符合方案设计阶段所规定的质量目标的要求。

（3）工作图设计阶段主要评审其可生产性，质量特性和缺陷的分级是否在图上标注清楚。

4）检查产品试制、鉴定质量

研究的新产品或改制的老产品，在完成设计后都必须通过试制、试验和鉴定，方可正式批量生产。试制是对设计的验证，只有通过试制，做出样品、样机，并经过试验和使用验证，才能确定设计的正确程度，以及发现设计中意想不到的问题和缺陷，以便对设计进行必要的修正和校正。样品试制完成后，要组织有关单位和人员进行严格的鉴定。通过鉴定，对样品从技术上和经济上作出全面评价，并形成各项技术文件，使它成为指导制造过程并在制造过程中保证产品质量的依据。

5）保证技术文件的质量

技术文件是设计的成果，它既是生产制造过程技术活动的依据，也是质量管理的依据，这就要求技术文件本身也有质量保证。

6）严格标准化审查工作

实行标准化审查不仅能提高工作质量和产品质量，而且还可减少设计工作量，从而提高设计工作的质量。

7）组织新产品设计质量的技术经济分析

一般来说，产品质量提高，销售额将会增加，但产品质量无限地提高，就会使价格提高，销售额反而会下降；反之，质量低的产品，固然在价格上可以便宜一些，但质量下降到一定程度，用户根本不会购买，也就谈不上销售额，就会影响企业的经济效益和声誉。

设计上考虑得周到与否，会影响到产品制造的难易。在质量水平方面，因为生产过程有些变动或革新而使产品质量大大提高，特别是生产技术上的进步，还会使生产成本下降。由此可见，设计过程又直接影响到制造过程中生产技术水平、管理水平的提高；而生产技术和管理水平的提高，对提高产品质量、增加盈利又起到较大的促进作用。

2. 制造过程的质量保证

制造过程是产品质量直接形成的过程。在这个阶段质量管理的目标是保证产品的制造质量符合设计方案，建立并保持一个能稳定生产合格、高质产品的生产系统。制造过程的质量管理是质量管理的中心环节。具体工作内容主要包括：保持文明生产；保证按照方案制定的工艺质量、工序质量；组织进行产品质量检验、分析工作；解决质量问题等。

生产制造过程的质量管理重点是抓好以下几方面的工作：

1）有效控制影响制造质量的因素

在制造过程中，影响产品质量的因素很多，主要有操作者、机器工具、原材料、工艺方法、测量手段及生产环境。要通过对这些因素进行有效控制，使之能长期稳定地生产符合设计要求的优质产品。

2）健全质量检验制度

质量检验是用一定检验测试或检查方法，测定产品质量特性，并把它同规定的质量标准作比较，对产品是否合格作出判断。质量检验具有何种重要意义？如何健全质量检验制度？其具体工作主要有：

（1）要正确规定技术检验范围和设置专职检验点，凡是对质量产生重要影响的环节、部门都应进行必要的检验。

（2）要合理选择检验方式，不同的检验方法反映了不同的检验精度要求。合理的检验方法不仅可以正确地反映产品质量的情况，而且可以减少检验费用，缩短检验周期。

（3）要建立有效的检验机制和专群结合的检验队伍，实行自检、互检、专检。

3）掌握质量动态

为了充分发挥生产过程质量管理的预防作用，必须系统地、经常地、准确地掌握企业在一定时间内产品质量或工作质量的现状及发展动态。质量状况的综合统计与分析是掌握质量动态的有效工具。

4）加强不合格品的统计与分析

分析不合格品产生的原因，采取措施，对症下药，避免再次出现不合格品。企业进行日常不合格品统计与分析工作以外，还要做到：

（1）不合格品没有找到责任人和原因“不放过”。

（2）没有提出防患措施“不放过”。

（3）当事人没有受到教育“不放过”。

5）实行工序质量控制

可以采用建立质量管理点、控制图等方法实行工序质量控制。

3. 辅助过程的质量保证

辅助生产过程包括原材料、外购件等物资供应和工具制造、设备维修、运输服务等。所有这些都是为了生产第一线服务的，为之提供质量良好的物质技术条件。因此，这一过程的质量管理要面向生产、面向基层，充分发挥各自的质量保证作用。这些部门的工作质量会影响制造过程，以致出现许多的质量问题，因此在质量保证体系中，辅助生产过程中的质量管理占有相当重要的地位。

4. 使用过程的质量保证

使用过程是考验产品的实际质量、检验企业全面质量管理工作成效的过程，也是质量管理工作新的起点。在这一过程中，企业质量管理工作的内容集中于提高产品的售前和售后服务，保证产品的实际使用质量，推动企业不断改进产品质量。具体内容包括：提供产品使用、维护相关的技术服务，如提供产品使用说明、指导，建立售后网点，处理出厂产品的质量等问题；调查产品的使用效果和用户的要求，为下一个质量目标提供依据。

（三）建立质量体系的程序

企业贯彻ISO 9000等质量标准，就是建立和完善质量体系并被确认的过程，这是一项系统、严密、扎实而又艰巨的的工作，必须有通盘的策划和计划。

1. 质量体系建立的组织策划

在管理者或受益者的推动下，企业有建立和实施质量体系的想法，质量体系建立前期的工作包括：

（1）领导决策，统一思想，形成共识。

（2）组织落实，成立领导小组和精干的工作班子。

（3）拟定贯标工作计划。

（4）进行质量意识和标准培训。

以上工作中，企业管理层的认识与投入是质量体系建立与实施的关键，组织和计划是保证，教育和培训是基础。

2. 质量体系的总体设计

这一阶段的工作包括：

（1）质量体系现状的调查与评价。

（2）确定质量方针和质量目标。

（3）确定管理者代表。

（4）确定组织结构，明确与质量有关人员的职责、权限和相互关系。

（5）配备资源。

（6）确定质量体系结构。

质量体系由组织结构、程序、过程和资源构成。在质量体系总体设计过程中，选择和确定质量保证模式和质量体系要素，制定适合本身特点的方针和目标，构建适合自身实际情况的体系结构是保证质量体系有效运行的必要条件。在质量体系的设计过程中，组织结构的设计是本阶段工作的重点和难点。很多企业在认证后仍然出现权责不清、多头管理、效率低下的现象，皆与企业组织结构仍维持原状，设计不科学、不合理，权责不清，执行无力有关。组织结构的设置应坚持精简、效率原则，做到职能完备且各部门之间无重叠、重复或抵触现象存在。

3．质量体系文件的编制

编制适合企业自身特点、并具有可操作性的质量体系文件是质量体系建立过程中的中心任务。这项工作包括：

（1）质量体系文件结构的策划。

（2）体系文件编写培训。

（3）体系文件的编制（包括质量手册、程序文件、质量计划、作业指导书、质量记录的编制）。

（4）文件审核、批准和发放。

质量手册是描述质量体系的纲领性文件，其编写要求可参照ISO10013《质量手册编制指南》；程序文件是描述为实施质量体系要素所涉及的各职能部门的活动，是质量体系有效运行的主要依据。程序文件应具有系统性、先进性、可行性以及协调性；质量计划是针对特定产品或项目所规定的措施和活动顺序的文件；作业指导书、质量记录属详细的作业文件，企业可根据需要增加或减少。质量手册、程序文件的编制顺序可依企业情况而定。文件发放前，要由授权人审批，发放时应做好记录，以便修改、收回。

4．质量体系的实施、运行和保持

质量体系文件是否可行有效，要在运行中检查，这一阶段的工作包括：

（1）质量体系实施的教育培训。

（2）质量体系的实施运行。

（3）内审计划的编制与审批。

（4）内部质量体系审核。

（5）纠正措施跟踪。

（6）管理评审。

评价质量体系，首先看文件化的质量体系是否建立，然后看是否按文件要求贯彻实施，并且在提供预期的结果方面是否有效，以上三个问题的回答，决定了对质量体系的评价结果。内审与管理评审是企业内部对质量体系评审、检查、评价的方法，在体系文件中，对开展此项工作的目的、要求、时间间隔等均应有所规定。在质量体系实施、运行过程中，企业应逐步建立起一种长期有效的信息反馈系统，对审核中发现的问题，应及时采取纠正措施，建立起一种自我改进和完善的机制。

5．质量体系的合格评定

在以上工作全部完成后，企业可根据需要申请第三方认证，这项工作包括：

（1）选择认证机构。

（2）提出认证申请。

（3）认证日程表确定。

（4）认证时的准备。

（5）认证后纠正措施的跟踪。

企业建立与实施质量体系，无论采用何种途径，关键要树立正确的观念，坚持从头做起，从领导做起，树立第一次就把事情做好的良好习惯，以此为起点，以质量管理为突破口，把这种观念、想法、做法推广到企业管理的方方面面，做到凡事有章可循、凡事有人负责、凡事有据可查、凡事有标准控制，企业就会少走弯路，达到事半功倍的效果。

二、全面质量保证体系的运转方式

（一）PDCA循环的基本原理

全面质量管理活动的全部过程，就是质量计划的制订和组织实施的过程。这个过程要按照 PDCA 管理循环，周而复始地运转。PDCA 是英文 Plan（计划）、Do（实施）、Check（检查）、Action（处理）四个词的第一个字母的缩写组合，是由美国质量管理专家戴明博士首先提出的，所以也叫“戴明环”。PDCA 循环包括四个阶段八个步骤。

1．计划阶段

计划阶段的主要任务是确定质量目标、质量计划、管理项目和措施方案。它分为以下四个步骤：

第一步是分析质量现状，找出存在的质量问题。在分析质量现状时，必须通过数据进行分析，并用数据说明存在的质量问题。

第二步是分析产生质量问题的各种原因或影响因素。一般有人、机（设备、工具、工装）、料（材料、零配件）、法（工艺、方法）、检测、环境等因素。

第三步是从各种原因中找出影响质量的主要原因，这是解决质量问题的关键。

第四步是拟订措施计划。针对影响质量的主要原因制定对策，拟订管理、技术和组织措施，提出执行计划和预计效果。在制定措施和计划的过程中，由哪个单位或谁来执行，什么时间开始执行，何时完成，怎样执行等，即 5W1H（Why、What、Where、When、Who、How）。

2．实施阶段

这也是管理循环的第五个步骤，就是按预定计划、目标和措施，具体组织和实施。

3．检查阶段

该阶段是管理循环的第六步，就是把实施的结果和计划的要求进行对比，检查计划的执行情况和实施的效果。

4．处理阶段

处理阶段包含了管理循环的第七和第八个步骤。

第七步，总结经验教训，巩固成绩并对出现的问题加以处理，就是把成功的经验和失败的教训都要纳入相应的标准、制度或规定之中，以巩固已经取得的成绩，防止重复出现已发生过的问题。

第八步，把未解决的问题转入下一个管理循环，作为下一个阶段的计划目标。

PDCA 管理循环的四个阶段和八个步骤如图 10-3 和图 10-4 所示。

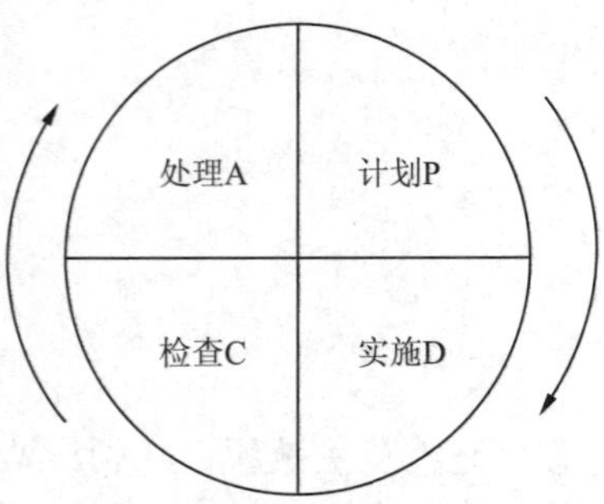

图 10-3　PDCA 管理循环的四个阶段

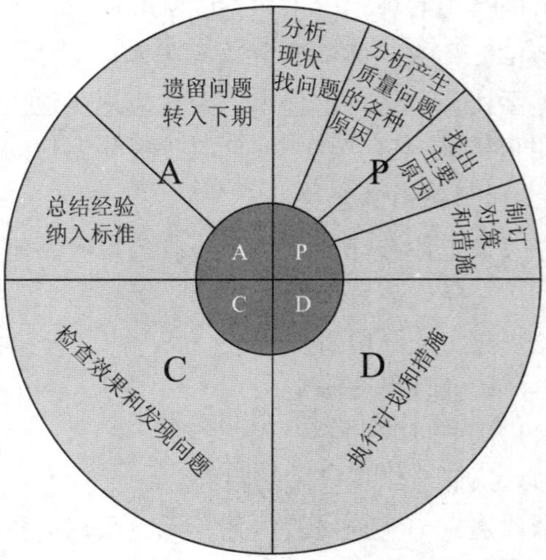

图 10-4　PDCA 管理循环的八个步骤图

（二）PDCA循环的特点

（1）PDCA 循环顺序进行，靠组织力量推动，像车轮一样向前进，周而复始，不断循环。

（2）大环套小环、小环保大环，互相促进。如图 10-5 所示，整个企业的质量管理体系构成一个 PDCA 管理循环，而各个部门各级单位直到每个人又都有各自的PDCA管理循环，依次又有更小的PDCA管理循环，从而形成一个“大环套小环，一环扣一环，小环保大环，从而推动大循环”的综合管理体系。上一级PDCA循环是下一级PDCA循环的依据，下一级PDCA循环是上一级PDCA循环的贯彻落实和具体化。大循环靠内部各个小循环来保证，小循环又由大循环来带动。

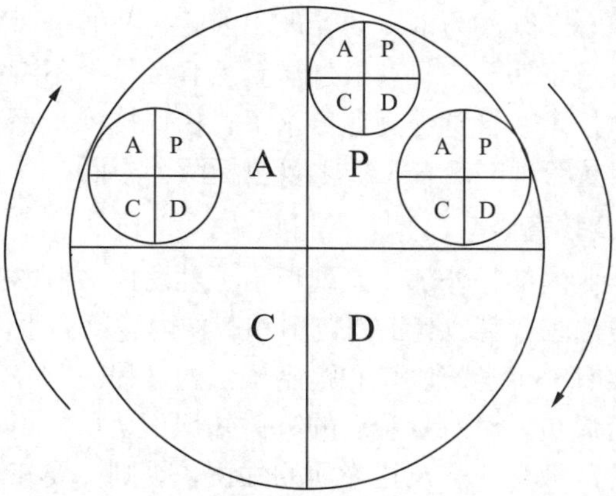

图 10-5 PDCA 管理循环大环套小环示意图

（3）螺旋式上升。PDCA管理循环是螺旋式上升的，如同爬楼梯一样，每循环一次就前进、提高一步，循环往复，永无止境。质量问题不断解决，工作质量、管理水平和产品质量就不断提高，如图10-6所示。

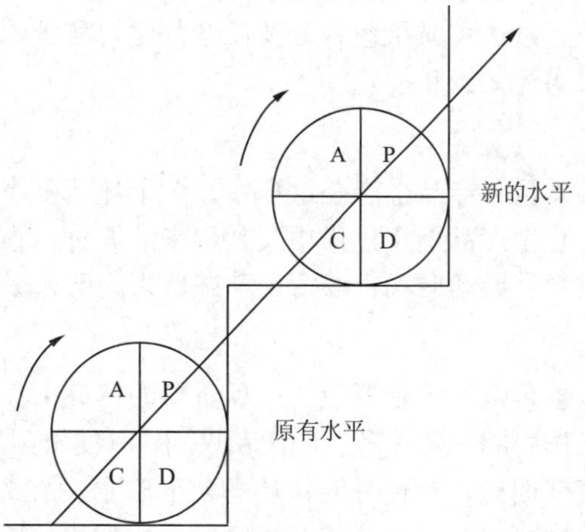

图 10-6 PDCA 管理循环逐级上升图

（4）处理阶段（A阶段）是关键。在这一阶段要总结经验，巩固成绩，纠正错误，吸取教训，并使质量管理工作制度化、标准化，使每经过一个工作循环，质量水平就能稳定到一个新的水平上。通过不断研究解决质量问题的措施，推动产品质量的提高。没有A阶段的作用就不能发扬成绩，也不能防止同类问题的再度发生，PDCA循环也就失去了意义。因此，推动PDCA循环，不断提高产品质量水平，一定要始终抓好A阶段。

三、建立全面质量保证体系的基础工作

开展全面质量管理，必须抓好标准化、计量、质量情报、质量责任制及质量教育等几个方面的基础工作。

（一）标准化工作

标准化，包括产品标准化和工作标准化两个方面。产品标准化，指的是现代化大生产中工业产品品种、规格的简化，尺寸、质量和性能方面的统一化。工作标准化包括业务标准化和作业标准化。业务标准，是指对各部门业务工作的一些具体规定，如技术管理规定、设备管理规定等等。作业标准包括工艺流程、操作规程、装配作业程序等等。

标准分为国家标准、部门标准（专业标准）和企业标准三级。其中，企业制定标准时，一般由技术部门收集资料起草，经过修改后，由企业总工程师审查，报上级主管部门审批备案。企业制定生产和管理标准，尚无统一办法，各企业可根据实际情况进行制定。

（二）计量工作

计量工作包括计量、测试、化验、分析工作，是保证零部件互换，确保产品质量的重要手段和方法。没有计量的准确性，就不能保证技术工作的准确性，就不可能正确地贯彻执行技术标准。

（三）质量教育工作

全面质量管理是“以质量为中心，以人为本”的管理。因此，开展全面质量管理活动，必须从提高职工的素质抓起，把质量教育作为“第一道工序”。只有通过质量教育工作，不断提高企业全体员工的质量意识，掌握和运用质量管理的理论、方法和技术，自觉提高业务水平、操作技术水平和管理能力，不断改进和提高工作质量，生产出顾客满意的产品。质量管理的教育工作主要包括两个方面：

1．全面质量管理的宣传、普及教育

推行全面质量管理，要涉及企业内部、外部一系列环节，触及许多旧的质量管理观念和管理方法，有的甚至要完全被推翻而用新的观念和方法去代替，其工作范围和工作内容都有很大变化。因此，要掌握它、运用它，就得先认识它、了解它，这就需要有一个学习教育和提高认识的过程。首先是要进行有关知识的宣传和普及教育。比如，班组长和质量管理小组成员，对质量管理的有关知识不认识、不了解，无法把质量管理的方法应用到实际工作中去，这就要通过宣传、教育，普及这方面的知识，否则，要在班组推行全面质量管理，就只能是一句空话。质量管理教育的办法很多，可以采用分层施教、因人而异、抓住重点、联系实际的教育方法。

2．技术业务教育和培训

产品质量是广大员工群众通过设计、制造等共同劳动创造的，它归根结底决定于员工队伍的质量意识和技术水平，决定于各方面的管理水平。“技术是质量的血液”，所以，必须把技术业务的培训教育，当作全面质量管理知识提高的中心环节来抓。通过这种质量教育，要使参加学习培训的学员基本掌握有关产品的性能、用途及生产过程、工艺操作、检验方法等知识和技能。

（四）质量情报工作

质量情报，指的是反映在产品质量和产品生产全过程中，各个环节工序质量、工作质量的信息，其中包括各种有关的基本数据、原始记录，直至产品使用过程中反映出来的各种情报资料。质量情报工作，就是及时收集上诉情报，并掌握国内外产品质量发展动向和市场营销动态，为保证和提高产品质量提供依据。

（五）质量责任制

建立健全严格的质量责任制，也是全面质量管理的一项重要的基础工作。要对企业每个科室、车间、班组和个人都明确地规定他们在质量工作中的具体任务、责任和权利，以便做到质量工作事事有人管，人人有责任，办事有标准，工作有检查，经济责任明确，功过分明，从上到下形成一个严密的高效率的质量管理责任体系。质量管理要求每个员工都处于自我控制状态，充分了解自己所应达到的目标，如：质量成本、计划完成时间、质量标准等；充分了解自己正在做的事情，如实际成本、实际进度、实际达到的标准等。当实际与目标发生偏差时，能够自己控制和调节。这就是质量责任制的中心思想，以及使产品质量落实到实处的根本保证。

（六）广泛开展质量管理小组活动

质量管理小组活动，又称 QC 小组活动，QC 小组是指在生产中从事各种劳动的员工，围绕企业的目标和现场存在的问题，自发组织起来运用质量管理的理论和方法开展活动的小组。QC 小组是质量管理活动的有效组织形式。

QC 小组与企业的班组既有联系又有区别。一般来说，以工人为主体的“现场型”以及按劳动组织为主体建立的 QC 小组，都是与班组紧密联系的。它们的区别在于班组是按专业分工划分的一种劳动组织；而 QC 小组则是以改进质量、提高管理水平和经济效益为目的的自愿组织起来开展活动的群众性小组。QC 小组是企业员工参加民主管理的新发展，是提高企业素质的好形式，也是群众参加管理的经验和科学方法相结合的新产物。

建立 QC 小组应从实际出发，根据工作的性质和内容，可以在企业的班组或车间内建立，也可以跨车间（部门）建立，但应着重发展以工人为主体的生产现场、施工现场、服务现场的“现场型”“服务型”的 QC 小组。提倡工人、技术人员、领导干部相结合的“攻关型”QC 小组，也可以以管理人员为主，组成以提高工作质量、改善和解决管理中的问题、提高管理水平为目的的“管理型”QC 小组等形式。每个 QC 小组的人数一般以 3 ~ 10 人为宜，否则不便于开展活动。选好小组长十分重要因为 QC 小组组长是带头人，是推行全面质量管理的负责人，要求有较高的思想水平和技术能力，善于团结群众并有一定的组织能力。

为了便于质量管理部门掌握群众性的质量管理活动情况，加强管理和指导，QC 小组组建后，应向质量管理部门注册登记，以及向上级 QC 小组主管部门备案。主管部门每年都进行一次检查和重新登记，没有进行重新登记的小组，以前的注册登记自行失效，不搞终身制，这样做有利于推动 QC 小组的活动。

第三节　企业质量管理常用的统计控制方法

在质量管理中，经常要用到一些方法和工具，目前较常用的七种工具，即排列图法、因果分析图法、分层法、直方图法、检查表法、控制图法和关联图法。

一、排列图法

排列图又叫巴雷特图或主次因素分析图，它是定量找出影响产品质量的主要问题或因素的一种简便有效的方法。

排列图如图 10-7 所示，它是由两个纵坐标、一个横坐标、多个直方形和一条曲线（折线）构成。左边纵轴表示频数（如件数、数额等）；右边纵轴表示累计频率（累计百分比）；横轴表示影响产品质量的各项因素，并按其影响大小，从左到右依次排列；直方形高度表示因素影响大小；曲线（折线）表示各项累计频率的连线。

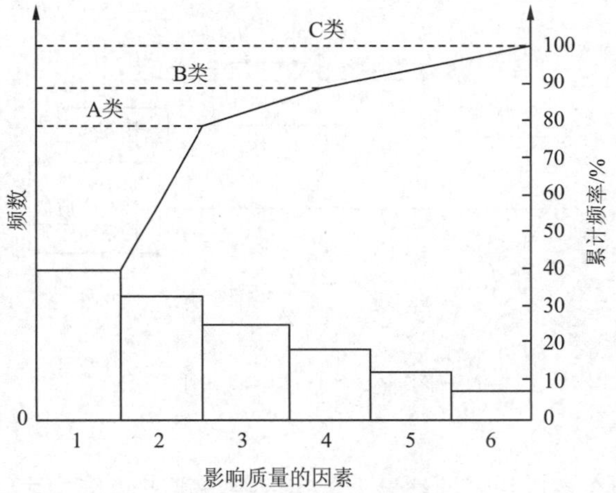

图 10-7　排列图示意图

通常按照累计百分数把影响质量的因素分为三类：0 ～ 80% 的叫 A 类，为主要因素；80% ～ 90% 的叫 B 类，为次要因素；90% ～ 100% 的叫 C 类，为一般因素。抓住了主要因素就可以集中力量加以解决，从而达到控制和提高产品质量的目的。

例如，某厂调查近一个月生产的产品，不合格品统计如表 10-2 所示。

表 10–2　不合格品统计表

不合格项目	不合格个数	比率 /%	累计百分比 /%	不合格项目	不合格个数	比率 /%	累计百分比 /%
尺寸	60	30.7	30.7	光泽	17	8.9	95
材料	46	23.6	54.3	其他	10	5	100
零件	38	19.5	73.8	合计	195	100	—
划伤	24	12.3	86.1				

根据表 10-2 的资料，可以画出它的排列图，如图 10-8 所示。由图 10-8 可以看出尺寸、材料、零件是影响质量的主要因素。应用排列图法应注意：①主要因素不宜过多，最多不超过 3 个，否则就失去找主要原因的意义；②为避免横轴过长，不太重要的项目（影响小于 5% 的因素）很多时，可以统归为其他类，并统一放在横轴的最后；③当针对主要因素采取措施后，应再取数据，按原项目重新画出排列图，以检查措施效果。

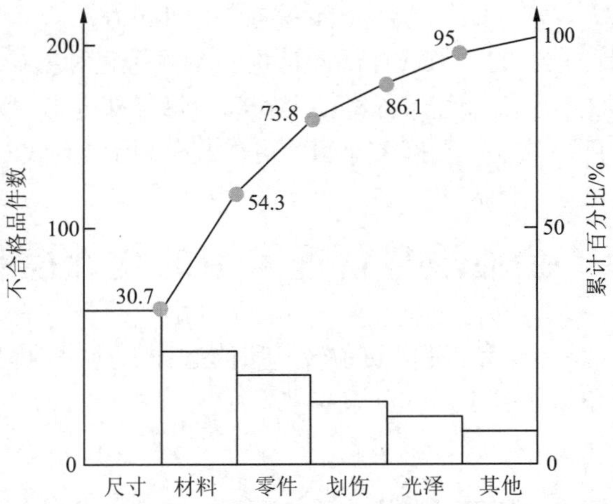

图 10-8 排列图

二、因果分析图法

因果分析图又叫特性要因图、石川图或鱼刺图，它通过带箭头的线，将质量问题与原因之间的关系表示出来，是分析影响产品质量（结果）的诸因素（原因）之间关系的一种工具，如图 10-9 所示。

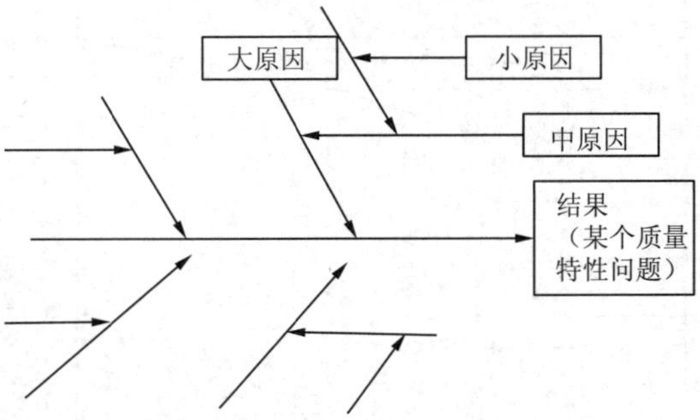

图 10-9 因果分析图

因果分析图的画法如下：

(1) 明确画图对象，弄清什么是质量特性结果，并用同一条主干线指向结果。

(2) 将影响质量的原因分类，先按大的方面分，然后由大到中、由中到小依次细分，直到可以直接采取措施为原则，并用箭头表示在图上。

(3) 对起决定作用的因素画粗线或作标记使之醒目。

(4) 记载必要的有关事项，包括标题、单位、参与者、制图人及年、月、日。

例如，用车床加工轴承时，车轴颈出现刀痕。经过相关人员进行讨论分析，提出许多相关原因，经用因果分析图进行分析，发现造成车轴颈出现刀痕的主要原因是“未及时换刀”。

作因果分析图时应注意，大原因应从人、设备、材料、方法（工艺）、环境等方面考虑，原因的细分应以能够采取措施为原则。大原因不一定是主要原因，主要原因可采用排列图法或其他方法确定。找出主要原因后，确定解决措施，措施实施后，可继续用排列图法检查效果。

在作因果分析图时一定要注意原因的细分应以能够采取措施为原则，“大原因不一定是主要原因”。

三、分层法

分层法又叫分类法，所谓分层，就是为了分清影响质量的原因所在和明确措施方向，把性质相同的数据分到一起，以便发现产生质量问题的原因。它的要点是将经常使工序受到相同影响的数据，按照种类、原因等差别分成几个层次，以便把错综复杂的因素分析清楚。

数据分层的标志可以按时间（如按不同日期、不同班次）分层、按操作者（如按新老工作人员，不同班次的工作人员，不同性别和不同工龄等）分层、按使用设备（如按不同的机床型号、工装夹具等）分层、按原材料（如按产地、成分、规格、制造厂、批号等）分层、按操作方法（如按不同的装卸、堆码、排列方法等）分层等。

将数据分层时，应根据分析目的，按照一定标志加以分类，将性质相同，在相同条件收集的数据归并在一起，同时应尽量使同一层的数据波动幅度较小，而层间相互差别较大，这是用分层法进行分层的关键。

分层的目的是把不同性质的问题分清楚，便于分析问题找出原因。分类方法是多种多样的，没有什么硬性规定，这种方法经常同质量管理中的其他方法一起联合使用。

四、直方图法

直方图法又叫质量分析图法，是通过对测定或收集来的数据加以整理，来判断和预测生产过程和不合格品率的一种常用工具。它能形象、直观地表示产品质量的分布情况；通过观察分析，来判断和预测产品质量和工作质量的好坏，进行适当的调整，解决生产中存在的问题。典型的直方图如图 10-10 所示。

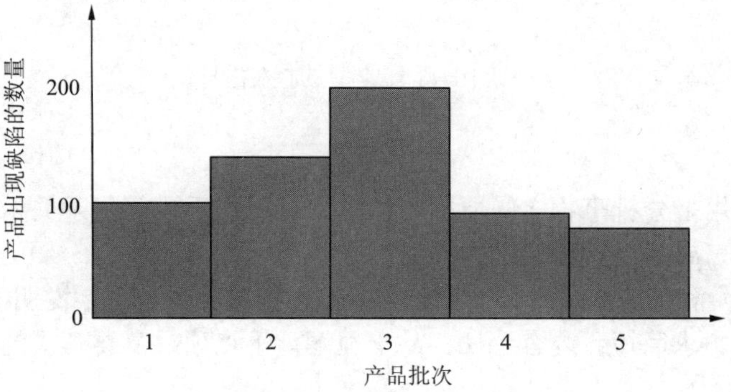

图 10-10　典型的直方图

五、检查表法

检查表法是利用统计表来进行数据整理和粗略原因分析的一种方法，也叫做调查表法或统计分析表法。检查表法是最为基本的质量原因分析方法，也是最为常用的方法。在实际工作中，经常把统计分析表和因果图法结合起来使用，这样可以把可能影响质量的原因调查得更为清楚。需要注意的是，应用检查表时，必须针对具体的产品，设计出专用的调查表进行调查和分析。典型的检查表如表 10-3 所示。

表 10-3　典型的检查表

不合格种类	检查记录	小计
表面缺陷	一丅下𠀎正	15
裂纹	一丅下𠀎正	15
装配不良	正正正	15
形状不良	正	5
其他	正	5
总计		55

六、控制图法

控制图是根据假设检验的原理构造的一种图，用于监测生产过程是否处于控制状态。它是统计质量管理的一种重要手段和工具。

在生产过程中，产品质量由于受随机因素和系统因素的影响而产生偏差。前者由大量微小的偶然因素叠加而成，后者则是由可辨识的、作用明显的原因所致的，经采取适当措施可以发现和排除。当生产过程仅受随机因素影响，从而产品的质量特征的平均值和偏差都基本保持稳定时，称之为处于控制状态。此时，产品的质量特征是服从确定概率分布的随机变量，它的分布可依据较长时期在稳定状态下取得的观测数据用统计方法进行估计。分布确定以后，质量特征的数学模型随之确定。为检验其后的生产过程是否也处于控制状态，就需要检验上述质量特征是否符合这种数学模型。为此，每隔一定时间，在生产线上抽取一个大小固定的样本，计算其质量特征，若其数值符合这种数学模型，就认为生产过程正常，否则，就认为生产中出现某种系统性变化，或者说过程失去控制。这时，就需要考虑采取包括停产检查在内的各种措施，以期查明原因并将其排除，以恢复正常生产，不使失控状态延续并发展下去。典型的控制图如图 10-11 所示。

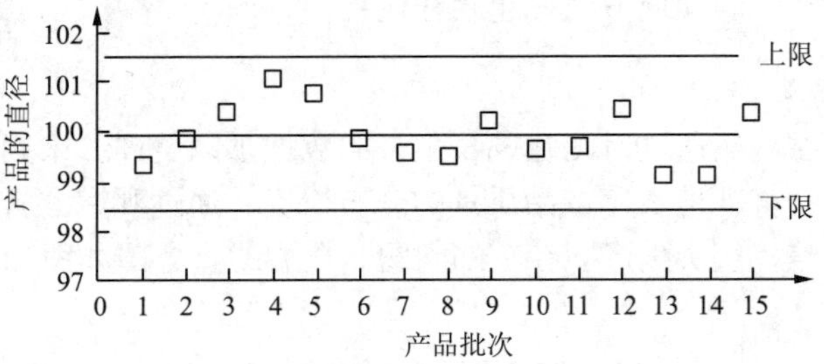

图 10-11　典型的控制图

七、关联图法

关联图又称关系图，是用来分析事物之间原因与结果、目的与手段等复杂关系的一种图表，它能够帮助人们从事物之间的逻辑关系中，寻找出解决问题的办法。

关联图由圆圈（或方框）和箭头组成，如图 10-12 所示，其圆圈中是文字说明部分，箭头由原因指向结果，由手段指向目的。文字说明力求简短、内容确切、易于理解，重点项目及要解决的问题要用双线圆圈或双线方框表示。

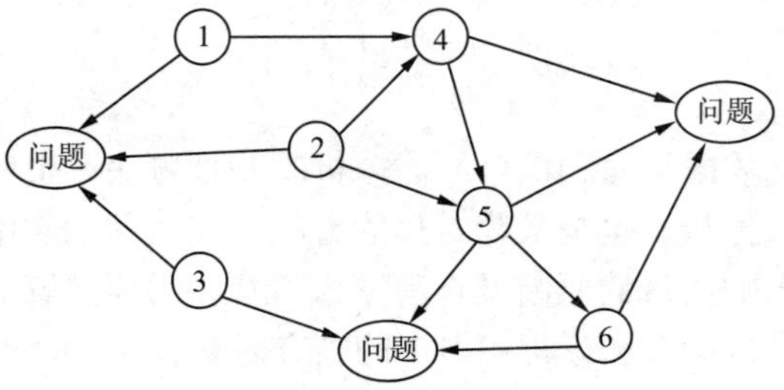

图 10-12　典型的关联图

本 章 小 结

1. 产品质量，是指“产品的适用性”。这是美国著名质量管理专家朱兰博士从用户的观点出发定义，并以此衡量产品在使用中成功地满足用户需求的程度。产品不同，由于适用性的要求不同，因而对质量要求的标准也不同。

2. 工序质量是指工序能够稳定地生产合格产品的能力，通常以工序能力表示。工序质量一般是由操作者、机器设备、原材料、工艺方法、测量、环境等六大因素决定。

3. 工作质量是指企业为保证和提高产品质量和工序质量，在经营管理和生产技术工作方面所应达到的水平或保证程度。它包括的范围较为广泛，主要包括经营决策工作质量和现场执行工作质量。

4. 质量管理定义：确定质量方针、目标和职责，并在质量体系中通过诸如质量策划、质量控制、质量保证和质量改进使其实施的全部管理职能的所有活动。

5. 全面质量管理定义：一个组织以质量为中心，以全员参与为基础，目的在于通过让顾客满意和本组织所有成员及社会受益而达到长期成功的管理途径。全面质量是包括组织内部全过程、所有部门和全员的质量。

6. 全面质量保证体系指企业以提高和保证产品质量为目标，运用系统方法，依靠必要的组织结构，把组织内各部门、各环节的质量管理活动严密组织起来，将产品研制、设计制造、销售服务和情报反馈的整个过程中影响产品质量的一切因素统统控制起来，形成的一个有明确任务、职责、权限，相互协调、相互促进的质量管理的有机整体。

7. 全面质量管理活动的全部过程，就是质量计划的制订和组织实施的过程。这个过程要按照PDCA管理循环，周而复始地运转。开展全面质量管理，必须抓好标准化、计量、质量情报、质量责任制及质量教育等几个方面的基础工作。

8. 在质量管理中，经常要用到一些方法和工具，目前较常用的七种工具，即排列图法、因果图法、散布图法、直方图法、检查表法、控制图法和关联图法。

思考与练习

1. 什么是质量、质量管理、全面质量管理？
2. PDCA循环的具体方法是什么？
3. 什么是质量保证、全面质量保证体系？
4. 如何建立全面质量保证体系？

案例讨论

案例

参考文献

[1] 王关义，刘益 . 现代企业管理 [M].3 版 . 北京：清华大学出版社，2012.
[2] 安景文 . 现代企业管理 [M]. 北京：北京大学出版社，2012.
[3] 吴拓 . 现代企业管理 [M]. 北京：机械工业出版社，2012.
[4] 郑锐洪，刘建准 . 现代企业管理 [M].2 版 . 大连：大连理工大学出版社，2016.
[5] 王潇，赵茂辰 . 现代企业管理 [M]. 上海：上海交通大学出版社，2013.
[6] 王晓辉，高丽华 . 现代企业管理概论 [M]. 北京：北京大学出版社，2010.
[7] 吴忠培 . 企业管理咨询与诊断 [M]. 北京：科学出版社，2015.
[8] 黄兰秋 . 企业管理信息系统 [M]. 北京：科学出版社，2014.
[9] 吴何 . 现代企业管理 [M]. 北京：中国市场出版社，2011.
[10] 吕玉华 . 现代企业管理 [M]. 成都：西南财经大学出版社，2008.
[11] 高志 . 现代企业管理 [M]. 北京：化学工业出版社，2010.
[12] 胡建宏 . 现代企业管理 [M]. 北京：清华大学出版社，2008.
[13] 张建伟，盛振江 . 现代企业管理 [M]. 北京：人民邮电出版社，2011.
[14] 宁凌，唐楚生 . 现代企业管理 [M]. 北京：机械工业出版社，2011.
[15] 严成根，李储东 . 现代企业管理 [M]. 北京：北京交通大学出版社，2009.
[16] 张东生 . 现代企业管理 [M]. 北京：清华大学出版社，2007.
[17] 谢明荣 . 现代工业企业管理 [M]. 南京：东南大学出版社，2000.
[18] 杨善林 . 企业管理学 [M]. 北京：高等教育出版社，2009.
[19] 黄津孚 . 现代企业管理原理 [M].4 版 . 北京：首都经济贸易大学出版社，2002.
[20] 周秀淦，宋亚非 . 现代企业管理原理 [M].3 版 . 北京：中国财政经济出版社，1998.
[21] 胡宇辰 . 现代企业管理原理 [M].3 版 . 北京：中国财政经济出版社，1998.
[22] 高海晨 . 现代企业管理 [M]. 北京：机械工业出版社，2000.
[23] 孙义敏 . 现代企业管理导论 [M]. 北京：机械工业出版社，2002.
[24] 鲍学曾 . 现代工业企业管理 [M]. 北京：中国财政经济出版社，1987.
[25] 崔援民 . 现代企业管理学 [M]. 北京：中国经济出版社，1988.
[26] 伍爱 . 现代企业管理学 [M].3 版 . 广州：暨南大学出版社，2009.
[27] 董速建，董群惠 . 现代企业管理 [M]. 北京：经济管理出版社，2002.
[28] 蔡树堂 . 企业战略管理 [M]. 北京：石油工业出版社，2001.
[29] 杨锡怀 . 企业战略管理：理论与案例 [M]. 北京：高等教育出版社，1999.
[30] 陈忠卫，王晶晶 . 企业战略管理 [M]. 北京：中国统计出版社，2001.
[31] 徐二明 . 企业战略管理：修订版 [M]. 北京：中国经济出版社，2002.
[32] 戴维 . 战略管理（第 8 版）[M]. 李晓阳，译 . 北京：经济科学出版社，2001.
[33] 杨文士 . 管理学 [M].3 版 . 北京：中国人民大学出版社，2009.
[34] 周三多 . 管理学：原理与方法 [M].4 版 . 上海：复旦大学出版社，2003.
[35] 周健临 . 管理学教程 [M]. 上海：上海财经大学出版社，2002.
[36] 王春利，李大伟 . 管理学基础 [M]. 北京：首都经济贸易大学出版社，2001.
[37] 许庆瑞 . 管理学 [M]. 北京：高等教育出版社，2001.
[38] 单凤儒 . 管理学基础 [M]. 北京：高等教育出版社，2003.
[39] 杨杜 . 现代管理理论 [M]. 北京：中国人民大学出版社，2001.
[40] 王利平 . 管理学原理 [M]. 北京：中国人民大学出版社，2003.
[41] 李鹏，袁霞辉 . 一次读完 25 本管理学经典 [M]. 长春：吉林人民出版社，2001.
[42] 宋维明 . 管理学概论 [M]. 北京：中国林业出版社，1999 年 .

[43] 张玉利 . 管理学 [M].3 版 . 天津：南开大学出版社，2013.
[44] 罗宾斯，库尔特 . 管理学（第 4 版）[M]. 刘刚，程熙路，梁晗，等译 . 北京：中国人民大学出版社，1997.
[45] 孔茨，韦里克 . 管理学（第 9 版）[M]. 郝国华，金慰祖，葛昌权，等译 . 北京：经济科学出版社，1993.
[46] 罗锐韧 . 哈佛管理全集 [M]. 北京：企业管理出版社，1999.
[47] 孙平 . 管理组织论 [M]. 成都：四川人民出版社，1996.
[48] 朱榕基 . 管理现代化 [M]. 北京：企业管理出版社，1985.
[49] 周祖城 . 管理与伦理 [M]. 北京：清华大学出版社，2000.
[50] 雷恩 . 管理思想的演变 [M]. 李柱流，赵睿，译 . 北京：中国社会科学出版社，1995.
[51] 涂平 . 北大工商管理论丛 [M]. 北京：北京大学出版社，2002.
[52] 张一弛 . 人力资源管理教程 [M].2 版 . 北京：北京大学出版社，2017.
[53] 郑晓明 . 人力资源管理导论 [M].3 版 . 北京：机械工业出版社，2011.
[54] 郭克沙 . MBA 课程全新读本：人力资源 [M]. 北京：商务印书馆，2003.
[55] 刘金胜 . 薪酬管理实务手册 [M]. 北京：机械工业出版社，2002.
[56] 德斯勒 . 人力资源管理（第 12 版）[M]. 刘昕，译 . 北京：中国人民大学出版社，2012.
[57] 董克用，李超平 . 人力资源管理概论 [M].5 版 . 北京：中国人民大学出版社，2019.
[58] 王世良 . 生产与运作管理教程：理论、方法、案例 [M]. 杭州：浙江大学出版社，2002.
[59] 陈荣秋 . 生产与运作管理 [M]. 北京：高等教育出版社，1999.
[60] 姚荣庆 . 生产组织与管理 [M]. 北京：机械工业出版社，2013.
[61] 朱成全 . 企业文化概论 [M].4 版 . 大连：东北财经大学出版社，2016.
[62] 戴维斯 . 企业文化的评估与管理 [M]. 傅小平，译 . 广州：广东教育出版社，1991.
[63] 肯尼迪 . 美国企业文化 [M]. 黎红雷，等译 . 广州：广东高等教育出版社，1989.
[64] 科特勒，阿姆斯特朗 . 市场营销原理（第 13 版）[M]. 向志毅，译 . 北京：清华大学出版社，2011.
[65] 吴健安，聂元昆 . 市场营销学 [M].6 版 . 北京：高等教育出版社，2017.
[66] 高孟立 . 市场营销学 [M].6 版 . 西安：西安电子科技大学出版社，2017.
[67] 孙耀君 . 西方管理学名著提要 [M]. 南昌：江西人民出版社，2005.
[68] 雷恩 . 管理思想的演变 [M]. 孔令济，译 . 北京：中国社会科学出版社，1997.
[69] 泰罗 . 科学管理原理 [M]. 曹丽顺，译 . 北京：中国社会科学出版社，1984.
[70] 西斯克，工业管理与组织 [M]. 段文燕，译 . 北京：中国社会科学出版社，1985.
[71] 法约尔 . 工业管理与一般管理 [M]. 周安华，译 . 北京：中国社会科学出版社，1982.
[72] 罗宾斯 . 组织行为学（第 7 版）[M]. 关培兰，译 . 北京：中国人民大学出版社，2002.
[73] 圣吉 . 第五项修炼：学习型组织的艺术与实务 [M]. 郭进隆，译 . 上海：上海三联出版社，2000.